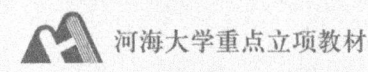

河海大学重点立项教材

本书获评2023年河海大学特色教材，列入"河海大学重点教材立项建设"计划，获出版资助

公用事业法

邢鸿飞　徐金海 ◎ 编著

河海大学出版社
HOHAI UNIVERSITY PRESS
·南京·

图书在版编目(CIP)数据

公用事业法 / 邢鸿飞，徐金海编著. -- 南京：河海大学出版社，2025.6. -- ISBN 978-7-5630-9778-4
Ⅰ.D922.181

中国国家版本馆 CIP 数据核字第 2025FN6450 号

书　　名	公用事业法
	GONGYONG SHIYE FA
书　　号	ISBN 978-7-5630-9778-4
责任编辑	齐　岩
文字编辑	刘福福
特约校对	李　萍
装帧设计	徐娟娟
出版发行	河海大学出版社
地　　址	南京市西康路 1 号(邮编:210098)
电　　话	(025)83737852(总编室)
	(025)83722833(营销部)
经　　销	江苏省新华发行集团有限公司
排　　版	南京布克文化发展有限公司
印　　刷	广东虎彩云印刷有限公司
开　　本	718 毫米×1000 毫米　1/16
印　　张	20.25
字　　数	407 千字
版　　次	2025 年 6 月第 1 版
印　　次	2025 年 6 月第 1 次印刷
定　　价	128.00 元

目录

第一章 公用事业与公用事业法

第一节 公用事业概述 ……………………………………………………… 001
一、公用事业的内涵 ……………………………………………………… 001
二、公用事业的定义 ……………………………………………………… 006
三、公用事业的特征 ……………………………………………………… 009
四、公用事业的构成 ……………………………………………………… 013

第二节 公用事业法界说 …………………………………………………… 017
一、公用事业法的内涵 …………………………………………………… 017
二、公用事业法的分类 …………………………………………………… 018
三、公用事业法的特征 …………………………………………………… 019

第二章 公用事业法律关系

第一节 公用事业法调整对象:公用事业权(力)利义务关系 ………… 024
一、调整对象归纳:基于法典的比较 …………………………………… 025
二、公用事业法调整对象的界定 ………………………………………… 026

第二节 公用事业法律关系主体:公用事业组织 ………………………… 026
一、公用事业规制机构 …………………………………………………… 027
二、公用事业企业 ………………………………………………………… 027
三、消费者 ………………………………………………………………… 028

第三节 公用事业法律关系客体:公用事业行为 ………………………… 028
一、规制机构规制行为 …………………………………………………… 028
二、公用事业企业行为 …………………………………………………… 031
三、消费者行为 …………………………………………………………… 033

第四节 公用事业法律关系内容:公用事业所有权与特许经营权 ……… 034
一、公用事业所有权 ……………………………………………………… 034

二、公用事业特许经营权 ·· 038

第三章　公用事业立法

第一节　公用事业立法的历史逻辑 ·· 066
一、公用事业的立法缘起：以美国交通业为例 ·· 066
二、公用事业的立法演进：以电力公用事业为例 ···································· 074
三、公用事业立法的历史启示 ··· 078

第二节　公用事业立法的经济功能 ·· 078
一、公用事业的经济功能 ·· 079
二、公用事业经济功能的实现 ··· 079
三、公用事业经济功能的立法保障 ·· 083

第三节　公用事业立法的政治动因 ·· 084
一、公用事业普遍服务与政府职能配置 ··· 084
二、公用事业治理的制度成本 ··· 086
三、公用事业立法政治考量下的进路 ·· 089

第四节　公用事业立法的技术促进 ·· 090
一、技术革新与制度变迁 ·· 090
二、公用事业立法的技术：以美国交通业为例 ······································· 095

第五节　我国公用事业立法的思路与结构 ··· 098
一、我国公用事业立法的思路 ··· 098
二、我国公用事业法的立法结构 ··· 099

第四章　公用事业法的基本原则

第一节　公共利益原则 ·· 100
一、公共利益的历史实证 ·· 100
二、公共利益的学理解释 ·· 106
三、公共利益的立法表达 ·· 108
四、公共利益原则的意义 ·· 112

第二节　独立规制原则 ·· 113
一、独立规制的历史演进 ·· 114
二、独立规制的立法要件 ·· 120
三、独立规制机构的法理分析 ··· 126
四、独立规制原则的价值 ·· 131

第三节　有限竞争原则 ·· 132
一、政府干预的解释 ··· 132

二、规制与竞争:适度性分析 ········· 136
　　三、有限竞争的内涵 ········· 139
　　四、有限竞争的制度实践 ········· 143
第四节　公共治理原则 ········· 145
　　一、公共治理原则的意义 ········· 145
　　二、公用事业协商民主 ········· 146
　　三、公用事业软法治理 ········· 151

第五章　公用事业规制法

第一节　公用事业规制法界说 ········· 160
　　一、公用事业规制法的概念 ········· 160
　　二、公用事业规制法体系 ········· 161
　　三、公用事业规制法在法律体系中的地位 ········· 162
第二节　公用事业规制法的内容 ········· 164
　　一、公用事业规制的传统内容 ········· 164
　　二、公用事业规制改革后的内容 ········· 166
　　三、我国公用事业规制法的内容 ········· 170
第三节　公用事业规制法的制度实践(一):政府特许经营 ········· 175
　　一、公用事业特许经营与公私协力、民营化的关系 ········· 176
　　二、作为规制工具的公用事业特许经营 ········· 180
第四节　公用事业规制法的制度实践(二):政府规制绩效评价 ········· 188
　　一、公用事业规制影响评价界说 ········· 188
　　二、我国的公用事业规制影响评价 ········· 192

第六章　公用事业企业法

第一节　公用事业企业法界说 ········· 196
　　一、公用事业企业的定义 ········· 196
　　二、公用事业企业的组织形式 ········· 199
第二节　公用事业企业法的理论阐释 ········· 202
　　一、公用事业企业法的内涵 ········· 202
　　二、公用事业企业法的立法基点 ········· 203
　　三、公用事业企业法的法律理念 ········· 204
第三节　公用事业企业法的结构体系 ········· 205
　　一、主体资格要件 ········· 205
　　二、主体行为规范 ········· 206

三、法律责任体系 ·· 212

第七章　公共设施(公物)营造法

第一节　公共设施界说 ·· 213
　　一、公共设施的内涵 ·· 213
　　二、公共设施的特征 ·· 214
第二节　基础设施权 ··· 215
　　一、基础设施权的形成 ··· 215
　　二、基础设施权及其实现机制 ·· 217
　　三、基础设施权的权属分配 ··· 220

第八章　政府购买公共服务法

第一节　政府购买公共服务界说 ··· 222
　　一、政府购买公共服务的概念及内涵 ··· 222
　　二、政府购买服务模式的类型 ·· 226
第二节　政府购买公共服务合同 ··· 230
　　一、政府购买公共服务合同的公法属性 ·· 230
　　二、政府购买公共服务合同的私法表象 ·· 239
第三节　政府购买公共服务的行政法律关系 ······································· 243
　　一、购买主体与承接主体之行政法律关系 ··· 244
　　二、承接主体与消费主体之行政法律关系 ··· 247
　　三、购买主体与消费主体之行政法律关系 ··· 249
　　四、评估主体与相关主体之行政法律关系 ··· 250

第九章　城市地下空间开发法

第一节　城市地下空间权 ·· 252
　　一、城市地下空间权的界定 ··· 252
　　二、城市地下空间权的要素 ··· 255
第二节　城市地下空间开发法的价值 ·· 258
　　一、实现公共利益 ·· 258
　　二、尊重和保护私权 ··· 261
　　三、促进合理、有序、高效、可持续开发利用 ···································· 263
第三节　我国城市地下空间开发法的基本架构 ··································· 266
　　一、我国城市地下空间规划法律制度 ··· 266
　　二、我国城市地下空间资源管理法律制度 ··· 269

三、我国城市地下空间建设管理法律制度 ………………………………… 273
四、我国城市地下空间使用管理法律制度 ………………………………… 275

第十章 城市公共客运交通营运法

第一节 城市公共客运交通营运线路特许经营的制度实践 ……………… 278
　　一、国外城市公共客运交通营运线路特许经营的实践 ……………… 278
　　二、我国城市公共客运交通营运线路特许经营的实践 ……………… 280
　　三、小结 …………………………………………………………………… 286
第二节 城市公共客运交通营运线路特许经营的市场准入与退出 ……… 287
　　一、城市公共客运交通营运线路特许经营市场准入与退出基本理论 ……… 287
　　二、城市公共客运交通营运线路特许经营的市场准入与退出现状 ……… 288
　　三、城市公共客运交通营运线路特许经营市场准入与退出的规范及完善
　　……………………………………………………………………………… 292
第三节 城市公共客运交通营运线路特许经营的信息披露 ……………… 294
　　一、城市公共客运交通营运线路特许经营信息披露的必要性 ……… 294
　　二、城市公共客运交通营运线路特许经营信息披露的方式 ………… 295
　　三、城市公共客运交通营运线路特许经营信息披露的基本要求 …… 296
　　四、城市公共客运交通营运线路特许经营信息披露的具体制度 …… 296
　　五、城市公共客运交通营运线路特许经营信息披露的制度完善 …… 297
第四节 城市公共客运交通营运线路特许经营的政府监管 ……………… 298
　　一、城市公共客运交通营运线路特许经营政府监管的内涵 ………… 298
　　二、城市公共客运交通营运线路特许经营政府监管的制度构造 …… 299

参考文献

一、中文著作 ……………………………………………………………… 302
二、中文译作 ……………………………………………………………… 304
三、中文期刊、学位论文 ………………………………………………… 305
四、外文著作 ……………………………………………………………… 311
五、外文期刊 ……………………………………………………………… 312

后记

第一章
公用事业与公用事业法

第一节 公用事业概述

一、公用事业的内涵

(一) 公用事业的理论界定

就公众而言,公用事业的合理性在于其满足不断发展的社会需要,向公众提供了满足民生基本需求的公共产品;就政府而言,公用事业是其公共政策需要规范的主要内容,是政府无法推卸的民生责任;就社会而言,公用事业的正当性在于其以公共利益为中心,既要克服政府因管制俘虏和政治俘虏而产生的公益偏离,又要救济公众因私益最大化而导致的对他益的侵犯。那么,如何评价公用事业的学理意义呢?

在美国等西方国家,公用事业是与公共设施联系在一起的,世界银行和美国佛罗里达大学公用事业研究中心在其报告中将公用事业表述为"公用事业公共设施及服务(Utility Infrastructure and Services)"[1]。Gómez-Ibáñez教授和Jim Chen教授认为,公用事业与公共设施产业具有相同含义,而公共设施产业的含义是指

---

[1] Jamison, M. A., Berg, S. V., Gasmi, F., & Távara, J. I. (2004). Annotated Reading List for a Body of Knowledge on the Regulation of Utility Infrastructure and Services. World Bank and PPIAF.

"在特定地理区域内分配产品或服务的网络系统"[1]。公用事业部门包括航空、电信、石油、天然气、电力、货运、有线电视和铁路等产业。[2] 这些传统意义上的公用事业有六项特征：(1)公用事业一般为自然垄断行业；(2)行业提供的产品或服务的价格由政府规制机构监管；(3)必须在消费者希望得到服务并愿意支付规定价格时提供产品或服务；(4)公用企业被授予特许经营权并在特许地域范围内独家经营；(5)公用事业行业需要接受包括财务、证券等方面的监管；(6)公用事业必须提供现代生活运转所需的基本服务。[3]

我国台湾地区学者认为，所谓公用事业，是指事业所提供的商品或服务为社会大众基本生活所需，此类产业的经营形态多为国营或私人独占的受管制产业。通常所称的公用事业是指具备"民生经济必需性""欠缺需求弹性"以及"自然的独占性"等特征的事业。根据王文宇先生的研究，在台湾地区立法中，公用事业有狭义、广义和最广义三种。第一，狭义的公用事业。其范围仅指经营供给电能、热能、水资源、电信（电话）之事业。台湾地区"营业税分类计征表"及所谓"土地法"第208条第三款所称公用事业采此狭义。狭义公用事业具有不同于一般产业的特征：(1)需求面：水、电、瓦斯、电信等为现代生活之民生必需品，其需求具有显著的普遍性。因此，不论何时何地，都必须维持正常运作。此外，公用事业不得任意拒绝用户的申请，亦不得任意差别待遇。(2)供给面：此类公用事业的商品或提供的服务，往往牵涉到路权或其他地下管线的铺设，为避免重复投资造成资源浪费，其设立多由政府给予独占或区域性独占经营的特许权。(3)价格面：传统公用事业多为自然独占产业，价格缺乏竞争机能。再加上其所提供的商品或服务为民生必需品，为避免用户遭受剥削，其费率大多由主管机构报请立法机关核定。第二，广义的公用事业。广义的公用事业除了狭义公用事业外，还包括公共运输，如铁路、公路、航空、邮政等。"民营公用事业监督条例"即采此广义。第三，最广义的公用事业。除供给电能、热能、给水、电信及经营交通运输事业外，更包括卫生、水利等事业。此乃最广义的公用事业。"奖励投资条例"第3条第十款和台湾地区所谓"促进民间参与公共建设法"第3条即采此最广义。

综合上述论点，理论上学界对公用事业的界定分歧并不太大。首先，公用事业关系公益，是公共设施，为民生所系；其次，公用事业具有较强的垄断性，因此政府

---

[1] Gómez-Ibáñez, J. A. (2006). Regulating Infrastructure: Monopoly, Contracts, and Discretion. Harvard University Press; Chen, J. (2004). The Nature of the Public Utility: Infrastructure, the Market, and the Law. Northwestern University Law Review, Vol. 98, p. 1617.

[2] Geddes, R. (1998). Public Utilities. Encyclopedia of Law and Economics, Volume III.

[3] McKerracher, K. (2023). Relational legal pluralism and Indigenous legal orders in Canada. Global Constitutionalism, Vol. 12, No. 1, pp. 133-153.

监管是破除垄断和提高效率的必要路径;第三,公用事业部门具有网络性特征,一般包括航空、电信、石油、天然气、电力和交通等部门。

(二) 公用事业的经济分析

经济学通常从自然垄断性、经济的垄断性和网络性特征以及投资的持久性和稳定性等方面评价公用事业。

第一,自然垄断性。自然垄断性是为立法者和理论家们普遍接受的公用事业的一个基本特征,并且以此特征为基础,一方面确立了公用事业垄断经营的合理性,另一方面确立了政府对垄断予以管制的合法性。依此逻辑,自然垄断性特征意味着公用事业必须在政府规制下垄断经营。

垄断是一种由法律主体实施但接受法律调整的动态行为,立法禁止的并不是垄断本身,而是滥用垄断地位的行为,因为滥用会导致产业结构受损、消费者利益受侵蚀、良好的市场秩序遭破坏。所以,法律文本中的垄断是一种主体行为导致的结果。自然垄断性的出现,实际上是从概念上颠覆垄断的非法性,强调它是一种事实而非行为,即垄断事实只要合乎法律即具有合法性。最早提出自然垄断的是John Stuart Mill,他在1848年指明英国伦敦的某些公共设施不适应竞争性经营,并提出如果伦敦的煤气、自来水由一家煤气公司和一家自来水公司垄断经营,而不是像当时那样由许多家企业竞争性经营,就会取得巨大的劳动经济性。[①] 自此以后,大量的学者对自然垄断理论进行了进一步的研究,这些观点基本可以总结出两个中心。第一个中心是围绕规模经济建构自然垄断理论。所谓规模经济,是指随着生产规模的扩大,企业产品与服务的每一单位的平均成本出现持续下降的现象,因此该产品或服务由一家垄断企业进行生产或提供时,社会成本将是最小的。第二个中心是认为自然垄断应该建立在范围经济和成本弱增性基础上。范围经济是指随着生产产品种类的增加,出现进行联合生产的平均成本低于进行单独生产的平均成本的趋势,其结果是进行单独生产的企业由于生产成本高于联合生产的企业,将会退出市场竞争。成本弱增性是规模经济和范围经济产生的根本原因,它是指在存在多种产品和多个企业且任一企业均可以生产任何一种产品的前提下,如果单一企业综合生产各种产品的总成本小于多个企业分别生产这些产品的成本之和,企业的成本方程就具有弱增性。

建构在成本弱增性基础上的规模经济和范围经济所解释的自然垄断理论,要求对公用事业进行政府规制,维持自然垄断性以提高效益。但是,随着西方诸国对自然垄断产业的管制失灵,学者们开始寻求新的路径解释自然垄断理论。其一,自然垄断理论解释了成本弱增性下产业垄断的必要性,认为产业垄断可以提高效益,

---

① 谢地:《政府规制经济学》,高等教育出版社2003年版,第31页。

但是这种效益的提高不是来源于降低成本,而是来源于垄断地位;其二,技术的发展使得原来具有垄断地位的产业丧失了垄断性;其三,信息不对称使得垄断状态下的企业缺乏激励以提高产品质量和改善服务,因为其没有竞争压力;其四,市场容量和范围的扩大,使得规模经济缺乏合理性;其五,政府行为导致的垄断有别于市场竞争形成的垄断,前者只会造成市场封锁和产品质量降低,而后者是产品和服务不断提高的过程。[1] 传统的自然垄断理论受到技术和需求的冲击,使得原本具有垄断合法性的公用事业逐渐丧失了垄断合法性,如果继续维持这种垄断结果,则将导致社会福利的受损。自然垄断理论的更新,带来的结果并非否定公用事业存续的必要性以及政府规制的合法性,而是公用事业提供方式和政府规制广度、深度和幅度的调适。

第二,经济垄断性。经济垄断性是指尽管自然垄断性随着技术革新和生产力的发展而消退,但公权机构出于经济效率和有效供给的考虑,仍然将有关产业纳入公用事业的范畴,接受公用事业法的规制。

第三,网络性。根据《韦氏新大学词典》的解释,网络性是指将多根绳或线以规则的间隔打结而形成的牢固、纵横交错的结构,后来也指由许多线、路或频道组成的系统。从物理特征来看,电力、电信、邮政、供水、供气、交通等公用事业都是借助电网、宽带、管道、公路等特定的网络进行产品或服务的提供或传输,因此网络性特征成为公用事业区别于其他社会事业的基本特征之一,公用事业也称为"网络性产业"(Network Industries)。学界认为,网络性产业是指在产品或服务的生产、传输、分销和用户消费等环节具有很强的垂直关系,生产厂商必须借助于传输网络才能将其产品或服务传递给用户,用户也必须借助于传输网络才能使用厂商生产的产品或服务的产业。[2] 网络性产业由两部分组成:一是传输网络部分,二是具体产品生产或服务提供的部分。由于这些产品或服务必须通过固定网络来传输,所以这些传输网络部分还被称为网络性产业的"瓶颈"或公共设施。[3]

在经济学看来,公用事业的网络性特征促成了公用事业垄断经营的必要性,但同时出于对竞争性市场效率的追捧,网络性特征要求对公用事业的规制必须灵活主动,"通过放松规制、规制改革和垂直分离建立与网络性产业技术、经济特征相适应的竞争性结构,强化市场机制和厂商的内在激励对改进该类产业供给效率的作用"[4]。

---

[1] 谢地:《政府规制经济学》,高等教育出版社 2003 年版,第 36-37 页。
[2] 姜琪:《网络型产业的有效竞争研究——以中国陆路交通运输业为例》,载《经济与管理评论》2012 年第 2 期。
[3] 肖兴志、陈艳利:《纵向一体化网络的接入定价研究》,载《中国工业经济》2003 年第 6 期。
[4] 刘戒骄:《网络性产业的放松规制与规制改革——国际经验与中国的实践》,中国社会科学院 2001 年博士学位论文。

第四,投资持久性和稳定性。投资持久性和稳定性是指公用事业的建设、运营及其维护与一般的私营部门不同,公用事业需要通过长期而稳定的投资才能确保公共产品和公共服务的高效和稳定的供应。在国外,有理论认为,投资持久性和稳定性是公用事业公共设施垄断的最主要因素。[1]

(三) 公用事业的立法界定

根据《元照英美法词典》的解释,英文"Public Utility"一词的意思是"公用事业"或"公用事业企业",是指以实现实质性的公共服务为目的的企业,其业务受到政府监管。因此,在美国法中,公用事业通常是指负责维持公共服务、公共设施的企业主体,公用事业与公用事业企业是一体两面的,美国各州普遍制定的公用事业法典(Public Utilities Code)或公用事业法(Public Utilities Act)也大多以公用事业企业为规范对象。美国加利福尼亚州的《加州公用事业法典》第一部分《公用事业法》第216节对"公用事业"进行了界定:"公用事业企业"包括全部的公共承运人(common carrier)、收费桥企业(toll bridge corporation)、管道企业(pipeline corporation)、燃气企业(gas corporation)、电力企业(electrical corporation)、电话企业(telephone corporation)、电报企业(telegraph corporation)、水务企业(water corporation)、污水处理企业(sewer system corporation)以及供热企业(heat corporation)等,这些企业向全体或部分公众提供服务或产品;当个人或企业向不特定的个人、私有企业、市政当局或其他州行政分支机构提供服务或产品,直接或间接地、经常或偶尔地向全体或部分公众提供服务或产品,那么该个人或企业是公用事业。美国伊利诺伊州《公用事业法》第3-105节对"公用事业企业"进行了界定:"公用事业企业"意指在本州内,任一企业、公司、有限责任公司、股份公司或协会、合伙、个人,及其承租人、受托人或法院指定的接管人等,直接或间接所有、控制、运营或经营的为公共所使用的任何工厂、设备,与已使用或将要使用的财产,以及有关联、拥有或控制的任何特许权、许可证、许可或权利以从事:(1) 生产、储藏、传输、销售、运送或供应热能、冷气、动力、电力、水资源或照明;(2) 污水处理;(3) 石油或天然气的管道运输。《蒙大拿州法典》第69-3-101条对"公用事业企业"的界定如下:"公用事业企业"须包括所有的公有或私有企业、公司、个体、个体协会及其承租人、信托人或各级法院指定的接收者,在现在或将来可能拥有、运营或控制任何工厂或设备的整体或部分,或控制州内的任何水权用于生产、运输,或供应给其他个人、实体、协会或公司、私有企业或市政当局以从事以下几个方面的服务:(1) 热能;

---

[1] Pedchenko, N, & Kimurzhiy, M. (2019). Peculiarities of the Ukrainian housing and utility services enterprises activity in the context of defining their development potential. Public and Municipal Finance. 7. 32-40.

(2)市内电车服务;(3)电灯;(4)任何形式或任何机构拥有的电力;(5)商业、生产或家庭用水或污水服务,无论是否在市、镇和村以及其他地区内;(6)管制下的电信服务。

加拿大阿尔伯塔省(后简称"阿省")《公用事业法》第2.1(e)条规定,"公用事业企业"意指个人、实体或企业拥有、运营、管理或控制某行政区内的设备或设施用于:(1)直接或间接为公众生产、储藏、传输、运送或提供电力或能源、水资源或热能;(2)直接或间接为公众通过干线收集、储藏、传输、运送或提供水资源;(3)直接或间接为公众通过干线收集、处理或处置污水。

我国台湾地区"民营公用事业监督条例"第2条概举了公用事业部门构成,包括电灯、电力及其他电气事业,电车,市内电话,自来水,煤气,公共汽车及长途汽车,船舶运输,航空运输等。我国大陆地区立法中尚无有关公用事业的界定,只有《市政公用事业特许经营管理办法》列举了城市供水、供气、供热、公共交通、污水处理、垃圾处理等公用事业行业。

除了以公用事业企业及其构成为核心界定公用事业外,美国得克萨斯州《公用事业规制法》(Public Utilitiy Regulatory Act)第11.002(b)节从竞争和垄断的关系上对公用事业进行界定,认为传统上公用事业与垄断是联系在一起的,因此在自由市场经济下,竞争机制不能当然及于公用事业,因此有必要由特定机构对公用事业在费率、运营和服务等方面进行规制,以保证其竞争性。由此可见,公用事业与公用事业部门、公用事业企业并非同一层面的关系。立法之所以侧重于规范公用事业企业,主要是因为主体立法的习惯性安排和规范性结构。但可以明确的是,公用事业、公用事业企业和公用事业部门是三个相互关联的概念。从这些立法中,我们可以探寻公用事业企业的基本特征。一是,公用事业企业为社会提供的是具有普遍性和不可替代性的公共服务;二是,公用事业企业产品或服务依赖于特定的管网和设备方可实现其服务公众的目的。

二、公用事业的定义

(一)公用事业的含义

从广义上来说,公用事业是指政府规制下的由公用事业企业通过公共设施向公众提供普遍服务的公共性事业的总称。

第一,公用事业有赖于政府规制。公用事业承载着向社会提供公共产品或公共服务的公共使命,由于公共产品或服务关系公共利益,且公共产品或服务的生产或提供缺乏竞争机制而增加了社会成本,因此,需要政府制定监管政策以保证公益性质的信守和等同竞争环境下的效率。

第二，公用事业产品或服务的生产商和供应商是公用企业。[①] 按照阶段性特征，公用企业主要在三个领域提供产品或服务，即生产（production）、传输（transmission）和分配（distribution）。一般来说，生产环节的公用企业普遍民营化，而传输和分配阶段则是国有和民营共存（参见表1：公用企业结构）[②]。在本书中，公用企业主要是指与公共设施相关的公共产品的生产、传输和分配环节。

表1：公用企业结构

产业	生产	传输	分配
航空	飞机	航空管制	机场
货运	货车	高速公路	地方街道,物流中心
电信	电信终端设备	长途通信和本地电信	本地电信
电力	发电厂	高压线	本地电网
天然气	气井	州际管道	本地配送
铁路	火车	铁路网	本地铁路网

资料来源：Crandall, R. W. & Ellig, J. (1997). Economic Deregulation and Customer Choice: Lessons for the Electric Industry, Fairfax, VA, Center for Market Processes.

第三，公用事业的物质载体是公共设施。它包括能源、交通、城建、环保领域等在内的电站、输油输气管网、铁路、公路、桥梁、隧道、码头、航道、广播电视传输网、城市轨道交通、城市道路桥梁以及供水、垃圾处理、污水处理、燃气、资源回收利用设施等。公用事业公共设施具有社会专用资本的特征，它不成为直接的消费品，却是生产公共产品或提供公共服务的基本必需品，这些公共设施具有资金密集性、资产耐久性和资本沉淀性等特征。[③]

第四，公用事业包括但不限于航空、电信、石油、天然气、电力、燃气、交通等部门或行业。这些部门均具有规模经济、范围经济和网络效率等特征，且投资具有持久性和稳定性。[④] 随着技术革新和管制政策变化，公用事业部门也会进行相应调整。

第五，公用事业所服务的对象是不特定的公众。享有公共产品和服务的主体不因年龄、性别、种族、财产、职业、出身、区域等原因而被区别对待，公权机构有义务通过立法确保公众平等获得公共产品或服务的权利，它是公民享有的基本人权

[①] 在本书中，"公用企业"与"公用事业企业"是混同使用的。
[②] Crandall, R. W., & Ellig, J. (1997). Economic Deregulation and Customer Choice: Lessons for the Electric Industry, Fairfax, VA, Center for Market Processes.
[③] Stenroos, M., & Katko, T. S. (2011). Managing Water Supply through Joint Regional Municipal Authorities in Finland: Two Comparative Cases. Water, 3(2), 667-681.
[④] 孙学玉、周义程：《公用事业：概念与范围的厘定》，载《江苏社会科学》2007年第6期。

之一。

第六，公用事业向公众输出的是公共产品或服务。这些公共产品或服务的生产或提供具有如下特点：(1) 属于资本密集型；(2) 产品为社会必需品或基本品；(3) 产品具有不可储存性；(4) 在特定合适的地点生产；(5) 与消费者关系紧密。[1]

狭义的公用事业仅限于公用企业通过公共设施向公众提供航空、电信、石油、天然气、电力、交通等产业部门的普遍服务。本书的研究主要是从狭义角度探讨公用事业，即主要以能源、交通、通信和市政等产业为研究对象。

(二) 本书对公用事业的界定

公用事业是指在法定机构的公益性规制下，由公用企业通过公共设施，向公众提供包括能源、交通、通信和市政等普遍服务的事业。它包括以下几方面。

首先，公用事业规制机构。法定机构对公用事业的监管不同于其他普遍接受市场机制调节的市场部门，公用事业部门具有网络性和一定的自然垄断性，且公用事业产品或服务是民生需求的基础内容。因此，规制机构一方面要维持垄断机制下公用事业部门的有序运行，另一方面还要保证接受规制的公用事业产品和服务满足公众基本需求，维持基本人权。也就是说，公用事业规制机构是区别于市场机制下政府对市场行为予以监管的宏观调控机构。从理论和立法上探讨公用事业规制机构的主体资格、主体权限、主体行为等内容是研究公用事业的基础。

其次，公用事业企业。上文已经述及，规制机构对公用事业民生需求目标实现的监管是通过对公用企业的规制实现的。一方面政府要完善公用企业的公权监管，另一方面更要重视公用企业主体权益的增进，以提升对公用企业参与公用事业的激励。只有公用企业主体权益得到保障且激励机制得到充分的实施，才能避免出现"一管就死""一放就乱"的情形。公用企业的公权监管和私权激励机制的完善是保障公用企业参与公用事业的根本要求。

再次，公用事业的公共设施。公共设施是导致公用事业部门具有自然垄断性或非竞争性特征的主要原因。由于公用企业参与公用事业缺乏必要激励的主要原因在于公共设施的规模经济或范围经济特征，因此，公共设施的利用机制和利用效率直接影响到公共产品和服务的生产和提供。公共设施之于公用事业有两个值得关注的内容，一是公共设施由谁提供，二是公共设施如何利用。明确了这两个问题，即可以初步厘清公用事业公共设施的立法重心。

最后，公用事业部门。我们通常以自然垄断性和基础服务性作为产业进入公

---

[1] Berg, S. V., & John, T. (1988). Natural Monopoly Regulation: Principles and Practice. Cambridge University Press, 3.

用事业范畴的标准,但是不同的产业部门具有差异化的技术特征和市场特征,促使我们考量公用事业部门的构成,并进而区分公用事业部门立法的特质。对公用事业部门的研究重心包括:一是产业部门被认定为公用事业的标准;二是公用事业部门间的差异化运营和监管;三是公用事业部门内的差异化运营和监管。

三、公用事业的特征

公用事业的特征可以概括为四个核心概念:公益、垄断、规制、竞争。"公益"是指公用事业关涉基础民生,关系公共利益。"垄断"是指由于公共设施的垄断性和产品生产或服务的规模经济和范围经济特征,公用事业部门具有一定的自然垄断性,且维持公用企业的垄断地位有利于社会公益。"规制"是指因公用事业的自然垄断性状态而导致公用企业具有的独占地位以及公用事业关系公共利益而导致的民生问题,有必要对公用事业施以专门、专业和独立的规制。"竞争"是指随着技术革新和民生需求增进,具有自然垄断性特征的公用事业需要引入有效竞争以促进公用企业提高生产效率、降低成本和改善服务,但公用事业领域的竞争机制明显区别于市场机制下的竞争。在这四项特征中,公益性和垄断性是公用事业的根本特征,规制性和竞争性是基于公益性和垄断性的衍生特征。

(一) 公益性

公用事业的公益性特征突出体现在公用事业提供的基础服务、普遍服务以及作为公共服务载体的公共设施等方面。

一方面是基础服务的公益性。公用事业向社会输出的公共产品包括电力、交通、通信、能源、环境保护等。这些公共产品构成社会生活其他方面的基础。《关于进一步鼓励和引导民间资本进入市政公用事业领域的实施意见》指出,市政公用事业是为城镇居民生产生活提供必需的普遍服务的行业,是城市重要的基础设施,是有限的公共资源,直接关系到社会公众利益和人民群众生活质量,关系到城市经济和社会的可持续发展。以电力为例,电力是国民经济的基础能源,电力安全关系国民经济的持续健康发展、社会秩序的稳定和公民生活品质的提升。离开了有效的电力生产、输送和配置,无论是国民经济发展还是民生维持,都将受到极大的影响。因此,公用事业提供的是基础服务,这些基础服务具有鲜明的公益性。

另一方面是公共设施的公益性。公共设施是指为社会生产和居民生活提供公共服务的工程载体,它是社会生存发展的基础物质条件。"公共设施"主要指公路、铁路、机场、通信、水、电、气等基础设施,它的特征非常明显。其一,这些公共设施作为公共服务的运行载体,与自然附属物(包括土地、水体、矿床等)有紧密联系,其是在原有的自然附属物的基础上,经过人们的加工改造而建立起来的,受自然的制约;其二,公共设施具有固定性,其实物形态大都是永久性的建筑,供生产和生活长期使用,不能经常更新,更不能随意拆除废弃;其三,由于公共设施建设成本大,且所有权的排他性功能不固定,因此公共设施的建设往往由公共行政机构自行或委托授权给相应机构实施。公共设施的建设和利用面向公众需求,向社会公众平等开放和准入,公共设施同样具有公益性特征。

(二) 垄断性

所谓垄断,是指唯一的卖者在一个或多个市场,通过一个或多个阶段,面对竞争性的消费者。垄断是一种主体行为所追求的客观结果,为了鼓励竞争,普通立法是反垄断的,但特别立法允许特定领域的垄断状态,只是必须对其进行规制。垄断有三个层面的含义,一是基于市场竞争而导致的市场垄断,二是基于政府特许而产生的行政垄断,三是基于产业性质而产生的自然垄断。我们通常将市场机制下的垄断称为市场垄断。市场垄断是市场竞争的必然结果,因此立法并不禁止企业通过市场竞争获得支配地位,但对滥用垄断地位的企业必须施以严格管制,以实现对产业结构的调整和消费者权益的保护以及产业技术的革新。行政垄断是指行政机构直接或间接利用其行政权力在特定区域或特定行业内限制竞争或禁止竞争的行为。行政垄断是立法管制的重点。[1] 自然垄断是指"如果有一个厂商生产整个行业产出的生产总成本比由两个或两个以上厂商生产这个产出水平的生产总成本低,则这个行业是自然垄断的"[2]。

公用事业的垄断性主要是指自然垄断。在公用事业中,电网、管网、交通等公共设施等具有较强的自然垄断性,由行政特许的公用企业单一或有限提供更加有利于国民经济发展和公众的福利增进。其表现在外部形式上,就是电网企业、管网企业、公路运营企业等的独占地位。自然垄断往往是通过行政行为得以确立的,但这在实践中容易导致行政主体滥用行政权力,其利用产业的自然垄断性寻租,从而导致行政垄断和自然垄断的边界错位。并且,如果行政主体错误或片面地界定了公用事业的自然垄断性,也会混淆自然垄断和行政垄断的界限,进而影响公用企业的公信力和高效率。因此,合理界定产业的自然垄断性特征以及行政行为对自然垄断性的确认,是正确认识公用事业自然垄断性以及因势利导推动产业发展的必要条件。

---

[1] 《中华人民共和国反垄断法》第 32—37 条详细规定了行政垄断的内容及其规制,《中华人民共和国反不正当竞争法》也对行政垄断及其规制进行了规定。

[2] [英]约翰·伊特韦尔、默里·米尔盖特、彼得·纽曼主编:《新帕尔格雷夫经济学大辞典》,经济科学出版社 1996 年版,第 648 页。

(三) 规制性

规制，即政府规制，是一种政府干预行为。随着市场经济的形成和发展，在关系公益且不具备完全竞争性的市场领域，为有效调整公权主体和私权主体之间、厂商与消费者之间的经济关系以及促进公益和私益的平衡，由立法的形式确立的具有特定权限的政府规制机构，通过制定规制政策对经济主体及其经济行为进行直接干预或间接调控，以实现公用事业领域中的公共利益维护和私益增进，进而维护社会公平。

政府规制大体可以分为经济性规制和社会性规制两大类别，此处所讨论的公用事业规制主要是指经济性规制。所谓经济性规制，主要是指规制机构实施市场准入、价格、数量、退出等环节的规制政策，从而对公用企业所产生的强制性约束机制。根据日本学者植草益的观点，经济性政府规制着力于实现下述目标：第一是实现资源的有效配置；第二是提高规制企业内部效率，包括生产效率、技术效率、配送效率和设备利用效率等；第三是避免收入再分配；第四是规制企业财务的稳定化。[1] 为了保证这些目标的实现，规制者确立了以准入和价格规制为主要内容的政策手段。

首先是准入规制。所谓准入规制，是指政府或规制机构根据自然垄断行业的特点，为防止潜在竞争者的威胁，使既存自然垄断企业无法用边际成本价格或盈亏相抵价格维持生存，对潜在竞争者的进入进行规范和制约，通过限制新企业的进入，保证既存企业的垄断地位，以实现规模经济，避免恶性竞争而造成资源浪费。[2] 在准入规制方面，规制机构在制定规制政策时，需要对既存企业和新进企业综合考量。其一，规制政策必须维持自由的竞争体制，保证公用企业进入和退出的成本最低；其二，规制机构应对沉淀成本进行规制，降低原企业利用其获取垄断利益和新进企业在市场上的不利竞争地位；其三，对原有公用企业和新进公用企业应施以非对称的规制政策，以降低对公平竞争的损害；其四，准入规制政策应与公共产品的定价政策相协调，共同提高市场效率。

其次是价格规制。价格规制包括价格水平规制和价格结构规制。价格水平是指提供单一产品或服务的产业中每一单位产品或服务的价格，通常是按照一般成本加合理报酬制定出来的。价格水平规制就是维持合理价格水平的规制政策，价格水平规制下的公共产品定价有企业自行定价、按边际成本定价和按平均成本定价等方式，例如美国投资回报率价格规制和英国最高限价规制两种模型。价格结

---

[1] 杨同宇：《经济法规制范畴的理论审思》，载《中国法律评论》2023 年第 5 期。
[2] 陈凯荣：《维持垄断还是走向竞争？——自然垄断行业分析的一个视角》，载《当代经济管理》2013 年第 4 期。

构规制是根据公共产品的需求结构而对公用企业的产品定价进行的规制。公用企业按照时间、空间、用途、消费量、收入和质量等不同标准对特定产业的总需求进行划分,形成不同的需求结构,再根据需求结构制定不同的价格。价格结构规制的主要内容是单一产品定价规制和多种产品定价规制。

除此之外,政府规制的传统内容还包括环境规制、质量规制和投资规制等。以燃气行业为例,在环境规制方面,政府为实现"双碳"目标,对燃气企业实施了严格的政策要求,推动其通过差异化的投资策略推进清洁能源发展。这些差异化策略包括巩固燃气主业和推进清洁转型,并注重从管理红利、技术红利和政策红利等方面调整投资方向。在质量规制方面,政府通过严格的安全生产监管,确保燃气企业的管道设施运行安全以及用户的使用安全。行业监管的重点不仅包括准入和价格的规制,还对安全生产提出了更高的要求,形成了全方位的监管体系。在投资规制方面,燃气企业需要在上游资源、中游基础设施和下游液化天然气(Liquefied Natural Gas,LNG)贸易等环节进行协同规划与风险管理。例如,在上游资源开发中,需要审慎识别投资收益和资源权益风险;在中游基础设施建设中,需要评估利用率走低和资产搁浅的可能性;而在下游LNG贸易中,则需管控气价倒挂对经营可能产生的不利影响。此外,政策还引导燃气企业通过全产业链的布局提升经济效益和服务能力,这种布局能够有效增加投资收益、降低用气成本并增强终端供应能力。

(四) 竞争性

公用事业的竞争性特征奠基于公用事业的垄断性和规制性。一方面,公用事业的自然垄断性使得特定公用企业享有独占地位,独占性地生产产品或提供服务并获得收益。这种独占地位显然是排斥竞争的。另一方面,公用事业的规制性使得公用事业的发展无论是在产业准入还是退出抑或质量标准、数量要求、价格确定等方面,均应接受严格的政府管制,企业无法按照市场机制调整生产规模和测算企业收益。公用事业的垄断性和规制性是发展公用事业的必然要求,但随着公用事业的民营化浪潮,公用事业的竞争性特征无可避免。

公用事业的竞争性是指随着技术革新和社会发展,具有自然垄断性特征的公用事业逐渐蜕变为准自然垄断性或非自然垄断性,从而使得不具备自然垄断性或全面自然垄断性的公用事业部门从管制和垄断走向市场和竞争,通过市场机制配置资源,达到公用事业效率和效用的最大化。并且,公用事业的竞争性也满足了公众对破解公用事业滥用垄断地位和行政权力寻租的诉求。政府希望通过全方位立体的监管体系来追求公用事业的高效率和保护社会公共利益,但恰恰是由于政府过多关注公用事业从而导致了公用事业运营问题丛生,其突出体现为"规制俘虏"(regulatory capture)和"政治俘虏"(political capture),权力寻租伴随而生。避免权力寻租的有效办法是将资源配置市场化、收益分配社会化,引入竞争是实现这些目标的最佳路径。需要特别强调的是,公用事业的竞争性是自然垄断和政府规制下的竞争,或者说是一种有效竞争,但这种竞争不同于市场机制下的完全竞争。

四、公用事业的构成

(一) 纵向公用事业

在公用事业规制机构的监管下,公用企业通过公共设施,向用户提供公用事业产品和服务。从纵向一体化来看,公用事业由公用事业规制机构、公用事业企业、公用事业公共设施、公用事业产品和公用事业用户(消费者)等组成。

第一,公用事业规制机构。公用事业规制机构是指承担公用事业监管职能、保障公共产品供应和公共服务有序进行的公共权力机构,包括能源、交通、通信和市政等公用事业规制机构。

第二,公用事业企业。根据美国加利福尼亚州《加州公用事业法典》第 216 条的规定,公用事业企业不仅包括向全体或部分公众提供服务或产品,而且包括个人或企业向不特定的个人、私有企业、市政当局或其他州行政分支机构提供服务或产品,直接或间接地、经常或偶尔地向全体或部分公众提供服务或产品,那么该个人或企业也被认定为公用企业。我国立法对公用事业企业的界定范围较之美国立法狭窄。根据 1993 年原国家工商行政管理局颁布的《关于禁止公用企业限制竞争行为的若干规定》第 2 条规定:"本规定所称公用企业,是指涉及公用事业的经营者,包括供水、供电、供热、供气、邮政、电讯、交通运输等行业的经营者。"因此,我国立法中的公用企业专指公用事业企业。本书所讨论的公用事业部门仅仅指能源、交通、通信和市政等产业,且公用事业企业专指通过公共设施生产或提供公共产品或服务的公用企业。在本书中,除非特别指出,"公用企业"的内涵与我国立法的表达是一致的。

第三,公用事业的公共设施。公用事业的公共设施是指承载公用事业运行的结构和网络。根据《中华人民共和国建筑法》第 42 条第二款之规定,道路、管线、电力、邮电通讯等都属于公共设施。按照公用事业的部门划分,公用事业的公共设施包括能源公共设施、交通运输公共设施、通信公共设施和市政公共设施等(参见表 2:公共设施构成)。

表 2:公共设施构成

类别		公共设施
能源	电力	水电站、抽水蓄能电站、火电站、热电站、风电站、核电站、电网工程
	石油、天然气	接收设施、存储设施、管网

续表

类别		公共设施
交通运输	公路	公路、桥梁、隧道
	水路	泊位、码头
	航空	机场
	铁路	线路、桥涵、站场、电力系统、通信信号系统和调度指挥系统
通信	电信	干线传输网、传输电路、国际关口站、通信设施
	邮政	邮政服务网点、邮政生产场地、邮政信筒（箱）、邮亭、邮政报刊亭、邮政信报箱、邮政编码牌
市政	供水、供气、供热、公共交通、污水处理、垃圾处理	供水管网、供气管网、供热管网、收运和传输系统、城市道路桥梁、城市快速轨道交通系统

（资料来源：作者整理）

第四，公用事业产品。公用事业产品或服务是指公用事业部门通过公共设施向社会提供的满足基础民生需求的普遍服务和持续服务，它包括电力产品和服务、石油和天然气产品和服务、交通产品和服务、通信产品和服务以及市政产品和服务等。

第五，公用事业用户。公用事业用户是指有权使用公用事业产品或服务的消费者。公用事业用户与一般的消费品用户相区别的是，公用事业向社会提供的是普遍服务、非排他性和非资格准入性服务，而且保障用户获得普遍产品或服务是公用事业监管机构和公用企业的基础义务。

（二）横向公用事业

以横向公用事业为标准，公用事业由相应的产业部门构成，包括能源、交通、通信和市政等公用事业部门。[①]

1. 能源公用事业。能源公用事业通常包括：

其一，输电（electric power transmission）和配电（electricity distribution）。通常而言，电力传输是在发电厂和变电站之间进行的，而输电是将电力从变电站输送给消费者。由于输电过程一般是大量电力的传输，电力通常是利用电力传输线进行长距离高压电传输（110 kV 或更高）。在人口密集地区，由于安装和维护电力线成本高，电力也可以通过地下传输。

输电系统也称为"格子"（grid），然而，出于经济性考虑，其网络并不是数字化的格子（mathematical grid），在考虑传输线路的经济性和电力成本的基础上，多余的线路通常也是必需的，这样可以保障电力从发电厂向负荷中心的有效传输。由

[①] 严骥：《我国公用事业监管的法治路径》，载《人民论坛·学术前沿》2018 年第 11 期。

此，将电力从发电厂输送到消费者家中，除了始端的电力和终端的配电和用电外，需要高压线路和变压站才可以实现。输电组织正是利用这些公共设施完成输电工程。输电机构的国有化或民营化在不同的时期、不同的地区存在明显的差异。配电是将电力销售给终端用户前的阶段。配电一般包括中压（低于 50 kV）电力线、变电站和配电变压器，以及低压（1 000 V）输电线和电度表等。配电企业的职责就是通过高压电力线、变电站、变压器、低压输电线和电度表等公共设施，完成在售电前的电力配送任务。

其二，天然气配送（natural gas distribution）。广义的天然气是指地壳中一切天然生成的气体，包括油田气、气田气、泥火山气、煤层气和生物生成气等。按天然气在地下存在的相态可分为游离态、溶解态、吸附态和固态水合物。只有游离态的天然气经聚集形成天然气藏，才可开发利用。天然气主要用途是作燃料。本书所谓天然气公用事业主要是指作为生活燃料的天然气在配送中涉及的天然气配送企业、天然气配送公共设施等内容。

天然气公用事业中的配送环节是天然气产业链的重要组成部分，而上游天然气开发、中游输送管网建设及下游贸易与终端消费密切相关。上游天然气资源开发需特别关注资源权益与投资回报，而中游管道设施和液化天然气（LNG）基础设施则直接影响天然气配送的可靠性与经济性。配送环节中的天然气主要用作生活燃料，但其在发电和分布式能源系统中的作用也在逐步扩大。此外，作为一种清洁能源，天然气在"双碳"目标下的清洁能源转型中扮演了关键角色。除了作为生活燃料，天然气在工业、发电、交通等领域的应用范围也在逐步扩大。这种多用途特性不仅要求企业在天然气配送中提升服务质量，还需要企业在基础设施建设和投资中兼顾环境目标，为实现绿色经济发展提供支持。配送企业通过全产业链的协同布局，不仅有效降低了用气成本，还增强了终端供应能力，为配送公用设施的现代化建设提供了实践支持。

2. 交通公用事业。交通公用事业通常包括：

其一，公路，包括收费公路。公路是指连接城市、乡村和工矿基地之间，主要供汽车行驶并具备一定技术标准和设施的道路。公路主要由路基、路面、桥梁、涵洞、渡口码头、隧道、隔离栅、路面标线、护栏、绿化带、通信、照明以及交通标志等设备及其他沿线设施组成。

其二，公共交通。公共交通，或称公共运输，泛指所有收费提供交通服务的运输方式，也有极少数免费服务。公共交通系统由通路、交通工具、站点设施等物理要素构成。广义而言，公共运输包括民航、铁路、公路、水运等交通方式；狭义的公共交通则指城市定线运营的公共汽车及轨道交通、渡轮、索道等交通方式。公共交通（public transport）分为大众运输（mass transit）及共享交通运输（或称副大众运输、准大众运输）。现代公共交通包括：（1）轨道交通，即铁路运输，包括以下各种应用:城市轨道交通系统、区域铁路(通勤铁路)、轻便铁路(亦称轻轨或轻铁)、有轨电车、无轨电车、缆索铁路、高速铁路、齿轨铁路、单轨铁路、磁浮铁路、索道和快速公交系统(BRT);(2)道路运输,包括公共汽车、公共汽车快速交通、出租车、无轨电车和人力车;(3)水运,包括渡轮和水上的士①;(4)空运,包括民航和直升机;(5)其他,例如电动扶梯和自动人行道等。

3. 通信公用事业。通信(communication)公用事业以邮政和电信为主要内容:

电信指利用电子技术在不同的地点之间传递信息。电信包括不同种类的远距离通信方式,例如无线电、电报、电视、电话、数据通信以及计算机网络通信等。组成通信系统的基本要素包括发信机、通道以及收信机。发信机负责将信息进行编码或转换成适合传输的信号,信号通过信道传输至收信机。在传输过程中,由于噪声的存在,信号不可避免地会受到改变。收信机端试图应用适当的解码手段从劣化的信号中恢复信息的原样。描述通道的一个重要指标是频宽。电信行业通常分为电信设备制造商和电信网络运营商。在历史上,网络运营商通常都拥有全国性的垄断。近年来,随着全球电信市场的开放和整合以及技术的发展,逐渐出现多家运营商在同一市场竞争的局面。我们通常所说的电信公用事业,主要是指电信网络运营事业。

4. 市政公用事业。市政公用事业通常包括:

其一,饮用水净化和供水系统(drinking water purification and supply system)。饮用水是指可以不经处理或者经处理后直接供给人体饮用的水,前者包括干净的天然泉水、井水、河水和湖水,后者主要是指经过加工处理的饮用水,包括瓶装水、桶装水、管道直饮水等。水净化是指从原水中除去污染物的过程,其目的是以特定的程序达到水净化的效果。供水网络由以下部分构成:(1)收集水的分水岭或地理区域;(2)聚集水的蓄水池,如湖泊、水库、河流和地下水等;(3)将水从水源地输送到处理厂的方法,例如地下管道、水渠等;(4)水净化,例如水处理厂;(5)通过管道将处理过的水通过管道输送到贮藏库;(6)通过配送管道将水从贮藏库输送给消费者。

其二,废物管理(waste management)。废物管理包括污水处理以及其他的废物处理。污水处理(sewage treatment)是采用物理、生物及化学的方法对工业废水和生活污水进行处理,以分离水中的固体污染物并降低水中的有机污染物和富营养物(主要为氮、磷化合物),从而减轻污水对环境的污染。污水经市政管网收集后

---

① 又称水上计程车,是用于拥有河道的城市的公共交通工具,其特性为定时开出,搭载数位乘客,类似渡轮及巴士。参见张瑞洁、李华、苗晋芳:《水上巴士成禾城交通出行新名片》,《嘉兴日报》2021年10月21日第3版。

进入处理厂,经过处理后的污水在视觉、嗅觉上可以达到与清水相近的效果。在污水处理中,污水的收集、市政管网的建设和利用、污水处理厂的建设以及处理后的污水处置等是污水处理的关键因素。除污水之外,城市生活垃圾处理等废物处理也是废物管理的重点内容。

其三,区域供热(district heating)。区域供热是指在集中居住区为居民或商业用户提供热能的系统,主要包括供暖(space heating)和供热水(water heating)等。热量产生后,热能通过隔热的管道网络配送给消费者。区域供热系统由供热管路和回水管路构成(supply and return lines)。通常这些管道是安装在地下的,但也有地上管道。在供热系统中还会安装热能储集系统,以平衡负荷波动。在消费者层面,供热网络通过热交换器(或称为热力站)与居住区的中央暖气系统相连接。

第二节　公用事业法界说

一、公用事业法的内涵

公用事业法是调整和规范公用事业及其利用关系的法律规范的总称。它具有以下内涵。

第一,公用事业法所规范的内容包括能源、交通、通信和市政等产业部门,这些产业部门具有相同的自然垄断性特征,并以提供普遍服务为产业目标。

第二,公用事业法以公用事业政府规制为公权支撑,以公用事业企业有效竞争为私法手段,以公用事业的公共设施为物质载体,确立和保障公用事业普遍服务的实现和公共利益的最大化增进。

第三,公用事业规制法是公用事业法的核心内容之一,它的任务是通过公权监管,保障公用事业公共设施及对其的利用能够最大限度地满足民生需求和增进公共利益,规范和促进公用事业企业的规范运营和消费者权益的普遍保护。

第四,公用事业企业法是公用事业法的又一重要组成部分,公用事业企业法确立了公用事业企业的主体资格,保障了公用事业企业运营中公共利益、社会秩序和主体收益的平衡。

第五,公用事业法旨在保障公用事业满足多元主体对公共利益的诉求和表达,寻求多元治理机制,推进公用事业的公益化、社会化和市场化。公用事业是由公用事业企业通过公共设施向公众提供的航空、电信、石油、天然气、电力、交通等行业的公共产品或公共服务的社会性事业的总称。在这个社会性事业的实现和发展过程中,多元主体利益在其中得到体现或实现,主体利益也进行了相应的分配和重组。公用事业法必须立足和强化这种理念和制度实践,保障多元主体的共赢。

二、公用事业法的分类

以纵向一体化为体系,公用事业法包括公用事业规制法、公用事业设施法和公用事业企业法等。公用事业规制法是通过规范公用事业公共设施利用、公用事业企业市场准入、消费者服务和公平商业活动等,确保为消费者提供高质量的服务以及在法律许可范围内的竞争性市场的健康发展为对象的法律规范的总称;公用事业设施法是指以规范公用事业设施的建设、运营管理、所有权关系、损害责任等为主体内容的法律规范的总称,包括电力设施法、核电设施法、交通设施法、通信设施法等;公用事业企业法是指以电力、天然气、饮用水、公共交通服务、通信服务等公用事业企业的市场准入以及公共产品生产或公共服务提供的数量、质量、价格等为规范对象的法律规范的总称。

以横向公用事业为体系,公用事业法包括能源公用事业法、交通公用事业法、通信公用事业法和市政公用事业法。能源公用事业法是以调整电力、天然气和供热等公用事业的传输和利用为对象的法律规范的总称;交通公用事业法是指以调整公路、公共交通设施经营权及市场准入等为对象的法律规范的总称;通信公用事业法是指以调整有线和无线通信公共设施的建设和利用等为对象的法律规范的总称;市政公用事业法是指以调整生活污水处理、固体废弃物回收利用及处理为对象的法律规范的总称。需要特别强调的是,能源公用事业法、交通公用事业法、通信公用事业法和市政公用事业法并不等同于能源法、交通法、通信法和市政法,前者既是后者的有机组成部分,但也是关于公用事业公共设施利用、公用事业规制和公用事业企业运营的专门调整法律,因此同时构成了公用事业法的有机组成部门,易言之,能源、交通、通信和市政等公用事业法既是相应能源法、交通法、通信法和市政法的有机组成部分,同时也是相应公用事业立法的必要内容。[1]

---

[1] 以能源法为例,2006年4月18日,国家能源局组织召开的《中国能源法律体系框架研究》课题汇报会中指出:"建立健全我国能源立法体系应坚持以下基本原则:即可持续发展原则、规划指导原则、统筹协调原则、体制创新原则。在此原则基础下,我国应建立'以能源基本法为统领,以煤炭法、电力法、石油天然气法、原子能法、节约能源法、能源公用事业法为主干,由国务院和地方制定的行政法规和能源行政规章相配套,结构严谨、内容和谐,形成统一的,保障国家能源安全和可持续发展的,与建立社会主义市场经济体制相适应的,有中国特色的能源法律体系。'"(参阅:https://www.nea.gov.cn/2006-04/20/c_131057908.htm)由此可见,能源公用事业法是能源法的有机组成部分。

三、公用事业法的特征

（一）主观权利的非完整性

根据法国法律的理论，主观权利是指对他人自由的一种合法限制，它由客观规范确立，使权利主体享有专有的领域来实现能力；在债权等特殊场合，还有对债务人本身的某种控制，以调整、维持或恢复债权人和债务人状况的平衡。[①] 概括而言，主观权利是主体所享有的针对不特定人的合法的不平等或针对某一人的合法权利。民法确认和保护了这些权利。在民法体系中，以物为客体的权利是物权，以人的行为为客体的权利是债权，以无形的作品为客体的权利是知识产权，以主体自身为客体的权利是人格权。这些权利一旦形成，就产生了对特定或不特定相对主体的限制或约束，主体在权利范围内享有普遍选择的自由，以非法手段处分或利用除外。

民法所确认和保护的主观权利是一种完整权利，主体在权利结构内享有完整的处分权，无论是物权、债权、知识产权还是人格权，法律有明确限制的除外。在公用事业法中，公用事业所有权人——公权机构或公用企业或个人——无权处分关系公共利益或普遍利用的公用事业，尽管相关主体有权从公用事业中获得处分权，但是这种处分权是在特定的许可或禁止下进行的。例如，《中华人民共和国电力法》第52条规定："任何单位和个人不得危害发电设施、变电设施和电力线路设施及其有关辅助设施。"《电力设施保护条例》第4条规定"电力设施受国家法律保护，禁止任何单位或个人从事危害电力设施的行为"，并且电力设施保护的合法性在于"维护公共安全"。因此，尽管电力设施交由特定的主体使用并享有由此产生的收益权，但是电力公共设施的处分依旧受到严格的管制。《中华人民共和国民法典·物权编》第254条进一步规定："铁路、公路、电力设施、电信设施和油气管道等基础设施，依照法律规定为国家所有的，属于国家所有。"《中华人民共和国民法典·物权编》的规定，为公用事业公共设施的所有权设定了国家所有制，这进一步限制了主观权利的完整性。

需要强调的是，公用事业法中主观权利的限制与民法中的"权利不得滥用原则"，二者尽管形式上都是限定了主观权利人的权能，但实际上源于不同的法理。公用事业法中对主观权利的限制根源于公用事业本身的自然理性，也就是说这是一项静态的权利限制，是一种法律事实；民法中"权利不得滥用原则"限制的本体并非权利，而是滥用权利的行为，是一种法律行为。这就如同垄断的合法性一样，垄断事实本身并不违法，且这是竞争的必然结果，立法管制的只是滥用垄断地位且危

---

① ［法］雅克·盖斯旦、吉勒·古博：《法国民法总论》，陈鹏等译，法律出版社2004年版，第149页。

害社会利益的行为。

(二) 所有权的非本位性

公用事业首先以有体物的形式出现在法律关系中,其次才产生以物的利用为基础的公用事业主体法意。"所有权只能存在于物上"①。也就是说,所有权是物参与法律关系和成为主体法意的核心要素。因此,物权法以物的归属关系确认及保护为重点,物权和债权法律关系均以调整物的所有权以及物所有权衍生的行为为主要内容。但是梅迪库斯同样指出,物因其特定类型或者不能成为法律关系的客体或者脱离私法的管制,公共物就属于后一情况,公共物"因贡献行为而脱离私法的管辖,在其目的约束的范围内,对它们适用特殊规则"②。由此可知,在公用事业法中,由于公用事业涉及特定的"贡献行为",其脱离私法规范而适用特殊的规则,但这并不表明所有权丧失其在公用事业法律关系中的地位和作用,只是所有权的类型及其性质不成为其影响公用事业存续和发达的要素,而是成为影响主体利益的原因之一。

公用事业法中所有权的非本位性源于公用事业的民生基础和私人供应的非理性。在商品社会,私有所有权获得的正当性,其法理基础在于私有产品的可替代性和分工带来的高效益。市场交易者可以通过排他性的所有权获得多渠道的交易对价和交易机会,所有权带来的直接回报是可获得更多的可替代产品并弥补个人生产能力的缺失或不足。在公用事业领域,作为有体物的公用事业,其首要属性在于满足主体在生活和生产方面的基本需求,这种需求不因公用事业的私有、公有或集体所有权形态而改变,也不因为供给的减少和成本的加大而丧失。公用事业具有不可替代性,用户无法通过其他产品替换必需的产品;另外,公用事业生产成本的过高以及非竞争性和非排他性特征,使得个人提供机制成为非理性,这样通过私人所有权转换的公用事业交易也丧失了必要性。因此,公用事业中私人所有权带来的直接后果是主体利益的脱法化,但私人所有权在公用事业上的不经济并不能排斥其主体对公用事业的需求,这种矛盾促使所有权体系不能成为公用事业法的核心内容,公用事业法的核心内容在于确保公用事业普遍服务的实现和公共利益的普遍保护。无论是私人所有权、公有所有权或共有所有权,只要能促进上述核心内容的实现,那么它都将为立法所采纳。

(三) 政府监管的独立性

现代国家都遵循立法、执法与司法权力的分配和制衡原则,并由此构建政府组

---

① [德]迪特尔·梅迪库斯:《德国民法总论》,邵建东译,法律出版社2001年版,第875页。
② [德]迪特尔·梅迪库斯:《德国民法总论》,邵建东译,法律出版社2001年版,第876页。

织形式,在中央政府层面形成立法机构、司法机构和行政机构各司其职的格局。国家的权力体系分工诞生了一系列的政府职能部门,各个权力部门各司其职,行使对国家公共事务的管理职能。随着市场机制成为现代国家资源配置和经济活动的主要方式,公共权力机构逐渐退出微观市场经济活动,而借助计划、价格、金融、税收等干预手段发挥对市场活动的干预引导作用。但是,市场机制和宏观调控的协调效应并不是在经济活动的每个领域都彰显生命力,尤其是在凸显公益但不具备完全竞争或关系国家基本利益的公用事业产业。公用事业需要施以特殊的规制政策,但这些蕴含了一定价值理念和目标的规制政策在实践中难以由传统的行政部门承担,因为无论是部委还是部委机构,都附着于特定的利益团体,且由于机构决策者和财务来源的不独立,往往导致政府规制的目标难以实现。职能机构的非独立性导致了规制目标的迷失,因此迫切需要构建起一个承担独立规制职能的政府机构。在美国率先产生了一种新的权力部门,它以委员会(commission)或机构(Agency)的形式出现,在网络产业的规制中发挥了重要作用;在欧洲,这种权力部门同样发挥了积极的作用。这种权力部门就是独立的政府规制机构。

独立性规制机构在公用事业政府规制中的广泛兴起,表明公用事业部门已经形成区别于一般经济活动和经济部门的干预方式。加拿大英属哥伦比亚省《公用事业委员会法案》(Utilities Commission Act)对公用事业的监管机构的职权作了明确规定;经济合作与发展组织(OECD)选择了24个样本国家,对电信公用事业规制机构进行了梳理,结果表明独立的规制机构在公用事业规制中发挥了主导作用(参见表3:电信业规制机构)。

表3:电信业规制机构

职权	机构		
	独立规制机构	部属机构	部委
颁发许可证	15	0	11
审查许可条件	18	1	4
批准合并	16	20	3
运营商与重要市场之间的互联费	14	1	5
争端解决	20	0	4
价格规制	13	3	6
服务质量规制	17	3	2

注:样本国家为24个,其中部分职权为多个机构共同行使。
[资料来源:作者整理,参见 Gonenc, Maher, Nicoletti, Independence and Competencies of Regulatory Institutions, the Case of Telecommunications, OECD Economics Department working paper No 251(2000).]

规制机构监管的一个主要特征是独立性。哥本哈根大学(University of Copenhagen)Katja Sander Johannsen等学者在总结既有研究的基础上,提出了规制机构独立性的四项要点：(1) 独立于政府；(2) 独立于利益相关方；(3) 独立决策；(4) 组织自治(organizational autonomy)。[1] 独立的规制机构对公用事业的独立监管主要从以下方面进行：(1) 许可证，对成本和价格有影响的运营及质量标准进行规定；(2) 制定关于公用事业投资及其绩效标准的规定；(3) 通过制定价格和监控部门产出的方式，获取关于公用事业成本、收入和绩效等方面的数据；(4) 批准公用事业的价格，判定运营盈利量以及资产成本；(5) 制定统一的会计制度，为确定价格提供相对的成本数据；(6) 制定处理公用企业与消费者之间争端解决的程序；(7) 利用内部经营审计以提升公用事业的成本——受益绩效；(8) 促进人力资源政策和程序的发展；(9) 提交有关公用事业成本和价格的报告，以强调现在和未来的绩效和效率。[2]

实证表明，规制的独立性已经成为公用事业公益性维持的基本保障，公用事业法在规制规则和理念上的设计也成为区别于其他监管立法的重要特征。

（四）法律规范的技术性

公用事业法的技术性有两个层面的内涵。首先，公用事业具有较强的技术性，技术革新对于公用事业的性质及其利用有重要影响；其次，电力、交通和电信等产业法律规制的技术性规则也较为突出。下面主要围绕公用事业法的技术性问题展开讨论。

公用事业法的技术性表现在两个方面，一是根据公用事业的技术性特征，要求公用事业主体法、公用事业部门法、公用事业规制法等进行技术性设计，如航空法中的航空器、航空设施的运行和服务的提供，电力法中电力生产和销售的要求等；二是从纯粹操作性、可行性的角度对公用事业提供、公用事业利用和公用事业监管等方面制定法律规则，例如公用事业监管部门在实施监管命令时需要遵循的程序性规则等。不妨以美国和加拿大的公用事业立法为基础进行讨论。

美国加利福尼亚州《航空法》是为推动和保护航空领域中的公共利益而制定的，该法对"航空"的解释是：(1) 飞行的科学和工艺，包括航空器的运输；(2) 航行器、航行器发动机及其附件的运行、建设、维修和保养等，包括修理、包装和降落伞维护；(3) 机场或其他飞行设施的设计、确立、建设、延展、运行、改进、维修或保养

---

[1] Sander Johannsen, K., Larsen, A., Holm Pedersen, L., & Moll Soerensen, E. (2003). Dimensions of Regulatory Independence—A Comparative Study of the Nordic Electricity Regulators. Copenhagen: Institute of Local Government Studies.

[2] Berg, S. V., Holt, L. (2001). Investments Delayed, Service Denied: Regulatory Functions and Sector Performance, published Dec. Water21.; Berg, S. V., Memon, A. N., & Skelton, R. (2000). Designing an Independent Regulatory Commission. Working Paper 00-17, Public Utility Research Center Working Paper.

等。该法还对"飞行器""机场""飞行设施"和"航路"等进行了界定。显然,其《航空法》中该类规定具有较强的技术性,且这些技术性规定构成了《航空法》的主体规则。加拿大《电力公用事业法》(Electric Utilities Act)第二章对电力企业组织结构的规定,规范了独立系统运营商(Independent System Operator)的审计、财务和报告制度,规范了费率的征收程序和规则;第七章和第八章分别规定了"分配"(distribution)和"零售"(retail)规则。这些规则操作也体现了较强的技术性要求,尤其是在电力分配和零售中,既要考虑到公益,同时还要兼顾安全和可操作性。

加拿大育空(Yukon)地区2002年颁布的《公用事业法》对公用事业委员会的权力内容和行使程序作了详细规定,该法体现了公用事业程序法的技术性要求。根据该法,公用事业委员会的行政命令及其实施需要经历下述程序。第一是"申诉与调查"。任何人都可以就公用事业的价格或拟调整的价格、公用服务的提供方式、提供领域以及服务条件等向委员会提交书面申诉。书面申诉文件的提交须符合委员会的相关规则要求。第二是"申诉回应"。委员会有权判断申诉是否需要进入下一步程序,如果委员会决议不处理申诉,那么应该书面通知申诉人并说明理由。第三是"申诉调查"。无法定理由,委员会不得拒绝申诉的调查,并根据相关规定进入调查程序。第四是"申诉处理"。如果委员会认为申诉是适当的,那么委员会须按照申诉的要求解决问题;如果公用企业与申诉人达成书面协议并得到委员会的批准,那么该安排约束当事人各方,且该协议的条款作为委员会的命令而必须执行。第五是"无申诉调查"。委员会有权主动就公用企业的服务条款展开调查。"调查程序"如下:由委员会专门成员提出调查,向接受调查的公用事业企业发出调查的通知,委员会或授权成员有权在任何合理的时间检查任何地点、建筑物、工作或其他财产,要求委员会或授权人员认定有必要召集或调查的人员到场并作为证据使用,要求提供与生产有关的任何工作簿、计划、细节或其他文件,监督宣誓、主张或声明。第六是"听证"。公用事业委员会在获得部长的许可后有权依法举行公开听证。最后是依据调查或听证发布命令并执行。

(五) 法律性质的综合性

所谓公用事业法的综合性,是指公用事业法兼具公法性质和私法特征,法律规则体现出公法和私法融合的趋势,因此形成了综合性特征。在公用事业立法中,公法性质的公用事业规制法是确保公用事业公平和秩序的基础,而私法性质的公用事业企业法是公用事业效率和效益的保障,二者形成合力共同推进公用事业普遍服务的实现和公共利益的普遍保障。

第二章
公用事业法律关系

第一节　公用事业法调整对象:公用事业
权(力)利义务关系

在法学史上,法学家们对立法的目的或法的目的的解释不尽相同,并以立法目的的差异为核心形成不同的法学流派。① 亚里士多德、西塞罗等古希腊的思想家认为立法的根本目的在于促进正义的实现;奥古斯丁等中世纪的神学法学家认为世俗的法律的目的在于实现永恒法即上帝的意志;洛克等古典自然法学家强调立法的目的在于实现自然法的原则与精神,保护和扩大自由;边沁等功利主义法学家则强调法律的最高目的是"最大多数人的最大幸福",其具体目标是保护公民的生计、富裕、平等和安全;庞德等法社会学家认为法律的主要目的是进行社会控制,最大限度地保护所有社会利益,并维护它们之间的平衡与协调;德沃金等自由主义法学家主张法律的目的是依靠并维护一系列个人的基本权利;波斯纳等经济分析法学家则认为经济效益是法律所追求的基本目标,法律的目的是使行为的社会成本缩减到最低限度,以实现最佳社会效益。尽管法学流派对立法目的的阐释存在差异,但是他们都承认立法的目的在于保护和增进人民的福祉和维系健康的社会结构。公用事业法的立法目的同样不能脱离自然法的人权理念和实证法的法意保护。那么,公用事业法所维护的是何种、何人的法意呢?

---

① 杨铜铜:《论立法目的类型划分与适用》,载《东岳论丛》2023年第2期。

一、调整对象归纳：基于法典的比较

上文分别讨论了美国加利福尼亚州和得克萨斯州的公用事业法典以及加拿大阿省的公用事业法。通过对法律文本的梳理不难发现，加利福尼亚州和得克萨斯州的公用事业法典以及阿省的公用事业法调整和规范的内容包括公用事业企业、公用事业产业、公用事业生产及提供和传输、公用事业规制机构及其权限等。从这些立法来看，它们具有如下特点：

第一，对公用事业主体资格的规范。美国加利福尼亚州《公用事业法典》所调整的主体包括公共承运人及收费桥、管道、燃气、电力、电话、电报、水务、污水处理、供热等企业，并且规定，当个人或企业向不特定的个人、私有企业、市政当局或其他州行政分支机构提供服务或产品，直接或间接地、经常或偶尔地向全体或部分公众提供服务或产品，那么该个人或企业是公用事业。伊利诺伊州《公用事业法》规定"公用事业企业"包括任何形式的企业、公司、有限责任公司、股份公司或协会、合伙或个人，及其承租人、受托人或法院指定的接管人等。《蒙大拿州法典》规定"公用事业企业"须包括所有的公有或私有企业、公司、个体、个体协会及其承租人、信托人或各级法院指定的接收者，在现在或将来可能拥有、运营或控制任何工厂或设备的整体或部分，或控制州内的任何水权用于生产、运输或供应给其他个人、实体、协会或公司、私有或市政当局。加拿大阿省《公用事业法》规定"公用事业企业"包括个人、实体或企业等。立法一方面确立了个人、法人组织及其他实体都有成为公用事业主体的权利能力，同时设置了充实公用事业生产或服务需要具备的特殊权利能力。

第二，对公用事业主体行为的规范。要求公用事业企业在确保公益的前提下，向公众提供公共产品，并且接受规制机构在市场准入、价格、费率、服务、环境保护等方面的监管，不得损害消费者权益等。

第三，对公用事业规制主体资格的规范。要求公用事业规制权力机构的设置、组成、权限及其责任等都要接受法律的调整。

第四，对公用事业规制机构的规制行为进行调整。要求其必须在法律规定的程序下进行。

第五，对公用事业产品或服务的生产、运输以及公用事业设施的规范。要求公用事业企业必须公正和合理地利用公用事业设施，公众有义务保护公用事业设施，监管机构有义务确保公用事业设施的正常运营。在加拿大阿省的立法中，管道作为公用事业公共设施被专门立法予以调整。

二、公用事业法调整对象的界定

美国公用事业立法的文本检索表明，公用事业法的调整内容包括了公用企业、公共设施、公共产品、公用事业监管机构和消费者权益等内容。正如上文所分析的，公用事业法的本质在于要求公用事业企业向社会和公众输出公共产品，公共行政主体向社会输出公共政策，以及在多元主体的合力下通过公用事业增进公共利益尤其是保障消费者的权益。在这个过程中，公用企业、规制机构和消费者是其中的主体。"对制度和产业组织的研究表明，为保障公用事业供应而创设的法律制度应……以约束公共设施供应商及其消费者的契约安排或代表其公民的政府作为等为中心"[①]。因此，规制机构、公用企业和消费者三者的权力（利）义务安排是公用事业法的规范重点。

可以将公用事业法域划分为组织法域、行为法域和理念法域三个类别，组织法域和行为法域是立法调整的两个主体结构。公用事业立法以规制机构、公用企业和消费者三者的组织关系和行为关系为调整重点，公用事业法以建构公用事业发展的政府与企业及消费者之间的公用事业组织法律关系及公用事业实现过程中政府与企业和消费者之间的公用事业行为法律关系为调整对象。亦即，公用事业法的调整对象是权力（利）和义务关系，其包括两个方面：公用事业组织法律关系和公用事业行为法律关系。

第二节　公用事业法律关系主体：公用事业组织

公用事业组织是为确保公用事业服务消费者和促进经济发展功能的实现而通过立法规范确立的公用事业法律主体，包括以规范公用事业运行并参与公用事业运营的公用事业规制机构、运营公共设施和提供公共产品的公用事业企业以及依赖公用事业普遍服务而维系民生的公用事业用户即消费者，他们共同构成公用事业法律关系的主体。

[①] Gómez-Ibáñez, J. A. (2006). Regulating Infrastructure: Monopoly, Contracts and Discretion. Harvard University Press.

一、公用事业规制机构

有关公用事业规制机构的讨论,主要围绕规制机构的主体资格及治理结构两个问题展开,表现为规制机构的设立和规制机构的治理结构两方面的内容。

规制机构的设立是指规制组织在国家官僚体制中的地位,包括规制机构由谁设立、对谁负责以及基本要素等。尽管现代行政体系构建了庞大复杂的官僚体制,但公用事业的特质促使立法者考虑特殊监管机构设置的必要性,因为没有任何一个产业集群像公用事业这样具有普遍性、不可替代性和公共利益性。各国出于特殊的政治结构和制度传承,设置了差异化的监管机构,代表性的有独立规制机构、主管部委(Line Ministry)、独立顾问机构(Independent Advisory Agency)和部委机构(Ministerial Agency)。[1] 我国基于实践需要,也设置了相应的公用事业规制主体,包括部委、部委机构和独立机构等。

规制机构的治理结构是指通过立法确定的规制机构的决策机制,涉及规制组织成员与规制组织的隶属关系、规制机构与规制对象之间的利益关系等。

二、公用事业企业

公用事业企业也称公用企业,主要解决立法所确认的参与公共产品的生产和供应的企业组织的主体资格和主体形式等。

公用企业是一种特殊性质的法人组织,其设立须具备若干资格要件:

第一,法定性。公用企业必须经过一定的法律程序——包括行政授权、委托或招标程序——并根据强行法的规定,在履行法定的程序后才可以确立其法律地位。以燃气企业为例,政府对市场准入条件提出了严格要求,包括对安全生产和运营资质的全面审查,以确保企业符合公共服务的需求。

第二,法人性。公用企业应该取得独立的法人资格或地位,对外承担法律责任。

第三,主体资格的特殊性。由于工程规模、项目技术要求和技术差异等多方面的因素,公用企业的主体资格取得不同于一般的商事营利性组织。公用企业的发起人除了须符合《中华人民共和国公司法》的规定外,还应符合相关的强制性规定。例如,《城市供水条例》对城市自来水供水企业和自建设施供水的企业的资格做出了规定,即进入城市供水市场的企业,除了应当进行工商登记,还必须拥有健全水质检测制度,以确保城市供水的水质符合国家规定的饮用水卫生标准。

---

[1] 邢鸿飞、徐金海:《论独立规制机构:制度成因与法理要件》,载《行政法学研究》2008 年第 3 期。

第四,公用企业的目的性。公用企业的设立一般是基于某个特定的目的,例如提供能源、通信、交通和市政等公共产品或服务。

第五,公用企业运营的特殊性。在建设运营过程中,由于公用企业招标的往往是涉及关系国计民生的公共设施项目,因此其运营往往需要考量社会公共利益和整体利益。

第六,公用企业变更、终止的特殊性。公用企业的变更和终止一般需要取得公共设施主管机构的批准,而且受特许经营权协议的约束。

三、消费者

消费者是公用事业产品的最终使用者或消耗者。在公用事业法律体系中,保障消费者获得公平和高效的公用事业基础服务是立法的核心目的之一。公用事业立法关于消费者权益保护的内容与消费者权益保护基本法形成消费者权益保护的法律体系,前者是消费者权益保护在公用事业领域的特别法,后者是消费者权益保护的基本立法。

第三节 公用事业法律关系客体:公用事业行为

公用事业行为分为规制机构规制行为、公用事业企业行为以及消费者行为三类。

一、规制机构规制行为

规制机构规制行为包括公用事业产业结构规制、公用事业利用体系规制、公用企业规制和公用事业市场结构规制等四个方面内容。

第一,产业结构规制是指规制机构需要合理和及时调整产业目录,判定特定产业及其分属业务是否具有或丧失自然垄断性,规制政策是否应该强化、放松或解除。产业监管涉及一个国家的产业政策,其具有根本性,产业政策的调整会带来公共福利的增进或削减。公用事业产业结构规制分为产业间的结构规制和产业内的结构规制。公用事业产业间的结构规制是对公用事业产业间关系的调整,具体而言,主要是指能源、交通、通信和水务公用事业之间的结构关系调整。公用事业法需要通过原则性立法和规范促进公用事业各部门的有序发展,避免产业结构的失衡。公用事业产业内的结构规制是对公用事业产业内部不同业务之间的结构关系调整。以电力产业为例,发电业务、输电业务和配电业务之间存在结构配比关系的协调,这些不同业务之间的协调发展直接影响普遍服务的实现。

第二,公用事业的利用体系规制是指在不同的规制理念下,公用事业由政府体系提供或由市场体系提供下的政府规制行为,也就是在公用事业公营化和市场化之间的规制调整。公用事业的政府供给体系是指由政府直接参与公用事业的设立、运营,是公用事业资源配置的基础性内容之一;公用事业的市场供给体系是指由市场机制决定公用事业资源配置并主导公共产品供应;公用事业的第三种利用体系是社会供给体系,即由非政府组织和非营利组织参与公用事业。

第三,公用企业规制是指规制机构对公用企业及公共产品在市场准入、企业运营和产品利用等方面的监管。

(1) 市场准入规制,指的是政府或监管机构基于自然垄断行业的内在特征,为防止潜在进入者对现有垄断企业形成威胁,从而影响其在边际成本定价或盈亏平衡定价下的可持续运营,对新进入市场主体的行为进行制度性约束。通过限制新企业进入市场,监管方意图保障既有企业的垄断地位,以实现规模经济优势,防止无序竞争带来的资源浪费。[1] 在准入规则的设计上,监管机构在制定相关政策时,应在既有企业与潜在进入者之间寻求平衡。首先,政策应确保竞争机制的有效运转,尽可能降低公用事业企业进入与退出市场的制度成本;其次,应关注沉没成本的监管,防止原有企业因前期投资形成不正当垄断优势,同时减轻新进企业在市场博弈中的劣势;再次,有必要对新老企业实行差异化的非对称规制安排,以减少对市场公平的干扰;最后,准入机制的制定还应与公共产品定价机制保持协调一致,以共同促进资源配置效率的提升。

(2) 企业运营规制,是指为保证公用企业普遍服务的有效供应,规制机构需要对公用企业的运营进行监管,主要包括价格、质量、数量和环境监管等。这里简要论及价格规制。价格规制可分为价格水平规制与价格结构规制两类。其中,价格水平是指在提供单一产品或服务的行业中,每单位产品或服务所设定的价格,通常依据一般成本并加上合理回报进行核定。所谓价格水平规制,即通过政策手段控制和维持一个合理的价格区间。在此规制框架下,公共产品的定价方式包括企业自主定价、基于边际成本的定价及基于平均成本的定价等,其中具有代表性的两种模式为美国的投资回报率规制机制与英国的价格上限机制。相比之下,价格结构规制则侧重于根据公共产品的需求特性,对公用企业的价格体系进行规范。具体而言,公用企业会根据时间、地点、用途、用量、收入水平及服务质量等不同要素,对总体需求进行分类,并据此构建相应的需求结构,再在此基础上设定差异化的价格。该类规制的核心内容主要包括针对单一产品的定价规制与针对多种产品的组

---

[1] 陈凯荣:《维持垄断还是走向竞争?——自然垄断行业分析的一个视角》,载《当代经济管理》2013年第4期。

合定价规制。

（3）公共产品利用规制，是针对公用企业与消费者之间就公共产品的利用关系达成的契约安排或其他约定的监管。由于公用企业具有一定的垄断性，公用企业倾向于利用垄断或独占地位侵害消费者权益，而公用企业与消费者之间就公共产品的利用主要是通过契约达成的，规制机构通常通过指定制式条款供交易双方使用，通过第三方的公共管理机制实现对公共产品利用的监管，既维系产业的健康发展，又保证消费者权益不受减损。

第四，公用事业的市场结构规制是指规制机构对公用企业间以及公用企业和消费者之间的市场结构关系的规制。公用企业间的市场结构规制，主要是针对已经准入的企业和新进企业之间的结构关系、同质竞争的公用企业之间的结构关系以及非同质竞争的公用企业之间的结构关系的法律调整。公用企业和消费者之间市场结构的关系规制，主要调整公用企业滥用市场支配地位或垄断地位侵害用户利益的行为。

另外，规制机构的规制行为须遵守公用事业规制的程序规范。公用事业法对规制程序的规范主要从准入规制程序和运营规制程序两方面展开。准入规制程序的立法重心是通过准入条件的审查程序，公平、公开和公正地选择公用事业的运营商。准入规制程序又可以分为资格准入程序和竞标准入程序。其一，资格准入是指公用事业的目标运营商需要具备公用事业运营的资格要求，主要审查如下几个方面：(1) 主体资格，即公用事业运营商必须具有法人资格或是合法的联合体。(2) 资质资格，运营商必须具有公用事业运营的特殊资质或批准文件；(3) 业绩资格，即为保证公用事业运营的正常和有序，运营商一般要求具有相关产业的运营业绩；(4) 资本资格，即运营商需要具备较好的资金实力和融资能力，以保证公用事业运营的连续性和安全性；(5) 管理资格，即公用事业运营商需要具备相应数量的技术、财务、经营等关键岗位人员和切实可行的方案；(6) 环境资格，即运营商需要预测公用事业运营对环境造成的影响并作出符合国家或行业标准的承诺。[1] 其二，竞标准入是指符合资格准入条件的目标运营商经过公开法律程序——主要是公开竞标——成为公用事业的运营商。住房和城乡建设部《市政公用事业特许经营管理办法》第8条规定，主管部门应当组织评审委员会对投标候选人依法进行评审，并经过质询和公开答辩，择优选择特许经营权授予对象。

运营规制程序要求规制机构在价格、质量、数量和环境等方面的规制，除了接受价格法、质量法、计划法和环境保护法等相关法律法规的程序约束外，尤其重视公共参与机制的建立。据此，听证立法、招标投标立法等公共参与立法，也同时是

---

[1] 《关于印发〈通信基站环境保护工作备忘录〉的通知》（环办辐射函〔2017〕1990号）要求，各通信运营商应按备忘录的承诺和要求做好通信基站的电磁辐射环境监测等工作，切实履行企业承诺和环境责任。

规制机构在监管职权实施中需要遵守的程序要求。

二、公用事业企业行为

公用事业企业行为主要是指公用事业企业在政府规制和保障公用事业普遍服务的前提下，围绕公用事业实现而表现出的公用事业企业运营行为。公用事业企业的运营是在政府规制下进行的，独立的公用事业企业运营行为主要是指公用事业企业与消费者之间的契约行为以及公用事业企业的市场竞争行为。

(一) 契约行为

公用事业企业的契约行为包括公用事业企业与消费者缔结的就公用产品的数量、质量和价格等达成的权利义务安排，以及公用事业企业和与其生产运营相关的原材料供应商或与辅助生产、经营的相关供应商缔结契约的行为。

在公用事业企业与消费者缔结的契约中，公用事业企业可能通过采取下述限制竞争的行为，损害消费者的权益：(1) 限定用户、消费者只能购买和使用其附带提供的相关商品，而不得购买和使用其他经营者提供的符合技术标准要求的同类商品；(2) 限定用户、消费者只能购买和使用其指定的经营者生产或者经销的商品，而不得购买和使用其他经营者提供的符合技术标准要求的同类商品；(3) 强制用户、消费者购买其提供的不必要的商品及配件；(4) 强制用户、消费者购买其指定的经营者提供的不必要的商品；(5) 以检验商品质量、性能等为借口，阻碍用户、消费者购买、使用其他经营者提供的符合技术标准要求的其他商品；(6) 对不接受其不合理条件的用户、消费者拒绝、中断或者削减供应相关商品，或者滥收费用；(7) 其他限制竞争的行为。[①] 这些行为通过格式条款的形式成为消费者或用户的契约义务，并且由于消费者权益救济的成本过高，往往造成对不特定的消费者权益的损害，进而损害市场结构和产业的健康发展。

公用事业企业与供应商之间的契约关系突出表现为用户垄断行为。用户垄断是中国公用事业垄断中的一个特殊问题。所谓用户垄断是指由于市场上存在唯一买主，买主由此对上游产业形成垄断，例如电力企业对电力设备的需求就易于形成用户垄断。中国目前的用户垄断主要发生在与行政垄断、自然垄断相关联的部门和行业，是下游产业卖方垄断所造就的"派生垄断"，因而要从根本上解决用户垄断，必须打破下游产业的垄断格局，构造可竞争性的市场结构，消除行政或自然垄断部门对上游产业的操纵力量。[②]

[①] 参见《关于禁止公用企业限制竞争行为的若干规定》第4条。
[②] 陈林：《公平竞争审查、反垄断法与行政性垄断》，载《学术研究》2019年第1期。

（二）竞争行为

公用事业企业的竞争行为是指同质公用事业企业之间以及公用事业企业与其他市场主体之间的相互竞争。从横向来看，垄断有三种形态，即行政垄断、市场垄断和自然垄断①。我们需要分别理解不同垄断形态下的公用事业企业竞争行为。

《中华人民共和国反垄断法》第 39 条规定："行政机关和法律、法规授权的具有管理公共事务职能的组织不得滥用行政权力，限定或者变相限定单位或者个人经营、购买、使用其指定的经营者提供的商品。"《中华人民共和国反不正当竞争法》（2019 年修正）第 7 条规定："经营者不得采用财物或者其他手段贿赂下列单位或者个人，以谋取交易机会或者竞争优势：……（三）利用职权或者影响力影响交易的单位或者个人。"《中华人民共和国反垄断法》和《中华人民共和国反不正当竞争法》所禁止的上述两类行为属于较为典型的行政垄断。行政垄断人为地扭曲了市场竞争结构，降低了行政效能并且容易滋生腐败，因此应该为立法所禁止。

市场垄断是指市场主体滥用市场优势地位排斥竞争或限制竞争，而自然垄断的产生源于特定产业的技术特征和经济结构。公用事业企业由于合格运营商的有限性及公共设施运营权的排他性，处于支配地位的竞争企业易于滥用优势地位，其结果是危害了正常的市场经济秩序和损害了消费者的权益。公用事业企业的垄断行为在纵向一体化企业中体现得尤为明显。② 首先，价格挤压行为，即纵向垄断的公用事业企业会利用其规制下的垄断市场利润去交叉补贴它在竞争性市场中的业务，实行掠夺性的价格以排斥新企业的进入。③ 其次是市场封锁行为，即纵向一体化企业对具有自然垄断性的公共设施拥有优先性或排他性的经营权，而下游竞争者要提供服务参与竞争必须接入该设施才能实现。为维护垄断地位和垄断利益，纵向一体化企业会通过拒绝交易、歧视性接入政策等行为排斥市场竞争。④ 最后是行政性排他行为，即公用事业企业通过行政寻租行为维持自己的垄断地位和经

---

① 黄超：《自然垄断行业中行政垄断的行政法规制》，载《求索》2011 年第 10 期。
② 王晓晔：《论相关市场界定在滥用行为案件中的地位和作用》，载《现代法学》2018 年第 3 期。
③ 例如，垄断性发电企业出于电源结构多元化的考虑，会利用其在既有垄断性水电或火电业务的利润优势，通过利润补贴参与垃圾焚烧发电竞标，从而占有较为突出的价格优势，进而在竞标中获胜。垄断性发电企业以转移利润补贴损失的形式参与垃圾焚烧发电项目，一方面会降低既有经营的绩效，另一方面也使得垃圾焚烧发电领域的竞争违背市场规律，进而误导或损害垃圾焚烧发电产业的健康发展。
④ 较为典型的案例是 2009—2011 年间的中国电信和中国联通宽带接入垄断案。此期间，中国电信和中国联通在全国固网互联网接入市场收入方面，其合计市场份额分别为 78.3%、74.6% 及 79.6%，大幅超越《中华人民共和国反垄断法》规定的市场支配地位拟定标准。由于二线互联网宽带接入服务商（ISP）要向联通和电信批发宽带流量，这两家企业便在 ISP 接入市场推行歧视性定价策略，针对主要竞争对手收取高昂费用，然而给予自己大客户的零售价格却极为低廉，部分价格甚至仅为前者的一半或更低。详见《中国电信和中国联通价格垄断案正依法处理》，网址：https://www.gov.cn/jrzg/2014-02/19/content_2614058.htm（最后访问日期：2025 年 1 月 7 日）。

营特权,以达到排斥新企业进入的目的。

三、消费者行为

公用事业法的消费者行为主要包括两个方面:一是保护消费者公用事业权益实现;二是规范消费者免于损害公用事业。

保护消费者公用事业权益实现依赖于私法机制和公法机制两种基本机制。就私法机制而言,消费者通过市场竞争机制,选取最优化的公共产品,实现主体权益。通过私法机制实现公用事业的利用主要采用契约方式,一般情况下,只有当市场不存在竞争者或私法机制难以形成协商谈判的基础时,消费者才能通过公法机制的保护实现主体权益。[1]

规范消费者免于损害公用事业,是立法为防止私权主体滥用权利,进而维护公共事业公共设施、公用企业和公共产品的有效举措。例如,《中华人民共和国铁路法》第 46 条规定:"在铁路线路和铁路桥梁、涵洞两侧一定距离内,修建山塘、水库、堤坝,开挖河道、干渠,采石挖砂,打井取水,影响铁路路基稳定或者危害铁路桥梁、涵洞安全的,由县级以上地方人民政府责令停止建设或者采挖、打井等活动,限期恢复原状或者责令采取必要的安全防护措施。在铁路线路上架设电力、通讯线路,埋置电缆、管道设施,穿凿通过铁路路基的地下坑道,必须经铁路运输企业同意,并采取安全防护措施。在铁路弯道内侧、平交道口和人行过道附近,不得修建妨碍行车瞭望的建筑物和种植妨碍行车瞭望的树木。修建妨碍行车瞭望的建筑物的,由县级以上地方人民政府责令限期拆除。种植妨碍行车瞭望的树木的,由县级以上地方人民政府责令有关单位或者个人限期迁移或者修剪、砍伐。"该规定明确限制了私权主体在权利行使上的保留,强制性地限制了消费者可能危及公用事业的私权。《石油天然气管道保护法》提出,禁止在管道线路中心线两侧各五米地域范围内进行取土、采石、用火、堆放重物、排放腐蚀性物质、使用机械工具进行挖掘施工危害管道安全的行为。相应的规定在《中华人民共和国刑法》中也比比皆是,这些规定都是关于规制消费者免于损害公用事业的体现。

---

[1] 上海市人大代表针对《上海市消费者权益保护条例》没有专章对垄断公用事业的义务进行界定,提出议案要求予以修正:在《上海市消费者权益保护条例》中"增加公用事业的专门章节,通过对消费者权利和垄断行业经营者义务的规范,改变消费者相对于公用事业垄断行业经营者的弱势地位,细化相关上位法的有关规定,使之更具有可操作性,切实保护消费者的权益"。参见《关于修改〈上海市消费者权益保护条例〉的议案》,载《上海人大月刊》,2008 年第 5 期。

第四节　公用事业法律关系内容：公用事业所有权与特许经营权

民营化和国有化、放松规制和强化规制等矛盾一直困扰并影响公用事业的发展。民营化和国有化之争考量的是如何增进公用事业企业的效率，放松规制和强化规制则取决于政府规制机构的功能及定位，而上述问题均与公用事业的所有权制度密切相关。只有厘定公用事业所有权及其特许经营权的性质，厘清两种权利之间的关系，才能找到公用事业制度的权力（利）配置基点，发现其制度变迁的关键节点。

一、公用事业所有权

亚里士多德提出分配正义和矫正正义的命题，旨在解释正义的内涵，但这两个范畴却为分析物的本原和物的利用两个层面的概念提供了启示。亚翁指出，分配正义是根据每个人的作用分享社会福利的权利，而交换正义是为私人交易提供交换原则。在交换正义中，亚翁进入了经济交易的讨论，交换正义是为了获得更多的"善"。不妨重新审视亚翁命题的内蕴，分配正义是一个静止的概念，它代表的是人或物自然的利益诉求或价值，无论比例、平等原则是否符合主体的利益或物的价值最大化，它都是自然的和正义的；而在矫正正义或交换正义中，亚翁追求的是主体利益或物的价值的矫正，即寻求最大化的分配比例，这种分配因情势的变化和利益的调整而具有正义性。

公用事业理论及其历史所展示的是，在不同的所有制和所有权体系下，公用事业的内生价值并未减损，这彰显的是公用事业的"分配正义"。按照自然法理论，实证法应该反映和体现这种诉求，也就是说公权主体向公众提供公用事业、公众利用公用事业、公众不得侵犯公共利益等公用事业自然理性是分配正义的内在属性，是立法者、执法者和守法者都必须面对和接受的理性和事实。不同所有权体系下，公用事业均能得到尊重，但这并不代表公用事业衍生的主体利益、社会价值和公共利益得到最大程度的显现，因此需要"矫正正义"，即依据不同的历史情境、差异的主体利益诉求和变化的法律框架去选择最有利于公用事业发展和维持的所有权制度，以促使公用事业的自然理性之光普照到每一个使用者身上。因此，公用事业所有权是一个矫正正义的命题，它不是立法的第一位或者说本位价值，其立法的核心是确保公权机构适时、适当地提供公用事业，保障相关主体合法、有序地利用公用事业,推进公用事业所生之公共利益的最大化。在这个过程中,所有权的价值取向取决于最大限度地实现公用事业普遍服务的目标,而公用事业所有权的核心是公用事业公共设施的权属关系。

(一) 公用事业所有权的载体:公共设施

公共设施是为社会生产和居民生活提供公共服务的建设工程,是用于保证国家或地区社会经济活动正常进行的公共服务系统,它是社会赖以生存发展的基础物质条件。公共设施可以进一步分为经济公共设施和社会公共设施。经济公共设施包括交通运输、通信、电力、水利以及市政公共设施等。与经济公共设施相对的是社会公共设施,通常包括文教、科研和医疗保健等设施。本书探讨的公共设施主要是指经济公共设施。

从物理特征来看,公共设施是将现代城市以及主要区域联系在一起的结构或网络,它为社会和经济活动的开展提供了载体,包括街道和高速公路、垃圾处理系统、饮用水和污水管网、电力和天然气供应配送设备以及电信网络等。[1] 从经济特征来看,这些设备同时具有了公共产品和自然垄断的特征,它们一方面是公众生活的必需品,另一方面常常遭遇市场化提供的困境。对公共设施的正确认识是理解公用事业法性质的前置条件。

基于本书讨论的范围,公共设施主要包括能源公共设施、市政公共设施、交通公共设施和通信公共设施等。这些公共设施的第一个特征是物质性与基础性,即它们是为公共产品的生产、运输以及公共服务提供的基础条件,离开了公共设施,公共产品和公共服务就无法实现。第二个特征是经济垄断性,包括自然垄断性和法律垄断性。所谓自然垄断性上文已经有过论述,其主要是强调公共设施的非竞争性和非排他性特性;经济垄断性是指公共设施尽管存在私营提供或维持的可能,但是从经济资源配置的效率和效益看,通过立法维持对特定公共设施的垄断地位更加有利于社会民生。第三个特征是技术导向性。由于技术革新的原因,公共设施的经济垄断性特征受到巨大的冲击,从而导致公共设施的建设和维系成本极大地削减,私人的主体作用越来越明显。第四个特征是结构差异性。在公用事业垂直一体化的不同结构中,公共设施的价值和地位差异明显。以电力公用事业为例,发电公共设施、电力传输公共设施和电力配置公共设施的物理特征、经济特征和技术要求存在明显的差异,从而导致公共设施利用中的区别对待。

在美国,公共设施和网络系统的建设及其所有权的确立受两个理念的影响。

---

[1] Budiati, M., Sidabutar, Y. F., Hadi, G. T. (2022). Independent Road Corridor as a Cultural Reservation Area in the Old Town of Tanjungpinang. Budapest International Research and Critics Institute-Journal (BIRCI-Journal), 5(4).

一是网络系统的发展须以实现整体经济发展和个体经济机会的最大化为原则。从19世纪初至今,公共设施的形式经历了从传统的供水管网、收费公路和铁路系统到现在的数据高速公路的发展,它们都被视为经济发展的工具。二是对政治和经济权力的担忧也对公共设施的公共政策产生影响。在美国,这种担忧导致了公共设施民营化的发展。[①] 对政治和经济权利的担忧是从属于实现整体经济发展和个体经济机会最大化原则的。公共设施所有权合理性评价的基础在于,公共设施所有权必须最大限度地确认和促进公众对公共产品和服务的需求。它体现在以下4个方面:第一,公共设施的物化特征应该通过所有权形式得到体现;第二,根据公共设施的经济属性,必须通过所有权形式合理配置公共设施;第三,公共设施的所有权形式必须有利于技术革新及其反作用;第四,公共设施所有权配置必须考虑公用事业的结构性特征。

从公共设施在公用事业法中的价值出发,有利于界定公共设施的性质。若将公共设施设定为一个定量,它的效用就是提供公共服务或公共产品的载体,因此公共设施的性质认定必须从有利于公共设施效用增进的立场出发。依据法理,物的价值只有在成为法律关系的客体后才能显现,离开了一定的法律关系,物便不具有法律价值;在立法中,规则的设定无论是客观主义(即以行为为本位),还是主观主义(即以主体为本位),其核心都是强调主体在法律关系中的本位作用,这一范式的成形是根基于主体的理性和主体的利益,物在法律关系中始终处于被利用和客体化的地位。

从公用事业法律关系出发,公共设施作为物,有产生、利用和灭失的逻辑顺序。从公共设施的产生来看,包括公权机构和私营主体在内的法律主体既可以仅仅作为受托人参与公共设施的建造,也可以作为受托人独立建造和利用公共设施但不享有处分权,还可以作为权利人建造、利用和处分公共设施。在垃圾处理公用设施中,公用事业企业既可以是垃圾处理设施的建造人,也可以是相关设施的运营商,同时也能成为垃圾设施的最终权利人。在市政公用事业特许经营权制度中,BOT(Build—Operate—Transfer)模式是指公用事业企业建设、运营并移交公共设施,BOO(Build—Own—Operate)是指公用事业企业建设、拥有和运营公共设施,TOT(Transfer—Operate—Transfer)是指移交、运营并移交公共设施。在这三种代表性模式中,作为监管者来说,其目标是向公众提供与民生需求一致的公共产品和服务;作为公用事业企业来说,其主旨是在政府监管下运营公共设施、向公众提供公共产品并享有由此产生的收益权,收益权是公用事业企业参与公共设施利用的根本目标。也就是说,在公共设施作为公用事业实现载体的过程中,公共设施的所有权形式并不是公用事业的出发点和归结点,但是由于公用事业的特殊性,公共产品

[①] Homsy, G. C. (2018). Capacity, sustainability, and the community benefits of municipal utility ownership in the United States. Journal of Economic Policy Reform, 23, 120-137.

和公共服务的提供需要依托公共设施才能实现,从主体角度来说,哪个主体有权占有和利用公共设施,则该主体就具有公用事业企业的性质,就需要承载向公众提供公共产品和服务的义务和权利。因此,公共设施是保障公用事业企业参与公用事业的一项保障性权利。从监管者角度来说,它是作为公众的受托人代为行使这项权利,其不享有放弃该权利的能力,如何通过行使该权利实现主体收益,是监管者的出发点和归依点。监管者既可以本人行使该权利,也可以将该权利委托给代理人行使。当公权机构认为通过代理人行使该权利更能促进社会利益最大化的实现,则公用事业企业便可顺理成章享有行使权利的资格,但必须明确,公用事业企业不具有处分该权利的能力。

公共设施本身并不必然关系到主体利益,只有在公共设施作为民生需求满足的物而存在时,公共设施才具有法律意义。因此,在公用事业法中,公共设施在物理形态上表现为物,但是其本质属性是公权机构享有的确认和保护公众对公共产品和服务这一基本需求的权利,不妨将这一权利称为"公共设施权":公权机构作为公众的受托人行使对公共设施的所有权;公共设施权的载体以公共设施权的物化即公共设施物为形式;公共设施权的行使人既可以是公权机构及其代理人,也可以是私营机构;公共设施权的代理人——主要是公用事业企业——通过代理费与实际成本之间差额的形式实现对公共设施利用的收益权。

(二)公共设施权的实现:对共用产权的思考

公共设施权是实现公用产品和服务满足公共利益的基本权利,不享有公共设施权的主体无法提供公用事业服务。公共设施权的分配取决于该主体利用公共设施权的效用。前述通过对历史资料的考察,提出公用事业所有权是一个矫正命题,即国有化或私营化的选择取决于该机制下公用事业的效用如何。

公用事业所有权作为矫正命题的存在并不等同于所有权的模糊。现代宪法理论将国家及政府作为全体人民的受托人,只解释了国家及政府合法性的条件。而公共设施权的根本权利人是公众,公众是公共产品和服务的最终消费者,他们才是公共设施的权利人。对于公共设施而言,要提高其服务公用事业的效率,必须明确所有权人。理论上,可以将这一问题简化为公权机构作为所有权人和私营主体作为所有权人两种形式。

公权机构作为公共设施的所有权人,意味着它要通过公共财政支出建设公共设施,进而通过直接利用或代理人利用公共设施实现主体收益。现行理论对这种模式也有两个方面的质疑。一是政府公共职能广泛而公共财政不足,使得政府从人力和物力上都难以高效率地建造公共设施。二是由于公共政策的指向与作为经济人参与运营公共设施的私益导向相矛盾,政府也不适合作为公共设施的建造人,尤其是运营商;并且私益主体由于利益导向,无法承担起为公众提供普遍性公共产品和服务的职责,因此公权机构不能放弃公用事业政府规制的职能。在这两种因素制约下,公权机构可以选择的路径是在保留公共设施所有权的条件下,将公共设施权的其他权能委托给代理人行使,代理人通过享有公共设施权产生的收益与向被代理人(公权机构)支付的代理费之间的差额实现收益。

需要考虑的是,这种机制是否回到了国有企业运营的机制上。伯利和米恩斯在《现代公司与私有财产》一书中首次提出所有权和经营权分离理论[①]后,公司治理理论得到革新,但是这一理论的前提条件是所有权人的"到位"。国有企业的所有权人是不确定的国家,经营权由企业管理人享有。这种二权分立的机制形似伯利和米恩斯提出的革新治理理论,但是由于缺乏明晰的所有权人这一逻辑条件,必然导致国有企业经营效率的低下。那么,在公共设施的建设和利用中,采用所有权和经营权分离的模式,尤其是公共设施的所有权人同样不明晰的条件下,如何规避效率低下的风险呢?

与传统意义上的国有企业不同的是,公用事业企业提供的公共产品和服务关系公共利益,牵系民生,因此公权机构不能放弃监管;对于公用事业企业而言,其公共产品和服务的生产与供应需要依赖公共设施,而公共设施的提供与公权力的存在是密切相关的。在这种情境下,公权机构和公用事业企业在公共产品和服务的实现上有着共同的利益:只有实现公共产品和服务的正常供应,公权机构才能维系权力合法性,公用事业企业才能实现企业收益。同样,公权机构和企业在公共设施上也有着共同的价值取向:公权机构无法独立提供符合民生需求的公共设施,没有公共设施的企业也无法提供公共产品和服务。因此,公共设施可以是共有产权,即公权机构和公用事业企业共同享有对公共设施的所有权,通过期间区分或权利保留实现公共设施权。对于公权机构来说,其对公共设施的共有权是借监管公用事业企业正当、合理地利用公共设施并保障公用事业实现的;对于公用事业企业来说,其所有权的享有是激发企业积极性和创造性,确保公共产品和服务的提供。二者通过权利的划分和保留,共同实现公共设施在公用事业中的价值。

二、公用事业特许经营权

(一)公用事业特许经营权的概念

特许经营概念的内涵和外延非常丰富,一般意义上,都将其认作是"特许经营权拥有者以合同约定的形式,允许被特许经营者有偿使用其名称、商标、专有技术、产品及运作管理经验等从事经营活动的商业经营模式。而被特许人获准使用由特许权人所有的或者控制的商标、商号、企业形象、工作程序等。但由被特许人自己

---

① 陆雄文:《管理学大辞典》,上海辞书出版社2013年版,第60页。

拥有或自行投资相当部分的企业"[1]。这是典型的商业特许经营。公用事业领域的特许经营又被称作"行政特许经营",与前述商业特许经营相比,两者有共同点,但差异之处很多,不能混为一谈。

在我国当前的公用事业民营化实践中,承包、租赁经营和特许经营是常用的两种形式。其中公用事业特许经营改革兴起于20世纪90年代初期。进入21世纪后,在原建设部等主管部门的强力推动和《中华人民共和国行政许可法》的立法引导下,特许经营一度成为各地争相仿效的公用事业运营模式。尽管不能直接移植国外较为成熟的特许经营制度,且公用事业特许经营的中国实践遇到诸多障碍,但其尝试和努力并没有因此停滞不前,国家仍然在大力推行特许经营制度,并逐渐将其纳入法治轨道。

2010年5月,国务院颁布了《国务院关于鼓励和引导民间投资健康发展的若干意见》,为民间资本进入公用事业领域提供了强有力的政策支撑,对实施扩大内需、帮扶民间资本的经济政策起到了积极促进作用,特许经营这一市场化的运行模式再次迎来了弥足珍贵的发展契机。2024年5月1日施行的《基础设施和公用事业特许经营管理办法》,是关于我国特许经营制度的最新立法,为现阶段特许经营提供了基本的制度规范。其第1条开宗明义,明确了立法目的,即"为鼓励和引导社会资本参与基础设施和公用事业建设运营,提高公共服务质量和效率,保护特许经营者合法权益,激发民间投资活力,保障社会公共利益和公共安全,促进经济社会持续健康发展";第3条则明确了公用事业领域特许经营的内涵,即"本办法所称基础设施和公用事业特许经营,是指政府采用竞争方式依法选择中华人民共和国境内外的法人或者其他组织作为特许经营者,通过协议明确权利义务和风险分担,约定其在一定期限和范围内投资建设运营基础设施和公用事业并获得收益,提供公共产品或者公共服务"。

我国学界对于公用事业特许经营权的概念并无统一表述,一般说来,它可能存在两种情形:(1)政府通过授予特许权将本应由其投资建设的公用事业公共设施工程交由特许经营者投资建设、运营管理以获取利益,特许期满后根据双方约定将该工程移交给政府;(2)政府将已经运行的公用事业工程通过授予特许权的方式交由特许经营者在特许期内经营管理,以充分利用企业在经营方面的优势实现管理效益最大化。不管是哪种情形,公用事业特许经营权本质上就是政府授予特许经营者的一种权利,其特征如下:

第一,公用事业特许经营权是政府授予特许经营者的一种特殊权利,特许经营者必须具备特定的资质并通过法定的竞争机制才有可能得到政府的授权。

---

[1] Hasanov, A. (2019). Relevant economic factors affecting franchise operations in the services and trade sectors. International Review: 38-49.

第二，拥有公用事业特许经营权的企业享有在特许期内垄断经营某项公用事业产品与服务的权利，同时由于公用事业的特殊性，政府会给予特许经营者额外的补贴或者政策优惠。

第三，取得公用事业特许经营权的企业不可避免地要负担公共利益层面的义务，要以社会可接受的价格持续、稳定地向用户提供产品和服务，基于公共利益的考虑，即使在继续提供公共产品和服务会导致利益受损的情况下也不允许中止或减少生产。

（二）公用事业特许经营权的属性

公用事业特许经营权的基本属性关系到公用事业特许经营权的价值定位，亦直接关系到公用事业特许经营权的实现与救济等基础性问题。由于公用事业特许经营权的特殊性，其基本属性不能仅仅从公法层面或私法层面作简单化理解，而是需要将二者结合起来全面剖析。

公法与私法的划分来源于古罗马法，以市民社会和政治国家的分离为基础，最早进行此划分的是古罗马法学家乌尔比安，他认为，"公法是有关罗马国家稳定的法，即涉及城邦的组织结构；私法是调整公民个人之间的关系的法，为个人利益确定条件和限度，涉及个人福利"①。此后，公法与私法的划分作为一种法律理念被继承下来，并不断地发展。公法与私法属于不同的法律类别，其价值追求也是截然不同的，公法是社会本位的法，强调公权规制，重视秩序及公共利益的实现，主张"与法永相伴随的基本价值，便是社会秩序"②；私法是个人本位的法，以私权自治为核心，强调自由及个人利益的重要性，认为"个人愈自由，国家就愈繁荣，反过来说，国家愈自由，个人就愈幸福"③。

公法与私法作为一国法律体系的两端，二者固然具有明显的区别，但也不可能完全没有联系，这是一切事物的特性。在自由资本主义时期，公法与私法的界限比较明显，二者的联系表现得较为隐蔽，未能引起学界的关注。进入 20 世纪以后，世界经济快速发展，社会矛盾日益激化，政府与市民的角色开始发生改变，与此相对应，政治国家与市民社会的界限亦发生细微的变化，公法与私法相互融合的现象大量产生，于是学界产生了"公法私法化"和"私法公法化"的说法，④实际上，这是公

---

① ［意］彼得罗·彭梵得：《罗马法教科书》，黄风译，中国政法大学出版社 1996 年版，第 9 页。
② 乌尔斯·金德霍伊泽尔、陈璇：《论欧洲法学思想中秩序的概念》，《中外法学》2017 年第 4 期。
③ ［法］泰·德萨米：《公有法典》，黄建华、姜亚洲译，商务印书馆 1982 年版，第 10 页。
④ 严格意义上说，无论"私法公法化"抑或"公法私法化"的提法均不够严谨，因为，一旦私法被公法化了，其本质属性就成了公法，从而丧失其私法属性。反之，亦然。所以，这一提法恐怕难以为多数学者所认同，此处更为准确的表述应为"私法中存在公法条款（现象）"或"公法中存在私法条款（现象）"。参见邢鸿飞、徐金海：《论公用事业的法律调整：法域归属与理念定位》，载《法学杂志》2009 年第 8 期。

法与私法的内在联系在外界条件成熟的情形下出现的必然结果。

根据美浓部达吉的观点,公法与私法的内在联系表现在多个方面,其中一个方面即可表述为混合法律关系和混合权利的存在。如上所述,公法与私法的划分只是一种理论上的认识,并不是自然存在的客观事实,而由于社会事实的复杂性,公法关系与私法关系是有可能存在于同一法律关系中的,混合权利亦有存在的可能。例如,公民与邮局的关系便是一种混合的法律关系,公民支付费用给邮局作为邮局运送信件或货物的酬劳,这是私法关系,而如果公民邮寄违反法律规定的有害物质,国家就会施以行政处罚甚至刑罚,这是公法关系;混合权利如渔业权,渔业权具有物权性质,这是学界公认的看法,而国家以权力对其进行管理,渔民与管理者产生纠纷,需通过行政诉讼解决,这是公权的表现,所以混合权利亦是存在的。[1]

特许经营是一种分销商品与服务的方法,而特许经营权则是归属于民事权利体系的一项无形财产权,二者所隶属的范畴相异。[2] 公用事业特许经营权亦可以说是一种混合权利,特许经营权是一种与一定的经营模式相联系的无形财产权,其核心内容是以知识产权等"一揽子"许可为内核的无形财产权利的专有许可使用。[3] 在其授予与运作过程中交叉出现行政法律关系与民事法律关系,而这两种法律关系在这一过程中并不能明确分割开来,公法与私法的品质在公用事业特许经营权中都得到了体现。公用事业特许经营权由政府权力转为私人组织权利,是政府在公用事业领域职能转换后的一种权利产物,其形成过程决定了不可以纯粹从私法或纯粹从公法领域单独考虑。综合考量,其特征可以简单概括为"公法品格与私法性质的结合统一"。所谓"公法品格",是指特许经营发生在公用事业领域,公用事业作为涉及提供基础服务、普遍服务以及作为公共服务载体的公共设施等方面的领域,公益属性浓厚,并由此衍生出公法领域的系列特征;所谓"私法性质",是指私人组织介入公用事业领域,享有权利本身带来的有关于特许经营的私法属性。

1. 公用事业特许经营权的公法品格

(1) 公用事业特许经营权由政府授予

原建设部 2004 年颁布的《市政公用事业特许经营管理办法》规定,我国公用事业领域中可以实施特许经营的项目由政府通过法定形式和程序确定,随后由政府采取招投标的方式确定特许经营者,最后与特许经营者签订特许经营权协议授予其公用事业特许经营权。在我国,政府是公用事业特许经营权的授予主体,可见,市政特许经营包含多种法律关系,作为其基础法律关系的所谓"特许经营权"的授

---

[1] 王继军:《公法与私法的现代诠释》,法律出版社 2008 年版,第 68 页。
[2] 杨明、曹明星:《特许经营权:一项独立的财产权》,载《华中科技大学学报(社会科学版)》2003 年第 5 期。
[3] 姚辉、周悦丽:《论特许经营权的法律属性》,载《山东警察学院学报》2008 年第 4 期。

予是行政法律关系,这种法律关系赖以存在的依据是所谓的"行政合同"。[1] 亦可以说,公用事业特许经营权从产生之初即带有明显的公法色彩。

公法领域的公权力是政府行使国家管理职能的工具,在西方,近代公权力确立的基础是社会契约论,由17、18世纪启蒙思想家霍布斯、洛克、卢梭等提出。他们认为,人原先是处于没有国家和政府的"自然状态",而为了解决自然状态下生活的困难和不方便,人们通过订立契约建立国家,将自己的部分权利让渡给国家,通过国家来保障自己的基本权利。[2] 政府从人民手中获得管理国家的权力,此即国家公权力的来源。在国家的日常生活中,政府运用手中的公权力履行公共管理职能以保证国家生活正常有序地进行,其中,为公众提供满意的公共产品和服务亦属于政府在此职能范围内的职责。

近年来,随着社会的快速发展,人们对于政府所提供的公共产品和服务提出了更高的要求,而政府此时却没有足够的能力加大对公用事业行业的财政投入,政府公共管理职能无法充分实现,双方之间的矛盾越来越突出。为解决政府与民众之间的这一矛盾,政府开始尝试公用事业的民营化,因此,特许经营权制度进入公用事业领域。通过特许经营权制度,政府在公用事业领域引入民间资本,授予其特许经营权,由取得公用事业特许经营权的企业向公众提供公共产品及服务。简而言之,政府将公共管理职能中的一部分让渡给了公用事业特许经营者,由其来承担本该由政府承担的向公众提供公共产品与服务的公法职责。

这一方法,既缓解了政府的财政压力,又增加了公用事业领域的活力,提高了公共产品和服务的质量,加大了企业的利润收入,实现了政府、企业和民众的三赢。所以,追本溯源,提供公共产品与服务的职责是隶属于公共管理职能的公法职责,在此基础上产生的公用事业特许经营权,是政府履行公共管理职能的合理延伸,它从产生之初即不可避免地带有公法属性。

经过分析不难看出政府特许经营权存在诸多独特性,远非完全属于私法性质的商业特许经营权可以容纳或阐释的。[3] 也正是基于对公用事业特许经营权的公法考虑,政府在授予此权利时一般会设立严格的门槛要求,充分考虑公益、效率和公平等价值目标,对公用事业的发展进行整体设计,以实现政府有效的授权;同时,鼓励尽可能多的实力雄厚的企业参与竞争,选择其中能够提供最优质的公共服务的投资者。取得公用事业特许经营权的企业,不仅成为权利的享有者,同时也是部分公共管理职能的承担者,政府授予的不仅仅是可以取得垄断利益的权利,亦是一份不可推卸的公法职责。

---

[1] 邢鸿飞:《政府特许经营协议的行政性》,载《中国法学》2004年第6期。
[2] 李红珍、王四达:《在权利与权力之间:古典社会契约论中的权力制约思想探究》,载《华侨大学学报(哲学社会科学版)》2016年第6期。
[3] 许军:《政府特许经营权的反思与重构》,载《甘肃社会科学》2015年第6期。

(2) 公用事业特许经营权由政府监管

民营化大师 E.S. 萨瓦斯曾说过:"民营化与其说是一种经济行为,不如说是一种政治行动。政府必须组织和管理整个过程,而任何情况下,民营化的公共设施特许权都需要有效的政府规制"[1]。一般说来,民营企业参与公用事业都是出于追逐利益的目的,当这一点被无限放大时就会损害公用事业公益性的目的,从而完全违背公用事业特许经营权制度的初衷。特许经营固然要考虑其效率性,但通常只具有手段性的价值,在考量民营化问题时,保障人权,维持并增进公益等难以量化的公共性,应该与效率化的公共性一起观察,综合考量,而不应独厚后者,以免掩盖行政追求公益的本来目的。所以,政府对公用事业特许经营权的行使,必须加以监管,以保证公用事业特许经营者不间断地向所有消费者提供价格合理、质量达标的公共产品和服务。正如王名扬先生所说,"一切公务不论属于哪种类型,采取哪种管理方式,由行政主体实施或由私人实施,都适用公务的继续性原则、适应性原则和平等原则"[2]。

基于以上理由,授予企业公用事业特许经营权之后,政府必须对权利的行使过程进行全面的监管,主要包括对价格、质量以及退出机制三个方面的监管。

首先,政府需要对公共产品和服务的价格进行监管。公用事业关系民生,对社会生活影响巨大,且具有自然垄断性,如果不对公共产品和服务的价格加以监管,企业的趋利性往往会导致特许经营者漫天要价,违背公共利益的要求,谋取巨额的垄断利益,必然导致公众无法享受到价格合理的公共产品和服务。所以,政府对价格进行监管,是公共产品和服务有序供给的重要保证。

其次,政府需要对公共产品和服务的质量进行监管。在政府亲自运作公用事业期间,效率可能较低,但公共产品和服务的质量是可以得到保证的。而特许经营者在市场化的条件下运营公用事业时,可能由于无节制地追逐利益及其他方面的原因,可能放松对质量的要求以降低成本。所以,政府对公共产品和服务质量方面的监管必不可少,这有利于保证公众享受到符合质量要求的公共产品和服务。

最后,应建立完善的退出机制,对特许经营者退出公用事业领域进行监管是政府的职责所在。企业在取得公用事业特许经营权之后,更多的可能是基于自身利益而不是公共利益来安排生产,当市场出现亏损时,有些企业会缩小生产规模,甚至一走了之来保全自己的利益;也有一些企业在特许权期限届满时没有安排好后续的生产,导致公共产品和服务在其退出公用事业领域后得不到有效供给。所以,政府必须对公用事业特许经营者退出市场的行为进行监管,保证公共产品和服务

---

[1] [美]E.S. 萨瓦斯:《民营化与公私部门的伙伴关系》,周志忍等译,中国人民大学出版社 2017 年版,第 114 页。

[2] 王名扬:《法国行政法》,北京大学出版社 2016 年版,第 382 页。

的不间断供给。

与私法领域中的权利相比,公用事业特许经营权受到来自公权的更多约束,其实现过程,更多地强调公共利益、普遍服务的重要性,这也是其公法属性的必然要求。

(3) 公用事业特许经营权的实现由政府保证

公用事业具有民生必需性,与公众生活关系密切,取得特许经营权的企业必须保证持续、稳定地以社会可接受的价格向用户提供能够满足其基本生活需求和发展的公共产品和服务。公用事业属于自然垄断性行业,与一般竞争性行业相比具有巨额利润,同时也应承担其他行业不可比拟的风险,所以,为保证公用事业特许经营权的顺利实现,政府会运用公权力为公用事业特许经营者提供必要的保证和便利,主要包括后勤保证、特许权期限保证和税收优惠。

后勤保证要求政府满足公用事业特许经营权涉及的建设项目对于土地、生产材料以及能源的要求。对于土地的要求,政府一般会在法律规定的范围内给予便利,赋予公用事业特许经营者国有土地使用权;同时政府也会采取有效措施保证生产资料和能源及时、足量地供应给公用事业特许经营者。

特许权期限决定着公用事业特许经营者回收投资的时间,期限越长意味着特许经营者累积向公众收取的费用越多,利润越高;而对于政府来讲,由某个特许经营者长期经营某特定公用事业,可能导致垄断。所以,政府与特许经营者需对经营期有明确约定,同时政府会对经营期提供保证,承诺在此期限内对权利涉及的项目不实行征收或国有化等措施,以确保公用事业特许经营权的顺利实现。当然,此种保证也有例外的情况,当双方达成一致时,可以改变特许权期限,或出于紧急的公共利益考虑,政府可以单方面改变特许权期限,但此时必须支付特许经营者补偿金。

税收优惠减轻了特许经营者的投资风险。公用事业特许经营权涉及的项目包含巨大的自然风险、政治风险和商业风险,投资者可能面临血本无归的危险。在燃气行业,投资者需要特别关注上游资源项目的投资收益和资源权益风险,中游基础设施项目的利用率下降和资产搁浅风险,以及下游液化天然气(LNG)贸易中气价倒挂对经营的冲击。这些多阶段的风险特性进一步加剧了特许经营权项目的复杂性和高风险性。为减轻投资者的经济负担,政府通过税收优惠政策增加投资者信心。例如,政府根据行业特点和投资周期,给予特许经营者一定的税收减免或延期纳税待遇,同时在促进全产业链布局时,通过政策支持帮助企业降低成本并提升运营效益。此外,当公用事业特许经营者因履行公共利益职责导致企业利益受损时,政府通常会提供适当的资金补贴。例如,在推动清洁能源投资和市场风险缓解方面,政府通过政策激励和资金补贴帮助企业实现可持续发展目标。这种财政支持机制不仅降低了经营风险,也为公用事业领域吸引更多投资者创造了良好环境。

可见,公权力一直在以超越私人的公共力量为公用事业特许经营权的实现提供各种便利。市场活动的多样性、复杂性决定了其必须通过公权力进行有效的调控,而进入市场范畴的公用事业特许经营权,因公用事业的特殊性得到了公权力的特别眷顾和更多关心,也使这一权利带上了浓厚的公法色彩。

(4) 公用事业特许经营权以实现公益为目的

公共利益一词源于古代西方社会,其内涵经历了一系列的发展变化。古希腊时期,亚里士多德认为国家是一种最高的社团,其存在为了实现最高的善,最高的善即为公共利益。西方启蒙思想家们认为,公共利益表现为符合自然法则、正义的价值标准或价值规范的所谓公意。① 到了 18 世纪,欧洲大陆古典自由主义盛行,个人利益被看作公共利益的基础,市场自由被无限放大。到了 19 世纪,古典自由主义因无法解释极度自由带来的市场危机而受到了极大的挑战。近现代以来,人们更多地开始寻找个人利益与公共利益的一致性。此外,也有学者认为公共利益的实质是一种动态的过程,阿尔弗莱德·弗得罗斯就认为:"公共利益既不是单个个人所欲求的利益的总和,也不是人类整体的利益,而是一个社会通过个人的合作而生产出来的事物价值的总和。"②

公共利益与个人利益的关系历来是学界探讨的主题,具体来说,公共利益与个人利益相辅相成,不可分割,在不同的情况下各有侧重。公用事业特许经营权制度是将公共利益与个人利益完美结合的典范,它既保证公众享受到物美价廉的公共产品和服务,维护了公共利益,又凭借公用事业行业高利润的特质,实现了特许经营者的个人利益。但同时也应认识到,因公用事业与民生紧密相关,公共利益在公用事业特许经营权在实现过程中的地位应高于个人利益,授予民间企业公用事业特许经营权只是一种手段,其目的仍是更好地实现公共利益,所以说,实现公共利益是公用事业特许经营权的根本目的。

此外,公共利益理论认为,政府代表公共利益,要求政府在一切活动中始终以维护社会的公共利益为根本出发点。王名扬先生也认为:"公共利益是公务活动的核心,政府的一切活动,必须符合公共利益。"③公用事业长期以来由政府运营管理,是政府公务活动的一个部分,此领域中的公共利益在很长时间内得到了切实的实现。当政府垄断经营的公用事业不再符合时代潮流时,政府采取授予符合条件的民营企业以公用事业特许经营权的方式,间接地管理公用事业并最大限度地实现公共利益。从这一意义上讲,政府授予民营企业以公用事业特许经营权的行为就是一种公务活动,其也必须合乎公共利益,即政府授予民营企业以公用事业特许

---

① 张方华:《公共利益观念:一个思想史的考察》,载《社会科学》2012 年第 5 期。
② Okok, S., Rukooko, A., & Ssentongo, J. S. (2022). The Concept of Moral Integrity in Politics and its Contestations: Towards a Normative Approach. Thought and Practice. 8(2), 83-107.
③ 王名扬:《法国行政法》,北京大学出版社 2016 年版,第 376 页。

经营权的活动本身就是为了实现公共利益,因此,我国的公用事业特许经营权在授予之初就背负实现公共利益的使命。同时,由于公用事业与民生紧密联系,其提供的产品与服务的质量直接关系社会生活的稳定,所以,公共利益在公用事业特许经营权实现过程中占据主导地位,它是公用事业特许经营权的根本目的。

2. 公用事业特许经营权的私法表现

(1) 公用事业特许经营权设置中的主体地位平等且意思表示一致

公用事业特许经营权是我国政府为保证行政职能的实现而采取私法手段设立的一项权利,其设立过程必然体现私法属性,具体表现为权利设置过程中主体地位的平等性和意思表示的一致性。

在我国,政府通过与民营企业签订特许经营权协议授予其公用事业特许经营权,有人认为,政府在特许权协议中享有行政优益权,特许经营权双方主体的权利义务不对等,因而双方亦处于不平等的法律地位。这一观点有待商榷。

首先,政府参与法律关系的身份具有多元性,其可以以行政主体身份参与行政法律关系,也可以以民事主体的身份参与民事法律关系,实际上,不仅仅政府可以,每个社会主体都可以以不同的身份参与法律关系,每一社会主体只有落实到具体的法律关系中,才可以确定其不同的法律主体资格。当国家以经营者而非管理者的身份参与社会活动时,其行为就应被等同于一般的经营行为,其必须遵守相应的原则和规范。例如,《中华人民共和国政府采购法》第43条明确规定:"政府采购合同适用合同法。"此规定表明,在政府采购法律关系中,政府与一般的私人采购者身份相同,与合同另一方当事人处于平等的法律地位。所以在特许权协议中,政府和民营企业可以处于平等的法律地位。

其次,虽然在特许权协议中,政府与民营企业的权利义务不对等,但是双方当事人权利义务的不对等不等于其法律地位的不平等,双方当事人法律地位的平等也不等于其权利义务的对等,换句话说,政府与民营企业权利与义务对等与否,并不必然影响双方法律地位的平等性。[①] 在一般的行政行为中,政府拥有命令的绝对权力,处于主导的支配地位,而相对人处于从属的地位,双方的法律地位是不平等的。而在公用事业特许经营权的设置过程中,虽然基于公用事业的特殊性,政府享有一系列行政优益权,但政府与民营企业仍是在自愿的基础上对协议的内容进行协商,双方处于平等的法律地位。

最后,在特许权协议签订过程中,政府与民营企业基于平等的法律地位,对协议的各项内容进行协商,追求双方意思表示的一致,双方意思表示一致是公用事业特许经营权成立的必要条件。而在一般的行政行为中,并不需要相对人与政府的意思表示一致,相对人对于政府的决定只有服从的义务,政府单方面的决定即可以

---

① 参见邢鸿飞:《论政府特许经营协议的契约性》,载《南京社会科学》2005年第9期。

促成行政行为的成立。公用事业特许经营权涉及的利益范围十分广泛,因此为促成特许权协议的成立,政府与民营企业在协商过程中会不断调整自己的利益预期。为刺激和调动民营企业的积极性,政府往往给予公用事业特许经营者额外的补贴或者优惠政策,允许拥有特许权的企业享有使用某些公共资源的权利。例如,建设项目需要的土地、管网铺设需要的公共道路或通道、水厂需要的原水水源等等;而民营企业亦会在协商的过程中减少对可能获得的利益的追求,更多地考虑公共利益的要求。所以在特许权协议签订过程中,政府和民营企业基于平等的法律地位,根据私法领域中自愿合意的精神积极追求双方意思表示的一致,以保证协议的有效成立,这也是公用事业特许经营权私法属性的具体体现。

(2) 公用事业特许经营权的客体具有私法特征

任何权利的实现都建立在对一定事物的支配上,这就是法律关系的客体,没有客体也就无法形成法律关系。[1] 民事权利的客体又称为民事法律关系的客体,即民事法律关系主体享有的民事权利和承担的民事义务所共同指向的对象。关于它的具体范围,学者施启扬认为权利客体是受主体支配的各种权利的对象和内容,不仅包括物,而且包括各种权利、利益以及无财产价值的作为和不作为。[2] 通说认为,民事权利的客体包括物、行为以及智力成果。其中,物以有体物为限,包括动产与不动产,能够满足人的社会需要,能够被人所实际控制和支配;行为包括作为与不作为,是债权的客体;智力成果又称知识产品,是指人们通过创造性劳动获取的,具有一定表现形式的成果。近些年来,随着社会经济及技术水平的不断发展,权利客体的范畴亦在不断扩大,一切物质利益和非物质利益都可以作为权利的客体,利益成为权利客体的必备因素,而权利客体的范围具体来说包括物、行为、智力成果、有价证券、权利以及各种非物质利益。[3]

要对公用事业特许经营权有一个明确的认识,必然要准确界定其客体概念,毕竟权利不是凭空存在的事物,当客体的性质和特点不甚明确时,在客体上所设定的权利必然会混乱不堪。[4] 由政府与特许经营者签订特许权协议设置的公用事业特许经营权的客体可以概括为一种特许经营的资格和能力,具体来说是垄断经营某项公用事业的资格、优势以及由政府特许经营所带来的商业信誉的总和。这种资格和能力,虽不能简单地置于物、行为或智力成果的概念之下,但仔细分析可以看出,它所代表的是一种垄断的物质利益,它是这种物质利益的外部展现,权利的本质是利益,而权利的客体是利益的外部定在。特许经营者在取得公用事业特许经

---

[1] 曹相见:《权利客体的概念构造与理论统一》,载《法学论坛》2017 年第 5 期。
[2] 施启扬:《民法总则》,中国法制出版社 2010 年版,第 176 页。
[3] 魏振瀛:《民法(第八版)》,北京大学出版社、高等教育出版社 2021 年版,第 132 页。
[4] 何松威:《〈民法典〉视角下权利客体理论的双重构造》,载《法律科学(西北政法大学学报)》2022 年第 5 期。

营权之后,得到了其他经营者所没有的垄断经营某项公用事业的资格,拥有了高于同行业其他经营者获利水平的超额盈利能力,即将获得的是公用事业带来的垄断利益,所以这种资格亦可以归结到物质利益的范畴。简单来说,公用事业特许经营权由政府和特许经营者签订的特许经营协议产生,其客体具有明显的利益因素,这与私法领域中权利客体的利益特征本质上是相通的,公用事业特许经营权的客体具有私法特征也是其私法表现的一方面。

当然也应意识到,不能因为公用事业特许经营权客体的私法特征就认为它属于私法权利,公用事业特许经营权是一种混合权利,基于这种混合权利所形成的特许经营的资格和能力,负担的是政府本应承担的公共管理职能,其目的是更好地实现公共利益。

(3) 公用事业特许经营权的部分救济途径具有私法色彩

关于公用事业特许经营权的救济途径在实践中主要表现为特许经营权协议的救济方式,而政府与特许经营者在签订特许权协议确定双方的违约责任时首先依据的是合同法的一般原则。当一方当事人发生违约行为致使非违约方遭受损失或承担额外责任时,非违约方有权获得赔偿,但是赔偿范围不应超过违约方在签订协议时预见或应当预见到的损失范围。如果一方当事人违反协议是由于不可抗力造成的,则对此种违约不承担责任。一旦发生违约的情况,非违约方必须采取合理措施减轻或最大限度地减少违反协议引起的损失,并且此部分费用由违约方支付。如果非违约方未能采取合理措施造成损失范围的进一步扩大,违约方可以请求从赔偿金额中扣除本应能够避免的损失金额。可见,双方违约责任的确定,完全是依据民事合同的违约赔偿原则来进行的,这也是我国公用事业特许经营权私法属性的表现之一。

当双方无法就特许权协议履行过程中产生的争议解决方式达成一致时,就需要走法律救济途径,我国各个地方对此的规定不同,其中既有公法途径,也有私法途径。例如从我国原建设部 2004 年发布的《城市供水特许经营协议示范文本》第 150 条的规定可以看出,我国政府对于这一类纠纷的解决偏向于采取民事仲裁或诉讼的方式。而在深圳、北京等地,相关地方性法规规定这一类纠纷需采取行政复议或行政诉讼的方式来解决。依据国际惯例,在特许经营权协议的纠纷解决中,一般均采取谈判、协商、仲裁等救济方式,这明显不同于行政法律关系的纠纷解决方式,而反映着特许经营权协议平等自愿的民商事法律关系特征[1],带有明显的私法色彩。这种倾向于私法救济途径的做法,有利于吸引民间资本进入我国的公用事业领域,加快我国公共设施的建设和公共服务的发展;也有利于促使特许权协议争

---

[1] 朱冰,尹权:《PPP 特许经营协议的法律属性与违约救济》,载《大连理工大学学报(社会科学版)》2018 年第 5 期。

议的顺利解决,防止因争端长时间不能解决而影响公共产品与服务的持续供给。

从理论上来说,采用私法救济途径解决公用事业特许经营权纠纷是有先例可循的。行政法学研究自19世纪开始兴盛,并逐步向原本属于私法的领域渗透,在实践中,政府也经常运用私法手段完成行政职责,在此背景下,行政法自然可以引用由私法表现出来的法的一般原理。甚至有人认为,私法与公法有着可以共同适用的一般法理,只是因为私法发展较早,才被认为是私法所独有的法理,这种法理其实也可以直接适用于公法。① 美浓部达吉也持相同的观点,认为尽管公法与私法有着各自的特殊性,应遵循各自不同的规律,但这个事实并不否定公法与私法之间有着共通性,在此共通性范围内当然可以适用共同的规律。准确地说,那并不是私法的规律适用于公法关系,而是公法关系遵守与私法关系共通的规律。②

基于以上观点,民事法律关系中的违约赔偿原则所蕴含的法理亦是公法与私法共通的规律,作为一种混合权利存在的公用事业特许经营权适用这种原则便理所当然。而采用私法救济途径维护公用事业特许经营权的实现与适用民事法律关系中的违约赔偿原则解决特许权争议是一脉相承的,简而言之,当双方当事人依据违约赔偿原则无法解决争议时,便可以通过与其相配套的私法救济途径解决问题。③

(4) 公用事业特许经营权体现私法自治精神

"Prinzip der Privatautonomie(私法自治)"源自德国法,在法国法中被称为"意思自治",在日本法中被称为"私的自治"或者"法律行为的自由"。我国学者借用日语中"私的自治"的阐述,将其称为私法自治。具体来说,它一方面源于这样的哲学

---

① 余凌云:《行政契约论》(第三版),清华大学出版社2022年版,第80页。
② [日]美浓部达吉:《公法与私法》,黄冯明译,中国政法大学出版社2003年版第205、206、220页。
③ 但随着2014年11月1日第十二届全国人民代表大会常务委员会第十一次会议对《中华人民共和国行政诉讼法》的修正,上述观点受到颠覆性的否定。根据修改后的《中华人民共和国行政诉讼法》第12条第(十一)项规定,公民、法人或者其他组织认为行政机关不依法履行、未按照约定履行或者违法变更、解除政府特许经营协议、土地房屋征收补偿协议等协议提起行政诉讼的,人民法院应作为行政案件予以受理。可见,因政府特许经营协议所致的诉讼只能是行政诉讼,这一点经立法确认,在司法实践中已经毫无悬念。更加令人欣喜的是,2017年6月27日第十二届全国人民代表大会常务委员会第二十八次会议又通过了修改《中华人民共和国行政诉讼法》的决定,该修正决定在《中华人民共和国行政诉讼法》第25条中增加一款,作为第四款:"人民检察院在履行职责中发现生态环境和资源保护、食品药品安全、国有财产保护、国有土地使用权出让等领域负有监督管理职责的行政机关违法行使职权或者不作为,致使国家利益或者社会公共利益受到侵害的,应当向行政机关提出检察建议,督促其依法履行职责。行政机关不依法履行职责的,人民检察院依法向人民法院提起诉讼。"这意味着我国公用事业特许经营权的救济途径,不但拓展到了行政诉讼范畴,而且为检察机关基于国有财产保护的目的提起行政公益诉讼留下了制度空间。2020年1月1日起施行的《最高人民法院关于审理行政协议案件若干问题的规定》第2条在规定行政协议案件受理范围时,明确将"政府特许经营协议"纳入其中,这意味着公民、法人或者其他组织就政府特许经营协议提起行政诉讼的,人民法院应当依法受理。但这并不一定意味有关政府特许经营协议案件只能提起行政诉讼,该司法解释施行后,实践中不乏一些案件是通过民事诉讼的程序进行审判的。

思想,即历史形成的关于人的自然的自由或者自然的权利的辩证的哲学潮流,这种哲学思想把人的自由作为自己的目的;另一方面源于 18、19 世纪的经济思想,即为了达到正当及有用的目标,把自由运用到经济法则中,将其作为经济自由思想的最佳手段。① 经过了一系列的发展,直到 19 世纪末,私法自治才真正进入民法,成为民法领域的核心精神。

关于私法自治的内容,学者众说纷纭,弗卢梅认为私法自治是各个主体根据自我的意志自由形成法律关系的原则;比德林斯基把私法自治定义为对通过表达意思产生或消灭法律后果这种可能性的法律承认②;古德诺认为私法自治不仅意味着当事人有为自己创设权利义务的自由,而且有不为自己创设权利的自由;北村一郎认为私法自治指根据私人的意思形成法律关系的自由③。可以看出,学者们对于私法自治的基本含义的理解是大致相同的,都认为私法自治是在法律所许可的范围内,社会主体按照自由的意志为自己设定私法上的权利和义务,国家原则上不做干预,只有在当事人不能解决之时,国家才应当事人的请求以法院的身份进行裁决。

私法自治是私法的核心精神,而这一精神在我国公用事业特许经营权的设置及实现过程中都得到了具体体现。我国的公用事业特许经营权由政府和民营企业签订特许权协议设立,在这一过程中,政府与民营企业处于平等的法律地位,按照自愿原则协商确定双方的权利和义务,并确定协议产生争议时的纠纷解决途径,国家公权力此时不做干预,双方在法律规定的范围内达成意思一致。④ 公用事业特许经营权实现的过程就是特许权协议的履行过程,在这一过程中出现的争议,首先由双方根据协议的约定协商解决,双方无法解决时公权力才会介入,依照当事人的请求进行干预。公用事业特许经营权设置及实现的过程中,政府及特许经营者的一系列行为体现出的都是私法自治的精神,当然,作为一种混合权利,公用事业特许经营权所体现出的私法自治的精神与私法领域的私权利是有区别的,它必须考虑到特许经营权所要负担的公共服务职能,当私法自治与公共利益产生冲突时,私法自治精神要让位于特许经营权对于公共利益的追求。

---

① Kapás, J., & Czegledi, P. (2010). Economic Freedom and Government: A Conceptual Framework. Journal des Economistes et des Etudes Humaines, 16,1-1.
② 比德林斯基:《私法自治与负担性法律行为的客观基础》,1967 年版第 127 页。
③ 陈荣文:《〈民法典〉"私法自治"的理念衍义与制度构建》,载《福建论坛(人文社会科学版)》2020 年第 9 期。
④ 另有观点认为,公用事业特许经营协议的纠纷解决机制具有法定性,既然我国行政诉讼法已将特许权协议的纠纷解决纳入行政诉讼程序,则当事人便不能在协议中约定选择争议解决方式,尤其不能通过仲裁方式解决此类行政争议。

(三) 公用事业特许经营权的内容

公用事业特许经营权是政府为更好地向公众提供公共产品和服务而设置的权利。资本的逐利性及公用事业行业的高利润,促使民营企业积极参与此项权利的竞争。公用事业特许经营权的实现是以政府和特许经营者双方的价值追求都能得到实现为前提的,所以,公用事业特许经营权的构成,不仅应包含能够使特许经营者获得高额利润的权利内容,也应包含使政府在公用事业领域的公共管理职能得以顺利实现的内容。

1. 特许经营某项公用事业的资格及有关的附属权益

民营企业参与公用事业特许经营权的竞争源于资本的逐利性,其目的就是获得政府授予的特许经营某项公用事业的资格,追求经营公用事业带来的巨额利益。可以这样说,获取利益是特许经营权的当然之义,也是特许经营能够成功运转的必要条件,所以,特许经营某项公用事业的资格是我国公用事业特许经营权最基本也是最主要的内容。具体来说,它指特许经营者在特许权期限内享有垄断经营某特定地区的某项公用事业并向公众收取费用的资格,其要点可概述如下:

第一,特许经营者在特许权期限内垄断经营某项公用事业向公众提供公共产品和服务,并由政府保证在此期限内在同一地区不设立和不批准设立过多的同类公用事业特许经营权,以避免过度竞争引起经营收益下降而影响投资回报。可以说特许经营者拥有的是一种排除过度市场竞争从而更便于取得高额利润的特许资格,这也是特许经营权制度的动力所在。[1]

第二,特许经营者在特许权期限内收取费用的资格。特许经营者可以收取的费用主要包括两个方面,向使用公共产品和服务的公众收取的使用费以及向使用其公共设施进行商业活动的经营者收取的使用费。前者是使用公共产品和服务的公众所付出的代价,从本质上说属于债权。后者是指特许经营者可以利用该项公用事业公共设施进行观光、广告等活动并收取的费用,这可以看作是公用事业特许经营权的附属利益来源。

第三,在我国,为维护公用事业特许经营者的利益,其还享有一定的附属权益,主要包括请求补偿和使用某些公共资源的资格。前者指特许经营者针对政府基于公共利益的考虑提前收回特许经营权或为维护公共利益做出的损害其利益的决定,有请求补偿经济损失的资格。当然,此种补偿不是赔偿,其范围仅限于特许经营者为运营公用事业所付出的成本,不包括其预期可能获得的利益。但也有一些国家,例如法国,规定只有在一定期限后才能撤回特许权,而且在撤

---

[1] 肖泽晟:《公共资源特许利益的限制与保护——以燃气公用事业特许经营权为例》,载《行政法学研究》2018年第2期。

回特许权后也必须给予一笔补偿金。① 后者是指特许经营者在建设公用事业基础设施的过程中可能涉及对某些公共资源的使用,例如建设项目需要的土地、管网铺设需要的公共道路或通道等等,政府此时会协助特许经营者协调各方利益,实现其对公共资源的利用。此部分附属权益也是我国公用事业特许经营权的重要内容,其功能是维护特殊情况下特许经营者的利益,更好地实现公用事业特许经营权。

2. 持续而稳定地提供公共产品和服务的职责及其他附属责任

特许经营者运营的是关系公共利益、具有民生必需性的公用事业行业,必须保证公共产品和服务的正常供给,这不仅关系到人们的生活质量,更关系到社会的稳定及发展。公用事业特许经营权的设置是为了更好地运营公用事业行业,所以,持续、稳定地向公众提供公共产品和服务是我国公用事业特许经营权的基本内容,具体来说,包括两方面的含义:

一方面,特许经营者要保证任何情况下公共产品和服务的持续稳定供给,并且所供给的公共产品和服务要符合公众的生活需求。公用事业与公众的日常生活息息相关,而在特许权期限内某一地区只有一家或少数几家民营企业拥有公用事业的特许经营权,如果公共产品和服务得不到及时供给,将给社会生活和生产带来极大的负面影响。所以,持续稳定的供给,要求特许经营者以公共利益为先,即使在继续提供公共产品和服务会减少企业的利润甚至无法收回成本时,也不能中断供给;而且所提供的公共产品和服务必须达到一定的质量要求,以满足公众的生活所需。至于公共产品和服务的质量标准,则由政府及特许经营者依据公共利益的原则在特许权协议中确定。

另一方面,公共产品和服务必须以合理的价格向所有的社会公众提供。公用事业因其特殊性决定了公共产品及服务的价格必须在公众可接受的范围内,特许经营者不能因其独占地位而漫天要价,必须保证价格的合理性;同时,公共产品和服务的提供必须面向所有公众。实践中,即便存在在一些经济落后地区的经营活动无法获得预期利益的情况,特许经营者也不能拒绝向这些地区提供产品和服务,必须保证所有社会公众都可以平等地享受到公共产品和服务。

此外,一些附属职责也是我国公用事业特许经营权的内容之一,主要包括在政府基于公共利益提前收回特许经营权时,特许经营者要做好移交公用事业公共设施的工作;在经营公用事业的过程中,特许经营者要注意对公共基础设施的保护,保证特许经营权移交给政府后,该公共基础设施还能继续使用。

---

① [法]莫里斯·奥里乌:《行政法与公法精要》,龚觅等译,辽海出版社、春风文艺出版社1999年版,第940页。

3. 政府对公用事业的监管职责

公用事业是关系到国计民生的行业,而在特许经营权的实现过程中,由于民营企业的逐利性及信息不对称等问题,可能会产生公共产品及服务价格过高、产品质量不达标等损害公共利益的现象。一旦出现上述问题,将极大地影响社会稳定,所以,政府必须对公用事业特许经营权的实现过程进行监管,这也是公用事业特许经营权的基本内容之一。

公用事业维护的是公共利益,关系国计民生,所以,政府对特许经营者的行为进行监管是必要的。由于"严格的监测很有必要,但可能会流于微观控制或管理;过于松散的监测则会导致服务质量的下降。两者之间须保持适度平衡"[1]。所以,政府必须明确监管目标,围绕监管目标采取监管措施,既要防止因严格的监管措施而打击特许经营者的积极性,又要警惕过于松散的监管而达不到维护公共利益的目的。一般说来,政府监管的目标主要有两个:

第一,防止公用事业特许经营者侵犯公众的基本权利。这主要是因为特许经营者在公用事业领域不仅拥有特许经营的资格,还享受某些附属权益,政府必须采取措施防止其滥用权利侵犯公众的基本权利。

第二,保证公众可以获得特许经营者提供的公共产品和服务。政府监管特许经营者的经营活动,必须防止其完全按照市场盈利规则来运营公用事业而置公众利益于不顾,保证公共产品和服务的有效供给是政府监管的主要目标。

实际操作中,政府对于特许经营者的监管主要集中在市场准入、公共产品和服务的价格、质量以及退出机制等方面。其中,在市场准入环节,政府必须选择有责任心、有资质、有能力运营公用事业的民营企业,对进入公用事业领域的民营企业进行严格的资格审查,保证特许经营者有经营公用事业的能力。[2] 市场准入方面的监管是政府监管责任的重要内容。

关于政府对于价格、质量以及退出机制的监管,前文已有阐述,此处仅对价格监管做少量补充。众所周知,公众对于公共产品和服务的要求是物美价廉,而特许经营者的目的是获取利润,所以,有效的价格监管机制应该在公用事业的公益性及特许经营者的私益性之间寻找平衡。而由政府、特许经营者以及公众代表共同参与论证、相互制约的定价机制,为公共产品及服务价格的形成找到了行之有效的途径,也成了政府进行价格监管的重要手段。

除上述监管内容之外,政府在监管过程中还可以采取绩效评估制度,依据可量

---

[1] [美]E. S. 萨瓦斯:《民营化与公私部门的伙伴关系》,周志忍等译,中国人民大学出版社2017年版,第165页。

[2] 付金存、龚军姣:《政府与社会资本合作视域下城市公用事业市场准入规制政策研究》,载《中央财经大学学报》2016年第4期。

化的指标,对特许经营者运营公用事业的状况进行结果、效率等方面的评估。① 特许经营权制度的兴起就是为了解决效率困境、降低交易成本,因此,政府通过对特许经营者的绩效评估,用以确定是否达到预期的目标,这有助于保证特许经营权的实现。简而言之,政府的监管对于公用事业特许经营权的实现具有十分深远的意义,其亦是公用事业特许经营权不可缺少的内容。

4. 政府对公用事业的保证责任②

政府保证责任是担保国家理论在公用事业特许经营领域的深刻体现,在不同的责任形态中具有特殊地位。在现代宪法国家,无论执行机构的法律形式如何变化,政府永恒地具有履行行政任务的责任。国家或政府可以将公共服务交由私主体执行,传统高权行政图景中政府直接承担的责任,逐步让位于私人部门,政府由"台前"转到"幕后"。但私主体参与公共服务的供给,只是政府用以合理配置资源、转变政府职能的手段,仅仅意味着政府由直接供给者变为间接供给者,公共服务供给作为政府长期照护任务的公共性、职能性等本质属性并未改变,只是不同程度地借重私人力量参与执行,政府在其间的外在角色由"划桨者"转变为"掌舵者",原有的履行责任转型为保证责任,且此等转变"不等同于国家责任的卸除,顶多仅属手段的调整",政府仍然需要履行监督与管理的职能,对于私人部门提供的物资、劳务,应监督保证其数量和品质符合标准,并对此进行管理,确保民众能够公平获取。

公用事业特许经营权的期限十分漫长,特许经营者在经营过程中可能会面临很多无法预计的商业风险和政治风险。其中,有关国际投资担保机构和商业机构可以分担部分商业风险;但特许经营者更担心不可预计的政治风险,所以,在特许经营权中加入政府保证的内容十分必要。政府保证代表的是一国政府对公用事业特许经营权项目持欢迎和支持的态度,有利于增加特许经营者的信心,经过多年的发展,此项保证已成为惯例,构成了公用事业特许经营权的重要内容。

政府对公用事业特许经营的保证责任完全符合担保国家理论的价值取向。基于此,政府的责任形态不再局限于履行责任,而是呈诸如建议责任、组织责任以及保证责任等多种样态。政府保证责任是政府一方承担的重要责任,这对政府与私人部门之间合作协力关系的构建具有重要意义。

政府保证责任是政府居于行政权行使者之地位,实施体现行政意志之公权力行为,它虽以私法契约为载体,但其引发的是旨在实现公共利益的公法上的法律关系。尽管政府保证责任之概念或多或少渊源于私法领域,但无论如何,政府保证责

---

① Cabrera Jr. E., Estruch, E., Gómez, E., & Del Teso, R. (2022). Comprehensive Regulation of Water Services. Why Quality of Service and Economic Costs Cannot be Considered Separately. Water Resources Management, 36(9), 3247-3264.

② 这部分内容参见邢鸿飞:《政府购买服务的行政法规制研究》,法律出版社2021年版,第250页、第259-264页。

任显然不能与私法担保责任混同。民事上的担保责任,主要包括人的担保与物的担保,是指债务人或第三人以法定或合同的方式保证债权人的债权得以实现的责任。民事担保还包括民法上的瑕疵责任,即出卖人对权利瑕疵和物的瑕疵所应承担的法定和无过错责任。与民事担保责任相比,政府保证责任至少呈以下公法形态。

(1) 保证责任是政府监督责任

在责任主体方面,民事担保责任的主体一般为公民、法人及其他组织等,而政府保证责任的主体是作为行政权行使者的政府。基于其高权地位,政府有义务积极促成公益实现,采取公权力手段确保私人部门提供的公共服务能够满足社会公众的正当性需求,民事担保责任的主体则不具备采取公权力手段保障责任实现之可能。因而,政府保证责任具有公法监督之属性,是预期责任中的建设性责任。①

监督虽是传统的国家控制手段,但在政府不再直接履行公共任务的情况下,监督仍是政府保证责任的重要方式。在公用事业特许经营领域,以往政府—社会公众的双向法律关系已经转变为政府—私人部门—社会公众的三重法律关系,政府不直接向社会公众承担供给不能的法律责任。因而,政府除了通过管制对市场竞争、购买范围、服务内容予以规范,还得以政府监督作为保证公共及个体利益不受损害的手段,强化对公用事业特许经营协议履行的全过程、全方位监督。

政府的公法监督责任至少体现在以下方面:首先,在准入阶段,政府应遵循正当程序原则,通过市场化方式,如竞争性谈判、招投标程序等,严格审查私人部门的资质条件,并综合供给需求与财政预算等因素,统筹考虑并选择最优私人部门,加强公共服务领域的准入监督。其次,在履行阶段。政府应会同相关部门建立动态同步的监管信息共享平台,并依据科学合理的绩效评价指标,引入社会第三方评价监督体系,收集社会公众对公共服务的反馈信息,对合同履行中私人部门的服务价格、服务质量及财务运营等进行全流程监督,积极防范私人部门的违约风险。若发生致使合同根本目的——公共利益不能实现的情形,政府可单方变更或解除合同,以确保公共利益不受损害。最后,当私人部门退出合同后,政府还应对私人部门的保密义务进行后续监督,确保私人部门在公共服务供给中获取的相关用户数据信息不被泄露或非法使用。

(2) 保证责任是政府管制责任

在责任对象方面,民事担保责任对象一般为以财产性权益为主的债权,而政府保证责任的对象是公共服务或其他公共产品。基于公共服务或公共产品对于人民普遍生存照顾之特殊意义,政府必须保证这一公共供给满足公众持续的、基本的需

---

① [澳]皮特·凯恩:《法律与道德中的责任》,罗李华译,张世泰校,商务印书馆2008年版,第50-51页。

求。政府在公共供给实施之初,便应当积极采取措施预防和排除不利于公益目的实现的因素或障碍。而民事担保责任,则须等到债权不能实现时方可依照法律之规定形式予以履行。可见,政府保证责任并不是消极等待的责任,其天然地具有公法管制的属性,倾向于预防性的而不是修复性的补救①,是预期责任中的预防性责任②。

"管制"泛指国家以各种手段或措施,对一定范围的人民活动,进行规制及管控的过程。由于市场垄断、周期失灵以及私人部门逐利避害的趋向,的确存在市场竞争制度不能充分发挥作用、私人主体提供的公共服务产品无法达到法定要求的可能性。因此,政府需要对购买范围、服务标准以及客观存在的市场垄断等情形担负起管制责任。事实上,民营化的发展原则上都伴随着国家管制。③ "一个社会如果试图祛除所有的国家规范与管制,必定会陷入不受任何控制的自由主义泥潭"④。具体而言,政府在公用事业特许经营领域的管制责任主要涵盖:政府保证私人主体在规范的监管体制下开展有限竞争,杜绝私人部门利用垄断地位攫取利润;政府应依据经济发展、地方财政、服务职能的具体状况,保证公用事业特许经营事项科学且适宜;政府要保证承接公共服务的私人部门具备相应的供给能力,其所提供的公共服务至少不低于政府亲自履行之标准或效果,且价格能够为社会公众所普遍接受。

为契合公私协力、共谋发展的理念,不但政府实现管制责任而采取的行政手段不同过往(政府通常以"不采取全面管制而仅进行部分管制,不采取下命令方式而改采取说明寻求相互理解的方式"推行管制政策)⑤;而且政府也将管制责任内容的重点放在对公共服务的市场竞争、购买范围、服务内容等方面。

(3) 保证责任是政府兜底责任

在责任功能方面,民事担保责任的功能在于规范债务人行为,填补债权人因债权不能实现之损害。而政府保证责任的功能则在于保障公民共享的社会公共利益,增进全社会公益之福祉。⑥ 因为一旦出现公共服务供给危机,将严重影响全社会的公共利益,政府必须采取必要的保护性措施,防止出现私人部门任意中断或终止公共服务供给任务,以保障公共利益不受损害。政府保证责任的重心在于在私人部门出现供给危机时,应采取必要措施确保供给不中断,以保护公共利益实现,

---

① [澳]皮特·凯恩:《法律与道德中的责任》,罗李华译,张世泰校,商务印书馆2008年版,第390页。
② [澳]皮特·凯恩:《法律与道德中的责任》,罗李华译,张世泰校,商务印书馆2008年版,第50-51页。
③ Hoffmann-Riem, W. (1997), Tendenzen in der Verwaltungs-entwicklung. DÖV 1997, S. 436;转引自许登科:《释字第七〇九号解释释放之讯息与延伸思考》,载《月旦裁判时报》2013年第23期。
④ [德]齐佩利乌斯:《德国国家学》,赵宏译,法律出版社2011年版,第349页。
⑤ [德]施密特·阿斯曼:《秩序理念下的行政法体系建构》,林明锵等译,北京大学出版社2012年版,第166页。
⑥ [澳]皮特·凯恩:《法律与道德中的责任》,罗李华译,张世泰校,商务印书馆2008年版,第415页。

其不同于民事担保中事后承担责任用以填补损害。因此,政府保证责任并不是事后填补性质的责任,而是具有公法上的兜底属性,是预期责任中的保护性责任。①

目前,各国学者对于如何划分责任门类,观点不一,但普遍认同保证责任在各种责任门类中的特殊地位。德国学者舒伯特认为,政府保证责任分为监督责任和管制责任,而接管责任是与保证责任并列置于同一位阶的责任形态。② 所谓"兜底责任",是指在私人部门提供公共服务的过程中,政府不参与、不介入和不干预日常的经营运作,但当私人部门任意中断或终止对广大公众的公共产品供给服务时,政府应采取必要措施强制(责令)私人部门继续履行合同义务;当出现某种缺陷和障碍导致私人部门根本无法持续、稳定地提供公共服务时,政府应立即接手,主动承担、亲自履行责任。这种兜底责任,实质上是德国学者霍夫曼所称"替代责任"、舒伯特所称的"网罗责任"③的扩大理解,既包括"替代责任"中的"过渡履行",也包括通过强制手段责令私人部门继续履行。当政府通过管制和监督措施仍然无法保证公共服务按质按量提供时,政府可径直获得接管公共服务提供任务的正当权利。④

之所以将兜底责任作为政府保证责任的重要形式,目的在于,当私人主体履行公共任务出现客观缺陷障碍或任意中断或终止履行的严重危机时,政府应该采取积极的措施对公众合法权益的损害予以补救。因而,兜底责任本身就是保证责任实现的一种最极端的形式,是政府保证的终极手段,也是保证责任中"保证"属性的本质要求,属于保证责任的重要表现。⑤ 公法意义上的兜底责任虽是处于备位的政府责任形态,但可有效促进私人主体达到公益目标,在真正出现行政任务供给不能时,政府也可以动用公权力及时保障公共服务得以继续维持。

公用事业特许经营的政府兜底责任,至少包括责令履行、临时接管与国家赔偿三个方面的具体内容。责令履行适用于客观上私人部门具有履行可能的情形,包括私人部门随意中断或终止公共产品供给服务时,政府应予以调查核实,并应当责

---

① [澳]皮特·凯恩:《法律与道德中的责任》,罗李华译,张世泰校,商务印书馆2008年版,第50-51页。

② Schuppert, G. F. (1998). Dieöffentliche Verwaltung im Kooperationsspektrum staatlicher und privater Aufgabenerfüllung: Zum Denken in Verantwortungsstufen. Die Verwaltung, S. 425-426. 转引自杨彬权:《论国家担保责任——担保内容、理论基础与类型化》,载《行政法学研究》2017年第1期。

③ Hoffmann-Riem, W. (1997). Tendenzen in der Verwaltungsrechts-entwicklung. DieÖffentliche Verwaltung,50(11),433-442;参见[德]施密特·阿斯曼:《秩序理念下的行政法体系建构》,林明锵等译,北京大学出版社2012年版,第162页。

④ 邓寒:《论政府在购买公共服务中的角色定位及其法律责任——以法律关系基本构造为分析框架》,载《行政法学研究》2018年第6期。

⑤ 德国学者Andreas Voßkuhle教授认为,行政部门解除合同收回私人部门的经营权也属于保证责任的一环。参见Andreas Voßkuhle, Beteiligung Privater an der Wahrnehmung öffentlichen Aufgaben und staatliche Verantwortung, VVDStRL 62 (2003), S. 307ff. 转引自杨彬权:《论国家担保责任——担保内容、理论基础与类型化》,载《行政法学研究》2017年第1期。

令私人部门继续履行。在公用事业特许经营协议的终止阶段,若新的承接主体尚未通过准入程序选出,政府应责令私人部门"过渡履行",以确保公共服务供给的平稳衔接。临时接管适用于因不可抗力或者其他突发事件致使私人部门客观不能继续提供公共服务的情形,此时,政府应当临时接管公共服务供给,主动承担继续供给公共服务的责任,以保障社会公众对公共服务的使用。国家赔偿主要适用于私人部门履行致损的情形,当私人部门出现违法或违约行为,政府有必要对其进行调查处理,①若私人部门的供给行为(如差别供给、中断服务、拒绝公开信息)造成合法权益损害时,政府应先对权益受损人承担国家赔偿责任,然后再向私人部门追偿。

综上所述,我国公用事业特许经营权的基本内容包括特许经营某项公用事业的资格及有关的附属权益、持续而稳定地提供公共产品及服务的职责及其他附属责任、政府对公用事业的监管职责及政府对公用事业的保证责任。其中,特许经营的资格以及持续而稳定地提供公共产品及服务的职责,是公用事业特许经营权的主要内容,政府对公用事业的监管职责和政府对公用事业的保证责任及其他内容,对于保障特许经营权的实现具有重要意义,其与前者一起构成了我国公用事业特许经营权的基本内容。

(四) 公用事业特许经营权的表现形式

我国公用事业特许经营权的表现形式,即特许经营权在公用事业领域中是通过何种方式运行的。公用事业特许经营权的表现形式不应拘泥于法律的刻板规定,而应根据具体情况,采取最适合的方式。公法、私法特征交融是公用事业特许经营权的本质,其表现形式也贯彻着这一特征。特许经营行为在强调契约性或私法性的同时,也显现出既不同于私人行为又不同于政府一般行政行为的特点。法国公用事业领域实施特许经营的历史悠久,其公用事业特许经营权的表现形式也多种多样。我国的情况比法国更为复杂,所以,在确定公用事业特许经营权的具体表现形式时,宜采取更为宽松的政策。

当下,我国公用事业特许经营权的表现形式纷繁复杂,根据国际惯例及相关政策规定,BOT、TOT、PPP是目前公用事业特许经营权实现的三种典型方式,下面主要阐述这三种形式。

1. BOT

BOT 是英文 Build—Operate—Transfer 的缩写,译意为建设—经营—移交,是指政府同私营部门(可以是外商或外国与本国联合的财团)签订合同,授予其参与某些公共设施或公共工程建设的特许权,由该私营部门独自或联合政府部门,组

---

① 参见 2019 年新修订的《中华人民共和国政府信息公开条例》第 55 条规定。

成项目公司或开发公司,负责该项目的筹资、设计、承建等,项目建成后由私营部门(或项目公司)负责一定时间的运营管理,待其收回筹资的本息并获取一定利润后,或者是待约定运营期限届满后,再将整个项目无偿移交给政府或政府部门。①

BOT 这一术语最先由土耳其总理厄扎尔于 1984 年提出,他想采用 BOT 形式建造一座电厂,随后,BOT 方式因其在减少政府财政压力、吸引外资方面的独特优势在各发达国家和发展中国家得到广泛应用。1994 年底建成的英法海底隧道,更是促进了 BOT 方式在世界范围内的进一步推广。

在实际的运行过程中,BOT 又有狭义和广义之分,广义的 BOT 包括三种基本形式及衍生的其他多种形式。② 其中,三种基本形式是:狭义的 BOT(Build-Operate-Transfer),即政府将公用事业公共设施建设和经营的特许权授予外国财团或国内民营企业,但政府拥有最后的所有权,特许期满后,公用事业公共设施的所有权被移交回政府;BOOT(Build—Own—Operate—Transfer),即建设—拥有—经营—转让,外国财团或国内民营企业取得特许经营权,完成公用事业公共设施建设后,在规定的特许权期限内拥有所有权并经营,在期满后将所有权移交给政府,BOOT 相较于 BOT 特许期时间较长;BOO(Build—Own—Operate),即建设—拥有—经营,外国财团或国内民营企业取得特许经营权后,建造完成该公用事业公共设施项目并经营,但最后并不将该项目移交给政府。

根据世界银行《1994 年世界发展报告》,除去上述三种情形之外,还有:BTO(Build—Transfer—Operate),建设—移交—运营;BOOST(Build—Own—Operate—Subsidize—Transfer),建设—拥有—经营—补助—移交;DBOT(Design—Build—Operate—Transfer),设计—建设—经营—移交;BOD(Build—Operate—Deliver),建设—经营—转让;DBOM(Design—Build—Operate—Maintain),设计—建设—经营—维护;FBOOT(Fund—Build—Own—Operate—Transfer),筹资—建设—拥有—经营—移交等。

(1) BOT 的运作程序

第一,公用事业特许经营权项目的确定。

政府首先应确定可以采用特许经营权的公用事业项目,随后根据具体情况进一步确定可以采用 BOT 形式的公用事业特许经营权项目。在实践中,并不是所有的公用事业特许经营权项目都适用 BOT 形式。有些项目由于收益率不高,外国财团或国内民营企业不愿意投入资金;有些项目由于法律规定不完善,现阶段不适宜采用 BOT 形式。所以,项目的确定要从经济、法律等方面进行多层次的考虑,最后由政府有关部门形成意见书,予以立项。

---

① 刘舒年:《国际工程融资与外汇》,中国建筑工业出版社 1997 年版,第 133-134 页。
② 如无特别说明,本文中 BOT 指广义的 BOT。

第二,公用事业特许经营者的确定。

这一程序可分为三个步骤:信息发布—资格审查—投标与决标。在信息发布阶段,由政府向社会发布采用 BOT 形式的公用事业特许经营权项目的信息,一般是关于项目的目标、对有意向参与该项目机构的要求及评估办法等信息。在资格审查阶段,政府根据登记者的有关资料进行审查,确定参加投标的机构名单。在投标与决标阶段,参加投标的机构根据政府招标书的要求提出自己的意见,制定投标书参加投标,随后,政府根据投标要求选择投标者,确定该项公用事业特许经营权项目的中标者。

第三,公用事业特许经营权的授予。

这一程序包括两个步骤:合同谈判—授权。在合同谈判阶段,中标者与政府就特许经营权合同的内容进行实质性谈判,对双方的权利、义务作出约定。待双方对合同内容达成一致后,签订特许权合同,完成授权,中标者正式拥有该项公用事业的特许经营权。

第四,公用事业公共设施的建设与运营。

公用事业特许经营者正式取得特许经营权后即着手组建项目公司,在特许期内,由项目公司全权负责该项公用事业公共设施的建设及运营事项。BOT 方式一般都以"交钥匙"的建设方式进行,项目从方案的选择、设计、施工、安装、人员培训、应用等等,均由特许经营者一包到底。①

第五,公用事业公共设施所有权的移交。

特许期满后,公用事业特许经营者将该项公用事业公共设施所有权移交给政府,至此,BOT 的运作程序完成。

(2) BOT 方式中政府与公用事业特许经营者的权利、义务

在 BOT 的运作过程中,政府作为公用事业特许经营权的授予主体,同时也是特许经营权协议的当事人,其权利具有公法和私法的双重属性,具体表现为:

第一,授予公用事业特许经营权。依照法律规定,政府有权授予外国财团或国内民营企业建设经营公用事业公共设施的特许经营权。

第二,监督公用事业特许经营活动。在 BOT 实施的过程中,政府应全程监督公用事业特许经营活动。在建设过程中进行技术监督,保证工程质量达标;在经营过程中对特许经营价格进行监督,保证公共产品与服务的正常供给。

第三,收回公用事业公共设施的权利。特许期满,政府有权依照合同规定收回该项公用事业公共设施的所有权。

---

① Fahad Al-Azemi, K., Bhamra, R., Salman, A. F. (2014). Risk management framework for build, operate and transfer(BOT) projects in Kuwait. Journal of Civil Engineering and Management, 20(3), 415-433.

第四,对违约行为进行索赔。政府对公用事业特许经营者违反特许经营协议的行为,有权要求赔偿。

公用事业特许经营权的特殊性决定了政府义务在BOT形式中的重要性,政府必须全面履行其在BOT中的义务,才能保证公用事业特许经营权的顺利实现,BOT形式中的政府义务具体有:

第一,提供政策和资金支持。在BOT运作过程中,政府应为特许经营者提供特殊、适宜的政策,并在资金方面给予必要的支持,为公用事业公共设施的建设及经营提供便利。

第二,提供政府保证。BOT是高风险项目,因而需要政府提供保证以降低项目实施风险。政府保证的内容一般包括特许经营期限保证、后勤保证、税收优惠保证等。

第三,合理补偿损失。政府应对公用事业特许经营者在BOT运作过程中为维护公共利益而受到的损失进行适当的补偿。

在公用事业特许经营权主体——公用事业特许经营者的权利义务方面,公用事业特许经营者在BOT形式中享有的权利是特许经营权协议的重要内容,主要包括以下三项:

第一,公用事业公共设施的建设和经营权。公用事业特许经营者在取得特许经营权后享有对该项公用事业公共设施的建设和经营权,且该项权利是排除竞争的,政府承诺在一定时期内不再建设类似的项目,以保证公用事业特许经营者取得相对稳定的收益。

第二,要求政府提供帮助的权利。BOT所涉及的都是关系公共利益的公共设施,其重要性不言而喻,公用事业特许经营者在BOT运作过程中遇到阻碍其特许经营权实现的情况时,有权要求政府提供必要的帮助以保证特许经营权的实现。

第三,对违约行为进行索赔的权利。公用事业特许经营者在政府一方违背特许经营权协议时,有权要求赔偿。

公用事业特许经营者的核心义务是保证公共利益的顺利实现,主要包括三方面内容:

第一,保证公用事业公共设施正常运营的义务。公用事业特许经营者必须保证在特许经营权协议规定的期限内,完成该项公共设施的建设以及其在特许期内的正常运营,这是公用事业特许经营者最重要的义务。

第二,到期归还公用事业公共设施所有权的义务。特许期满,公用事业特许经营者必须依合同规定将公用事业公共设施所有权移交给政府。

第三,公布有关信息的义务。BOT中的公用事业特许经营者承担的是向社会提供公共产品与服务的职能,因此,其企业管理行为与公共利益的关系也是十分紧密的,有必要向公众公布相关的内部管理信息,加大公众的参与度,以保证公益目标的实现。

2. TOT

TOT(Transfer—Operate—Transfer),意即移交—运营—移交,这是一种在BOT基础上演变而来的公用事业特许经营权实现形式。其基本内涵是,政府将已投入运营的公用事业公共设施的特许经营权授予外国财团或国内民营企业并收取使用权费。在特许期内,受特许的外国财团或国内民营企业享有公用事业公共设施的经营权,以经营所得冲抵使用权费并获得收益,而政府则将此项使用权费用于另一公用事业项目的建设投资,特许期满,外国财团或国内民营企业将公用事业公共设施经营权无偿交还给政府。

TOT方式因其独有的优势在实践中得到越来越广泛的应用,其优点如下。

第一,风险系数低,收益有保障,更利于吸引投资者。在TOT这一表现形式中,外国财团或国内民营企业取得公用事业特许经营权后所面临的仅仅是经营风险,无须担心公用事业公共设施的建设问题,所承担的风险远小于BOT这一表现形式,所以更有利于吸引投资者。

第二,公共产品和服务的价格低。在TOT中,由于可能积聚大量风险的建设阶段和试生产阶段已经完成,因此,对于外国财团或国内民营企业来说,预期收益率会合理下调;此外,TOT涉及环节较少,一些从属费用也大大降低。[1]

第三,只转让经营权不转让所有权,环节较少,适用范围广泛。在TOT中,不涉及公用事业公共设施所有权的转移,保证了政府对公用事业公共设施的控制权,回避了政治与法律层面的若干争议,政府面临的风险也随之降低,环节简单,适用范围更为广泛。

(1) TOT的运作程序

第一,设立SPC并移交公用事业公共设施经营权。

政府先建立SPC(Special Purpose Corporation),由SPC作为代理政府履行TOT事务管理职能的公司,政府将已投入使用的和计划建设的两项公用事业公共设施所有权移交给SPC,由SPC全权负责这两项公用事业公共设施的建设、运营事宜。

第二,公用事业特许经营者的确定。

这一部分的内容与BOT相同,包括信息发布—资格审查—投标与决标。只是TOT各项工作由SPC负责,而不是政府负责。

第三,公用事业特许经营权的授予。

这一部分与BOT一样,包括两个步骤:合同谈判—授权。SPC与外国财团或

---

[1] Du, Y., Fang, J., Zhang, J., & Hu, J. (2020). Revenue Sharing of a TOT Project in China Based on Modified Shapley Value. Symmetry, 12(6), 882.

国内民营企业就双方的权利、义务及公用事业特许经营权使用权费进行谈判,达成一致,签订合同后,外国财团或国内民营企业取得公用事业特许经营权。

第四,SPC将前述项目运作筹集的使用权费投入新的公用事业公共设施建设项目,筹划新项目的建设,以备启动下一个 TOT 项目。

第五,公用事业特许经营者运营该项公用事业公共设施。

第六,特许期满,公用事业特许经营者将该项公共设施所有权移交给政府。

与 BOT 相比,TOT 程序较为简单,涉及环节较少,公用事业特许经营项目双方主体的权利、义务也较为明确清晰。

3. PPP

PPP(Public—Private—Partnership),通常意指"公私合营",它是20世纪90年代初在英国公共服务领域开始应用的一种政府与私营部门之间的合作方式,是公用事业特许经营权的另一表现形式。所谓 PPP,指政府通过与外国财团或国内民营企业签订特许经营权协议,共同提供公共产品与服务的形式。具体来说,是指政府与外国财团或国内民营企业签订特许经营权合同,由该外国财团或国内民营企业负责公用事业公共设施的建设与经营。政府一般会直接与提供贷款的金融机构达成协议,承诺按照其与外国财团或国内民营企业签订的特许经营权协议支付有关费用,帮助外国财团或国内民营企业顺利取得金融机构的贷款。

PPP 形式实施的基础是政府与外国财团或国内民营企业之间良好的伙伴关系,它可以将政府的宏观协调能力与外国财团或国内民营企业高效率的管理方法结合起来,实现参与各方"双赢"或"多赢"的局面,其优点表现为:

第一,有利于更好地筹集资金并提高资金的使用效率,减少超支现象。

PPP 形式将外国财团或国内民营企业的资金引入到公用事业领域,更好、更快地筹集到了建设资金。而且,政府与外国财团或国内民营企业共同参与公用事业公共设施建设,保证了其在经济上和技术上的可行性,减少了不必要的环节,从而提高了资金的使用效率,减少了超支现象。

第二,政府与外国财团或国内民营企业可以相互取长补短。

PPP 实施中,政府与外国财团或国内民营企业形成良好的伙伴关系,双方可以取长补短,政府进行宏观的协调控制,外国财团或国内民营企业则带来更好的管理经验和技术,双方合作完成公用事业公共设施的建设,为公众提供更高品质的产品与服务。

第三,有利于减轻政府与外国财团或国内民营企业双方的资金压力。

政府在公用事业公共设施建设中引入外国财团或国内民营企业,减轻了国家财政在该领域的资金压力;同时,在签订特许经营权合同后向提供贷款的金融机构承诺付款,又减轻了外国财团或国内民营企业在建设公用事业公共设施时的资金压力,更有助于吸引民间资本进入公用事业行业。

第四,有助于降低公用事业公共设施项目的整体风险,保证其顺利完工。

外国财团或国内民营企业在公用事业公共设施建设之初就参与进来,一方面减轻了政府的财政负担;另一方面,由于政府承担了部分风险,外国财团或国内民营企业所承担的风险有所减少。这样的风险分配更为合理,从而降低了项目的整体风险。

(1) PPP的运作程序

PPP形式的运作程序与BOT基本相同,此处不再赘述。需要指出的是,BOT形式中,外国财团或国内民营企业在公用事业公共设施项目招标阶段才参与到项目中;而PPP形式中,外国财团或国内民营企业从项目论证阶段就开始参与到项目之中。由此可见,PPP形式中政府与外国财团或国内民营企业更多的是一种伙伴关系,双方的合作时间更早,这样有助于外国财团或国内民营企业掌握项目的具体信息,全面把握项目的运作进程,及时发现其中可能出现的问题,尽早与政府协商解决,简单来说,这一程序设置更有利于该公用事业公共设施项目的顺利完工。

BOT、TOT、PPP这三种公用事业特许经营权的表现形式因其各自的独特优势在公用事业领域得到了越来越广泛的应用。就这三种形式而言,BOT一般适用于建设周期长的大型公用事业公共设施项目,因此其风险系数较高,进行投资的外国财团或国内民营企业往往需要考虑多方面的风险,例如政府政策的稳定性、金融市场的变化、经营的困难程度等等,但其收益也较高;TOT是针对已投入运营的公用事业公共设施的特许经营权的表现形式,其避免了建设公用事业公共设施的风险,与BOT相比,其风险系数较小;PPP在实施之初,其具体的风险分配方案就已形成,政府承担了部分融资风险,从而减少了进行投资的外国财团或国内民营企业所承担的风险,其风险系数也低于BOT。实践中,政府及外国财团或国内民营企业会根据具体情况选择采取何种公用事业特许经营权形式。

BOT、TOT、PPP等作为公共工程或公共设施建设的投资融资方式,是特许经营权实现的载体。综合来看,三种方式的核心思想相同,即"利用非公共机构实现公共职能的基本目标和遵循的基本原则是统一的,没有实质上的差别"[1],只是在具体结构、运作程序、权利享受、义务履行上各有特点,这是由不同公用事业领域千姿百态的特征和差异决定的。这三种形式各有特点,在长期运行的过程中,根据具体情况的不同又衍生出了其他类似的表现形式,这种发展趋势恰恰顺应了我国公用事业行业的复杂性。所以,政府在建设公用事业公共设施时,应根据特许经营权内容的不同,选择适当的形式,以更好地实现公用事业特许经营权的作用,从而为公众提供高品质的公共产品和服务。

目前,在实践中,国际惯例抑或政策法规都选择采用建议的方式推行不同路径

---

[1] 于安:《外商投资特许权项目协议(BOT)与行政合同法》,法律出版社1998年版,第3-4页。

的特许经营权实现,并不作强制要求。我国《基础设施和公用事业特许经营管理办法》第 7 条规定,"基础设施和公用事业特许经营可以采取以下方式:(一)在一定期限内,政府授予特许经营者投资新建或改扩建、运营基础设施和公用事业,期限届满移交政府;(二)在一定期限内,政府授予特许经营者投资新建或改扩建、拥有并运营基础设施和公用事业,期限届满移交政府;(三)在一定期限内,政府将已经建成的基础设施和公用事业项目转让特许经营者运营,期限届满移交政府;(四)国家规定的其他方式"。公用事业领域繁多,情况复杂,特许经营尚在探索期,选择怎样的表现形式大可以进一步创新,不必拘泥于现有规范,国家对此宜采取更为宽松的政策。

第三章
公用事业立法

第一节 公用事业立法的历史逻辑

公用事业立法的正当性不仅在理论上取决于其哲学意义、经济功能、政治动因和技术促进,而且受影响于其制度实践及历史进路。萌芽于社会主体的自然理性,伴随着多元主体的利益判断,公用事业立法在实践中初成轮廓并渐行完善。

一、公用事业的立法缘起:以美国交通业为例

(一)美国交通业的起步:民间参与政府支持

经济学和历史学在研究经济进路时,往往会考虑自然地理对经济发展的影响。交通不仅是经济发展的命脉,更是与自然地理状况联系在一起的因素,这种状况在美国表现得尤为明显。

美国国内具有良好的水运道路,这对19世纪美国经济的发展至关重要。这些河流一般从北部流到南部,但是人口流动却是从东部到西部。[①] 为加快人和物的流动与流通,交通建设是必须的。在美国建国后的很长一段时间将重点放在交通建设上,改善运输的动机很多,核心在于推动经济的发展。交通事业有两种投资模式,一是私人投资,另一是政府投资。在美国的公路建设史中,是私人投资带动了政府参与。带头修筑较好公路的是私人,他们组织一些公司去修建收费公路。美国第一条这样的大路,是1792到1794年修筑的从费拉德尔菲亚通到兰开斯特的

---

① [美]福克讷:《美国经济史》(上卷),王锟译,商务印书馆2021年版,第362页。

公路,这条公路由于极佳的地理位置而获得成功,其成功又带动了美国建筑收费公路的热潮。政府发放了大量的许可证,并且收购公路公司的股票进行资助。但尽管如此,修筑公路的热潮还是由于收益的下降而逐渐降温。另一方面,在改善公路的运动中,与州政府的积极参与不同,联邦政府却是袖手旁观的。国会对于是否参与某个州的公路建设犹豫不决,因为质疑的意见认为,"为了某些地区的利益去向全国征税是不公允的"[1]。1808 年 4 月 4 日,艾伯特·加勒延在国会所作的关于内政改进的报告认为,联邦政府参与运输事业"可以使全国团结起来,大大地有助于加强国防,提高西部的地价和促进经济的发展"[2]。之后,联邦政府才逐渐参与到公路建设中,从 1806 年到 1838 年,联邦政府为修建和维护公路付出的费用达到 682.1 万美元。

公路事业的发展呼唤政府支持,铁路事业的发展同样离不开政府参与。铁路建设需要大量的投资,在人口稠密的东部,这种投资是很容易获得盈利的,但在西部地区,形势却没有东部乐观。由于宪法限制,联邦政府无法直接向铁路建设投资,只能通过勘测和在 1843 年之前对修筑铁路所需的生铁降低关税的形式给予援助。[3] 而私人投资的铁路,除了需要联邦政府和州政府予以财政支持外,似乎并不需要它们再做什么。据历史资料记载,在 1850 年前,一个人乘火车途经纽约,需要乘坐 16 家铁路公司的火车。[4] 这种混乱状况当然不利于经济发展,但在这一领域的联邦政府干预一直没有得到正面确认,相反,各州政府在区域内规制经济的权力倒比较大。在铁路建设中,州政府拥有更大的自主权。这一方面是因为州政府权力无须受到联邦政府那样的限制,另一方面也在于州政府实际上是殖民地政府的一种"变更和改组",各州仍然沿袭殖民地旧制,经济政策毫无疑问受到了殖民地时期重商主义的影响。[5]

当公路由南部修到北部、铁路由东部建到西部时,交通设施打破了地域,将不同地区的人们连通在一起。交通事业的大发展,使得广袤的国土相对狭窄了,那些本来被认为很遥远的地带也显得不那么遥远了,人们借助便利、快捷的交通,很容易到达曾经觉得很遥远的地方。商业贸易也因此突破了狭小的行政区域的限制,全国性的市场流通快捷、便利、高效,市场联系从来没有像现在这样紧密。在这一大背景下,州政府的地方规制鉴于"地方保护主义"的影响,已严重不利于统一的全国大市场的形成。对于美国这么一个高度崇尚自由、拼命追求经济利益的国家来说,没有什么比制约经济的发展更让人无法忍受的。尽管其建国之初那部反映特

---

[1] [美]福克讷:《美国经济史》(上卷),王锟译,商务印书馆 2021 年版,第 365 页。
[2] [美]福克讷:《美国经济史》(上卷),王锟译,商务印书馆 2021 年版,第 365 页。
[3] [美]福克讷:《美国经济史》(上卷),王锟译,商务印书馆 2021 年版,第 387-388 页。
[4] [美]福克讷:《美国经济史》(上卷),王锟译,商务印书馆 2021 年版,第 382 页。
[5] [美]福克讷:《美国经济史》(下卷),王锟译,商务印书馆 2021 年版,第 210-218 页。

定群体特定利益的宪法受到了诸多质疑,但是,当各个利益团体都面临共同的困境——经济发展受到制约时,所有的争论都暂且搁置一边了,为解除经济发展的桎梏,必须授予联邦政府规制州际贸易和规制影响公益产业的权力。1853年宾夕法尼亚州在"沙普利斯案"中宣称建设铁路是一项公共义务:"认为一个国家的责任,只是建立在保持政府的存在所必需的制度,如司法行政、保持和平、防御外来侵略……那是一个严重错误。帮助、鼓励和刺激国内和国外商业是主权国家的责任,这同任何其他责任一样,是十分清楚和众所公认的。"[1]

(二) 美国交通业的发展:政府职能的调整

民间参与交通公用事业的发展,受制于地方保护主义、投资成本过高等因素的影响,催生了政府参与的必要性,但是政府仅仅以投资商或运营商参与交通公用事业的发展无助于问题的根本解决,因为逐渐发展壮大的私人投资主体开始垄断市场、侵害消费者权益,市场主体的行为对公共利益的侵夺越来越严重:1871年南方促进公司得到宾夕法尼亚州政府发放的营业执照,获得了广泛的权力,其中包括有权"建造或经营任何公营或私营的工程,这些工程的目的,包括增加、便利或发展商业、客运、货运、牲畜与旅客的运输;或是经营美国境内任何地区的陆路与水路的交通事业"。南方促进公司的股票中有45%为洛克菲勒和他的亲密伙伴所持有,因此这家公司是由招揽生意的铁路公司而不是由寻求廉价运费的炼油商人组织起来的。然而,这家公司与宾夕法尼亚铁路公司、纽约中央铁路公司和伊利铁路公司都有合同,同意把它所承运的45%的石油交由上述第一家公司承运,其余由其他两家铁路公司平均分摊运输。反过来,铁路公司也同意对这家公司所承运的一切石油都给予回扣,对其他公司交运的石油就按照油价十足收费;此外,还对南方促进公司在他们线路上运输的一切石油和产品都提交运货单。每家铁路公司也同意:尽量在法律允许的范围内,随时与本合同的甲方合作,以避免因伤害或竞争而招致损失,以使本合同甲方能保持盈利,营业得到充分和正规的发展;为此,各铁路公司将在法律允许的范围内必要时按情况在各干线及支线上适当地提高或降低运费以克服这种竞争。[2]"这家公司(洛克菲勒成立的美孚石油公司)拥有并且控制着与铁路相连的产油区的油管。它完全控制着这条铁路,承运全国总油量的95%。……它操纵着铁路的运费和承运条件,收买和冻结了全国的炼油厂,利用了它所拥有的优越运输条件,能在产油区抬高买价,在世界各地的市场上贬低卖价。因此,它一直在收买和冻结一切的反对力量,直到它吸收和垄断了这项巨大的商业和这项占我

---

[1] Dickson, S. (1896). The Development in Pennsylvania of Constitutional Restraints upon the Power and Procedure of the Legislature. The American Law Register and Review, 44(8).

[2] [美]福克讷:《美国经济史》(下卷),王锟译,商务印书馆2021年版,第95页。

国出口第二位的巨大生产。被它们挫败的那些油商,拥有充裕的资本,也具有执行商业中一切事务的同等能力,却无法获得运输方面的便利。"①

南方促进公司和美孚石油公司对运费的控制,无疑剥夺了其他竞争者的市场机会,破坏了正常的市场结构,并且由此侵害了消费者利益,进而也损害了公共利益。崇尚自由的美国人民之所以信任并选择美国政府,是因为他们心目中的政府能维护人民的利益,但当事实表明政府对经济生活采取消极干预的态度,不但不能维护人民利益,反而会极大侵害公共利益时,政府在人民心中的信任度一定会降低,公共政府也萌发了不仅作为运动员参与公用事业,而且更重要的是要树立作为裁判员权威的想法。

(三) 美国交通业立法:为什么较早发生在铁路产业?

"南北战争"后,美国的铁路事业得到了极大的发展。这种发展,既包括铁路线的持续延伸,也包括铁路合并运动的如火如荼。起初,铁路合并并没有获得压倒性的民心所向,因为在合并之初就存在运费的控制和市场垄断,因此出现了"许多铁路系统的巨头关心个人利益比关心铁路沿线居民和地区的利益为重"的现象。②尽管在1900年之后,美国的铁路运费率呈整体下降趋势,但社会上仍然怨声载道,抱怨的理由包括邮件收费率太高和运费率高低不均且差别待遇等。民众的不满并不仅仅限于铁路产业,但是铁路产业自身的特点使得民众的不满情绪越来越强烈。铁路业一般被视为国民经济的命脉,对于1865年后的美国而言,其价值和作用,更加不容低估。首先,19世纪末到20世纪初,铁路业垄断了美国的货运和客运,掌握着国民经济的命脉。其次,铁路的位置决定了城市发展的潜力,因此,发展中的城市不遗余力地修筑铁路。再次,铁路产业对于战后西部的发展影响至深。最后,铁路的影响超越了经济领域,"铁路帝国的庞大规模、铁路公司对证券和土地的投机活动、破产事件以及对政府官员和国会议员的贿赂、运费率上的差别待遇,这一切对当时的社会生活和文化生活都有影响",美国铁路部门的行动促成了标准时间的确立就是其中一例。③

正因为铁路产业巨大的经济和社会影响,其成为"牵一发而动全身"的因素,因此对铁路产业实施规制的立法迫在眉睫。由于农业的脆弱性,铁路产业对农民利益集团的影响最大,对铁路产业最早的一致反对也来自农业,说白了,是来自农民利益集团。从1869年开始的针对铁路产业的"农会运动"震撼了美国,运动的目的

---

① 《1880年纽约州议会文件》,参见前引《美国经济史》(下卷),第96页。
② [美]福克纳:《美国经济史》(下卷),王锟译,商务印书馆2021年版,第186-189页。
③ 1883年11月18日,各铁路公司一致同意把整个美国划分为东部区、中部区、山区和太平洋区四个标准时间区。铁路产业对标准时间的采用促成了1918年国会以法案的形式正式确认了标准时间。参见韩卿:《北美铁路时间标准化的考察》,载《上海交通大学学报(哲学社会科学版)》2011年第1期。

在于"通过这个组织,在一定程度上消除农民的孤立状态,而且使农民能够申诉自己(对铁路舞弊)的痛苦"①。为了回应农民的诉求,政府试图通过各种路径缓解这种紧张空气。以伊利诺伊州为例,1869年伊利诺伊州通过了有关铁路的第一部法令,强调铁路要有"公平、合理和一致的运费";1870年伊利诺伊州宪法修正后规定,政府必须"通过各项法律去矫正铁路的弊端,防止在客货运运费方面有不公平的区别对待和敲诈行为";1871年伊利诺伊州的立法设计通过规定"最高的客货运运费,管理货栈和粮食的运输,成立一个铁路与货栈委员会的理事会,准备制定一项一般的铁路公司管理法令",来实现铁路管制的目的。在这个时期,多数州政府都通过了某些种类的管理铁路的法律,并且在随后几乎所有的州宪法都补充规定政府有管理运费和防止运价不一致的职责,而且宣布铁路是公有的大路。②

当然,对铁路产业的规制立法也不是一帆风顺的,铁路产业从两方面对铁路管制的立法进行反击。首先,州际商务的规制权应该属于联邦政府,因此,州政府的管制没有合法性;其次,对运费的规制违反了美国宪法第14次修正案第1条的规定。③ 对于第一种观点,它承认规制的正当性,只是对行使规制权的权力主体存在质疑。这种观点较之美国建国初的自由放任主义有了较大的改进;对于第二个观点,1877年发生的仓库案(Munn诉伊利诺伊州)对之进行了回答:"当私有权利具有公共影响并且普遍影响社会时,财产开始披上了公共利益的外衣。因此,当某人决定将其财产处分涉及公共利益时,他实际上同意了以该处分体现的公共利益,并且必须服从于基于公益的公众制约。"尽管伊利诺伊州法院基于公共利益作出了肯定的裁决,但是正如对于规制机构和规制合法性的质疑一样,政府规制的正当性并没有取得一致的认同,因此需要联邦政府明确在这个问题上的态度。联邦政府于1872年成立一个专门的委员会研究这个问题,该委员会于1886年提交的报告赞成联邦政府对铁路加以某些形式的管制,以杜绝铁路"对不同人、不同地区、不同商品或不同的运输项目区别对待"的弊端。④ 基于此,联邦政府于1887年通过了著名的《州际商务法》,并根据该法设立了世界历史上第一个独立规制机构——州际商务委员会,使得政府规制从观念争论、实践呼吁真正走向制度化、法制化。在此之后,交通公用事业迈上了法治进路。(见表4:美国交通产业发展简史)

---

① [美]福克讷:《美国经济史》(下卷),王锟译,商务印书馆2021年版,第176页。
② [美]福克讷:《美国经济史》(下卷),王锟译,商务印书馆2021年版,第177页。
③ [美]福克讷:《美国经济史》(下卷),王锟译,商务印书馆2021年版,第178-179页。
④ [美]福克讷:《美国经济史》(下卷),王锟译,商务印书馆2021年版,第181页。

表 4：美国交通产业发展简史

时间	地点	内容
1630	波士顿	第一艘公开运营的渡船
1740	纽约	首次使用牛车运送乘客
1811	纽约	第一艘机械发动(蒸汽动力)的渡船
1827	纽约	第一条城市马拉街道轨道线
1830	巴尔的摩	第一条铁路(巴尔的摩—俄亥俄州铁路)
1832	纽约	第一条市内马拉街道轨道(纽约哈莱姆铁路公司)
1835	新奥尔良	最老的市内马拉街道轨道仍然运行(新奥尔良—卡罗尔顿线)
1838	波士顿	首个收取通勤费的铁路(波士顿与西 Worcester 铁路)
1850	纽约	首次在街道轨道上发布外部广告
1856	波士顿	首次免票促销
1870	匹兹堡	第一个斜面轨道
1871	纽约	第一条蒸汽动力高架线(纽约高架铁路公司)
1872	东部州	马流行性瘟疫导致数千匹马死亡(大多数街道轨道的动力)
1873	旧金山	首条成功的钢索牵引街道铁路(克莱街山道铁路)
1874	旧金山	首次街道轨道工人罢工
1882	波士顿	美国街道轨道协会(美国公共交通协会的前身)
1883	纽约	第一条公开运行的电动线路(布鲁克林大桥)
1883	纽约	第一个现存的街道轨道劳工组织(Knights of Labor Local 2878)
1884	克里夫兰	第一条电气有轨电车线(西克里夫兰街道铁路)
1884	全美国	第一本专门的公共交通出版物(《街道铁路杂志》)
1886	蒙哥马利	第一个成功的全市电气有轨电车运输机构
1888	里磁门德	第一个成功的电气有轨垫层运输机构
1889	纽约	有轨电车工人发起的第一次主要罢工
1892	印第安纳波利斯	第一个全国性的有轨电车工会成立
1893	波特兰	第一条城市间铁路线(波特兰—西雅图铁路)
1894	波士顿	第一个公共交通委员会(波士顿交通委员会)
1895	芝加哥	第一条电气高架铁路线(都市西部高架线)
1897	波士顿	第一条电气地下铁路线、第一条公开融资的公共交通运输工具(波士顿地铁绿线)
1898	芝加哥	第一条电气化列车线

续表

时间	地点	内容
1904	纽约	第一条电气化地下(及第一条四轨道快速)重载铁路线
1905	纽约	第一次公开接管一个私有公共交通公司
1905	纽约	第一条公交线
1906	门罗	第一条国有有轨电车道
1908	纽约	第一条州际地下重载铁路线
1910	好莱坞	第一条无轨电车线
1912	旧金山	第一条在大城市公开运营的有轨电车
1912	克里夫兰	第一条运营公交车的有轨电车企业
1916	圣路易斯	第一个专营公共汽车的运输机构
1917	纽约	最后的马拉街道轨道线关闭
1920	全美国	第一个非依靠载重汽车底盘的公共汽车
1921	纽约	第一条成功的无轨电车线
1923	贝城等	第一批以公共汽车替代路面电车的城市(贝城、艾佛列特、纽堡)
1926	全美国	二战前公共交通乘客人数最高的和平时期(172亿)
1927	费城	第一个停车换乘和第一个非通勤铁路线的公共汽车—火车换乘设备
1932	纽约	第一条公开运行的重载铁路线
1933	圣安东尼奥	第一个以公共汽车替代路面电车的大城市
1934	纽约	美国交通工人联合会成立
1935	全美国	《公用事业控股公司法》要求大部分的电力公司停止参与公共交通经营并减少大量的私营公共交通融资
1936	纽约	第一个有轨垫层产业发展标准出台
1936	华盛顿	第一次大规模的联邦政府公共交通援助
1938	芝加哥	第一次利用联邦投资基金建设公共交通铁路线
1939	芝加哥	第一条公共汽车专用车道
1940	全美国	第一次公共汽车乘客人数超过有轨电车乘客人数
1940	旧金山	最后一个电缆车运输机构
1941	纽约	第一个种族综合巴士运营商
1943	洛杉矶	第一条在高速公路中央的铁路线
1943	纽约	*Transit Fact Book* 第一期
1946	全美国	有史以来公共交通乘客人数最高值(234亿)

续表

时间	地点	内容
1946	华盛顿	美国最高法院禁止在州际交通中实施种族隔离
1952	旧金山	美国交通机构投入服务的最后一辆新PCC车
1958	全美国	废止铁路通勤服务的权力从州转移到州际商业委员会
1961	全美国	第一部重要的联邦公共交通立法：《住宅与城市发展法》
1962	西雅图	第一条单轨铁路
1962	纽约	第一条自动化重载铁路线
1963	芝加哥	最后一个拥有无轨电车线的城市
1964	全美国	第一个主要的美国政府公共交通纲要：《城市公共交通法》
1966	纽约	第一次公开接管通勤铁路
1966	普罗维登斯	第一个全州范围内的运输权力机构（罗得岛公共运输局）
1968	全美国	管理联邦公共交通项目机构更名为城市公共交通局，并隶属于交通部
1968	明尼阿波利斯	第一个市区交通运输中心
1968	克里夫兰	第一个位于机场的火车站开放
1969	华盛顿	第一条公交专用道
1969	费城	第一个更换以前铁路线的当代重载铁路运输机构
1971	华盛顿	第一条联邦补贴市际旅客铁路
1972	旧金山	第一条计算机控制的重载铁路运输机构
1972	全美国	公共交通乘客人数降至20世纪最低点（66亿）
1973	全美国	一些公共交通服务被要求向残疾人提供：《复健法》
1974	波士顿等	最晚拥有有轨电车道系统的城市波士顿、克里夫兰、纽瓦克、费城、匹兹堡、旧金山
1974	全美国	第一部联邦公共交通运营援助立法：《国家公共交通援助法》
1974	全美国	两个机构合并为美国公共交通协会
1975	摩根镇	第一个自动导航运输机构
1977	圣地亚哥	第一部固定线路的配备轮椅升降的公共汽车
1979	华盛顿	第一套标准化公共交通数据会计系统
1980	圣地亚哥	第一个全新的轻轨运输机构
1983	全美国	通过每一联邦燃油税捐赠1美分的方式创立服务于投资方案的公共交通信托基金
1989	迈阿密	数十年来第一个全新的通勤铁路运输机构

续表

时间	地点	内容
1990	全美国	所有的公共运输服务都要求向残疾人提供服务:《残疾人法》
1990	全美国	严格控制污染的公共交通公共汽车:《清洁空气法》
1991	全美国	联邦政府许可补贴雇员的通勤成本
1991	全美国	第一个将高速公路基金用于公共交通的原则性授权:《综合地面运输效率法》
1992	全美国	第一次对雇员支付的停车收益免税数额和使用公共交通收益免税价值的三倍进行限制:《国家能源政策战略法》
1993	全美国	安全敏感岗位的公共交通员工须接受毒品和酒精检测
1998	全美国	主要的联邦交通扩展和重建计划:《21世纪交通运输公平法》
2000	全美国	美国公共运输协会更名为美国公共交通协会
2005	全美国	《联邦运输法》重新授权扩大联邦资助

(资料来源:根据美国公共交通协会网站资料整理,请访问:http://www.apta.com/research/stats/history/mileston.cfm)

二、公用事业的立法演进:以电力公用事业为例

1800年,意大利物理学家亚历山德罗·伏打伯爵(Count Alessandro G. A. A. Volta)发明了伏打电堆(voltaic pile),这是第一个现代的化学电池,但是生产这种电池非常昂贵。1831年,英国人迈克尔·法拉第(Michael Faraday)发现磁能生电,并制成发电机和电动机,但是直到50年后这种技术才达到商业利用的阶段。1878年,托马斯·爱迪生(Thomas Edison)在美国发现了一种可以替代燃气发电和供热且可以商业利用的直流电,但受限于传输过程中电能损耗问题,直到1881年底,才在英国戈德尔明(Godalming)镇上首次点亮了电灯,这是世界上首次公开供电。这个系统的电源来自威(Wey)河上的水车,其推动一台西门子交流发电机,发电机产生的电力为镇内街道上的弧光灯提供了电力。几乎是同时(1882年初),爱迪生在伦敦的霍尔本高架桥(Holborn Viaduct)上建造了世界上第一个蒸汽动力发电站,并且他与市政公司(City Corporation)签署了一份为期三个月的协议,约定由其提供街道用电。1882年9月,爱迪生在纽约市建设了珍珠街发电站(the Pearl Street Power Station),输送直流电。以爱迪生发明了电灯并建造珍珠街发电站为纽约提供电力服务为肇始,电力才开始为民生服务,并逐渐形成电力产业,其间经历了20多年的演进。随着电力产业的发展,到1916年,美国33个州建立了规制机构,监管辖区内的公共电力企业,发放经营特许权,监管电力企业的价格、

融资、服务、财务等。① 为了规范电力市场，1920 年美国颁布《联邦电力法》(Federal Power Act)，规范联邦能源管制委员会和其他联邦机构之间的合作以及发放电力工程许可或再许可行为等。由于《联邦电力法》无法对大量的电力企业进行规范，1935 年的《公用事业控股公司法》(Public Utility Holding Company Act)应运而生，逐渐形成电力公用事业法律体系。

英国电力产业在 19 世纪 70 年代开始兴起的，最初是为街道照明提供电力。1881 年 10 月，在戈德尔明的电力服务开始面向公众。1882 年英国颁布了《电力照明法》(The Electric Lighting Act)，允许个人、公司或地方当局提供电力供应系统，并由此逐渐形成英国的电力公用事业法律体系。② 被纳入公用事业法律体系的部门，根据立法接受不同于一般的私有产品的生产、供应、质量规范，公用事业企业在市场准入、产品定价等方面也要接受独立的管制机构的监管，从而成为特别法规范下的法律客体（参见表 5：英国供电产业发展简史）。③

表 5：英国供电产业发展简史

时间	关键事件
1882	1882 年《电力照明法》允许个人、公司或地方当局建立供电系统。地方当局有权在 21 年后接管他们所在地区的公司资产，这阻碍了企业的发展
	爱迪生电灯站在伦敦霍尔本高架桥 57 号开业，是世界上第一个燃煤发电站，产生 110V 直流电，用于街道照明。它亏损并于 1886 年关闭
1888	1888 年《电灯法》修订了 1882 年法案，使设立供应公司变得更加容易，并将回归地方当局的期限延至 42 年，并可选择延长 10 年
1891	伦敦电力供应公司开设了 DEPTFORD 发电站，这是英国第一个（单相）交流电力系统，由 SEBASTIAN ZIANI DE FERRANTI 设计
1899	1899 年电灯（条款）法引入了临时命令的通用原则；禁止企业合并和在规定区域之外供应电力
1909	1909 年《电灯法》。建设发电站受监管、规划许可
1919	成立电力委员会并任命电力专员，负责提供中央协调、区域组织的服务，并将发电集中在联合电力当局拥有的大型发电站
1922	1922 年电力（供应）法授予联合电力当局财政权力
1926	创立中央电力委员会和全国高压输电线网

---

① Orford, A. D. (2022). Rate Base the Charge Space: The Law of Utility EV Infrastructure Investment. Columbia Journal of Environmental Law. 48. 1.

② Korkovelos, A., Zerriffi, H., Howells, M., Bazilian, M., Rogner, H. H., & Fuso Nerini, F. (2020). A Retrospective Analysis of Energy Access with a Focus on the Role of Mini-Grids. Sustainability, 12(5), 1793.

③ 郑艳馨：《英国公用企业管制制度及其借鉴》，载《宁夏社会科学》2012 年第 2 期。

续表

时间	关键事件
1933	作为相互连接的地区电网的 132KV 国家电网开始运行
1936	1936 年电力供应(电表)法允许任命检查员将"正式认证电力供应测量"安装在消费者场所的电表
1938	一体化的 132KV 国家电网首次形成
1939	1939 年燃料和照明令(SR&O 1939/1028)要求消费者将电力和天然气的使用量减少到和平时期水平的 75%
1943	1943 年水电开发(苏格兰)法案将高地水资源的开发国有化,并成立了苏格兰北部水电委员会,负责设计、建造和管理苏格兰高地的水电项目
1947	1947 年电力法合并了 625 家电力公司,归属于 12 个地区电力委员会,而发电和 132 KV 国家电网则归英国电力局所有
1954	1954 年电力重组(苏格兰)法案将苏格兰电力供应的控制权移交给苏格兰国务大臣
1955	1955 年《北威尔士水力发电法》授权中央电力局在 FFESTINIOG 和 RHEIDOL 建造水力发电站
1957	1957 年电力法解散了中央电力局,取而代之的是中央发电委员会和电力委员会
1961	1961 年电力(修订)法允许中央发电委员会制造与其核反应堆相关的放射性同位素
1963	1963 年电力和天然气法增加了电力委员会、天然气委员会和地区天然气委员会的借款权力
1968	1968 年《燃气和电力法》进一步增加了燃气委员会和地区燃气委员会、电力委员会和苏格兰电力委员会的借款权力
1972	1972 年电力法将英格兰和威尔士电力委员会和电力委员会的借款权限额提高到 52 亿英镑
1979	1979 年电力(苏格兰)法案整合了苏格兰先前的电力供应法规
1989	1989 年《电力法》规定了电力行业的私有化,并引入了化石燃料税以支持核电工业,该法案设立了电力监管办公室,以促进行业竞争并保护消费者的利益
1990	私有化肇始。中央电力局的资产分立为三个新公司:电力公司(POWERGEN)、国家电力(NATIONAL POWER)和国家电网公司(NATIONAL GRID COMPANY),后又将核电部分从国家电力公司分立,划归国有的核电公司
1991	苏格兰产业私有化
1992	北爱尔兰的电力供应私有化。PREMIER POWER 成立。自 1992 年 3 月 1 日起,根据 1992 年电力(北爱尔兰)令设立了北爱尔兰电力供应总监办公室
1993	北爱尔兰供电产业私有化开始
2000	2000 年公用事业法第 1 条设立了天然气和电力市场办公室(OFGEM),合并并废除了电力监管办公室(OFFER)和燃气供应办公室(OFGAS)
2001	2001 年中央发电局(解散)令(SI 2001/3421)正式结束中央发电局。2001 年电力委员会(解散)令(SI 2001/3420)正式结束电力委员会。

续表

时间	关键事件
2003	2003年能源(北爱尔兰)令(NI SI 2003/419)设立了北爱尔兰能源监管局,并取消了北爱尔兰天然气局局长和北爱尔兰电力供应局局长的职位。2003年电力(杂项规定)法案规定了对BRITISH ENERGY PLC的财政援助
2004	2004年能源法案设立了核退役管理局,并规定了民用核设施和场址的退役及清理责任
2008	2008年能源法规定了可再生能源义务,以支持使用可再生能源发电;为核场址的退役和清理做出了规定;以及提供智能电表
2010	2010年能源法案要求政府准备报告,说明英国发电脱碳以及碳捕集和封存的开发和使用所取得的进展;并为能源供应商制定计划,使客户受益,以减少燃料贫困
2018	2018年国内天然气和电力(关税上限)法案
2022	亨特斯顿B核电站于1月7日关闭
2023	西伯顿发电站于2023年3月31日关闭
2024	RATCLIFFE-ON-SOAR发电厂是最后一座燃煤发电厂,于9月30日关闭

(资料来源:《维基百科》,请访问:http://en.wikipedia.org/wiki/Timeline_of_the_UK_electricity_supply_industry)

从英国供电产业的发展来看,电力立法是以供电产业的发展为线索的,而电力立法反过来又确认和推进了电力产业发展的成果和方向(参见表6:英国电力发展关键事件)。

表6:英国电力发展关键事件

时间	关键事件
1881	供电服务肇始
1882	立法规制供电主体
1909	立法规制发电站
1919	立法规范电力监管机构及成员
1926	立法设立全国性电力监管机构和统一全国电网
1955	立法完善电力监管机构
1963	对燃气进行立法
1989	统一《电力法》
1990	电力产业解除管制
2000	《公用事业法》颁布,进一步打破发电领域的垄断
2001	解除电力中央管制机构
2002	成立一家控股公司统一管理国家电网和国家天然气传输系统
2003	通过立法建立北爱尔兰能源监管局,并取消了北爱尔兰天然气局局长和北爱尔兰电力供应局局长的职位

续表

时间	关键事件
2004	《能源法》设立了核退役管理局,规定了民用核设施和场址的退役和清理责任
2008	《能源法》规定了可再生能源义务,以支持使用可再生能源发电
2010	《能源法》推动英国发电脱碳以及碳捕集和封存,并为能源供应商制订计划,以缓解燃料贫困问题
2018	出台《国内天然气和电力(关税上限)法案》以降低英国能源强度、缓解能源贫困和保持能源供应可靠性
2022	亨特斯顿B核电站于1月7日关闭
2024	拉特克利夫发电厂是英国最后一座燃煤发电厂,于9月30日关闭。

(资料来源:作者整理)

三、公用事业立法的历史启示

美国的交通业从自由竞争走向规制立法的肇始反映了多方主体的利益协调和共赢,同时也深刻体现了公用事业部门在经济发展和民生利益中的重要地位,公用事业被纳入立法规范成为不可阻挡的历史潮流。另一方面,公用事业立法也伴随着公用事业技术革新、经济发展以及民生需求的更新而不断调整。尽管如此,从自由竞争到政府干预再到市场本位的各国经济体制改革,大量的社会事业在市场机制下完成资源的优化配置,但是公用事业仍然被固守在特定的规则和普遍的监管之下。从1887年美国《州际商务条例》开启公用事业的专门立法规制,到2000年英国颁布《公用事业法》放松电力市场的规制,100多年的人类制度文明依然坚守:"当私有权利具有公共影响并且普遍影响社会时,财产开始披上了公共利益的外衣。因此,当某人决定将其财产处分涉及公共利益时,他实际上同意了以该处分体现的公共利益,并且必须服从于基于公益的公众制约。"公用事业产业因为"影响公共利益"和"提供基础服务",其必然需要被纳入法律规制的范畴。[①] 因此,公用事业的法制化进路不仅孕育于理论学说,也同样铭刻在历史的逻辑里。

第二节 公用事业立法的经济功能

公用事业的经济价值在于服务消费者和促进经济发展,而这一职能是由市场

---

① 邢鸿飞、徐金海:《中国公用事业立法论纲》,载《江苏社会科学》2010年第2期。

机制培育的公用事业企业承担和完成的。公用事业立法旨在通过公用事业企业法,健全公用企业主体资格,规范公用企业的运营机制,限制公用企业市场权利滥用,保障公共政策的施行和公共产品的供应。下面我们将首先探讨公用事业的经济功能,进而分析公用事业经济功能的实现及公用事业经济功能的立法保障。

一、公用事业的经济功能

概而言之,公用事业在两个方面影响着我们的生活:服务用户(service to consumers)和贡献经济(contribution to the economy)。[1]

公用事业最基本的价值是向用户(消费者)提供普遍服务,公用事业产品在消费者的日常生活中占据了重要地位。与一般的消费性产品不同的是,公用事业产品的可替代性较低,消费者难以通过自给自足的机制或通过替代产品的选择实现产品利用中的低成本和高效率,而必须依赖有限的公用事业实现民生利益,因此公用事业在消费者的日常生活中占据重要地位。

公用事业的第二项重要价值是为经济发展作贡献。公用事业不仅是公民日常生活所必需的,同时也是国民经济的重要支柱性产业,其推动和构成了国民经济发展的重要内容,并且随着经济的发展,公用事业对于国民经济发展的价值日渐增加。

二、公用事业经济功能的实现

公用事业经济功能的核心是向公众提供基本民生需求的公共产品和服务。消费者作为受益者,更多的是参与公共产品的分配过程,核心阶段在于公共产品的供应。因此,公用事业经济功能实现的核心内容是理顺公共产品的供应主体,并就此探寻该类供应主体的组织特征。

(一) 公共产品的供应

公用事业经济功能的内容是通过公共产品的生产或供应以确保普遍服务的实现。在这个过程中,由谁以及如何来提供公共产品始终是一个困扰政府、公众的问题。对于由谁来提供公共产品(有的文献中称为"公共物品")这个问题,学理上有不同的回答。有人认为,公共物品有三种提供模式,其一是政府直接生产公共物品,其二是政府利用市场间接提供公共物品,其三是私人自愿提供公共物品。[2] 也

---

[1] Philips Jr. C. F. (1984). The Regulation of Public Utilities: Theory and Practice, Public Utilities Reports.

[2] Nupia, O. (2016). Voluntary Contribution to Public Goods: Preferences and Wealth. Theoretical Economics Letters,06(03):432-441.

有人提出方式是，应建立起政府、市场、自愿组织三方提供公共物品的复合机制。未来的改革方向应该是实现公共物品提供和生产的多样化制度安排。公共物品的市场提供和私人自愿提供对政府的治理结构产生了重大影响，这意味着政府的治理模式也需要相应改革，即由以政府为核心的单中心治理模式向政府、市场和社会三维框架下的多中心治理模式转变。[①] 还有人提出了公共产品的另外三种供应模型，即二人独立供给模型、二人联合供给模型和多人条件下的公共产品供给模型。在二人公共物品供给模型中，公共物品的有效供给可以通过两个个体之间的自愿交易来实现，这一过程并不需要任何第三方力量的介入，但是当模型中的个体数量增加到三个或更多时，个体间自愿交易的效率就很难保证了。效率的降低有两个原因，一个是谈判成本的增加，另一个是"搭便车"动机会随着个体数量的增加而显著增强。根据奥尔森的理论，同一个体在成员数量不同的"小集体"和"大集体"中的行为模式会有明显不同。在小集体中，个体既会积极努力促成关于公共物品供给的集体协议的达成，为自己提供公共物品，也会采取策略性行为，在与其他成员的谈判中讨价还价，以使最终的集体政策对自己更为有利。但是在成员数量众多的"大集体"中，与数量众多的"其他人"相比，单独的个体行为显然无足轻重，单独个体的行为对公共物品供给政策的影响也显得微不足道。在这种情况下，大集体中的个体会将其他成员的行为视为一个给定的外生变量，个体通常会依此来调整自己的行为，而不会试图去改变它，大集体中的成员会理性地预期自己的行为不会影响其他成员的行为，同时其他成员也不会对自己的行为作出反应。[②] 这种模型实际上解决的是公共产品在使用者不确定时的供给模型，其结论也只能是论证公共物品供应中的政策规则必须调整的必要性。

　　既有的研究热衷于将公共产品的供应放在一个模型下进行利益博弈分析。这种研究有利于从整体和全局上厘清各方在公共产品供应中的利益诉求和理性政策，但这种将相互独立的利益主体简化为几个简单的利益符号的做法，无疑是将复杂问题简单化。魏克塞尔提出的"全体一致同意原则"就是一个典型的理想状态下的产品供给政策模型。该原则认为，任何有关公共物品供给的集体政策必须得到所有集体成员的一致同意才能通过。在这一政策规则下，每一个集体成员的行为都可以改变集体中所有其他人的选择，每一个个体的行为对最终集体政策都具有直接的影响。这种"关键性"的地位使得个体会采取策略性行为，将"所有其他"视为一个整体，并与之进行讨价还价，为自己争取更有利的集体政策结果。需要指出的是，同意提供公共物品也就意味着必须为此分担相应的成本，因此在"全体一致

---

① 熊光清、熊健坤：《多中心协同治理模式：一种具备操作性的治理方案》，载《中国人民大学学报》2018年第3期。

② 王刚：《公共物品供给的集体行动问题——兼论奥尔森集体行动的逻辑》，载《重庆大学学报（社会科学版）》2013年第4期。

同意原则"下不存在搭便车的可能性,即不存在自己不分担供给成本而免费消费公共物品的可能性。① "全体一致同意原则"无疑是一个高成本和不经济的政策程序,并且集体政策也只能抽象出政府、公用企业和用户等几个利益代表,而在这些利益代表内部还存在多层次的委托代理关系,因此"全体一致同意"只会沦为"全体代表一致同意"。所以,还是宜强调以单一利益主体为中心展开的交互式研究,例如以公用企业为核心,分析在公共产品供给过程中影响公用企业作为的利益因素,包括公用企业自身和政府以及用户等。

上文提出,多个变量下的提供模式,使得公共产品的供应复杂化,因此需要确定一个相对定量以探讨公用事业的实现机制。公用事业提供的是公共产品或公共服务,对于消费者来说,他们希求实现的是基于公用事业产生的公用事业权益,这种权益不仅是一种既得权益,还包括基于合理预期产生的心理权益,即消费者对可以获得的必需公用事业产品有合理预期,从而不会产生心理焦虑或采取相应的辅助行动。因此,在公用事业的实现机制中,监管机构、公用企业和消费者是相互关联的三个环节。在这三个环节中,公用企业起着承上启下的作用,监管机构的规制政策通过公用企业的市场行为得以体现,消费者通过公用企业的生产活动才能获得公共产品。因此,公用企业是公用事业实现的中枢。

(二) 公用企业及其要素

公用企业承担着实施监管政策和提供公共产品的任务,公用企业运营的绩效直接影响着公共政策和公共产品的实现。公用企业作为独立法人主体,具有独立的意志能力、独立的执行能力和独立的责任能力。决定公用企业能否实施监管政策和提供公共产品绩效的因素有两个:一是内部因素,即公用企业的所有权人是否缺位、经营是否高效等;二是外部因素,即公用企业所处的市场结构是垄断状态还是竞争状态。我们的理论假设是:公用企业的所有权人及经营状态和所处的市场结构直接影响公用事业权实现的程度。在所有权人缺位且市场处于垄断的状态下,公用事业权实现的程度较低;在所有权人到位且市场处于竞争的状态下,公用事业权实现的程度增高。公用事业权的实现程度与所有权人到位和市场竞争性结构成正比,与所有权人缺位和市场垄断性结构成反比。

1. 所有权状态

公用企业的所有权人是否到位,直接影响公用企业的实际控制人是否会利用控制权寻租和提高代理成本,间接导致公用企业是否在执行监管政策和提供基本需求等方面存在偏离。

理论上,控制权和剩余索取权为公司所有权人即股东所有,但伯利和米恩斯的

---

① 周燕、杜慕群:《公共物品理论为政府支出行为提供依据的困境》,载《学术研究》2013年第8期。

命题在现代公司治理中被颠覆。由于专业化和职业化的原因,原本属于股东的控制权向公司高管转移了,而享有控制权的高管在法理上不能享有剩余索取权,高管只能利用其对公司利益的使用权耗费掉剩余索取权。为避免以上情形,股东可以通过契约在治理结构框架内对高管的权利加以限制,对双方的利益作出妥善安排。在所有权人缺位的状态下,代理人有无激励机制成为剩余索取利益能否增进的重要条件。此时公司治理的良性结构取决于经营者的目标函数。由于所有权人缺失,经营者实际已经无偿控制或者可以变相使用公司资产,事实上也没有任何激励机制促使他去经营这些资产。一方面,经营风险使得经营者不会积极谋求公司的经营机会,从而导致机会成本最大;另一方面,由于经营者不是法律上的产权人,他们对因经营而增值后的公司资产并不享有法定分配权,因此,经营者增进公司利益的动机不会非常强烈。除了道德层面虚无缥缈的"职业良心",能够推动经营层履行忠实义务和勤勉义务的激励只能是明确产权。

所有权人的缺位对于公用企业来说危害甚巨。在所有权与控制权分离的场合下,股东和高管可以通过合法的博弈争夺企业的剩余索取权;而在所有权人缺位的情况下,高管通过治理结构获得的合法授权可以直接实现剩余索取权。剩余索取权在营利性企业中表现为企业盈利,但是在公用企业中,高管侵占企业剩余索取权导致的结果通常是公共投入降低、公共产品或公共服务的数量或质量下降。对于公用企业的实际控制人来说,其经营绩效将面对直接来源于公共产品用户的评价,而且这种评价不仅仅限于对产品或服务质量的否定,还有诉讼等自力或公力救济手段。以2014年兰州水污染事件为例,兰州威立雅水务(集团)有限责任公司作为当地供水的公用企业,在供水过程中出现了严重的局部自来水苯超标问题。经调查发现,该公司的3号、4号自流沟超期服役,沟体伸缩缝防渗材料开裂,致使兰州石化公司历史积存的地下含油污水渗入自流沟,污染输水水体。这一事件背后,极有可能是所有权人缺位的问题。在缺乏有效监督的情况下,企业管理层为追求自身利益最大化,削减了对自流沟维护等关键公共投入。他们试图通过这种方式获取更多剩余索取权,最终导致供水这一公共产品质量严重下降。此事件引发了当地居民的强烈不满,纷纷通过向媒体曝光、向政府监管部门投诉等手段维护自身权益。兰州市政府迅速介入,对事件展开全面调查,认定这是一起供水安全责任事件,进而对包括兰州威立雅水务(集团)有限责任公司在内的9个单位进行问责,20名责任人受到党纪政纪处理,责令兰州威立雅水务(集团)有限责任公司承担涉事自流沟管线新敷设工程费用。[1] 这充分体现了公用企业在所有权人缺位时面临的种种问题,以及公用企业经营绩效面临用户直接评价,用户采取多种救济手段维护

---

[1] 包锐、李开南:《兰州自来水苯超标 9个单位被问责20人受处理》,载人民网:http://env.people.com.cn/n/2014/0617/c1010-25157528.html,2025年1月7日访问。

自身权益的情形。

2. 市场结构

市场竞争将优势资源配置到效率和效益最大化的企业手中,在竞争中获胜的企业可以获得相对于其他企业更高的利润,从而在市场上取得支配地位。企业的道德性是自然人赋予的,企业的道德性也是通过自然人得以实施的。在市场竞争过程中,取得支配地位的企业的实际控制人——自然人,通过企业的支配地位期望获得超额的利润,从而导致滥用市场支配地位等限制竞争或排斥竞争情形的出现。立法对此予以严格的管制:鼓励市场竞争但禁止企业滥用市场支配地位损害市场结构、产业结构和消费者利益。

公用事业的自然垄断性具有正当性,但并不等同于公用企业可以滥用垄断地位。第一,公用企业垄断地位的正当性取决于该产业是否具有自然垄断性,且自然垄断下的公用企业垄断仅限于该有限的自然垄断范围。第二,对于不具有自然垄断性的公用事业部门或环节,竞争性市场必须予以配置,否则将形成行政垄断。第三,对于过去具有但随着技术革新和经济发展而丧失自然垄断性和过去不具有但随着经济发展而具有自然垄断性的产业,公用企业的垄断地位应该进行相应的调适。第四,公用企业的垄断地位是有限垄断,即这种垄断是出于国计民生和公共利益考虑而由公共政策人为设定的,公用企业垄断的最大前置条件是保证普遍服务和资格准入。

垄断向消费者展现的是卖方市场,消费者缺少选择的可能性,而竞争的最大优点是此过程中买方市场的形成,消费者可以通过对价格、质量、服务等方面的比较,选择最优的产品。因此,竞争结构下的公共产品最有利于公用事业权的实现。

三、公用事业经济功能的立法保障

既然公用事业经济功能实现的核心要素是确保公用企业的主体理性健全并且通过其完全意志实现公共产品的有效供应,那么构建完善的公用企业法治体系是公用事业经济功能实现的法律保障。对此,美国和加拿大等国家就公用企业设置了专门的法律规范,我国学者也认为"制定诸如《公用企业法》之类专门性法律是相当必要的。公用企业范围界定、运作机制、监督程序、定价程序等事项单靠行业立法是不能完成的,必须有一部专门的法律提供原则性规定"[1]。

---

[1] 薛治国、徐启宇、闻力:《公用企业垄断模式的非理性成因及立法研究》,载《当代法学》2000年第1期。

第三节　公用事业立法的政治动因

公用事业立法的政治动因源于两个方面。一方面，公用事业的自然属性和经济特征催生了政府干预的诉求，但公用事业的特质对政府干预提出了新的挑战，促使在既有的政府官僚体制下形成了一种新的政府干预范式，因此需要通过立法规范和确认公用事业规制机构及其权限。另一方面，在市场经济体系下，政府作为市场机制中的资源配置主体，通过政府机制的制衡和救济，促使社会效益最大化；但在公用事业产业中，政府机制与市场机制一样，直接参与公用事业的资源配置，由此所产生的利益冲突使得公用事业立法的第二个政治动因凸显。

一、公用事业普遍服务与政府职能配置

（一）公用事业政府规制的特质

公用事业各部门承担着向社会提供普遍服务的义务，但在公用事业的实现机制中，包括监管机构、公用企业和消费者在内的多元主体均在寻找机会表达利益诉求，探寻既得利益的维系、保障及实现路径。在监管机构、公用企业和消费者三角关系中，公用企业和消费者均以私主体的资格出现，追求主体利益的最大化是它们的无限理性所要求的。对私益的追求既可以是在私法的范畴内合法取得的，也可能突破私法的边际而导致对其他私主体利益的侵害，甚至是损害社会公益。私主体之间的权利救济手段极其有限，意思自治下的行为受一方支配地位、乘人之危以及意思能力的限制等因素而导致矫正正义形同虚设。由于私权的相对性，在一方没有主动诉求或及时诉求的情况下，公权机构及第三方无法介入，这种制度安排满足了公民对私域自治的主张，但是当私主体交换的利益涉及第三方的权利和公共领域时，纯粹的私权自治会给社会利益带来危害。作为私主体的公用企业，其消极提供公共产品甚至放弃提供公共产品，除了带来企业自身的利益调整外，必然导致消费者无法获取足量的公共产品，因此公用企业之间的私权安排不适用于公用事业领域。对于消费者而言，它们无法通过市场选择获取多元的公共产品，因此在面对质次、价高的公共产品时，无法通过"用脚投票"来表达不满；而且由于不均衡的经济地位，使得其通过法律途径获取救济的成本过高。消极的消费者在纵容公用企业滥用垄断地位的同时，也造成了对产业结构和经济发展基础的间接损害。因此，政府干预必不可少。

政府干预是必须的，但这种必须是建立在公用事业特殊性的基础之上的。首

先,公用事业的公益性使得政府规制有别于市场机制下的政府干预。① 由于公用事业的普遍公益性,市场机制下的资源配置机制会导致资源向优势企业或优势效益的部门集中,进而影响公用企业的普遍服务,对消费者权益造成侵害。因此公用事业下的政府规制不同于市场机制下公共权力部门所承担的规范、引导和协调的职能,而必须直接参与到公用事业发展规划、公用企业市场准入、公共产品定价和质量保障的微观经济活动中,并且需要充分考虑公用事业的自然垄断性特征。其次,公用事业的普遍服务功能强调了独立规制的必要性。鉴于公用事业政府规制的特殊性,政府基于公共职能的要求以及满足政府规制的需要,会选择直接参与或由其代理人——国有企业参与公共产品的提供。但这种机制已经被实践证明不经济,既影响政府的公信力,又导致供应的短缺。政府规制机构的构成、权力行使等都要求其具有较强的独立性,以避免规制俘虏和政治俘虏以及背离公益。因此,公用事业政府规制的核心价值在于规制的独立性问题,只能以独立规制者的身份参与公用事业发展,而不是以经营商的身份参与公用事业的运营。最后,公用事业的自然垄断性和技术专门性导致了公用事业规制的专业性诉求。公用事业规制的独立性与专业性是并存的。由于公用事业往往具有较强的技术性和复杂性,并且公用事业的发展受到产业发展基础、经济发展需要和民生需求等因素的制约,促使规制者政策的制定及调适需要以这些因素为条件,规制机构必须在对上述事宜综合判断基础上作出独立决策。因此,独立性、专业性是公用事业规制的基本要求。

(二) 公用事业政府规制的立法确认

公用事业的特质对政府干预提出新的要求,实践中形成的公用事业规制机构具有独立性和专业性的基本特征,并且在规制目标、规制权限、规制领域、独立规制等方面有着系统的制度要件。② 这种全新的政府职能独立于政府的传统经济职能,形成一种新的政府干预"范式":对于涉及公共利益的公用事业各部门,各国秉承不同的理念、依托于不同的理论基础和方法,先后确立了公用事业规制的官僚体制,这些官僚体制依托于各国特有的历史背景和经济基础,形成了区别于传统政府经济职能而具有共同性的规制体制,即公用事业规制机构。③

根据世界银行的研究报告,公用事业的发展取决于规制机构公共政策的目标

---

① 本书中,政府规制、政府监管、政府管制这三个概念的内涵和外延具有同一性。
② 参阅本书第五章第一节的相关论述。
③ 1962 年,美国著名科学哲学家托马斯·库恩(Thomas S. Kuhn)在其《科学革命的结构》一书中,提出了"范式"(paradigm)的概念和理论。尽管库恩的范式理论受到诸多的质疑,但是范式的提出仍然带来方法论上的启发。正如有学者所指出的,范式已经从自然科学领域悄悄蔓延到人文社会研究的诸领域,其形态从简单的概念借用逐步转变为人文知识分子的自觉运用,范式成了理解科学或学科中具合理性与合法性的方法、过程、现象与理论的一个入口。公用事业的政府规制正是政府职能的一种新的裂变,是一种新的政府干预的范式。参阅[美]T. S. 库恩:《科学革命的结构》,李宝恒、纪树立译,上海科学技术出版社 1980 年版。

和实施绩效:(1)确保公用事业的稳定发展;(2)保护消费者权益;(3)规范规制权力运行;(4)公用企业激励。世界银行的这项观点极高地评价了公用事业中政府规制的地位和作用。① 但从上文的分析我们可以得知,各国的实践呈现的是复杂和多元的公用事业规制机构,它既受到一国政治体制和官僚体制的影响,也受到公用事业发展历史及公众需求的约束,还与公用事业的技术革新密切相关,因此,必须从立法上认真对待公用事业的政府规制,公用事业政府规制立法是公用事业科学发展的必然选择。从实践来看,各国的公用事业规制立法与公用事业规制机构之于公用事业的价值是相匹配的。

二、公用事业治理的制度成本

(一) 公用事业治理的制度成本构成

世界银行的研究报告对公用事业政府规制的地位和作用给予了极高的评价。② 并且,"由于政府规制的方式在公用事业公共设施的发展和利用中扮演了至关重要的角色,因此大量的公用事业政策研究对规制如何进行的问题予以重点关注。"③但是,这种关注忽略了政府规制带来的负面效应,即公用事业规制的制度成本。在缺乏监管的条件下,同样会导致公用事业的效率低下和影响普遍服务的实现。

---

① 多项研究也支持这一理论:(a) Baldwin, R., Cave, M., Lodge, M. (1999). Understanding Regulation: Theory, Strategy, and Practice. Oxford University Press, Chapters 2-3.(论文研究了公用事业规制的基本原理,包括垄断和市场权问题、外部性、信息不对称和公共成品等。论文还概述了赞成规制的理论,包括公共利益理论、利益集团理论和私有权益理论等。)(b) Guasch, J. L., Spiller, P. T. (1999). Managing the Regulatory Process: Design, Concepts, Issues, and the Latin America and Caribbean Story, Washington, D. C.: The World Bank Group, Chapter 2.(论文探析了规制中的契约问题,包括政府与运营商之间的委托关系、市场失灵、交叉补贴诉求和利益集团政治等。(c) Kahn, A. E. (1988). The Economics of Regulation: Principles and Institutions. MIT Press, Reissue Edition, vol. I, Chapter 1.[论文评述了规制的一般理论,包括公用事业部门的重要性、自然垄断和市场失灵的存续、政府利用特许权或推动非市场性成果(例如服务配送)的期望、破坏性竞争或负面歧视、刮脂行为(提供者选择更容易的或者更便宜的用户来提供服务)和过多的非价格竞争等问题。论文同时还论述了美国规制的法律理论。](d) Newbery, D. M. (1999). Privatization, Restructuring, and Regulation of Network Utilities. MIT Press, Chapters 1 and 4.(论文分析了规制的积极理论和消极理论。认为"由于信息或委托问题,尤其是在利益集团与潜在的公用事业用户间的低效率交易,导致规制……是不可避免的低效率"。)参见 Jamison, M. A., Berg, S. V., Gasmi, F., Távara, J. I. (2004). Annotated Reading List for a Body of Knowledge on the Regulation of Infrastructure and Utility Service. World Bank, Washington, DC, 33.

② Jamison, M. A., Berg, S. V., Gasmi, F., Távara, J. I. (2004). Annotated Reading List for a Body of Knowledge on the Regulation of Infrastructure and Utility Services. World Bank, Washington, DC.

③ Jamison, M. A., Berg, S. V., Gasmi, F., Távara, J. I. (2004). Annotated Reading List for a Body of Knowledge on the Regulation of Infrastructure and Utility Services. World Bank, Washington, DC, 12.

代理成本可由三部分构成:(1) 委托人的监督成本,即委托人激励和监控代理人,以图使后者为前者利益尽力的成本;(2) 代理人的担保成本,即代理人用以保证不采取损害委托人行为的成本,以及如果采用了那种行为,将给予赔偿的成本;(3) 机会成本,它是委托人因代理人代行决策而产生的一种价值损失,相当于代理人决策和委托人在假定具有与代理人相同信息和才能的情况下自行效用最大化决策之间的差异。[1] 代理成本出现的第一个重要原因是剩余索取权的丧失,代理人并不享有所有权,因此对于所有权产生的收益代理人无权分享,从而导致丧失推动所有权权益增进的激励;代理成本出现的第二个原因是信息不对称导致的监管困难。由于所有人和代理人之间存在较为严重的信息不对称,代理人处于相对的信息优势,而所有人则处于相对的信息劣势,因此代理人会趋向于从自己利益最大化角度作出利益判断,而背离所有人的权益期望。代理成本被普遍用于解释现代企业制度下所有权和经营权分离后股东和经理层的利益安排关系,这一理论在解释公用事业治理的制度成本时有着同样的价值。公用事业具有典型的外部性和非排他性,私权主体缺乏必要的激励参与公共产品的供应,而公用事业的公益性促使政府需要以委托人的名义实施治理,这种治理既是普遍服务实现的基础,同样也会存在代理成本,即规制机构与消费者和公用企业之间的信息不对称和目标不一致会减损公用事业规制的收益。因此,我们将公用事业治理的制度成本分为制定、实施、治理公用事业的实际成本和在制度最优但疏于执行或制度次优而疏于完善下所导致的机会成本两个部分。就实际成本而言,规制制度绩效评估立法是成本救济的主要进路;就机会成本而言,立法所确立的责任体系是救济重心。本部分,我们主要探讨规制带来的机会成本。

(二) 公用事业规制的机会成本

从规范性角度来看,规制机构和公用企业之间的信息不对称和福利目标(welfare objective)不一致是招致公用事业规制的两个主要原因。[2] 公用事业规制在监管公用企业因信息不对称带来的市场权力滥用和背离公益的经营行为的同时,也会带来另两组不对称:以规制机构为中心,规制机构和公用企业的共谋会造成与消费者之间的信息不对称和福利目标不一致,而规制机构与公用企业和消费者间的信息不对称和福利目标不一致也会损害公共利益。我们将前者称为规制俘虏,后者称为政治俘虏。

---

[1] Jensen, M. C., Meckling, W. H. (1976). Theory of the firm: Managerial behavior, agency costs, and ownership structure, Journal of Financial Economics, 3, 305-360.

[2] Jamison, M. A., Berg, S. V., Gasmi, F., Távara, J. I. (2004). Annotated Reading List for a Body of Knowledge on the Regulation of Infrastructure and Utility Services. World Bank, Washington, D. C., 13.

公共利益理论认为,自然垄断的存在,导致了公用事业领域垄断的合理性,而由于垄断企业会因追逐私利侵害消费者利益,甚至危害公共利益,因此政府必须本着保护公共利益的目的对公用事业进行规制。可是,此种规制究竟在何种情形下实行才符合公共利益?只有当合乎要求的情形发生时,规制的存在才会得到应有的承认,规制的效力也才无可争议。殊不知,公共利益的评价标准非常复杂,要想对此做出准确的利益评判,的确非常困难。Viscusi等人的总结似乎过于简单:"如果一个市场是自然垄断的,公众就会要求产业规制,因为在没有规制时不可能取得最好的解决办法。完全的竞争会导致过度的定价和(或)过多公司生产,从而超出了社会理想度。产业规制产生的净福利所得以及这种福利所得的潜在性产生了公众对规制的需求。"[1]然而,要想这一切发生,人们就必须假定低甚至是零的交易成本,正如Noll所描述:"从一个单一但却综合的意义上来说,如果科斯定理是正确的话,规范的福利经济学由一个政府积极的理论组成:信息是全面的并且无成本的,政治决策对其监督者是开放的……信息不对称和交易成本为政治理论关于为什么规制是无效率的提供了支持:利益集团为了获取垄断性租金而对政策进行俘获,或者通过其他形式的财富再分配机制造成资源配置的扭曲与效率的损失。"[2]事实上,交易成本显然不为零。所以,尽管公共利益理论毫无疑问地取得成功,但是它无法解释大量的规制失败。在这种情况下,寻求解释规制合理性的公共利益理论出现了论证上的瑕疵。于是,施蒂格勒提出了他的一套经济规制理论:(1)所有个体都是理性地追求自利;(2)政治家和规制者都会通过影响利益团体中公共产品分配的方式实现朝着有利于其政治支持最大化的方式推进其事业;(3)如果是通过竞选捐赠和其他形式的投票方式获取政治支持,那么利益集团会利用其资源为这些公共产品而竞争;(4)产品和服务的厂商会通过对准入障碍、价格支持和关税定额等游说的方式寻求增加其利润;(5)消费者会为保护其利益而反对厂商的寻租行为,但市场会在政治竞争中失败,因为消费者过于分散而不能像某个利益集团那样有效地游说政府。由此,施蒂格勒的结论是:"作为一个规则,规制为厂商所俘获,其制度设计和运行都是首要基于厂商的利益。"[3]规制俘虏理论认为,规制机构的设立是为了保护消费者,但结果是它被规制产业所俘获,规制政策背离了公共利益,成为利益集团和规制机构共谋下的利益分配。显然,规制俘虏并不是单单停留在学理上,同样大量存在于实践中。因此,为消除消费者和公用企业之间因信

---

[1] Viscusi, W. K., Harrington. Jr. J. E., Vernon J. M. (1995). Economics of Regulation and Antitrust. MIT Press, 325-326.

[2] Noll, R. G. (1984). Economic Perspectives on the Politics of Regulation. Handbook of Industrial Organization, 2, 1254-1255.

[3] Stigler, G. J. (2021) The Theory of Economic Regulation. In the Political Economy: Readings in the Politics and Economics of American Public Policy, pp. 67-81.

息不对称和目标不一致而导致的权利滥用,完善因公益背弃情形而披上正当性外衣的政府规制,避免消费者对公用企业和规制机构的信息不对称而导致权利被侵犯或无法得到保障,必须通过立法保障公共权力机构的立法和执法接受法律正当程序的检验。规制俘虏的产生会导致制度成本的加大,而救济的进路就是对正当程序的司法审查,规制俘虏的情形在另一种所谓的政治俘虏中也会出现。

政治俘虏是指规制者出于自身利益最大化的衡量,通过规制政策谋求其自身利益的最大化和规制机构权力的扩张,进而导致规制政策背离公共利益。政治俘虏的典型形式是规制机构借规制名义,在组织与预算上进行扩展,而获得机构的利益增量。① 较之规制俘虏下规制机构与公用企业的共谋不同,政治俘虏所指向的更多的是规制之外的利益诉求,即以规制必要之名义,寻求规制机构自身在官僚体制序列以及财政预算上的优势地位,进而获得更加突出的行政影响力。政治俘虏导致的后果是规制效率的减损、规制成本的增加以及规制技术性和专业性的降低,进而影响产业发展的质量和前景。无疑,政治俘虏也需要纳入法制监管的范围。

三、公用事业立法政治考量下的进路

公用事业的特质带来的第一个政治考量是:必须将公用事业纳入有效监管,并且以独立监管和专业监管为原则。这种监管范式突破了现有行政体制的框架,形成了以独立规制机构为典型代表的政府规制体系。这种制度创新显然需要通过立法调控,形成与现行行政体制的吻合,并且符合行政程序和行政权力行使的基本法则,因此,公用事业规制立法成为各国公用事业立法的中心环节之一。

公用事业规制的特殊性带来的第二项政治考量,即规制机构所内生的权益诉求导致的规制俘虏和政治俘虏会否定公用事业规制的正当性,导致公益被践踏和私益被侵吞,因此,必须防范和监管公用事业规制带来的机会成本。对这项成本的监管也需要纳入法治的轨道。

上述两项政治考量所催生的公用事业立法内容就是公用事业规制法。不断增进的共识认为,公用事业公共设施电力、天然气、电信和水务等的成功发展大部分取决于公共政策的恰当采用以及这些政策的实施效率。这些政策的核心是规制机构的发展:确保稳定,保护消费者免受市场权力滥用的危害,保障消费者和运营商免受政治机会主义的损害,以及为服务提供商创造激励以提高运营效率和确保必

---

① 李琼、徐彬:《利益集团的政府俘获、行政腐败与高行政成本》,载《四川师范大学学报(社会科学版)》2011 年第 3 期。

要投资。① 因此,公用事业规制立法的中心应该围绕规制机构的职权和功能予以建构。根据世界银行的研究报告,公用事业规制机构的功能包括确保公用事业的稳定发展、保护消费者权益、规范规制权力运行和公用企业激励等四个方面。② 相应地,公用事业规制立法应该以公用事业普遍服务实现、规制机构权力规范运行、消费者权利保护以及公用企业政策配置为主要内容。

第四节 公用事业立法的技术促进

人类社会的发展在总体上呈现平稳演进的趋势,但也有短期内突飞猛进的样态,这一样态的出现,基本上都起因于重大的技术革新。重大的技术革新,不仅导致了经济的快速发展与人民生活水平的显著提升,也使得经济生活和社会生活发生了很大变化,这种变化往往又使得传统的公用事业立法难以适应技术革新后的社会经济生活。因此,技术革新对公用事业立法的促进也是我们必须考虑的内容。接着,我们将重点研究技术革新对公用事业立法的影响以及公用事业立法的回应模型,探讨技术革新对公用事业立法的价值。

一、技术革新与制度变迁

(一) 技术与经济增长:发展中的经济学理论

经济增长是指一国经济总量与能力的增加和扩张,是生产力发展的结果。经济学认为经济的增长有两个基本条件,一是投入生产的生产要素量的增加,一是生产要素使用效率的提高。前者取决于生产资源的成本,后者取决于技术革新。③ 但经济学理论对待技术的作用最早是存在分歧的。以亚当·斯密等的古典经济学为基础的"积累决定论",强调资本积累是生产能力扩大的"源动力"。他的理论在资本主义早期得到了精确的印证。但是,随着技术的进步,经济学家发现战后经济增长速度大大超过了积累速度,他们把这种现象归因于劳动生产力的提高,特别是技术进步的作用。以新古典经济学"索洛增长模型"为基础的"技术决定论",就是

---

① 程永生:《城市公用事业社会资本市场准入规制创新探析》,载《上海经济研究》2016 年第 1 期。

② Jamison, M. A., Berg, S. V., Gasmi, F., & Távara, J. I. (2004). Annotated Reading List for a Body of Knowledge on the Regulation of Infrastructure and Utility Services, World Bank, Washington, D. C. 11.

③ 陈英:《技术创新与经济增长》,载《南开经济研究》,2004 年第 5 期。

对这种现状的理论解释,它强调技术在推动经济增长中的核心作用。[1] 熊彼特对技术的经济学意义的讨论,也做出了重要的贡献,他将技术变化和制度变化归入主流经济学的分析框架,并取得了显著的成果。

熊彼特之后,经济学家继续探究技术变化在有关微观经济行为、经济调整过程以及经济系统的转型方式方面的重要作用,并提出以下观点:(1)技术变化是塑造经济转型方式的基本力量;(2)存在一些在性质上和传统经济理论认为的资源分配机制根本不同的动态调整机制;(3)这些机制和技术变化、制度变化都有关系;(4)社会制度框架经常影响技术和结构变化、协调以及动态调整过程,这种影响有时是促进有时是阻碍。[2] 也就是说,技术对经济转型的作用是显著的,并且制度框架对技术进步是有影响的。那么这种影响是如何体现的呢?

经济学家通过研究发现一个现象:当一种新技术产生时,常常会引起生产力的降低和经济增长率的下调,这就是所谓的"技术进步的结构效应",即当发生一种主导性的技术革命时,技术进步将会引起产业结构、就业结构的变革,导致生产力和经济增长率的下跌等经济体系中的结构失衡现象。[3] 这种技术进步导致的经济负面影响,必然会引致公众对政府经济政策和规制手段的质疑。熊彼特的"长波理论"讨论了技术进步对经济的周期性影响:第一轮长波(1783年—1842年),以纺织机和蒸汽机的创新活动为基础;第二轮长波(1842年—1897年),以钢铁和铁路技术的创新活动为基础;第三轮长波(1897年—20世纪30年代),以电气、化学和汽车技术的创新活动为基础。[4] 此后的学术界研究,在熊彼特成果的基础上进行了补充:第四长波在1948—1966年期间达到波峰,这正是战后发达资本主义国家的经济高速增长的时期。在此期间,以汽车和计算机技术为标志的技术创新为这段时间这些国家乃至全世界的经济高速发展提供了重要动力。到20世纪70年代,发达资本主义国家普遍出现的滞胀现象说明,第四长波开始衰退并向谷底下降。这期间曾出现了两次经济危机(1973—1975年经济危机,1979—1982年经济危机),整个世界的经济增长也出现了减速。自1983年以来,各发达资本主义国家先后走出滞胀,经济开始缓慢回升,20世纪90年代以来,各国特别是美国大力发展网络和信息技术,掀起了以此为核心的技术创新高潮,为世界范围内的第五个经济

---

[1] Zhou, X., Cai, Z., Tan, K. H., Zhang, L., Du, J., & Song, M. (2021). Technological innovation and structural change for economic development in China as an emerging market. Technological Forecasting and Social Change, 167, 120671.

[2] Bettin, S. S. (2020). Electricity infrastructure and innovation in the next phase of energy transition—amendments to the technology innovation system framework. Review of Evolutionary Political Economy, 1, 371-395.

[3] 王永莲、刘汉:《科技进步、产业结构演化与经济增长》,载《科技管理研究》2017年第1期。

[4] [美]约瑟夫·熊彼特:《经济发展理论——对于利润、资本、信贷、利息和经济周期的考察》,何畏等译,商务印书馆2022年版,第305-306页。

长波高潮的来临孕育了力量。[①] 基于长波周期以及对应的经济发展繁荣、衰退、萧条和回升的不同态势，政府必然需要选择不同的经济制度。与此同时，经济学理论也为技术进步带来的经济制度调适提供了解决路径，"新增长理论"就是其中之一。

新增长理论认为，经济增长不是外生因素作用的结果，而是由经济系统的内生变量决定的；政府实施的某些经济政策对经济增长具有重要的影响。内生的技术进步是经济实现持续增长的决定因素，考察技术进步的各种具体表现形式有产品品种增加、产品质量升级、人力资本积累、知识积累、技术模仿等。对技术进步实现机制的分析是新增长理论的一大特色。[②] 新增长理论代表性学者之一的罗默(Romer)提出的"知识溢出模型"，解释了技术对经济增长影响后导致的政策调整路径。在罗默的知识溢出模型中，内生的技术进步是经济增长的唯一源泉。罗默假定：(1) 知识是追逐利润的厂商进行投资决策的产物，因此知识是经济系统决定的内生变量；(2) 知识具有溢出效应，任何厂商生产的知识都能提高全社会的生产率。罗默认为，知识溢出对于解释经济增长是不可缺少的。知识溢出的存在造成厂商的私人收益率低于社会收益率，不存在政府干预时厂商用于生产知识的投资将偏少，从而使分散经济的竞争性均衡增长率低于社会最优增长率。罗默开出的政策药方是：政府可以向生产知识的厂商提供补贴，或在对知识生产提供补贴的同时对其他生产课税。这些政策能够对私人厂商生产知识产生激励作用，诱使一部分生产要素从消费品生产部门流向研究部门，提高经济增长率和社会福利水平。

除了新增长理论所强调的技术对制度的影响而导致的政府干预的必要性，20世纪70年代在法国形成的"调节学派"(regulation school)从劳资关系角度解析了技术发展、经济增长与制度变迁之间的关系。调节理论集中关注经济的长期转变，该学派对西方主流正统理论关于交换关系完全受制于个人理性的最优经济行为的驱动以及一般均衡的基本假定进行了检讨，认为应根据社会关系来分析经济关系，强调时间因素和经济过程的不可逆性以及历史的路径依赖。调节学派的基本观点如下：(1) 调节学派反对技术决定论。该理论认为，既定技术系统与一整套制度形式的适应性，强调技术在某种程度上是被选择和被决定的。该理论重点探讨了积累体制对技术转变的影响，并将其放到调节理论固有的理论结构和体系之中，作为这一理论体系和框架的一个核心内容。(2) 调节理论分析了积累体制在历史上所经历的转变。认为资本主义发展初期流行的是粗放积累，生产率基本保持不变，增长主要依靠延长劳动时间和增加雇佣人数来实现。技术创新和科学管理带来生产

[①] 陈漓高、赵晓晨、杨新居：《世界经济概论（第四版）》，首都经济贸易大学出版社2014年版，第292页。

[②] 闵宏、王罗汉：《内生性技术进步与经济增长——理论回顾与研究进展》，载《现代管理科学》2017年第12期。

率的迅速增长,对调节体制提出了新的要求,但现存的调节体制制约了工资收入的增长和大量消费的形成,因此使得制度调整成为必要。从 50 年代开始,包含大量消费的密集积累出现了,工人不仅作为生产者,同时也成为新产品的消费者,竞争机制转变为福特制,形成新的发展模式。①

经济学理论从漠视技术在经济增长中的作用到重视技术对经济增长的影响,形成了专门讨论技术作用的新增长理论、调节理论等,这反映了技术在经济增长、制度变革中的重要价值。而这种价值,又直接体现在法律制度中。

(二) 技术与法律制度:超越还是互动?

在分析了技术对经济的影响之后,接下来将讨论技术与法律制度的关系。实际上,这个问题在上部分已经稍有涉及,但还有两个问题需要深入展开:技术革新对法律制度架构的影响,以及技术与法律制度的关联性。

1. 技术革新对法律制度架构的影响

作为从事法律科学研究的研究者,在讨论技术这个自然科学问题时显得有些力不从心,因此,为了保证论证的科学性和严肃性以及规避知识结构方面的缺陷,我们更愿意借鉴已有成果。有学者从如下几方面总结了技术对法律制度的影响:(1) 在过去两个世纪里,技术变迁使产出在相当范围里发生了规模报酬递增,因此,使得更复杂的组织形式的建立变得有利可图;(2) 作为规模经济的一个副产品,技术变迁产生了工厂制度,也产生了使当今城市工业社会得以形成的经济活动之凝聚。环境污染、生态破坏和交通拥挤只是这场集聚革命中三个更为明显的结果而已,这些负外部效应又必然推动制度的创新;(3) 技术变化不仅增加了制度变迁的潜在利润,而且降低了某些制度变迁的操作成本,特别是使信息成本(电报、电话、广播和计算机网络)迅速降低的技术发展,使得一系列旨在改进市场和促进商品流通的制度革新变得有利可图;(4) 技术变化决定了制度结构及其变化。例如,技术的进步降低了交易费用并使得原先不起作用的某些制度安排起作用。产权经济学的一个基本规则是,产权所有者得自产权的收益要大于其排除其他人使用这一产权的费用。当费用过高时,财产将成为共同所有。技术进步能降低产权的排他费用,从而使私有产权制度成为可能。上述事实表明,在经济增长进程中,对任何制度的需求,都不能离开技术这个因素。人类对"好"的制度的需求,除了受收益、相对价格等因素的制约外,还要受技术因素的制约②。概而言之,技术对法律制度的影响主要有:(1) 推动经济组织的建立和发展;(2) 技术发展的外部性问题

---

① 李海飞、王海潮:《后福特制生产方式与当代生产社会化的新发展》,载《改革与战略》2017 年第 3 期。
② 杨友才、史倩姿、王希:《制度结构、技术进步、交易费用与经济增长》,载《制度经济学研究》2018 年第 3 期。

加速了制度变革;(3)技术降低了制度变革成本以及技术革新决定了制度结构等。上述观点强调了技术在制度变迁中的重要价值,在经济学理论中,这类观点并不鲜见。

上文介绍了经济学家熊彼特关于技术的观点。早在1912年,他就提出,资本主义经济增长的源泉不是资本和劳动力,而是技术创新。新古典经济增长理论也强调技术是经济增长的重要根源。新制度经济学虽不同意技术决定论,但在分析经济增长模型时,将技术和制度都列入经济增长变量,主张"制度安排好坏决定技术进步高低,进而体现经济增长快慢"。从亚当·斯密的"技术进步论",到熊彼特的"技术创新论",再到新古典经济增长理论中的"技术决定论"以及新制度经济学的"制度—技术—经济增长论"的学理论争,至少可以说明技术在制度变迁中的重要价值,也说明了在设计制度框架以及确立制度理念时,摒弃技术在其中的价值和作用的思路是非常危险的。在否定技术对制度的作用力和影响力基础上建立起来的最终的制度框架,只会束缚经济、社会的发展和进步,进而引发对政府规制合理性的质疑。

2. 技术与法律制度的关联性

经济学理论对技术与制度关联性的揭示,存在三种基本观点,即制度决定论、技术决定论和技术与制度互动论。三者的分歧在于,到底是技术起主导作用还是制度起主导作用。上述三种观点的基本内容在前文已有涉及,这里不再赘述。在此,需要讨论的问题是另一层面的,即技术与制度谁主沉浮,技术对经济发展和公众利益的影响真的至关重要吗?对经济发展和公众利益的影响究竟有何不同呢?

法国"调节学派"的分析思路值得借鉴。"调节学派"主张,应根据社会关系来分析经济关系,强调时间因素和经济过程的不可逆性以及历史的路径依赖。在不同的国家和地区,由于经济基础、技术条件、法律文化以及人文背景的不同,对待制度与技术的态度存在明显差异。学者针对新增长理论有关制度与技术关系的质疑,印证了上述考虑:"……由于新增长理论对于政府干预和发展中国家制度结构之间的关系认识不清,因此难以明确认识政府干预的实际作用机制。实际上,尽管许多内生增长模型从加速技术学习和技术进步的角度给予政府干预政策一定的正面评价,但政治经济学文献中对此有着完全不同的看法。……在这些讨论中,几乎所有的论文均没有正面回答这样一个问题,即发展中国家的政府为什么需要采取一套异常复杂的干预措施?……林毅夫关于发展战略的论述,为这个谜题提供一个可能的理论解释框架。他指出,发展中国家的政府为了实现对于发达国家的赶超,人为地扶持众多违背本国比较优势的产业。而为了支撑这些不具备自身能力的产业,政府就必须制订各种管制措施对经济体系进行强有力的干预:政府对管制措施的设计服从于一定的发展战略目标。"① 也就是说,对于技术进步,不同的政府采取了迥异的规制政策,其根本原因在于不同国情导致的不同"战略发展目标"的需要。

基于此,在对待技术和制度的关系上,核心问题在于如何确保关于技术的制度能最大限度地实现二者对经济增长的共同促进,为厘清这一问题,就必须讨论不同国情框架下的规制理念及路径抉择。这才是技术发展对制度提出的根本要求。

二、公用事业立法的技术:以美国交通业为例

如上所述,法律制度与技术的关系,关键在于如何实现技术与制度的互动及共融。这一理想状态,只能在一定的历史背景中,立足于特定的历史维度进行考察。在本部分,我们将通过考察美国历史上交通产业发展中技术革新所导致的公用事业法律制度的变化,厘清技术革新与公用事业立法的互动关系。

美洲殖民地最初是以农业为主的,生产技术主要以移民带来的欧洲农业技术为基础,商业贸易较为简单。但是,由于英国对北美殖民地的统治受重商主义思想的支配,作为英殖民地的美洲,只能更多地扮演英国所需产品的生产者和商品的购买者的角色,这样一来,其必须构建起活跃的商业,而商业发展的一个重要前提就是有便捷的交通。地理及交通状况,不但影响商业,而且影响殖民。在谈及地理对殖民的影响时,福克讷指出:"进入各个大陆的可能性,在很大程度上取决于河流的通航程度;在这一方面,美洲大陆的东部地区是最有利的。当欧洲人一旦跨过了大西洋这个禁区后,他们就找到了一块容易进入的土地。与五大湖相连接的圣劳伦斯河流域,流过阿巴拉契亚山脉的哈得孙河,以及横贯美洲大陆心脏地区的密西西比河和它的许多支流,都为人们指引了进入内地的途径,而且使更为迅速的殖民成为可能。这在南部地区尤为如此。南部有无数的小河流入大海,这些河流虽然狭窄得不能通行今天的大货船,但是,17世纪的那些小船却是可以通航的。在北部,特拉华河、哈得孙河与康涅狄格河横穿沿海平原而直抵阿巴拉契亚山脉,为早期的移殖者提供了天然的航路。"② 显然,在技术贫瘠的美洲殖民地,水路运输成了商业发展的命脉。由于水路受自然条件以及通航能力的限制,商业贸易较为有限,商业主体通过自身的协调就能够实现商业贸易的目的。因此,在殖民地美洲的早期商业活动中,商业主体对政府的依赖和需求是有限的,甚至由于历史的原因,他们对政府还持排斥的态度。这个时期,由于英国重商主义思想下的殖民统治抑制了殖

---

① 白让让:《"两轨六步法"式的产业政策:解读、疑惑与评述——与林毅夫教授商榷》,载《清华大学学报(哲学社会科学版)》2022年第3期。
② [美]福克讷:《美国经济史》(上卷),王锟译,商务印书馆2021年版,第14页。

民地美国的工业发展,因此,殖民地政府的主要职能是协调商业流通领域的经济活动,抑制而不是支持工业发展。

殖民政府力图通过控制商业和贸易活动,强化对殖民地的管理,目的是增强对航运的垄断。1660年颁布的《运输与航海鼓励条例》就规定进出英国的货物必须使用不仅有英国水手且须是英国或英国殖民地建造的船舶运输。[1] 这个时期,英国殖民统治的特点是对商品运输和进出口贸易的管制以及对工业发展的抑制。英国的这种管制政策招致了殖民地人民的不满,这构成了美国革命的经济原因。在这一经济原因的推动下,美国人民取得了独立战争的胜利。但是战前遗留的经济问题以及对政府的不满和怀疑依然保存下来了。运输利益集团由于深受英国殖民统治的损害,积极支持独立战争以及之后的立宪运动。运输利益集团试图通过新宪法的保障,实现自身利益的突破和张扬,新宪法也支持了他们的主张,例如对外国船只征收吨位税,建立公共信贷制度等。由于商业活动仍然依赖于水运,还没有出现重大技术革新替代水运运输,因此,这一时期立法的重点仍然围绕水路交通运输行业展开:"航运集团是新宪法的积极支持者,因此,第一届国会就连忙对它们进行保护。第一届国会所通过的第一个法令(除了有关宣誓的一项正式条文外),便是1789年7月4日的法令。这个法令的目的虽然是为了要'鼓励和保护制造商'、增加国库的收入,却给予用美国建造的船只或美国公民拥有的船只运入的进口货以10%的关税折扣,使运输业得到了真正的助益。"[2]航运事业的发展得到了政府的极大扶持,很大程度上是因为航运对于商业贸易的重要性以及当时美国交通运输过分依赖于水运。随着技术的革新,美国建造船只的技术不断提高,木船逐渐为铁船所取代,风帆为蒸汽动力所取代。而技术革新的直接结果是商船业务的萎缩。由于航运业赚取利润的机会减少,大量资本被转而投资到修筑铁路和运河领域。到19世纪后叶,尽管水路运输仍然在商品流通领域发挥重要作用,但是"马车路的改进和收取通行税的公路的建立对于工业和商业两者却是一项重要的刺激"。[3]

修路技术的提高大大拓宽了工业和商业发展的视野,尤其是铁路业的兴起,更是给工业和商业运输带来质的提高。在评价铁路的作用时,福克讷竭尽溢美之词:"铁路的建筑费用比较低廉,而且用铁路运输要迅速得多。此外,铁路不受水源供应、通行费用或因通过水闸而产生时间延误等因素的制约,也无须像运河那样必须修建在低洼地区,它们能够被铺设到全国的任何地区,包括工厂的后门在内。它们不像运河那样会受到季节变化、旱灾、水灾或风暴的严重影响。全国各地随时可以

---

[1] [美]福克讷:《美国经济史》(上卷),王锟译,商务印书馆2021年版,第156页。
[2] [美]福克讷:《美国经济史》(上卷),王锟译,商务印书馆2021年版,第303页。
[3] [美]福克讷:《美国经济史》(上卷),王锟译,商务印书馆2021年版,第357页。

享受到它们的利益。美国国内的河流多半是从北到南,但是新的铁路却可以直接深入到西部。……铁路的效用,在开发'西部'方面,在为西部的产物提供运输便利方面,在刺激东部的制造业方面,在加速劳工组织方面,在联系各个地区方面,在对边远地区推行文化教育方面,都与我们经济、社会和政治生活的各个方面交织起来,起着息息相关的作用。"[1]

从1828年修筑近代意义上的第一条铁路开始,美国政府就对铁路的修筑以采取许可证的形式控制铁路业的准入。随着铁路业的迅速发展,铁路产业的巨大商业利益使得各州蜂拥而上。但是美国宪法所确立的州权相对较大,对铁路业的规制权集中在各州,这样就形成了州际利益的冲突。水路运输和公路运输也依然发挥着不可替代的作用。这种立体交通事业的形成,使得商业运输业的竞争日趋激烈。激烈竞争的结果,一方面是行业集中,消费者日益受到损害;另一方面是恶性竞争导致的市场失范。资料显示,在1916到1920年间,被放弃的铁路比建筑起来的铁路还要多。那些营业不善的铁路都在为生存而挣扎,而营业发达的铁路公司也只是改善了它们的设备而没有加长线路。[2] 在这一背景下,迫切需要有力的规制,以确保市场的有序和规范。1887年,在铁路业的低迷和外界压力的推动下,联邦政府逐渐获得了对州际铁路的规制权。尽管在1900年以后,铁路运费率总的趋势是下降的,但公众的不满还是导致了各州和联邦政府对铁路客运和货运收费率的管制[3],并且在1887年通过了《州际商务法》并成立了州际商业委员会。在铁路业面临政府规制、铁路业合并加剧以及利润降低的情况下,技术革新孕育并生成了新的竞争者——电车,形成了与铁路在旅客运输方面的竞争局面。电车的制造和营运费用远比铁路低廉,其竞争力更强。到1893年,汽车的上路对铁路产业形成了强大的挤压,相互间的竞争日趋激烈。汽车业的发达,带动了公路修筑,公路的经济意义开始与铁路并驾齐驱了。与此同时,政府对铁路业的立法规制,从强化规制走向了放松规制和解除规制。

由水运业的繁盛到铁路业的异军突起,再到公路运输业的发达甚至航空业的兴起,技术革新使得美国政府需要不断调整对美国经济有重大影响的交通运输业的规制立法路径。由此可见,公用事业立法不仅受到利益集团影响、政治哲学熏陶,技术革新也在其中发挥了不可忽视的作用,这使得公用事业立法增加了一个更加难以确定的变量。从美国交通业技术革新对立法的历史影响来看,总体的思路应该是重视技术革新对经济发展的重大作用。技术革新使得社会经济生活变得更加复杂,同时也使得政府规制面对的事业更加多样化,因此在某个产业或领域,单

---

[1] [美]福克讷:《美国经济史》(上卷),王锟译,商务印书馆2021年版,第379-380页。
[2] [美]福克讷:《美国经济史》(下卷),王锟译,商务印书馆2021年版,第165-166页。
[3] 张汉斌、覃焱:《美国铁路运价管制理念及其对我国的启示》,载《铁道运输与经济》2011年第11期。

一地强化规制或解除规制的政策,并不能推动整个产业的发展,于是,多样化的规制手段成为必需。在制度设计上,必须将其作为一个重要的考虑因素,适时调整公用事业立法,以实现对公用事业产业的制度促进。

第五节 我国公用事业立法的思路与结构

一、我国公用事业立法的思路

根据我国目前经济发展的现状、民生需求的差别以及公用事业发展的区域性等因素,可以考虑制定原则性的公用事业促进法/条例(以下概称"公用事业促进法"),统筹公用事业发展的基本纲领、原则和路径。这个结论是基于下述几个方面的考虑:

首先,我国公用事业长期以来被视为自然垄断行业,加之受计划经济体制影响和国有经济比重过高等因素,多数采取政企合一的部门管理方式,通过指令性的方式授权行业垄断部门担任项目业主,从而构成了民营资本进入的天然屏障。[①] 投资主体单一化的格局一直没有得到根本性的改变,政府对基础设施和公共产品只投入不收益,只建设不经营,公用事业的提供和经营已经成为困扰政府的一个越来越严重的问题。在经济转轨时期,放松规制、引入竞争的做法也逐步从一般生产流通领域向问题更复杂的公用事业部门改革推进。在这个过程中,需要有统一的立法指导公用事业发展,在综合考量公用事业各部门均衡发展的基础上,保障经济发展和民生需求的公用事业普遍服务和持续服务的实现。

其次,我国公用事业的发展存在区域间和产业间的极端不均衡,东部地区与西部地区、发达地区与欠发达地区之间的产业结构和产业规模明显失衡,综合一体化的立法容易忽视区域间和产业间的公用事业级差,从而导致制度绩效明显降低。因此,公用事业立法采用"基本法+区域立法"的模式符合实际需要。

最后,统一的公用事业基本法的模式也符合公用事业的经济特征和监管要求。一方面,公用事业关系公益且具有一定的自然垄断性,政府规制不能摒弃;另一方面,公用事业政府发展、公共产品政府提供的模式已经被验证是效率低下、成本高昂的,因此公用事业民营化和市场化是必然趋势。鉴于此,构建完善的监管体制、

[①] 汤吉军、郭砚莉:《我国公用事业政府监管研究——以自然垄断为视角》,载《经济体制改革》2013年第5期。

市场主体和市场机制,是发展公用事业的必然选择,而市场主体和市场机制的建设和发展依赖于统一的法制指导。

二、我国公用事业法的立法结构

参考国外的公用事业立法以及结合对中国公用事业发展现状的考量,公用事业促进法应该涵盖下述内容:

第一,公用事业的产业政策。公用事业促进法需要明确公用事业在国民经济发展和民生服务中的基础性地位,确立公用事业产业的基本功能是向社会提供基础服务、普遍服务和持续服务。另外,公用事业促进法需要明确规定公用事业的国家政策,规定公用事业的产业结构、市场结构等基本政策。

第二,公用事业的政府规制。鉴于公用事业的经济特征和社会特征,政府监管必不可少。对于不同的公用事业产业,尽管行业之间的差异明显,但是其本质属性都是一致的,可以通过不同的产业立法予以规范,但是政府规制的理念和原则需要统一。因此,公用事业促进法对规制主体、理念、方法和责任的调整必不可少。

第三,公用事业的实现机制。由于国有化乃至国营化机制在部分场景下存在效率瓶颈,难以完全适应社会经济发展需要,因此产业政策往往倾向于确立公用事业实现机制的多元化进路。在这个多元化进路中,公用事业的实现主体即公用事业企业的主体地位、准入资格、利益激励、行为规范等是保障社会主体参与公用事业运营和普遍服务实现的基础。鉴于此,公用事业促进法需要对公用事业企业的地位、主体资格、利益保障等予以原则性规范。

第四,公用事业的社会利用。公用事业的监管和运营需要在复杂的制度架构下进行,由此所提供的产品或服务必须得以有效利用方能产生相应的社会价值。一方面,立法需要保障用户对公用事业产品和服务的利用权利,保护处于弱势地位的用户的权利;另一方面,立法也要对私权自治予以规制,以保障公用事业社会利用的效率和效益相统一。因此,公用事业的社会服务是公用事业促进法的主体内容之一。

第五,公用事业的法律责任。在公用事业的发展中,行政机关、企业法人和社会公众等多元主体参与其中,私益与公益、特殊与一般、个性与共性夹杂在一起,各方主体基于利益最大化考量,有超越权利边界的现实可能,因此需要建立责任体系规范行为。公用事业促进法需要强调相关利益主体在公用事业实现中的责任机制,借此构建权责利对等的制度内容。

第四章
公用事业法的基本原则

第一节 公共利益原则

公共利益在宪法及很多部门法中都有规定,对于公用事业法来说,公共利益具有更加突出的意义和价值。我们首先从历史资料中寻找公共利益原则在公用事业发展中的地位和价值,其次探讨公共利益原则在公用事业法相关理论中的意义,接着梳理公共利益原则在立法中的体现,最后阐明公共利益原则在公用事业法中的地位。

一、公共利益的历史实证

在公民社会,政府决策常常以利益妥协为条件。就市场而言,政府需要提出适应经济发展和需求的经济政策,如果一个政府不能适应经济发展的需要,其结果必然是行政权经正当程序被罢免,或者因非正当程序遭篡夺。就选民选择而言,选民除了思考国计民生大事之外,更多地会将目光投向影响百姓生活的基本方面。因此,政府在经济决策时,必然会考虑这些影响选票的因素。在这个基础上,可以认为经济决策实际上是诸多合力作用的结果。政府、立法、利益团体、市场与公用事业的关系模式,存在如下几种可能:第一,政府通过强制力推行其经济政策,根本不考虑市场和利益团体的诉求,通过立法实现对公用事业的规制,而规制下的公用事业又直接影响到市场结构和利益团体的利益,进而反作用于政府,形成一个大循环;第二,政府在市场机制或利益团体的单一作用下,推进公用事业规制立法,实现对市场结构或利益团体利益的保护,市场或利益团体通过供求关系、价格机制或选举投票等释放信号,从而影响政府规制的调适;第三,政府通过对市场作用和利益团体利益的维护这两者的博弈权衡,选定交叉点,并通过立法实现两者的呼应与协调。① 基于此,公用事业的政府规制面临多元选择,那么,究竟何种原则将是公用事业立法的主导呢?

历史的记录告诉我们,公共权力的内容,并不仅仅应由议员们自己创造。美国的开国元勋之一托马斯·杰斐逊在 1801 年指出:"一个明智和俭朴的政府,要防止人们相互伤害,要让人们不受拘束地追求自由和改善生活,而不要从劳动者的口中夺走他们所挣得的面包。"②在杰斐逊看来,政府最好的经济政策就是自由放任。起初,经济自由主义下的美国政府,放松了对经营活动的控制,美国经济迎来了繁荣的时代。但是另一个方面,这些繁荣引起了雇工和农民的担忧和反对,因为雇工的经济状况并没有得到改善,农产品价格的下跌也让农民利益受损。19 世纪 60 年代和 70 年代出现的格兰其运动以及 80 年代和 90 年代的人民党运动,③就是有关政治组织为农民利益诉求的政治运动。这个时候,美国政府需要应对的既有雇主们的利益诉求,又有产业工人和农民的权益主张。因此,在立法时,同样作为利益主体的政府,必须寻找利益平衡点,实现各方利益诉求的满足。恰恰是这个平衡点——我们称其为"公共利益"——成了立法的中心。但是,对公共利益的不同解读以及不适当解读,又引发了对规制政策和立法的大争论,从规制到放松规制或加强规制等,无不反映公共利益变化作用的结果,公共利益成了公用事业规制立法的依据。

美国的电力公用事业经历了从经济自由主义下的完全竞争市场到市场失灵招致政府规制,再到规制失灵后的放松规制的全过程。美国有学者将上述电力规制演变过程划分为五个阶段:(1) 1882—1920 年的完全竞争阶段;(2) 1920—1935 年的产业集中阶段;(3) 1935—1965 年的规制阶段;(4) 1965—1996 年的规制失灵阶段;(5) 1996 年到现在的放松规制和强化规制阶段。④ 我们以这五个阶段的划分

---

① 这里需要强调的是,市场和利益团体本身都是不能被量化和难以实证的存在,本文为了论证方便将其简单类型化了。

② Adrienne Koch and William Peden, eds, The Life and Selected Writings of Thomas Jefferson, New York: Modern Library, 1944, p. 323. 转引自:[美]小贾尔斯·伯吉斯:《管制和反垄断经济学》,冯金华译,上海财经大学出版社 2003 年版,第 3 页。

③ 格兰其是美国最老的全国性保护农民利益的农民政治组织,成立于 1867 年。当时的名称是"全国农业保护社"(National Patrons of Husbandry),曾经领导过著名的反对铁路抬高运费和支持反托拉斯法等斗争,在农业立法和政策制定中代表温和派势力。它历来支持政府使农场主取得相当于非农业部门利润的政策,支持根据生产成本给予价格支持,增加农产品对外援助等政策。人民党出现于 19 世纪 80 和 90 年代,它把促进多数人的自利和控制少数人在政治、经济上的成功结合在一起,最终使得美国人民接受了政府应当为维护公共利益而干预的规制理念。参见[美]小贾尔斯·伯吉斯:《管制和反垄断经济学》,冯金华译,上海财经大学出版社 2003 年版,第 9 页。

④ 陈涛:《美国放松管制市场电力结算价形成机制概述》,载《科技经济市场》2018 年第 3 期。

及其背景资料为基础,将公共利益在电力公用事业发展中的价值体现分为四个阶段:(1) 从 1882 年到 1935 年的"从自由放任到适度干预";(2) 从 1935 年到 1965 年的"全面干预与规制合意的达成";(3) 从 1965 年到 1996 年的"规制合意破产与利益平衡被打破";(4) 1996 年至今的"公用企业与消费者的利益博弈"。以这四个阶段为基础,阐述公共利益在不同时期的体现。

(一) 从自由放任到适度干预

美国建国之初自由放任的经济模式,随着格兰其运动以及人民党运动的兴起而逐渐转变为政府干预,它支持将政府监管作为一种为公共利益服务的有力手段,认为如果市场不能达到资源的最优配置,则坚持政府监管就是合理的。[1] 人民党运动兴起的阶段正好与电力市场的发展初期重合,但是前者的影响似乎没有波及电力市场。也就是在 1882 至 1920 年期间,电力市场在完全竞争的态势下稳步发展,也成了经济学竞争理论的试验场。以 1882 年托马斯·爱迪生建造珍珠街发电站并向纽约提供电力服务为肇始,电力产业吸引了市场极大的兴趣,到 1922 年,私人所有电力公用事业数量为 3 774。[2] 随着电力需求以及电力技术的提高,电力产业竞争越来越剧烈。面对不断增长的市场需求和加剧的竞争,电力公司必然希望通过技术革新和公司重组实现市场份额的增加。纵向垄断的企业实现了对发电、输电、电力设备等的控制。以爱迪生电灯公司为例,爱迪生电灯公司的创建与发展,见证了电力产业的集中与合并。1878 年爱迪生创办爱迪生电灯公司,1892 年爱迪生电灯公司和汤姆森-休斯敦电气公司合并,成立了通用电气公司(General Electric Company)。[3] 但是,电力技术的不断革新和电力产业的竞争加剧,并没有实现规模经济,而只是导致了市场集中。

市场集中主要出现在 1920—1935 年期间。产业发展初期,私人所有的电力公司一般规模较小,在市场竞争中容易被淘汰。而在竞争中取得优势的电力企业,其在规模扩大和规模经济方面仍然存在瓶颈。但是,控股公司的出现加速了集中。到 20 世纪 20 年代中期,16 家控股公司控制了 85% 的美国电力产业。[4] 这些电力控股公司有助于提高规模经济,却增加了消费者的成本。并且,这些电力控股公司还存在操纵证券以及滥用股东支配地位的情况,因而导致了较为严重的市场不公

---

[1] [美]小贾尔斯·伯吉斯《管制和反垄断经济学》,冯金华译,上海财经大学出版社 2003 年版,第 9 页。

[2] Christensen, P. C. (1996). Overview of Electricity Generation and the Industry. The Electric Industry: Opportunties and Impacts for Resource Producers, Power Generators, Marketers, and Consumers, at 1-2.

[3] 这个企业到现在还是全球电力市场的主导者。

[4] Tomain, J. P. (1997). Electricity Restructuring: A Case Study in Government Regulation. Tulsa L J, 33, 827.

正,诱发了公众的不信任。以上情形,均有悖于公共利益,为维护公共利益,电力产业接受联邦和州的审查势在必行,电力公用事业开始由自由竞争迈入政府监管时代。

(二)全面干预与规制合意的达成

电力公用事业发展到这个阶段,已经形成了政府监管的充分必要条件:

(1)电力公用事业本身的特点符合政府监管的要求,这里的特点可以概括为发展中的问题和市场定位问题。首先,电力公用事业在发展初期必有的宽松的外部环境,推动了电力公用事业的快速发展,但市场失灵的理论预设同样发生在电力市场。占据支配地位的电力垄断企业,实施了操纵证券市场和滥用市场支配地位的损害市场秩序和消费者利益的行为,并且日趋严重,政府干预和规制的市场基础已经显现。其次,电力公用事业所具有的自然垄断特征,致使强大的电力公用企业利用其经济优势巩固其市场支配地位直到实现市场垄断,进而滥用其市场支配地位,损害市场秩序和侵害消费者权益。因此,在具有自然垄断性的电力市场,推行政府监管是必要的。

(2)政府干预经济理念的变化。与电力产业同属公用事业领域的铁路市场早在1887年就开始接受州际商务委员会的规制,1890年谢尔曼反托拉斯法也开启了反垄断立法的先河。这个阶段,美国出现了绿党革命、环保运动和消费者保护运动,政治环境和利益团体的诉求,也要求放弃对电力市场自由放任的规制理念。以罗斯福新政(The New Deal,以下简称为"新政")为标志,美国政府的经济规制理念从自由放任转向积极干预。在新政之前的自由放任主义统治下,法院尤其是美国最高法院,对政府的不干预姿态也表示出极大的赞同,但是新政改变了这种姿态,政府不仅致力于保持国家经济稳定,而且还扮演促进经济增长和产品消费的角色。因此,在特定产品领域,政府开始发挥积极推动使用和发展的作用。电力产业的增长和产品消费的提升,也开始成为行政规制计划的核心。

(3)电力企业本身的利益诉求推动了政府干预的进程。一般而言,企业都希望在宽松的市场环境中进行商业活动,几乎大部分的企业行为立法都是围绕意思自治展开的,但公用企业恰恰与之背道而驰,它们希望加强干预,限制市场竞争。规模经济理论认为,在特定领域,非竞争环境将给单一的产品和服务提供商带来更高的效率和利益,可见,电力企业本身就具有政府规制的思想预期,它们非常乐于接受这种规制。这样一来,政府与公用事业之间的所谓"规制合意"(regulatory compact)就形成了。规制合意使得电力产业从一个滑向垄断的未规制产业变成了一个规制垄断产业。[①] 规制合意的形成,意味着政府和公用企业都

[①] 王德华、刘戒骄:《美国电力改革及对中国的启示》,载《经济与管理研究》2017年第11期。

乐于接受下述模式:某一或某些公用企业被授权①在某个关系公共利益的特定领域提供公共产品和服务,政府将以成本加适当利润为基础给企业设定产品价格,只要该公用企业谨慎提供公共产品和服务,它便可以以资金总额为基础获得稳健的投资回报。

政府与公用企业规制合意的达成将电力公用事业带入了黄金发展期。1935到1965年期间,被称为电力公用设施的"黄金年代",这个"黄金年代"表现为多方的利益共赢。② 首先,对于公用企业及其股东来说,由于电力需求的不断增长和电力技术的不断革新,电力的单位成本在一定时期保持了持续稳定,这样一来,按照成本加适当利润的定价模式,电力企业便有了稳定的利润回报;其次,对于规制者的政府来说,生产者一端的公用企业对其利润回报深表满意,而消费者也能享受较为经济和便捷的电力服务,因此,政府规制取得了应有的效果,政府也因而成功地规避了一系列政治成本和风险;最后,对于消费者来说,他们发现电力产品的价格只是轻微上升甚至是没有增长的,他们愿意接受现状。

规制合意的达成促成了多方共赢,公共利益也在政府、公用企业、消费者之间实现了最佳平衡,但是这种合意也是薄弱的,因为公共利益会因为特定历史事件、经济政策及英雄人物的出现而发生改变。

(三) 规制合意破产与利益平衡被打破

20世纪60年代后,局势确实起了变化。在此期间,公用事业面临着通货膨胀、劳动力成本提高、核电产业的冲击以及OPEC和伊朗石油禁运等复杂经济形势。按照规制合意,公用产品的价格是由政府以成本加适当利润为基础给公用企业设定的,这一定价规则得到了企业和消费者的认同。这种貌似和谐的态势,实际上是技术革新起缓冲作用的结果,因为技术发展可以弥补部分生产成本提高带来的利润降低。在此情形下,价格稳定或略微下降时,产业依然呈增长趋势。然而,规模经济或技术革新变得平缓时,商业的成本将显著增加,商业成本的增加对任何一种商业都有否定的作用,而对于一个活动受到约束的规制商业来说更具有灾难性的影响。③ 政府监管下的规制合意面临崩盘。

规制合意受到冲击,实际上是公共利益面临崩溃的反映。首先,对于公用企业及其股东而言,企业为了获得利润会不断增加投资以实现规模经济,然而投资的加

---

① 这一授权,往往由政府通过特许可或竞争拍卖的方式实现。

② Datta,Y. (2023). A Framework for Income, Inheritance, and Wealth Tax in America amid Increasing Income Inequality when the Richest are Leaving even the Rich Far Behind. Journal of Economics and Public Finance,9,89.

③ 周良遇、金明伟:《商业规制、企业性质与生产率影响效应——基于中国工业企业数据库的实证研究》,载《现代财经(天津财经大学学报)》2016年第5期。

大只会导致利润的下降,因为有边际成本存在。一方面,过度投资导致了过度的生产,而且,类似核电等突破性技术革新的出现,也带来了超额的生产;另一方面,消费需求不能消化加大投资和技术革新带来的大量产品,因此,对于电力企业来说,提高价格抵消成本是必然选择。其次,对于规制者来说,公用企业不断提高的成本以及市场的急剧变化是从前规制决策所未预料到的,加之电力企业赖以依存的能源市场随着国际形势的变化显得不够乐观,因此,政府需要对电力企业进行调整和重组。最后,对于消费者来说,电力企业的突破性发展带来的成本提高和利润下降的后果,使电力产品价格急剧提升,而消费者发现束手无策的政府似乎在短期内难以摆脱困境,因此对规制也产生了质疑。在此情形下,公共利益的平衡局面难以为继,规制合意破产了。

这时,必须寻求新的大家认同的公共利益。一般来说,对公共利益的寻求和确定,始终存在一个居于主导地位的力量,那么,政府、公用企业以及消费者谁会主导规制变革呢?一方面,公用企业希望市场来填补其投资成本,但是消费者并不买单,而且既有的政府定价模式无益于其效益提高。而对于消费者来说,技术革新带来的廉价电力将带给他们更多实惠,从而也更能吸引他们。因此,企业和消费者都要求放松规制,通过更为自由的市场调节来实现自身的利益最大化。另一方面,政府也希望尽快从规制合意破产和规制失灵的困境中解脱出来,以相对超脱的面目出现在公用企业和消费者之间,从而在公益博弈中进退自如,运筹帷幄。放松规制成了政府、公用企业与消费者的共同追求及合意。

(四)公用企业与消费者的利益博弈

电力产业放松规制有两个关键问题亟待解决,一个是传输瓶颈如何打破,另一个是规制成本如何补偿。[1] 第一个问题与消费者紧密相关,因为新的发电技术和发电企业提供的廉价电力难以传输给消费者,电力输送瓶颈成为制约廉价电力获取的障碍。第二个问题与电力企业关联更大。谁来为额外的电力买单,是那些谨慎投资的股东还是那些不享受电力服务的地方纳税人?这就是所谓的"标准成本(standard cost)"问题。[2] 在已经知晓公用企业和消费者的诉求的情况下,规制者只需做两件事:首先,建设传输系统的开放准入机制;其次,解决传统公用事业规制所招致的成本。这些新生的问题以及标准成本,是目前联邦和州规制者需要面临

---

[1] Poudineh, R., Sen, A., Fattouh, B. (2021). Electricity Markets in the Resource-Rich Countries of the MENA: Adapting for the Transition Era. Economics of Energy & Environmental Policy. 10(1), 2160-5547.

[2] Caldecott, B., Kruitwagen, L., Dericks, G., Tulloch, D. J., Kok, I., & Mitchell, J. (2016). Stranded Assets and Thermal Coal: An Analysis of Environment-Related Risk Exposure. SSEE, Uniresity of Oxford.

的,也是新联邦和州立法的主题。① 在这个阶段,规制者决定规制政策和立法时,更多地游离于公用企业和消费者之间,但是,实现二者的平衡并不是立法可以轻易达到的。

(五) 产业发展中的公共利益启示

公共利益是一个动态的平衡,它不仅仅是消费者、监管者、公用企业某一方面的利益,而是维系着公用事业发展的整体利益平衡。脱离了公用企业的利益诉求,消费者的权益保护无从实现;监管者背弃了包括消费者、公用企业和公用事业结构的整体监管政策,任何一方都会对规制政策提出否定或促使其失灵。因此,历史实证表明,规范公用事业发展的公用事业法,必须以公用企业、监管者和消费者以及公用事业整体发展为利益考量基点,涵盖了多元主体利益的立法就是以公共利益为轴心的制度,背离了多元主体利益平衡的立法显然不能反映公共利益。

二、公共利益的学理解释

公共利益一度成为解释公用事业政府规制的经典学说,是促使公用事业发展的良性路径。随着监管机构对公用事业等公共事务干预的广度、深度的推进,政府失灵的情况愈发严重,由此有理论质疑:政府规制并非基于公共利益,公共利益也不能成为解释公用事业发展中问题的依据和准则。规制俘虏理论应运而生。因此,澄清规制俘虏理论与公共利益理论在解释公用事业问题的分歧和共性,是公共利益原则作为公用事业法"帝王条款"的必要条件。

(一) 规制俘虏理论简论

20世纪30年代美国经济的大萧条"引领着经济学研究进入繁荣时期",大量的经济学家投入"对萧条和失业的原因及诱发因素的研究"。在那个时期,当经济学家们花了很大精力探讨"垄断和竞争在现代西方经济中的普遍性"时,施蒂格勒(Stigler)"就对有关垄断及其普遍性的新观点产生了怀疑态度",并且"越来越多地关注经济生活中的政府规制问题以及各种经济组织反过来对政府行为的监督"。在其回忆录的第七章中,施蒂格勒阐述了他对"经济生活中的政府规制"的认识:"凡是个人和私人机构不能完全解决的问题都移交给政府,这种倾向似乎是一种天性。"但是,"残酷的君主通过暴政有可能摧毁国民的勇气,然而要重建人民的勇气,不等于让政府自己去拆自己的台吗"? 由此看来,施蒂格勒对政府也是心存芥蒂的,包

---

① Tomain, J. P. (1997). Electricity Restructuring: A Case Study in Government Regulation. Tulsa Law Review, 33, 827-846.

含着一般民众对政府的复杂态度：念之，防之。经济学家们一直致力于"向政府建议，什么该做，什么不该做""然而，对于解释政府的行为、探寻政府的某一特定政策背后的推动力这类截然不同而又更具基础性的工作，却几乎没有人做过"。在20世纪60年代，施蒂格勒针对这种情况进行了两步研究。第一步是对"监管政策的效应问题"进行了三项研究："第一个研究旨在确定政府对电费的管制是否对公用事业公司的电费标准有显著影响。答案是：没有"；"第二个研究旨在考察证券交易委员会对新发行的证券的审核是否会显著改善投资者的收益状况？我们的答案仍然是：不会"；"第三个研究涉及的问题比较复杂：反垄断法制定后，美国经济的竞争性是否加强了？……我们得出了一些结论，比如我们的反垄断政策似乎约束了美国经济中的企业串谋，降低了某些行业的市场集中度……"①施蒂格勒进行的第二步研究是"为什么政府会管制某些行业和商业行为，而对另一些却放任不管"。对这个问题的研究"第一个发现是，无论从人均还是总体上来看，小规模的组织往往比大规模的团体具有更强的政治活动力"。解释小规模的组织往往比大规模的团体具有更强的政治活动力的原因有两个，"首先，小团体往往更具凝聚力：相对来说，组织活动、募集基金、散布各种信息在小团体中都更容易进行"，"其次，小团体中的每个成员进行政治投资是非常合算的，因为成功后获得的收益特别大"。第二个发现是，"无论公共政策的初始目的有多么公正，政策最终总是倾向于牺牲政治势力弱的团体的利益，来帮助政治势力强的团体"。② 这也是后来著名的"规制俘虏"理论的表达。

（二）规制俘虏理论检审

公共利益是法律干预经济生活的一个传统理由，宪法学也讨论这个问题。但是公共利益的面孔类似于普洛休斯，难以界定并确认。美国政府假借公共利益而干预经济的实践表明，政府规制的困境起因于一对"天生"矛盾的困扰，即美国殖民史留给美国民众的政府形象过于阴暗。美国建国之初的经济发展不同于欧洲大陆和北美大陆的其他国家，它几乎是从"一穷二白"的经济基础上起步的，生活在这块土地上的公民也与这个土地少有"乡情"，"资本主义和利润制度是移民带到美洲的文化财富的基本内容"，"大多数人仍然相信一个人通过努力工作，勤俭节约，对事业勤勤恳恳就能够过上舒适的生活"③，因此，美国人民并不是全部都愿意组建一个统一的国家。在美国宪法表决时，"大多数自耕农都是坚决反对这个宪法的"，"在选举出席批准会

---

① ［美］乔治·施蒂格勒：《乔治·施蒂格勒回忆录：一个自由主义经济学家的自白》，李淑萍译，中信出版社2006年版，第87页。
② ［美］乔治·施蒂格勒：《乔治·施蒂格勒回忆录：一个自由主义经济学家的自白》，李淑萍译，中信出版社2006年版，第88—89页。
③ ［美］吉尔伯特·G·菲特、吉姆·E·里斯：《美国经济史》，司徒淳、方秉铸译，辽宁人民出版社1981年版，第55—56页。

议的代表时,只有不到四分之一的成年男子参加了投票,而且也许只有不到六分之一的成年男子批准了这个宪法"。① 在这个背景下,政府干预经济是举步维艰的。

但一旦历史发展表明分割的、不统一的国家已经成为经济发展的障碍时,原本希望"勤勤恳恳就能够过上舒适的生活"的美国公民对于上层建筑提出了与以往不同的要求:必须打破各州"分而治之"对经济发展产生的阻碍,赋予联邦政府更大的权力和权威。尽管对宪法的修正是一件困难的事情,但美国政治体制的良好设计,使得"相互制约"的权力架构变成了"相互支持",美国政府规制的合法性,在很大程度上是通过最高法院的判例确立的。这点可能是"三权分立"的创始人所没有预料到的,但矛盾产生了。当政府干预经济生活成为常态时,经济的发展再一次令政府备受煎熬,因为规制的效果并不是很理想,甚至出现了政府规制制约经济发展的局面。理论必须回答这个现实问题,但这个时候,公共利益理论已黔驴技穷。施蒂格勒的研究,则正好"迎合了占统治地位的某些政治思想的需要"。例如,他认为政府针对电费的规制对公用事业公司的电费标准没有显著影响;证券交易委员会对新发行的证券的审核不会显著改善投资者的收益状况;等等。这些都是"需要"的体现。从这一意义上讲,施蒂格勒的规制俘虏理论虽然是对公共利益理论的质疑甚至否定,但它并不否定政府规制,相反,它实际上是关于公用事业等领域政府规制正当性理论的进一步发展,因为理论"必须满足社会的某种需要"。就此而言,规制俘虏理论与公共利益理论并无本质差异,两者可以说是殊途同归。

(三) 公共利益的地位

公共利益理论是政府对公用事业监管的必要性阐释,但是政府监管下的公共利益的内涵是确保公用企业和消费者在公用事业中的公共利益,这种制度定位忽略了监管机构同时也是公用事业中公共利益的重要参与者和承担者。因此,当保护公共利益的公共政策制定者即公共机构被私益所俘虏的时候,公共政策就蜕变成为私益政策,这时需要检讨的是监管机构以私益替代公益的逻辑错位,而不是公用事业不需要公共利益来统治。相反,规制俘虏理论证实了上文从历史实证中得出的论断,即公共利益是包括公用企业、消费者和监管机构在内的利益选择和利益平衡,任何一方背离于此所导致的就是制度被摒弃、监管被质疑和利益被践踏。以规范公用事业发展为目的的公用事业法显然必须重视公共利益在立法中的表达。

三、公共利益的立法表达

美国的公用事业发展,大致经历了四个政策阶段,即 1877 年—1932 年的发育

---

① [美]福克讷:《美国经济史》(上卷),王锟译,商务印书馆 2021 年版,第 210 页。

与政治崛起阶段、1933年—1938年的罗斯福新政阶段、1938年—1968年的稳定阶段、1969年—20世纪末期的放松规制和改革阶段。① 《1935年公用事业控股公司法》(Public Utility Holding Company Act of 1935,以下简称《公用事业公司法》)就颁布于罗斯福新政阶段,这个阶段是美国政府干预经济的起始阶段。这部法律制定后,直到1992年才迎来其第一次修正,2005年新的《公用事业公司法》颁布实施。我们将根据美国能源信息管理局发布的立法资料,对《公用事业公司法》的立法以及调适进行考察,探讨公共利益在立法中的表达。②

(一)《公用事业公司法》立法缘由:维护公共利益

公用事业控股公司有六个方面的优点:(1)控股公司是一个控制具有"共同目标"的公司集中的有效方法;(2)可以通过转移子公司股份到控股公司实现永久控制;(3)对子公司的控制只需少量的资本支出即可完成;(4)基于提高金融和技术的目的,获得金融资本的成本减少了;(5)技术服务已被提供;(6)随着公共产品消费拓宽,服务也会随之提高。③ 由于控股公司具有这些优势,因此在20世纪20年代到30年代,公用事业控股公司控制了越来越多的公用事业。1924年,美国74.6%的发电是由控股公司提供的;到1930年,90%的运营公司由19个控股公司所控制;在1927年有828项所有权转让,而1928、1929和1930年分别转让893、672和195项。这些转让大部分都与控股公司获得先前独立运营公司的控制权有关。下面的数据更能证实控股公司的地位和作用:中西部公用事业公司(Middle-West Utilities Company)拥有的运营公司服务于美国的30个州和加拿大的4741个社区,为140万消费者提供电力,为25.2万消费者提供天然气;1930年联合天然气和石油公司(The Associated Gas and Electric Company)为美国24个州、加拿大和菲律宾的143万消费者服务;标准天然气与电力公司(Standard Gas and Electric Company)在20个州为1648个社区服务;市政服务公司(City Service Company)在美国20个州和加拿大控制了超过65家公用事业运营公司,为80万到90万的顾客服务。④ 很明显,这是高度的集中和控制。但这种高度的集中和控制,又会加剧控制与反控制的矛盾,特别是随着大萧条时期的到来以及公用事业控股公司与运营公司之间冲突的加剧,其扰乱了经济与社会秩序,严重背离公共利益,必须通过立法进行干预。

---

① 周林军:《公用事业管制要论》,人民法院出版社2004年版,第86页。
② Energy Information Administration: Public Utility Holding Company Act of 1935: 1935-1992.
③ Energy Information Administration: Public Utility Holding Company Act of 1935: 1935-1992.
④ William E. M., Finla G. C. (1933). Public Utility Regulation. New York: Harper and Brothers. 10,330-331.

(二)《公用事业公司法》的立法演进：以公共利益为核心

尽管对控股公司进行规制非常必要，但体制和立法障碍的存在使得规制举步维艰。根据美国宪法，联邦和州的权力划分是非常明显的，州有权在宪法范畴内管理州内的一切事务，对公用事业的规制就是州管理权的一个部分。但是随着控股公司的飞速扩张，控股公司开始从事州际贸易，因此，州政府很难对这些进行州际贸易的公用事业控股公司进行规制。在宾夕法尼亚州天然气公司诉公共服务委员会(Pennsylvania Gas Company v. Public Service Commission)和公用事业委员会诉伦敦(Public Utilities Commission v. Landon)案中，最高法院的裁决也限制了州政府规制从事州际贸易的控股公司行为的权力。[①] 由于有效规制的缺乏，这些具备丰富法律、工程和金融经验的控股公司，足以让缺乏规制经验的州政府束手无策。控股公司开始通过充满疑问的公司之间的交易以及控制高昂的费用等措施滥用其市场地位。在《公用事业公司法》颁布之前，唯一的公用事业联邦法规是1920年《联邦电力法》，该法赋予联邦电力委员会对试航水域的水电项目以许可规制权。但是由于其有限的管辖范围，该法难以有效调整控股公司的行为。1927年联邦贸易委员会的一项关于电力公司合并是必要和合理的报告引起轩然大波，蒙大拿州参议员Thomas J. Walsh要求成立独立的委员会重新调查，当然这个建议受到整个电力产业的强烈反对，双方妥协的结果是由参议院制定新的有公众参与的《联邦电力法》进行调查。历时7年的调查，其结果支持了对控股公司进行监管的主张，并给出了五个方面的原因：(1) 州在有效规制控股公司方面没有实质进展；(2) 控股公司没有生产功能并且对电力供应和国家基本经济福利没有贡献；(3) 公共投资者经常没有表决权或表决权过于分散，因此无法对管理提出有效的反对；(4) 只有有限的联邦立法能够规制依此组建的控股公司；(5) 如果过去二十年的趋势得以持续，那么最终可能导致所有的运营公用事业集中为一个垄断的控股公司集团。[②] 报告提出，规制的方式有四种：征税、立法禁止、强制性联邦许可和制定一个联邦公司法案。这些建议为罗斯福总统所接受。1935年5月5日，参议院州际贸易委员会公布了其关于控股公司的报告，参议院以56对32票通过了这个议案。1935年8月22日，众议院通过了控股公司必须削减为一个单一的整合系统的法案；1935年8月26日，法案被签署并且于同年10月1日施行，其要求所有的控股公司必须在证券交易委员会注册，证券交易委员会负责监督控股公司系统。自此，《公用事业公司法》登上美国政府规制的舞台。

---

① Pennsylvania Gas Company v. Public Service Commission, 252 U.S. 23; Public Utilities Commission v. Landon, 249 U.S. 236.

② Harold H. Y. (1965). Forty Years of Public Utility Fianance, Charlottesville. VA: University Press of Virginia. 43-44.

《公用事业公司法》对控股公司的有效规制，防止和避免了控股公司对消费者权益的侵害、对产业结构的破坏以及对市场的扭曲，极大地推动了公共利益的实现。但正如上文所讨论的，到了20世纪中期之后，随着科技的发展以及规制合意的打破，公用事业面临新问题，而《公用事业公司法》也面临实践的巨大挑战，但是到底是废止还是修正《公用事业公司法》，在美国议会有不同的意见。

20世纪70年代，公用企业的发展陷于困境。到20世纪80年代末期，随着公用企业财务状况的好转和燃料成本的降低，争论的焦点不再限于多样化的非公用事业商业活动，而已涉及公用事业甚至非公用事业如何参与独立的电力生产市场。在这期间，由于两伊战争爆发导致阿拉伯世界联合抵制西方原油市场，在石油危机的严重时刻，《公用事业规制政策法》（the Public Utilities Regulatory Policies Act，以下简称《政策法》）颁布实施。《政策法》第210节规定，在电力发电市场可以存在有限的竞争。这样立法的目的，一个是通过新的创新技术的使用提高发电效率，另一个原因是鼓励发电企业更好利用本土能源。[①] 实施第210节的权利赋予了联邦能源规制委员会，联邦能源规制委员会有权认定合作或小型的电力生产设备是否符合立法的规定，并且有权认定其为合格设备（qualifying facilities）。《政策法》对《公用事业公司法》的一大修正突破了后者对公用企业经营范围的限制，允许公用企业参与电力发电以及其他独立的电力项目。1989年参议员J. Bennett Johnston提出了《竞争性批发发电法案》（Competitive Wholesale Electric Generation Act），将废止《公用事业公司法》的危机化解了。Johnston认为，《公用事业公司法》阻止了独立的电力生产商的发展，但是其法案并不寻求废止《公用事业公司法》，而是允许控股公司从事电力投资并成为独立的电力生产商。为了上述目的，法案创造了"豁免批发发电者（Exempt Wholesale Generator）"这一概念，并将它定位为排他性地从事批发发电商业（wholesale generating business）。由于独立电力生产商（independent power producer）需要接受1935年法案的规制，Johnston参议员使用豁免批发发电者替代它，该法案明确了只有豁免批发发电者可以不受《公用事业公司法》的规制。该法案同时规定，已经从事零售的豁免批发发电者，在《公用事业公司法》豁免前应该取得州规制委员会的批准。非公用事业公司可以发展成为豁免批发发电者而不受《公用事业公司法》的约束，豁免的控股公司也能够成为豁免批发发电者而不丧失《公用事业公司法》的豁免地位。《竞争性批发发电法案》成为《公用事业公司法》改革的基础而被1992年《能源政策法》（the Energy Policy Act）所吸收。[②] 2005年8月8日，《国家能源政策法—2005》颁布，相应的1935年《公用事

[①] U. S. Department of Energy, National Energy Strategy, Technical Annex 1, Analysis of Options to Amend the Public Utility Holding Company Act of 1935, 1991/1992, p. 12.

[②] Energy Information Administration: Public Utility Holding Company Act of 1935: 1935-1992.

业公司法》被废止,并且新的《公用事业公司法》颁布实施,1935年《公用事业公司法》完成其历史使命而寿终正寝。美国《公用事业公司法》的整个立法进程,即其制定与修改、选择及调适的过程,无不体现最大限度满足公共利益需求的立法目标。

(三) 公共利益立法的启示

《公用事业公司法》的制定与修改、选择及调适,与上文所谈到的电力公用事业发展中政府公共利益的表达从自由放任、适度干预到全面干预再到解除规制的进程相一致。电力公用事业发展中,基于公共利益的动态发展以及基于公益要求的政府监管沿着"自由放任—适度干预—全面干预—规制合意—放松规制—加强规制"的方向行进,相应地,电力公用事业的立法吸纳了公共利益的制度诉求,即"《美国宪法》联邦与州分权—最高法院裁决限制州的州际贸易规制权—《联邦电力法》仅规制有限的领域—1935年《公用事业公司法》确立规制原则—1935年《公用事业公司法》调适直到废止"[1]。

可以说,公共利益原则在美国公用事业立法发展中起到了核心作用,立法围绕着公共利益的变化和调整而调适。尽管在这个过程中存在诸多的利益争夺[2],但是对于监管者和立法者而言,其关注的核心,的确是如何确定该阶段最应该重视的公共利益。在《公用事业公司法》颁布之后,围绕它的争论一直不断,但立法者在对其调整的过程中,采取了较为灵活和柔性的立法模式,当立法与实践不一致甚至相违背的时候,通过《政策法》以及《竞争性批发发电法案》等,实现特定利益冲突的缓和,直到2005年,也就是《公用事业公司法》实施的70年后,才以新的《能源法》取而代之。这种灵活的立法模式与公共利益的易变性是一致的。

四、公共利益原则的意义

无论是产业发展的实证资料、理论论争的逻辑原点还是立法的制度安排,都体现了公共利益原则在公用事业法中的贯彻。正如民法中的诚实信用原则贯穿民事主体和民事行为的始终一样,公共利益原则是公用事业立法及其调适的中心。那么,如何理解公共利益原则的法律意义及其对立法有何规范作用?

公共利益的内容是多元主体的利益选择和利益平衡,这里的主体包括监管者、消费者和公用企业。对于监管者来说,它的目标取向是确立产业的发展方向和产

---

[1] 当然,在这个过程中,关于政府规制的立法还有很多,包括1938年《天然气法》、1976年《铁路复兴与规制改革法》、1977年《航空运输放松规制法》、1978年《航空放松规制法》、1980年《机动运输法》、1980年《家用货物运输法》、1982年《公共汽车规制改革法》、1984年《电信电缆法》、1995年《通讯竞争与解除规制法》和1996年《联邦通讯法》等,限于主题,这些内容在本书中没有涉及。

[2] 上文述及的对《公用事业公司法》是保留还是废止的争论就体现了一种鲜明的利益冲突。

业结构的合理配置,在此基础上规范和促进公用企业参与公用事业运营的积极性和创造性,规制公用企业行为对产业发展和产业结构的负面影响,对消费者权益进行正当的救济。监管者的公共利益内容是产业发展和产业机构的合理性、公用企业行为的规范性以及消费者利益的保障性。对于消费者来说,它寻求的公共利益是能够便捷、及时获取满足生活需求的公共产品。由于公用事业产品所具有的基础性和必需性,消费者获取的公用事业产品应该是价廉、质优并且是环境友好的。对于公用企业来说,它的主体理性体现为在一个有序的制度下,在通过生产经营活动向公众提供公共产品的同时,获得企业资本的增进和股东回报。公用企业的利益诉求就是营利。

可见,三元主体在参与公用事业发展中的目标取向并不一致,但是利益分歧的各方却与公用事业的发展紧密相关,任何一方对个体利益的独立坚守均会导致利益诉求的根本失败,这正是公用事业所独有的特征。监管机构的越权或渎职,将导致产业发展、产业结构的失衡以及公共产品供应的失败;消费者对公共产品的离弃将导致基本需求的丧失,对公共产品价格和质量的过度主张也会促使公用企业的离弃;公用企业对企业盈利的片面追求会招致其社会责任的缺失,进而损害社会利益。因此,监管机构、消费者和公用企业必须在公用事业平台上选择一个利益平衡点——共同利益,以实现各方的共赢。公用事业立法必须理解和接受这一点,否则立法也只会招致湮灭。

需要指出的是,立法对公共利益的坚守与上文对公用事业法私法性质的界定并不矛盾。公共利益原则要求立法在制度设计上必须兼及监管者、消费者和公用企业等多方的利益诉求,这种兼及并不动摇公用企业在公用事业法中的本位。监管机构的公用事业法调整是以公益监管为中心,除此之外,公法体系为监管机构的主体资格和职权行为提供了规范体系,公用事业法不能单一完成监管机构及其职能的完善。消费者的权益保护更多是依赖消费者权益保护立法实现的,公用事业法关于消费者权益救济的规定只是消费者权益保护基本法的特别规定。公用事业法必须通过为公用企业搭建一个有序、竞争的制度平台,通过利益分配实现公用企业参与公共产品生产和供应中的主体要件,才能实现公用事业追求满足民生的终极目标。

第二节 独立规制原则

独立规制作为公用事业法的基本原则有两层意义:一是规制机构有"独立"的意志能力,即规制机构须满足公用事业规制的"专业性"要求;二是规制机构有"独立"的行为能力,即规制机构有权在专业判断的基础上,独立于立法机构、行政机构和司法机构以及消费者和公用企业的利益判断,"独立"做出规制决策并"独立"实施这一决策。公用事业法的立法理念和规则设计必须贯彻独立规制的原则,以确保公用事业的规范发展。

一、独立规制的历史演进

独立规制机构以美国州际商务委员会为肇始,诠释州际商务委员会诞生的历史背景及制度构成,有利于恰当理解独立规制机构在历史演进中的逻辑关系。本部分将以相关资料为背景,阐述州际商业委员会内蕴的历史逻辑。[①]

(一) 州际商务委员会的演进

1830 年到 1850 年期间,美国的铁路产业仍然是由一些分散的小规模的企业主导着,但综合来看,铁路对美国产生了前所未有的冲击。无论是从对资本的需求、雇员的人数、消耗的商品还是运营的范围,铁路在规模和复杂性等方面都迅速地超过了当时的其他商业。铁路产业发展促进了社会、政治和经济的发展,进而改变了商业组织的结构、政治披露的模式以及社会干预的架构。自美国内战结束到 20 世纪,铁路产业巨大的经济和政治力量以及作为公共运输人(common carriers)的地位,使其广受美国社会的关注。

极高的关注度以及广受质疑的商业活动使其不可避免地因过错而遭受来自不同群体的质疑,这些质疑逐渐积累为重要的经济和社会问题。对不当行为的指责涵盖了严重的费率歧视、低效率和危险的运营以及过度和不必要的污染等。几乎每一个与铁路的建设、运营、资金和所有权等有利益关系的群体,包括旅客、托运人、供应商、股东等,都瞄准特定的铁路厂商并联合在一起以提升和保护他们的诉求。同时,在铁路公司内部,低工资、高危工作和超时工作的劳动者也组织起来,要求满足他们的主张。面对这些团结在一起的利益相关团体,铁路的管理者不得不寻找更为复杂的策略以应对这些挑战。

在 19 世纪 50 年代,随着美国西部的小线路合并为干线,劳动者、托运人和乘客等利益团体被铁路产业不断披露出来的对政府机构的腐蚀以及毫无掩饰的滥用经济权力所震惊。由于缺乏有效的方式解决这些权力滥用,利益团体只有寄希望

[①] Holzweiss, R. F. 在其博士论文 "Politics, Profits, and the Public Interest: Government, Railroads, and Interest Groups, 1827—1976" 中阐述了铁路产业发展与政府规制诞生的历史进程,并论述了州际商务委员会兴起的历史过程。除另有注释外,本部分的历史资料均引自 Holzweiss 的研究。参见 Holzweiss, R. F. (2001). Politics, Profits, and the Public Interest: Government, Railroads, and Interest Groups, 1827—1976. Texas A&M University.

于州和地方政府。结果是州和地方采取了一些拼凑式的立法活动，以约束铁路产业的权力滥用。通常的情况是，司法解释是令人困惑的甚至会突然被终止，即便是那些最合目的的规制尝试也不尽如人意，这些都导致了对新的立法活动的渴求。随着铁路产业的膨胀，州和地方立法活动持续推进，但这些混乱的规制迷宫已经濒临崩溃的边缘。持续的铁路滥用以及规制机构令人困惑的行为，加之法院通常是倾向于铁路产业集团，最终导致联邦政府采取行动。

州际商业委员会的诞生并非孤立的事物，它是多元主体利益博弈和共赢催生的产物。第一是铁路产业的雇员对自身权利的主张推动了公权机构重新审视对铁路产业的规制政策。在1860年之后，铁路工人开始组织起来。专业化和技术性的铁路工程师主张薪酬和安全的提升，而不具备技术性的铁路工人也依赖其人数提升谈判地位。1877年和1894年，铁路工人举行了两次大罢工，但在地方和联邦政府对铁路公司的支持下，工人罢工被镇压。对此，政府官员认识到，避免罢工再生的根本办法是平衡铁路工人、铁路企业和铁路管理者的利益，因此需要审视铁路产业的规制政策。第二，作为铁路运输中的用户——农民，其利益的受损也推动了农民对铁路规制革新的诉求。早在1867年，美国农民就开始向中西部流动，但是农民利益因铁路运输中费率的歧视而受到影响。1876年牧恩（Mumn）诉伊利诺伊州（Illinois）案确认了农民的利益。受之影响，农民进一步游说州铁路委员会强化对铁路产业的规制。州政府的立法也回应了农民的诉求，但是州立法的不明确性、复杂性和难以实施性，推动了规制者和铁路产业的领导人讨论新型的联邦规制制度。第三，铁路企业自身也主张对铁路产业进行规制。1877年，宾夕法尼亚州的石油生产商组建了工会组织，并且要求建立起铁路产业的联邦规制。他们的目的并非反对铁路产业，而是反对回扣，更准确说是反对标准石油公司（Standard Oil）。这些独立的石油生产商发现他们因为标准石油公司的回扣而被挤出市场，并且他们的行动受到了反对回扣行为的铁路产业领导人的支持。因此，首先尝试对铁路产业进行规制的是托运人，其努力取得了铁路产业自身的支持。到1879年初，农庄开始要求国会恢复铁路业之间的竞争和矫正铁路业的运输垄断地位；石油生产商一共提交了14 500份申请，要求打击回扣和价格歧视行为；宾夕法尼亚州、内华达州和印第安纳州等都提交了相关决议；农民要求制定规制商业基本法的请求充斥于国会。到1882年，国会开始考虑颁布一些对铁路产业的规制准则。

1887年2月4日，格罗弗·克利夫兰（Grover Cleveland）总统签署法令，颁布了《州际商务法》（Interstate Commerce Law），它创设了一个由5人组成的无党派的委员会，对铁路产业进行规制。在随后的100年，州际商业委员会在美国铁路产业政策形成方面扮演了重要的角色，其在很多方面约束了铁路产业的经济和政治权力。委员会逐渐成为利益集团与铁路产业解决政治、经济和社会争端的论坛。在州际商业委员会名义下的利益集团之间的交互推动，实现了附属利益集团与包括政府规制者、政治活动家和说客等在内的铁路规制之间的利益衡平,规制委员会逐渐成为美国公用事业及公益性部门监管的主体。(参见表 7:州规制委员会的权限)

表 7:州规制委员会的权限

委员会	公用事业规制权限						
	电力	燃气	城市热电厂	电力合作社	水务	电话和电报	其他
亚拉巴马州公共服务委员会	✓	★			✓	★	✓
阿拉斯加州公用事业委员会	✓	★	✓		✓	★	✓
亚利桑那州企业委员会	✓	★	安全监管	★	✓	★	✓
阿肯色州公共服务委员会	✓	★	安全监管	★		★	✓
加利福尼亚州公用事业委员会	✓	★		★	★	★	✓
科罗拉多州公用事业委员会	✓	★	有限管辖权	★	✓	★	✓
康涅狄格州公用事业委员会	✓	★	有限管辖权		✓	★	✓
特拉华州公共服务委员会	✓	★		★		★	✓
哥伦比亚特区公共服务委员会	✓	★				★	✓
佛罗里达州公共服务委员会	✓	★	电力费率结构;燃气安全	费率结构、区域和电站选址	✓	★	✓
佐治亚州公共服务委员会	✓	★	市政燃气公用事业及其跨县服务的监管权限			★	✓
夏威夷州公用事业委员会	✓	★			✓	★	✓
爱达荷州公用事业委员会	✓	★				★	✓
伊利诺伊州商务委员会	✓	★	燃气公用事业安全监管		✓	★	✓
印第安纳州公用事业规制委员会	✓	★	费率监管	★	✓	★	✓
艾奥瓦州公用事业局	✓	★	服务标准、电厂选址和安全问题	服务标准、电厂选址和安全问题	✓	★	✓

续表

委员会	公用事业规制权限							
	电力	燃气	城市热电厂	电力合作社	水务	电话和电报	其他	
堪萨斯州企业委员会	✓	★	市际公用事业监管	★	✓	★	✓	
肯塔基州公共服务委员会	✓	★		★	✓	★	✓	
路易斯安那州公共服务委员会	✓	★	限市政燃气公用事业		✓	★	✓	
缅因州公用事业委员会	✓	★	市际公用事业监管	★	✓	★	✓	
马萨诸塞州公用事业部	✓	★	✓		✓	★	✓	
马里兰州公共服务委员会	✓	★	✓	★	✓	★	✓	
密歇根州公共服务委员会	✓	★		★	✓	★	✓	
明尼苏达州公用事业委员会	✓	★		★		★		
密西西比州公共服务委员会	✓	★	有限管辖权		✓	★	✓	
密苏里州公共服务委员会	✓	★	安全监管		✓	★	✓	
蒙大拿州公共服务委员会	✓	★	✓		✓	★	✓	
内布拉斯加州公共服务委员会						★	✓	
内华达州公共服务委员会	✓	★		★	✓	★	✓	
新罕布什尔州公用事业委员会	✓	★	市际公用事业监管	★	✓	★	✓	
新泽西州公用事业委员会	✓	★	市际公用事业监管		✓	★	✓	
新墨西哥州公共服务委员会	✓	★	市政电力公用事业					
新墨西哥州企业委员会					✓	★	✓	
纽约州公共服务委员会	✓	★	市际公用事业监管		✓	★	✓	

续表

委员会	公用事业规制权限						
	电力	燃气	城市热电厂	电力合作社	水务	电话和电报	其他
北卡罗来纳州公用事业委员会	✓	★	市政燃气公用事业安全监管		✓	★	✓
北达科他州公共服务委员会	✓	★	市政燃气公用事业安全监管			★	✓
俄亥俄州公共服务委员会	✓	★			✓	★	✓
俄克拉何马州企业委员会	✓	★	市政燃气公用事业安全监管	★		★	✓
俄勒冈州公用事业委员会	✓	★	有限管辖权		✓	★	✓
宾夕法尼亚州公用事业委员会	✓	★	市际公用事业监管		✓	★	✓
罗得岛公用事业委员会	✓	★	市政燃气公用事业监管	★	✓	★	✓
南卡罗来纳州公共服务委员会	✓	★	有限管辖权（电力），安全监管（燃气）		✓	★	✓
南达科他州公用事业委员会	✓	★	有限管辖权			★	✓
田纳西州公共服务委员会	✓	★			✓	★	✓
得克萨斯州公用事业委员会	✓		城市外市政电力费率的上诉管辖权	★		★	
得克萨斯州铁路委员会		★	市政燃气公用事业及其跨县服务的监管权限				✓
得克萨斯州水务委员会					✓		
犹他州公共服务委员会	✓	★		★	✓	★	✓
佛蒙特州公共服务委员会	✓	★	✓	★	✓	★	✓
弗吉尼亚州企业委员会	✓	★		★	✓	★	✓
华盛顿州公用事业与交通委员会	✓	★	市政燃气公用事业安全监管		✓	★	✓
西弗吉尼亚州公共服务委员会	✓	★	有限管辖权	★	✓	★	✓

续表

委员会	公用事业规制权限							
	电力	燃气	城市热电厂	电力合作社	水务	电话和电报	其他
威斯康星州公共服务委员会	√	★	√		√	★	√
怀俄明州公共服务委员会	√	★	市际公用事业监管	★	√	★	√

说明：(1) 标识"√"和"★"符号表示该机构具有相应规制职权，栏中空白表示无相应职权；(2) 文字说明（例如"有限管辖权"）表示该机构的权限限于说明的内容；(3) "其他"包括交通公用事业、无线公用载波、蒸汽、收费桥梁、垃圾处理系统、仓库、货栈、安全立法、有线电视系统及蓝天法等。

（资料来源：Charles F. Philips, Jr. The Regulation of Public Utilities: Theory and Practice Public Utilities Reports, Inc. 1993, 134-135.）

（二）历史的启示

铁路产业作为独立规制对象的出现以及州际商业委员会作为独立规制机构的诞生并非政治家的独创，也非在公众的漠视的背景下诞生。州际商业委员会的兴起代表了政府干预经济的一种新模式，而这种新模式的出现是基于经济发展、民生需求和政治力量的共同推进。

首先，铁路产业作为一种技术性强、专业性突出的产业，较之传统的经济产业有着明显的区别，它给经济、社会和政治带来的冲击已为历史所证实。这种全新产业带来的社会调整是全方位的，其中要求政府监管的模式同样需要更新。州际商业委员会由独立的非党派的委员组成，迈向了不同于传统官僚体制的新路，"独立性"诉求极其明显。而回观美国历史，这种独立性是多元主体对铁路产业滥用经济权利和政治权力的必然反弹，是多元主体对利益分配可以接纳的中间路线。因此，独立规制机构的"独立性"肇始于铁路产业特殊的利益调整，其在初期并不具有普适意义，"独立性"救济的方法也必然是多元化和多路径的。

其次，州际商业委员会根植于美国特殊的政治文化和公民的权利理念，其绩效评价不能脱离美国的特殊政治、经济和社会背景。在铁路产业的发展中，联邦政府、州政府和地方政府利益不尽相同，农民的地位、铁路产业者的背景、铁路用户的价值观以及铁路产业自身的利益判断等都差异明显。这些差异有的是基于人类的共同理性而产生，有的则是经济发展中的独特案例。与其说州际商业委员会是产业独立规制的肇始，不如说州际商业委员会是解决利益集团在铁路产业进行利益分配时的制度安排。只是因为在其他产业的利益诉求与铁路产业具有共通性，因此州际商业委员会才能成为独立规制的制度范本，掀起了独立规制的浪潮。

最后，产业的技术性特征和人类共同理性的存在，为各国相互借鉴产业规制制度提供了可能性。各国经济发展面临的问题不尽相同，但是技术的非价值性特征使得技术性产业的政府规制制度具有类似性；趋利避害的人类共同理性使得在面对产业利益分配时，不同国家和地区的公民会做出类似甚至相同的利益判断和价值衡量。州际商业委员会诞生的两大基础动因就是铁路产业的技术性以及围绕铁路产业的利益分配。从这个意义上说，州际商业委员会为美国的独立规制提供了制度范本，也为世界各国的产业规制提供了共同范式。

州际商务委员会的诞生及在其基础上的制度发展，形成了一种具有鲜明特色的政府机构。在规制机构的有效运行中，独立性和专业性是根本保证，独立性是指独立于设立者和委任者、独立于被监管方和独立于自我利益，专业性是指其具有产业规制的专业能力。在这两项条件中，核心是独立性，而确保独立性，要求相关主体至少必须具备两个要件：独立意志和独立财产。

二、独立规制的立法要件

公用事业规制对规制机构在规制目标、规制权限、规制领域、独立规制等方面提出了要求。基于此，独立规制的内涵要求规制机构在非受利益相关方的干涉或影响下，基于对公益的独立的、公正的判断，制定和实施公用事业产业规制政策。独立规制的任务是由独立规制机构完成的。从规制机构设置的实践来看，独立规制包括至少两个方面的内容：规制者的独立性，强调的是规制者独立于委任者和利益相关者；规制机构的独立性，强调的是规制机构意志的独立性，即规制机构有能力独立做出利益判断，不受外力干涉，而规制机构的财产独立性是保证独立意志的前提条件。因此，独立规制要件需要讨论两个层面的问题，一是规制机构的独立意志，二是规制机构的独立财产。

（一）独立意志

所谓独立意志，是指独立规制机构具有对职务范围内的公共事务独立判断并做出独立意思表示的资格和能力。法人组织的独立意志通常通过组织的意思机构表达出来，法人组织的治理结构和管理层构成决定了独立意志的实现。具体到独立规制机构，独立意志的实现取决于两个方面，一是独立规制机构中委员的委任机制，二是独立规制机构的表决机制。从规范层面来说，只有在委员独立于利益相关者且独立于自身利益时，才能就产业规制中的利益安排做出公正、独立的判断；而独立规制机构的表决机制须充分体现多数人的意志，方可彰显集体决议的理性，避免个人专断的产生。下文将从独立规制机构委员的委任机制和议决机制两个层面讨论独立规制机构的独立意志。

1. 委任机制

委任机制涉及委员的选任以及委员与利益相关者之间的关系，后一个问题将在下文讨论,本处仅涉及前者。委员的选任机制主要涵盖两个方面的问题,即谁来选任和谁被选任。前者解决的是选任权力主体的问题,后者解决的是被选任者的主体资格条件。

第一,谁来选任。

OECD(2000年)对24个国家的电信产业规制机构的首长和委员的选任进行了总结。[1] 在另一份报告中,Ocana 对24个国家能源产业的规制者选任进行了总结。[2] 根据 OECD 的实证考察和 Ocana 的研究,规制机构的首长和委员的委派可以概括为如下几种方式(参见表8:规制机构成员委派方式):(1)最高行政首长独立委派规制机构首长和委员,如德国;(2)最高行政首长经议会批准后委派规制机构首长和委员,如美国;(3)最高行政首长委派规制机构首长,最高行政首长和立法机构共同委派规制机构委员,如法国;(4)最高行政首长委派规制机构首长,立法机构委派委员,如意大利;(5)政府机构行政首长独立委派,如比利时等。这五种模式又可以分为两大类,一大类是行政机构独立决策型,另一大类是行政机构和立法机构制衡决策型。

表8:规制机构成员委派方式

类　型	类　别	代表国家
行政机构独立决策型	最高行政首长独立决策	德国
	政府机构行政首长独立决策	比利时
行政机构和立法机构制衡决策型	行政机构提名,立法机构批准	美国
	行政机构决定规制机构首长人选,立法机构决定规制机构委员人选	意大利
	行政机构决定规制机构首长人选,行政机构和立法机构共同决定规制机构委员人选	法国

(资料来源:作者整理)

显然,"行政机构独立决策型"下的独立规制机构的首长和委员与最高行政首长或政府机构的行政首长之间存在一定程度的依赖关系,后者的意志和利益诉求不可避免地需要通过前者的治理结构进行表达,在这种结构下,独立规制机构的独立意志受到挑战。在"行政机构和立法机构制衡决策型"下,行政机构和立法机构对于独立规制机构首长和委员的选任形成了制衡。这种模式下,独立规制机构的首长和委员在立法机构和行政机构的利益夹缝中,相对来说会更加倾向于做出独

---

[1] Gonenc, Maher, Nicoletti, Independence and Competencies of Regulatory Institutions, the Case of Telecommunications, 2000, OECD Economics Department working paper No 251.

[2] Ocana, C. (2002). Trends in the Management of Regulation: A Comparison of Energy Regulators in OECD Member Countries. International Energy Agency (IEA), Paris, pp 13.

立判断。因为在选任的制衡机制下,独立规制机构的委员只有忠实于公共利益才可能获取职务的稳定和利益的平衡。

第二,谁被选任。

谁有资格作为独立规制机构的委员候选人,有以下因素需要考虑。首先,由于独立规制机构有权对被规制产业进行利益衡量和调整,因此,那些与被规制产业存在利益关联的候选人相对来说可能中立性不够。其次,在立法机构和行政机构对委员选任制衡的情况下,立法机构和行政机构中处于支配性地位的党团会倾向于委任代表该党团利益的候选人,从而导致独立规制机构独立性的偏离,因此,候选人与立法和行政机构的关系是候选人资格考量的一个因素。最后,由于产业规制的专业性和专门性,候选人的专业背景也是其任职的重要条件之一。具体来说:

其一,候选人与被规制产业的关系。候选人与被规制产业的关系主要是指候选人在任职前和任职后与被规制产业的关联性。Johannsen研究了能源产业中独立规制机构候选人的任职条件。[1] 根据Johannsen的研究,以候选人任职前后有无限制为标准,候选人与被规制产业的关系有四种模式(参见表9:候选人与被规制产业关系):

表9:候选人与被规制产业关系

模式一	任职前有,任职后有	意大利、北爱尔兰
模式二	任职前有,任职后无	奥地利、卢森堡
模式三	任职前无,任职后有	爱尔兰、西班牙
模式四	任职前无,任职后无	丹麦、希腊

(资料来源:根据Katja Sander Johannsen的论文资料整理)

从经济人的理性判断,模式四能够较好地避免规制者在规制过程中的政治俘虏和规制俘虏。但是从另一个角度来说,模式二对于规制者了解产业以及制定有效的产业政策亦有帮助。

其二,候选人与立法和行政机构的关系。第一个独立规制机构——州际商务委员会是由五名无党派的委员组成的,由无党派委员组成规制机构的目的是避免党派利益影响委员会的独立判断。根据美国的实践,美国规制机构实行委员会负责制,一般由单数的5—7名委员组成,任期为交错满期。不同于州际商务委员会的是,现在独立规制机构委员选任的标准不是无党派制,而是采取两党制。委员由

---

[1] Johannsen, K. S. (2003). Regulatory Independence in Theory and Practice: A Survey of Independent Energy Regulators in Eight European Countries. Energy Research Programme and the Danish Research Training Council, 47.

总统提名,经国会同意后任命。一位总统在任期间,不可能任命所有委员。委员会成员必须来自不同党派,任一党派的委员不能在委员会中占绝对多数,以保证委员会避免党派斗争的影响,从而做出公平的决定。委员非依法定理由不能免职,但是总统对委员会的主席有任免权,主席被免职后仍然是委员。[①] 美国的这种体制有效地避免了候选人对党派利益的依赖,且形成立法机构和行政机构的制衡。

其三,候选人的专业性要求。由于独立规制机构司职特定产业的规制,且这些产业往往具有较强的专业性和技术性,相应地,委员的技术性和专业性成为选任的重要标准之一(参见表 10:候选人专业要求)。例如,美国的船务(海事)委员会要求委员须"具有能力与专长",美国的民航委员会就要求候选人需要"具有航空事业专长"。

表 10:候选人专业要求

独立规制机构	资格条件
州际商业委员会	(1) 不可有六人以上为同一党(总人数十一人); (2) 不可涉及运输事业的利益; (3) 不可兼任其他工作
联邦储备委员会	(1) 不可有两位委员来自同一准备金区; (2) 总统需考虑农工商代表之公平性; (3) 不可兼任其他工作; (4) 任期内不可在委员银行内任职; (5) 不可连任
联邦贸易委员会	(1) 不可有三人以上为同一党(总人数五人); (2) 不可兼任其他工作
美国船务(海事)委员会	(1) 具有能力与专长; (2) 公平的地区代表制; (3) 不可有三人以上为同一党(总人数五人); (4) 近三年来不可涉及船务事业的利益
联邦无线电(通信)委员会	(1) 每一广播区的委员需为当地公民; (2) 不可涉及广播事业的利益; (3) 不可有四人以上为同一党(总人数七人)
联邦动力委员会	(1) 不可有三人以上为同一党(总人数五人); (2) 不可涉及动力事业的利益
证券交易委员会	(1) 不可有三人以上为同一党(总人数五人),多数党轮流替换; (2) 不可涉及股票事业的利益
国家劳工关系委员会	(1) 不可兼任其他工作; (2) 可连任

---

① 王名扬:《美国行政法》(上),北京大学出版社 2015 年版,第 132 页。

续表

独立规制机构	资格条件
民航委员会	(1) 不可有三人以上为同一党(总人数五人); (2) 具有航空事业专长; (3) 不可涉及民航事业的利益; (4) 不可兼任其他工作; (5) 具有公民资格

(资料来源:鲁子青:《独立管制委员会运作之分析:兼论联邦贸易委员会之组织与功能》,台湾私立淡江大学美国研究所硕士论文。)

2. 议决机制

行政机构的议决机制通常为行政首长议决制,行政首长在本机关依法行使行政职权时享有最高决定权;立法机构的议决机制一般是合格多数议决制,即拟表决事项由立法机构成员多数议决通过,且不少于最低合格数。权力机构施行不同的议决机制是机构定位及职权要求的结果。独立规制机构选取的是委员会下的合议制。合议制的特点在于集体议决,决定的做出有赖于委员之间的相互磋商而非简单的命令与服从关系。① 独立规制机构采取合议制避免了个人意志下的产业政策。

(二) 独立财产

就独立规制机构而言,独立财产是确保独立规制机构合法存续以及独立开展工作的经济基础。反映在制度形式上,财产独立主要是指独立规制机构的资金来源渠道以及资金使用的制度。下文将从资金的来源和资金的使用两个方面讨论独立财产要件。

1. 经费来源

独立规制机构资金的来源主要有两种模式,一是财政预算,一是产业费(industry fee)。首先,就预算而言,独立规制机构的资金来源于公共财政资金,是确保规制机构独立性的重要制度安排。以美国为例,独立规制机构的预算由总统和国会分别行使,总统对预算享有概算权,国会享有预算权,二者在预算上形成制约和平衡。还有一种情况是规制机构的资金来源于产业费。产业费由规制机构向被规制企业直接收取,起初是用来弥补财政拨款的不足,但现在已经成为规制机构经费的主要来源。以电信业为例,美国联邦通信委员会(FCC)经费根据国会批准的预算由财政拨付使用,实际来源于电信经营许可收费和频率使用收费;英国电信管理局(OFTEL)经费由议会拨款,主要来源于电信经营许可收费;德国邮政电信规制局(Reg TP)经费来源于电信经营许可收费和频率使用收费,经国家财政核准后

---

① 周林军:《公用事业管制要论》,人民法院出版社 2004 年版,第 137 页。

拨付使用；巴西国家电信管理局（ANATEL）经费来源于电信经营许可收费和频率使用收费，经国会批准预算后直接使用。

除了上述两种代表类型之外，资产收入、基金收入、罚金收入以及借款和捐赠也是独立规制机构的经费来源之一（参见表11：规制机构资金来源）。资产收入是指许多规制机构如新加坡的 IDA、博茨瓦纳的 BTA 以及摩洛哥的 ANRT 被授权可以拥有诸如不动产一类的资产并进行投资，将这类资产投资的收入用以弥补规制开支。基金收入，是指许多国家建立了普遍服务基金，这些基金可以用来补贴规制机构的预算或政府拨款。摩洛哥还建立了一种很特别的基金，它要求所有的运营者按照上一年毛收入的一定比例提取用于培训和发展项目的基金，包括规制者的培训和研发活动。罚金收入，在约旦，可以将罚金收入用于规制机构的开销。借款和捐赠，许多国家依法授权规制机构可以借款并接受捐赠，如摩洛哥、乌干达等国。

表11：规制机构资金来源

资金来源	代表性国家
财政预算	法国、意大利、土耳其、捷克共和国、波兰、澳大利亚、日本
产业费	澳大利亚、比利时、芬兰、希腊、爱尔兰、荷兰、葡萄牙、西班牙、瑞典、英国、挪威、瑞士、匈牙利、加拿大
预算和收费	丹麦、德国、美国

（资料来源：作者整理，参见 Gonenc, Maher, Nicoletti, Independence and Competencies of Regulatory Institutions, the Case of Telecommunications, 2000, OECD Economics Department working paper No 251.）

2. 经费使用

独立规制机构的经费使用因经费的来源不同而存在使用上的不同。无论是财政拨付还是产业收费，经费的使用有独立规制机构主导、政府主导以及独立规制机构与政府共同主导三种模式。由于第三种模式综合了前两种模式的要点，我们主要讨论前两种模式。

第一种模式是独立规制机构自主决定规制经费的使用。对于收上来的各项费用如何使用，一种做法是国家允许独立规制机构向市场经营主体收取各种费用，并将这些费用直接用来弥补独立规制机构的开支，即收支一条线。如芬兰的电信管理中心（TAC）本身就是一个自负盈亏的独立电信规制机构。它每年年底向交通通信部上报第二年的年度预算，待核准后，就直接从当年收取的各种费用中留出预算开支的款额，剩余款项全部上缴国库。

另一种模式是将全部收费纳入国家预算管理，政府预算批准机构审批规制机构的开支计划、收费项目和收费标准，规制机构将所收取的全部费用上交国家财政，政府再通过拨款方式向独立规制机构提供资金，即收支两条线，如法国、澳大利亚、美国等。

此外，不同国家的预算批准机构不尽相同。有的由主管部门批准，有的由国会和议会批准，有的由政府批准，有的由财政部批准，有的则由规制机构自己决定。比如在美国，由国会和联邦总统在每个财政年度，批准美国联邦通信委员会（FCC）的财政预算，FCC获得拨款作为各项活动的经费。在拨款时，国会指示 FCC 征收一定数额的规制费。这一数额在近几年中有了大幅度增长，在1999财政年度里，90％的 FCC 预算拨款来自规制费，其余的来源于联邦税收。

三、独立规制机构的法理分析

（一）独立规制机构界说

独立规制机构的"制度设计、授权的职能、相对地位以及委派的职权和对它的控制等在不同的国家有不同表现，甚至于在同一国家的不同领域都不尽相同"。[1]因此，对于独立规制机构的界定，学者论述不一。

伦敦政治经济学院 Mark Thatcher 博士认为，独立规制机构的创设和构造是向非代表多数的机构（non-majoritarian institutions）授权的典型例子。独立规制机构由立法机构创设，因此这些经选举产生的官员是他们的委托人；独立规制机构被授予规制的权力，但同时也要接受行政和立法机构的监管。[2] 在另一篇论文中，Thatcher 博士提出，独立规制机构可以宽泛地划分为两组：（1）在市场理论（market theory）原则下对市场运行进行规制的机构；（2）为保护公益而进行规制的机构。[3]

加拿大多伦多大学法学教授 Mariana Mota Prado 先生认为，独立规制机构的发展受到下述观念的极大影响，即"独立可以帮助吸引公共设施领域的投资并且加速民营化目标的实现"。[4] 为了实现这个目标，规制机构需要独立于政府部门，但是同时它也不能仅仅服务于精英利益集团（elite interest groups）而背离其他群体。

美国佛罗里达大学公用事业研究中心（Public Utility Research Center, University of Florida）的 Sanford V. Berg 和 Lynne Holt 通过对水资源规制机制的研

---

[1] Sönmez, Ü. (2004). Independent Regulatory Agencies: The World Experience and the Turkish Case, Unpublished M. Sc. Thesis, Department of Political Science and Public Administration, Middle East Technical University, Ankara.

[2] Thatcher, M. (2001). Delegation to Independent Regulatory Agencies in Western Europe. In the 29th ECPR Joint Session of Workshop, Grenoble, France, 1.

[3] Thatcher, M. (2002). Delegation to Independent Regulatory Agencies: Pressures, Functions and Contextual Mediation. West European Politics, vol. 25(1), 126-129.

[4] Prado, M. M. (2009), Independent regulatory agencies, patronage and clientelism: Lessons from Brazil. Corruption and Transparency: The Limits between state, market and society, 299-322.

究,阐述了独立规制机构最佳实践的标准:①(1) 许可证,对影响成本和价格的运营及质量标准进行规定;(2) 制定关于公用事业投资及其绩效标准的规定;(3) 通过制定价格和监控部门产出的方式,获取关于公用事业成本、收入和绩效等方面的数据;(4) 批准公用事业的价格,判定运营盈利量以及资产成本;(5) 制定统一的会计制度,为确定价格提供相对的成本数据;(6) 制定处理公用企业与消费者之间争端解决的程序;(7) 利用内部经营审计以提升公用事业的成本——受益绩效;(8) 促进人力资源政策和程序的发展;(9) 提交有关公用事业成本和价格的报告,以强调现在和未来的绩效和效率。

土耳其中东科技大学(Middle East Technical University)Ümit Sönmez 在其论文中对独立规制机构进行了界定。独立规制机构在定义、功能、职权、组织性能和国家机器中的地位等与之前的行政部门有较大的差异,由此形成了自己独有的特征:在规制、规则制定、政策制定、权力范围内的监管与制裁以及作为规制领域内唯一的规制权力机构等方面有特别的权力。② Sönmez 认为,尽管在不同国家有着诸多机构发挥着类似于独立规制机构的功能,但是它们中的大多数都不能被视为独立规制机构。独立规制机构应该至少包括两个基本点:(1) 独立规制机构享有基于公法赋予的职权并承担相应的责任;(2) 独立规制机构的组织结构独立于相关政府部门,其成员非但不由直接选举产生,且并不接受民选官员的管理。由于不同国家有其特有之法律原则和对独立规制机构的独特认识,因此独立规制机构的称谓在不同国家也不尽相同,例如自治规制机构(autonomous regulatory agencies)、准独立规制者(semi-independent regulators)、独立规制机构(independent regulatory agencies)、公平规制机构(impartial regulatory agencies)等。③

Sanford V. Berg 博士等在分析电力产业独立规制委员会的制度设计时,阐述了独立规制机构的三个主要目标:(1) 保护消费者免受垄断企业滥用市场支配地位而带来的损害;(2) 保护投资者免受政府部门滥用行政权力而带来的损害;

---

① (1) Berg, S. V., Holt, L. (2001). Investments Delayed, Service Denied: Regulatory Functions and Sector Performance, published Dec. Water21. (2) Berg, S. V., Memon, A. N., & Skelton, R. (2000). Designing an Independent Regulatory Commission. Working Paper 00-17, Public Utility Research Center, University of Florida.

② Sönmez, Ü. (2004). Independent Regulatory Agencies: The World Experience and the Turkish Case. Unpublished M. Sc. Thesis, Department of Political Science and Public Administration, Middle East Technical University, Ankara, 1.

③ Sönmez, Ü. (2004). Independent Regulatory Agencies: The World Experience and the Turkish casse. Unpublished M. Sc. Thesis, Department of Political Science and Public Administration, Middle East Technical University, Ankara, 7-8.

(3) 提升经济效率。①

丹麦哥本哈根大学(University of Copenhagen) Katja Sander Johannsen 等学者在总结既有研究的基础上,提出了独立规制机构的四项要点:(1) 独立于政府;(2) 独立于利益相关方;(3) 独立决策;(4) 组织自治②。

Carlos Ocana 综述了研究人员对独立规制机构的界定,提出以下观点:独立规制机构是指一个被授权为对某一产业的特定领域进行规制的自治性公共机构;规制机构具有一定的司法权或准司法权,如对违法者制定罚金条款或作为产业组织内部争端的裁决者;独立性,意指规制机构免受短期性的行政机构的干预;政治独立性,主要是指政府机构对维持长期稳定的规制体制的承诺③。

史普博先生在其著名的《管制与市场》一书中阐述了规制与行政过程问题。他认为,规制机构是执行国会政策的特殊手段,国会决定机构的目的、工作程序及其权力,并且将规制机构分类为有关进入壁垒的、有关外部性的和有关内部性的三大类。④ 王名扬先生是国内较早的系统研究独立规制机构的学者。他认为美国的独立机构有部门内的独立机构、隶属于总统的独立机构和独立的控制(规制)委员会三类,独立规制机构最大的特点是其"不隶属于总统所领导的行政部门""它们在对总统的关系上具有独立性质"。⑤ 应松年先生主编的《当代中国行政法》一书,承继了王名扬先生的分类法和论点,认为独立规制机构是"行政分权的技术",是"对总统权力的限制",可以"摆脱总统的控制"。⑥

刘恒教授主编的"公法与政府管制丛书"是国内以政府规制为研究对象的系列丛书,其中马英娟博士的著述专题研究了政府监管机构问题。她将独立规制机构列在"独立于传统行政部门的监管机构"名下,认为独立规制机构是承担政府监管职能,但独立于传统官僚阶层体制之外的监管机构。⑦

OECD 通过对采取独立规制机构模式的澳大利亚、加拿大、捷克、丹麦、法国、爱尔兰、意大利、葡萄牙、英国和美国等国家的能源领域规制的研究,概述了独立规

---

① Berg, S. V., Memon, A. N., & Skelton, R. (2000). Designing an Independent Regulatory Commission. Public Utility Research Center. 2.

② Johannsen, K. S., Larsen, A., Pedersen, L. H., & Soerensen, E. M. (2003). Dimensions of Regulatory Independence—A Comparative Study of the Nordic Electricity Regulators. Copenhagen: Institute of Local Government Studies.

③ Ocana, C. (2001). Trends in the Management of Regulation: A Comparison of EnergyRegulators in Member Countries of the Orgfanziation for Economic Development and Cooperation, International Journal of Regulation and Governance, Vol. 3(1), 13-32.

④ [美]丹尼尔·F. 史普博:《管制与市场》,余晖等译,上海人民出版社、上海三联书店 1999 年版,第 85-95 页。

⑤ 王名扬:《美国行政法》(上),北京大学出版社 2016 年版,第 129 页。

⑥ 应松年:《当代中国行政法》,中国方正出版社 2005 年版,第 239 页。

⑦ 马英娟:《政府监管机构研究》,北京大学出版社 2007 年版,第 44 页。

制机构的特征:"多数的独立规制机构都表现为一个组织性实体,由具有不可撤销的任期的单数的委员构成,并且在任期内和任期后处理与受规制产业之间的活动时,都需要接受严格的行为准则,以避免利益冲突。独立规制机构的权限限于经济性规制,涵盖电力和天然气问题,尤其是对产业垄断性环节进行规制并设定终端用户的定价。规制机构同样可以监管产业并向部委提供建议。规制机构的程序需要接受规制,并且规制决议应该是经过咨询且对公众公开的。另外,州的规制者偏重于分销,而联邦规制者主要处理批发业务。"[1]

(二) 独立规制机构的内涵

独立规制是社会发展的必然要求,在历史演进中,规制机构逐渐形成独立性雏形;在学理分析中,独立规制成形于独立意志和独立财产的基本要件。经过理论打磨和制度创新,逐渐形成了今天普遍适用于世界各国的独立规制机构。尽管独立规制机构的界定在不同国家或同一国家的不同产业中呈现出个性化、差别化的特征,但是独立规制机构还是形成了自身的独特秉性和特质。独立规制机构是在市场经济发展和政府职能重组的背景下,为满足公众对特定产业公共产品的需求、产业监管的专业化要求和提升政府产业规制绩效的需要,通过公共选择形成的独立于行政机构且享有对特定产业进行行政管理、规章制定和争端裁决的公共权力部门。独立规制机构具有如下特征:

第一,独立规制机构作为国家权力体系的组成部分而存在,是国家行政官僚体制中的一个环节。这是独立规制机构的法律地位。在美国,独立规制机构的委员由总统提名且经参议院同意后任命,除主席外,其他委员非经法定理由不得被免职。独立规制机构以集体议决的方式行使决策权,享有下述权力:(1)准立法权,包括制定行政法规、制定标准和提出立法建议;(2)行政权,即处理具体事务,将抽象的规则适用于具体事件;(3)准司法权,即独立规制机构对其管辖的对象是否违反法律,有追诉和裁决的权力。[2] OECD 的报告对各国的独立规制机构进行了分析,各国的实践都证明了独立规制机构作为国家权力体系组成部门的地位。[3]

第二,经济发展与上层建筑之间的矛盾促使公共行政管理机构进行调整,导致了独立规制机构的创设。这是独立规制机构创设的经济动因。按照三权分立的宪政理论,立法机关独享国家立法权,行政机关独享行政管理权,司法机关独享司法裁决权。为避免行政机关的权力滥用和权力渎职,行政权被严格限定在

---

[1] Ocana, C. (2003). Trends in the Management of Regulation: A Comparison of Energy Regulators in OECD Member Countries. International Energy Agency (IEA), 17.

[2] 王名扬:《美国行政法》(上),北京大学出版社 2016 年版,第 132 页。

[3] Gonenc, Maher, Nicoletti (2000), OECD Economics Department working paper No 251.

法治的范围内,且须接受严格的监督和评价。因此,除依法授权外,行政机关不能同时享有行政权、立法权和司法权,与此同时,立法权和司法权也不得交叉。但是,独立规制机构却体现出特殊性。作为执行国会政策的特殊机构,独立规制机构以行政规章的形式创制法律和标准并加以执行,通过对守法的监督和实施法律制裁来贯彻法律。① 这种混合权能的权力机构的诞生,根本原因在于社会经济发展的需要。以世界上第一个独立规制机构——州际商业委员会为例,州际商业委员会"诞生的隐性原因在于不断增加的对私营厂商提供的铁路运输在服务和价格等方面的不满"②。Sönmez 在解释美国 19 世纪后叶独立规制机构的产生原因时,特别强调了其中的经济原因:"……第三,独立规制机构也是自由竞争市场经济的功能发挥所必需的。第四,市场失灵,尤其是私营部门的垄断和滥用支配地位导致的对消费者权利损害(劣质服务和高昂价格),促使了独立规制机构作为纠正市场失灵的机构的创设"③。在上述原因中,创设独立规制机构的原因都与经济因素紧密联系在一起,其目的都是纠正经济发展中的问题并引导经济的健康发展。因此,独立规制机构的创设是为了纠正经济发展中的问题,以更好地促进经济的良性发展。

  第三,独立规制机构创设是权力制衡的结果,也是谋求公权力合法性的结果。这是独立规制机构创设的政治动因。Sönmez 在解释独立规制机构诞生时,认为政治原因也推动了独立规制机构的创设:"首先是美国联邦体制导致的,其促使联邦规制委员会作为可以信赖的机构而合宪化成为必要,尤其是在处理全国的经济问题方面。其次,作为国会和总统之间'制约与平衡'的结果,国会力图通过创设独立规制机构来限制总统的权力。……"④独立规制机构的产生离不开政治框架下的权力博弈。尽管多数学者都认同独立规制机构需要"独立于政府"⑤,但这只是从形式上做出的界定,正如史普博所言:规制制度是"代议制政府的直接结果","规制机构本身只不过是政策的工具而已","规制机构所采取的行动不可避免地要反映

---

  ① [美]丹尼尔·F. 史普博:《管制与市场》,余晖等译,上海人民出版社、上海三联书店 1999 年版,第 87—88 页。
  ② Sönmez, Ü. (2004). Independent Regulatory Agencies: The World Experience and the Turkish Case, Unpublished M. Sc. Thesis, Department of Political Science and Public Administration, Middle East Technical University, Ankara, 8.
  ③ Sönmez, Ü. (2004). Independent Regulatory Agencies: The World Experience and the Turkish Case, Unpublished M. Sc. Thesis, Department of Political Science and Public Administration, Middle East Technical University, Ankara, 9.
  ④ Sönmez, Ü. (2004). Independent Regulatory Agencies: The World Experience and the Turkish Case, Unpublished M. Sc. Thesis, Department of Political Science and Public Administration, Middle East Technical University, Ankara, 9.
  ⑤ Hanretty, C. & Koop, C. (2013). Formal and actual agency independence. Regulation & Governance, 7, 195-214.

被选官员的意思"①。因此,无论独立规制机构如何"独立",其本质都是权力分配和权力平衡的产物,是政治利益博弈的结果。有学者甚至认为,独立规制机构得以创设的两大基础原因——纠正市场失灵和政府失灵中,主要原因是避免政府失灵。②

独立规制机构产生的另一个政治原因是所谓的"责任转移(blame-shifting)"③。这是谋求权力合法性的要求。提出或强调独立规制机构创设的"责任转移"原因的学者认为,当立法者认为需要颁布不受欢迎的决定或不成功的执行程序时,通过将该等权力授权给独立规制机构,可以转移公众的"责怪"。④ Dupuis将这种行为称为授权机构的"金盆洗手"。⑤ 显然,这种转移可以缓解通过民选产生的立法机构和行政机构首脑的选票压力,这也部分解释了为什么独立规制机构的委员均非民选:一方面避免民选议会在解决经济发展中棘手问题时所面临的选票流失尴尬,另一方面保证规制机构的委员无所顾忌地推行施政方案,确保经济问题的解决。

第四,多元主体利益博弈的结果体现在对公共利益的共同价值追求上。这是独立规制机构创设的道德动因。独立规制机构专司特定产业的规制。以电力产业为例,其间涉及发电企业、输配电企业、消费者、监管者等多元主体的利益诉求。在电力市场上,消费者始终处于弱势地位,而这些消费者又构成选票的多数持有者(相对于厂商的数量而言);另一方面,厂商对规制者的"规制俘虏"导致了规制者对厂商利益的屈从;再者,厂商通过滥用垄断地位,极力从消费者手中截取更大的利益。这样,厂商、规制者和消费者之间形成了一个交相混杂的利益链条。在这项多元的利益博弈中,利益各方最终统一在"公共利益"的旗帜下。

四、独立规制原则的价值

独立规制机构发轫和繁荣于美国等西方国家,它是西方政体分权机制孕育的

---

① [美]丹尼尔·F. 史普博:《管制与市场》,余晖等译,上海人民出版社、上海三联书店1999年版,第88—89页。

② Philipsen, N. (2018). The role of private actors in preventing work-related risks: A law and economics perspective. European Public Law, 24(3), 539-553.

③ Sander Johannsen, K., Larsen, A., Holm Pedersen, L., & Moll Soerensen, E. (2003). Dimensions of Regulatory Independence—A Comparative Study of the Nordic Electricity Regulators. Copenhagen: Institute of Local Government Studies, 1.

④ Thatcher, M. (2001): Delegation to Independent Regulatory Agencies in Western Europe. Paper presented at the 29th ECPR Joint Session of Workshop, Grenoble, France, 6-11.

⑤ Dupuis, G. (1988): Introduction. In Colliard, C. —A. and G. Timsit (Eds.): Les Autorités Administratives Indépendantes. PUF, Paris, 16-17.

产物,但其制度机理在于需要对在关系公益同时具有经济特性和技术特征的公用事业施以独立性和专业性的监管,以保证公益不受减损且私益不受践踏。因此,独立规制原则的核心并非以美国州际商业委员会为肇始的独立规制机构,而是对公用事业确立独立性和专业性的监管体系。就公用事业立法而言,独立规制原则提出了以下要求:

首先,公用事业规制需要慎重衡量立法机构、行政机构和司法机构在公共经济活动中的权力分配和权力制衡,并在此基础上权定公用事业的规制体制。脱离了对一国政体的考量,无论是制度移植还是制度借鉴,均将昙花一现。以美国的独立规制机构为例,州际商务委员会的职权是在美国政治体制和党团利益的博弈中逐渐发展和定型的,并形成今天普遍适用的独立规制机构。离开了美国的政体和美国的文化,美国式的独立规制机构必将丧失其独立意志和独立行为。

其次,独立规制原则要求在立法中通过制度配置,以维系规制机构的独立意志能力,其核心要求是规制机构及其成员须独立于利益相关方,尤其是独立于官僚体制内的利益方。并且,在制度设计中,独立规制原则还要求规制机构在做出独立的判断后,可以独立地实施或执行规制决策,达到除司法审查和法律的正当程序外,规制决策不受干扰的目的。

最后,独立规制原则应该成为贯穿于公用事业立法的主线之一,在规则设计和具体案例的司法审查中,独立规制应该成为法律解释和权力正当性的注脚。没有独立规制,公共利益将会蜕变为私有利益,公用事业亦会沦为私益产品。

第三节 有限竞争原则

有限竞争原则是指导规制立法和公用企业运营的基本原则,其内涵是:(1) 公用事业的自然垄断性和普遍服务要求,促使公用事业必须在法律的管制下运行,因此,市场机制下的完全竞争并不利于公用事业权的实现;(2) 公用事业的民营化有利于改善政府规制,提高公用企业运营效率和增加公共产品供应,市场竞争推动了公用事业普遍服务的实现。鉴于公用事业的民生基础性和公用企业的效率增进,公用事业发展需要在一个监管规范的体制下展开有序竞争,在保障公用事业普遍服务实现的同时,实现社会整体收益的增进。

一、政府干预的解释

斯金纳认为,从 13 世纪后期到 16 世纪逐渐形成了由统治者的概念向国家的概念的转变，也就是政府干预的基础从统治者的权力（或者说少数人的权力）向国家的权力转变。[①] 围绕国家权力的渊源、合法性、代表者和救济问题以及国家与统治者和人民之间的关系问题，现代政治理论、经济理论和法律理论都进行了深入的探讨。在这些探究中，围绕政府干预正当性形成正面交锋并对政府干预理念和路径产生重要影响的两个理论是自由主义理论和干预主义理论。它们在对待政府干预的理念以及政府干预的广度、深度和强度上有着不同的看法和观点，尤其是自由主义理论还成为一些主要国家（例如美国）的宪政基础，因此，自由主义理论对政府权力的影响是全方位的。

自由主义不仅作为政治理论存在，它同时还是一种重要的经济思潮。经济自由主义的源头可以追溯到法国的重农主义，强调经济发展需要遵从"自然秩序"，而保证这种"自然秩序"的最好办法就是自由竞争。亚当·斯密利用他那只永恒的"看不见的手"，论证了自由经济秩序的重要性，论证了政府干预的非正当性。大卫·李嘉图也认为，功利主义支配下的私人行为能够实现社会利益的最大化，政府对经济生活的干预违背了多数人的福利。"萨伊定律"论证了市场具有内在的稳定性和自我均衡的调节性，因而国家应该放弃对经济的干预，鼓励自由竞争。马歇尔也是经济自由主义的推动者，他强调市场的主导作用。经济自由主义的兴盛，体现的是新兴资产阶级对封建经济的全面胜利。

但我们需要讨论的并不仅仅是自由主义本身，我们更要关注自由主义与经济政策的关系，因为二者的内在机理实际上反映了政府干预的正当性本质。哈耶克在这方面的研究对我们具有启发性。他认为，古典学派主张的经济自由是指在法治下的自由，而不是排除政府干预的自由："经济活动的自由，原本意指法治下的自由，而不是说完全不要政府的行动。古典学派在原则上反对的政府'干涉'或'干预'，因此仅指那种对一般性法律规则所旨在保护的私域的侵犯。他们所主张的并不是政府永远不得考虑或不得关注经济问题。但是，他们确实认为某些政府措施应当在原则上予以否弃，而且也不得根据某些权宜性的考虑而将它们正当化"[②]。

根据哈耶克所理解的"古典学派"的观点，政府对经济活动的干预只要在"一般性规则"框架内进行就是可以接受的，并且一般性规则的颁布或修改只要在一般的期限内适用于一般的人，则政府据此的权力活动也不认为是对经济的干预。但古典学派反对政府采取为自由社会所不能容忍的"特殊命令或禁令的手段"，认为"只有通过间接的方式，亦即通过剥夺政府的某些手段的方式，方能剥夺政府实现某些目的所仰赖的权力，因为仅依赖这些手段政府便能实现这些目的"。据此，哈耶克

---

① ［英］昆廷·斯金纳：《近代政治思想的基础》（上卷：文艺复兴），奚瑞森、亚方译，商务印书馆2002年版，第2页。

② ［英］弗里德利希·冯·哈耶克：《自由秩序原理》（上），邓正来译，生活·读书·新知三联书店1997年版，第279-280页。

认为,"重要的是政府活动的质,而不是量"。也就是说,只要政府活动与法治相符,那么它就是正当的,而不在于干预的广度、深度和强度如何。哈耶克总结认为:"与一个较多关注经济事务但却只采取那些有助于自发性经济力量发展的措施的政府相比较,一个对经济活动较少关注但却经常采取错误措施的政府,将会更为严重地侵蚀市场经济的力量。"①哈耶克认为,对政府干预不能容忍的是"特殊命令或禁令的手段"。按照他的推演逻辑,这种命令或手段应该不是在法治框架下进行的。那么法治框架下的政府干预手段应该是什么样的呢?哈耶克分析了两种手段:政府的强制性措施和纯粹的服务性措施。当政府就提供特定的服务主张排他性权力时,强制性措施就产生了,这是政府对强制的垄断的自由社会的要求。政府所采取的无论是哪种措施,目的都是"有助于促进人们获得关于那些具有普遍重要性的事实的可靠知识的行动"。哈耶克对于政府干预经济的法治框架下的正当性做了上述确认。但同时,他又坚决反对在当代世界广泛存在的为适应经济变动性和社会利益多样性而需要的行政自由裁量权。哈耶克认为,行政应该在法治之下,不受"一般性规则限制的自由裁量权"和"免受司法审查的自由裁量权"都不能被允许;行政权应该在确定的规则框架下进行,无论是议会颁布的规则还是地方性的规则并不重要,重要的是权力的范围。他还明确列举了应该予以否认的政府干预措施:"这些措施主要是指那些仅仅通过实施一般性规则并不能实现它的目的、而只有在对不同的人施以武断性的差别待遇的前提下方能实现其目的的措施。其间最为重要的措施包括:决定谁应当被允许提供不同的服务或商品的政府措施,并且以何种价格或以何等数量提供这些不同的服务或商品的政府措施——换言之,亦即那些旨在对进入不同行业和职业的渠道、销售条件、生产或销售的数量进行管制的政府措施。"②在解释上述管制措施应该被否定的原因时,哈耶克指出,"将这种武断且自由裁量的权力授予政府当局,实际上意味着赋予当局以决定生产什么、谁来生产以及为谁生产的专断性权力"。那进一步说,哪些制度是为自由主义制度所赞许的,哪些是受反对的,评判的标准又是什么呢?哈耶克没有对此做正面回答,而是解释了不断有人要求结束对政府设定的限制的原因。哈耶克认为,由于社会发展形成的新的政策目标无法在既定的法治框架下实现,政府不得不追寻在法治授权之外的路径,也就是"统制经济"。尝试寻求这种路径的政府是为法治所不容许的,因为对"矫正正义"的追求会否弃相互对等主义,直接导致政府采取歧视性的行动和自由裁量的行为,这将构成对自由主义的否定。

在哈耶克看来,现代经济学家普遍存在对经济自由的误解,因为只要政府是按

---

① [英]弗里德利希·冯·哈耶克:《自由秩序原理》(上),邓正来译,生活·读书·新知三联书店1997年版,第281页。

② [英]弗里德利希·冯·哈耶克:《自由秩序原理》(上),邓正来译,生活·读书·新知三联书店1997年版,第287页。

照一般性规则一般地适用于一般时期的一般人,那么就不是干预。他还为干预失败辩护,即如果特定的干预政策是"极不明智的方案"或"成本远远高于收益",只要这些经济措施是与法治相符的,那就不应该将其认定为干预,而是应该根据具体情况考察其妥适性。他还极力反对经济理念中的"不干预原则",认为上述情形不能以政府不干预替代,这是混淆了自由制度的措施与不符合自由制度措施的区别。也就是说,法治框架下的政府是参与经济生活而不是干预经济生活,在哈耶克看来,干预意味着脱法或违法。

我们将哈耶克这种认为是对经济自由主义误读的观点转述成通俗的认识,可以作如下表述:经济生活的正当和有序发展本身就是在公权力和私权利的交互作用下进行的,这种交互的前提是存在法治的框架,必须严格依法而行,因此经济活动中"政府的活动"是正当的。哈耶克似乎接受了实证法学的部分观点,因为他强调对规则的严格遵守,并且对干预的来源持放任态度。不过,他提出了对一般性规则的遵守。这里的一般性规则应该具有符合一般的自然正义的隐义。① 如果真是这样,哈耶克对"政府的行动"的理论将是一个悖论。哈耶克论证的逻辑是:第一,法治框架下政府对经济活动的干预是合法的,不是"干预";第二,政府干预应该遵守规则;第三,规则的渊源并不重要,但要符合"一般性规则";第四,不符合一般性规则的政府行为就构成"干预"。以上观点的逻辑悖论在于,哈耶克一方面强调根据"所授权力的渊源"的规则治理的重要性,同时又认为"所授权力的渊源"是无须关注的。毫无疑问,权力的渊源应该接受一般性规则,只不过官员对一般性规则的"感知"过于无能。那么,谁能够"感知"一般性规则呢?公众吗?哈耶克似乎也不这么认为,因为"爱己"的个人也只是追求"生命、自由和财产"。显然,单纯靠官员的感知或单纯靠民众的追求均不能确认一般性规则,那怎么办呢?这个时候,恐怕协商民主的理论可以帮助哈耶克解答问题,即完全可以通过官员与民众协商对话的公共治理模式,实现对一般性规则的确认。

尽管哈耶克有关政府干预的理论值得商榷,但是他对古典学派关于经济事务的政府干预的分析是有启发意义的。哈耶克所指责的唯理主义及其在之后产生重大影响的法国大革命和人权宣言所宣扬的自由主义对政府干预的根本颠覆,刺激政府在很长时间内一直在努力寻求对经济事务实行干预的正当性。历史事实证明,放任的经济政策所产生的危害后果并不亚于过度干预。因此,对经济自由的阐释,本质上就包括政府对经济活动的干预——哈耶克称之为"政府的行动"。历史

---

① 哈耶克强调,自由裁量权应该是有限的自由裁量权,原因是"具体的官员在运用这种自由裁量权的时候还将适用一种他所能感知的一般性规则"。但是人的缺陷——此处"人的缺陷"根据哈耶克的分析,我们认为是他所称的"爱己"——使得对一般性规则的感知难以实现。据此,我们认为,他所指的一般性规则应该是对自然正义的追求。参见[英]弗里德利希·冯·哈耶克:《自由秩序原理》(上),邓正来译,生活·读书·新知三联书店 1997 年版,第 69 页。

事实不但在逻辑上证明了政府干预的正当性,而且在客观上证实了政府干预的必要性。"恰恰在自由主义的政策阶段,国家提出和制定了有关财产、契约、公司、专利法等的严格法律。每个企业和家庭在这样一个国家确定的法制规范框架中从事日常活动,发生买卖、信贷或者其他经济行为"。① 可见,无论是自由主义还是干预主义,都不否认政府干预的正当性,只不过两者之间围绕干预的广度、深度和强度存在分歧。干预主义与自由主义好比孕育并脱胎于政府干预母体的一对孪生兄弟,彼此对立,又相伴而生。明晰了这个理论焦点,就容易解读出自由主义论者和干预主义论者的根本分歧在于政府应该干预什么和怎么干预,而不是是否干预的问题。从这个意义出发,政府干预的本义中内含了自由主义和干预主义的共同理念。

二、规制与竞争:适度性分析

(一) 公用事业规制的适度性检审

按照上文分析的结论,政府干预的核心是干预的适度性问题。公用事业的内在逻辑孕育了政府规制的诉求,但公用事业的政府规制也同样面临规制的适度性检验,以规制俘虏和政治俘虏为代表的规制失灵会引发低效率或无效率状态。规制失灵是建构在"成本-收益"模型基础之上的,也就是说规制成本超出了规制收益。根据斯蒂格勒的分析,这些规制成本包括:(1) 微观规制制度的运作成本;(2) 政府规制的实施直接影响经济效率产生的效率成本、转移成本和反腐败成本;(3) 规制的机会成本;(4) 政府规制的"劝说"成本。对于政府规制所造成的损失大于其带来的收益的原因,经济学从政治、经济两方面进行了概括。从经济上看,政府规制失灵起因于政府部门获取不完全信息所决定的有限理性。从政治上看,规制失灵的原因不外乎:其一,政府职能及行为方式的"公共性"与政府机构、政府官员行为目标的"个体化"之间的差异和矛盾;其二,政府功能的单方面性、强制性和"普遍同质性",使得规制可能导致利益再分配的不公平,引发"寻租"现象;其三,政府行为难以监督、行为效果难以衡量等,导致监督制约机制的不完善;其四,规制机构设置的不合理以及缺乏完善的、透明的制度程序,也使规制失灵成为可能;其五,政府规制行为所具有的内在扩张性,会使政府规制失去约束。正是基于上述原因,公用事业政府规制趋向放松和缓和。所谓放松规制是指政府取消或放松对公用事业产业的进入、价格等方面直接的行政、法律监管,是对政府规制失灵的一种矫正。政府之所以对公用事业产业实施进入、价格等方面的规制放松,除了上述的规制失灵原因外,以下因素同样促成了公用事业放松规制和引入竞争:(1) 由于技术经济

---

① [德]瓦尔特·欧根:《经济政策的原则》,李道斌译,上海人民出版社 2001 年版,第 33 页。

条件的变化,政府进行经济性规制的理论依据逐渐消失;(2) 产业间替代竞争加剧,受规制产业的发展受到限制;(3) 政府规制过度,引发企业要求放松规制的浪潮;(4) 政府规制的理论研究进展顺利,为政府规制放松提供了理论依据;(5) 经济全球化要求各国、各地区放松规制,解除各种有悖公平的贸易壁垒。总的说来,以发达国家的情况看,公用事业民营化趋势代表了政府规制的放松或调整,但并没有取消规制。

(二) 公用事业竞争的边际分析

在规制失灵、技术革新、企业诉求、理论创新以及经济全球化等因素的共同合力下,公用事业逐渐走向放松规制和引入竞争的机制革新,即俗称的公用事业民营化(the privatization of public utilities)。我们可以简单回顾一下公用事业民营化的历史:[1]

1874 年,社会主义者德帕普在他起草的公共服务报告中强调,"公共服务的建立是确立某种活动具有普遍功利性,而个人主动性将转移它的目的性,在抛弃无数普通人时,社会是危险的"。争论的另一方则是法国无政府主义代表人物蒲鲁东,他在《铁路经营改革实施》一文中争辩道:"国家应该制定价格条款,将经营权下放给旨在最后把自己转化为工人企业的私营企业。"这场激烈的争论,在当时的欧洲以 1897 年卢艾格尔当选维也纳市长为终结,作为社会党的政治家,他是世界历史上第一个把社会党的纲领付诸实践并没收煤气公司、电力公司和电车公司归公共所有的政治家。如果说在公共事业"私营"与"公营"争论的第一轮回合中,是以放任自由主义私营经济的社会认可失败而写完第一章的话,而 100 年后的 1973 年,显然又是一个明显的转折点。这个转折点的开始是以人们对"福利国家"失败的检讨为开端的,它不仅在社会思想上结束了"政府是进步的事业"这样一个普遍的认知,同时英国撒切尔夫人与法国希拉克的私有化运动也在政府退出经济上提供了实践样板。另一种私有化形式在美国的发展则更加迅猛,圣保罗市通过竞争投标、让私人承包接管公共服务事业,在几年内成为一个潮流,蔓延到世界各地,从而促成这个戏剧性的变革。

西方的公用事业民营化与其说是政府干预理论论争的结果,不如说是经济发展中利益主体的必然选择。这点在中国公用事业民营化的历史中同样可以找到线索:[2]

清道光四年(1824 年)底,京杭大运河重要枢纽——位于江苏的清江浦发生"重大突发事件"。由于洪泽湖高家堰大堤决口,泥沙含量低的"清水"宣泄过多,含

---
[1] 余南平:《如何看待公用事业民营化》,载《长江建设》2003 年第 3 期。
[2] 贾晋京:《漕运改革:清代的"公用事业民营化"》,载《思想库报告》2006 年 8 月 7 日第 85 期。

有大量泥沙的"黄水"倒灌,致使大运河自江苏高邮、宝应至清江浦一段运道堵塞,漕船搁浅,漕运于是阻断,漕粮无法北上,京城面临断炊的窘境。为疏通漕运,钦差大臣文孚和署理两江总督魏元煜提出一个方案叫"借黄济运",也就是把黄河水引进大运河,使运河水位升高,让漕船能浮起来通过阻塞段。由于黄河水泥沙含量高于运河水,借黄济运就会使浊水铺在清水的上层,船倒是能通过,但是船过之后泥沙就会沉淀在运河底,垫高河床,造成未来更严重的阻塞。这样的方案无异于饮鸩止渴。1825 年初,"借黄济运"正式启动,然而一个月后这项计划就显现出严重后果:渡过黄河的漕船仅占总数三分之一,而同时位于淮安的里河运口一带形成淤垫,"漕船间断阻滞"。危机之中,协办大学士、户部尚书英和提出,在目前的严峻形势下,解决危机的唯一办法,只能是暂时雇用商船海运漕粮。从道光六年(1826年)正月起至六月初五止,试办海运两次共雇佣商船 1 562 只,运输正、耗米共计 163 万余石,正额"颗粒无损",而且"不溺一人",前后花费经费 140 万两,比之预计竟有盈余。这些都是清代漕运历史上前所未有的。漕粮雇商海运取得了巨大成功。

中外的历史经验都表明,公用事业民营化是内生于社会经济发展的必备要素,它与公用事业政府规制机制一起,共同协力形成公用事业发展的合作机制。鉴于公用事业的特殊性,规制机构的独立性和专业性是规制目标实现和产业绩效提升的基础,独立规制机构的诞生是通过制度厘清公用事业规制边界的有效法则。公用事业民营化的合法性和正当性毋庸置疑,但由此产生的另一个问题是:公用事业民营化的适度性或者说公用事业竞争的边际是什么?

联合国贸易和发展会议《竞争示范法》指出,竞争机制与政府规制有三种交互方式。[①] 首先,政府规制与竞争机制协调统一形成合力。在竞争机制中充分考虑到既有政府规制的权力配置及机构设置而构建其制度要件,在政府规制进行中也利用既有竞争机制赋予的职权,在把握立法理念和目的的基础上,实现政府规制与竞争立法的统一。其次,政府规制取代竞争机制。竞争政策的制定及其效用的发挥远远滞后于行政权的行使,竞争机制的实施及其效用的溢出常为政府行政权所取代。这种取代一方面在于统一的竞争制度缺乏灵活性,可能难以穷尽市场上出现的不正当竞争以及垄断行为;另一方面在于政府基于本国竞争力的考虑,意图着力培养具备国际影响力的竞争企业,从而不愿通过立法的形式予以透明规范。联合国《竞争示范法》也认为,在自然垄断的条件下,规制可能会试图直接控制市场力,确定价格上限,控制进入条件。技术和其他体制上的变革,可能会导致对支持规制的基本前提的反思,发现竞争政策和体制不足以胜任防止垄断和行使市场力的任务。最后,政府规制与竞争机制出现重复,形成两个不交叉也不兼容的体制。

---

① 时建中:《联合国贸易和发展会议"竞争示范法"》,载《经济法学评论》,2005 年第 5 卷。

这是立法不经济和行政权滥用的主要表现。联合国《竞争示范法》强调,一个行业里的协调和滥用行为,也可通过规制和管理人员加以预防,起到与竞争法和竞争政策同样的作用。例如,规章条例制度可提出公平竞争的标准或投标的规则,确保投标的竞争性。然而不同的管理人员可能会采用不同的标准,规制机构的改变或不同的规制机构可能会产生,一些似乎重复的政策可能会导致不同的实际结果。

公用事业的发展实践和制度法理已经阐明:公用事业的发展需要构建政府机制和竞争机制的合力。据此,公用事业民营化和竞争机制须在协调政府规制机制下形成,在竞争机制中充分考虑到既有政府规制的权力配置及机构设置而构建其制度要件,在政府规制进行中也利用既有竞争机制赋予的职权,在把握立法理念和目的的基础上,实现政府规制与竞争机制的统一。如果说政府规制是在法治规则下施行的有限规制的话,公用事业竞争机制也是在政府规制的约束下开展的有限竞争。

三、有限竞争的内涵

(一) 竞争的经济学解释

恩格斯曾在书中写道:"竞争是经济学家的主要范畴,是他最宠爱的女儿,他始终安抚着她。"[1]正如恩格斯所言,经济学家对竞争投注了极大的关切,并形成了解释竞争和垄断的经典理论。从静态角度来分析竞争的理论被称为古典竞争理论,克拉克的"有效竞争理论"开创了竞争理论由古典竞争理论向现代竞争理论过渡的进程,哈佛学派、芝加哥学派、新奥地利学派等现代竞争理论的共同特点是在动态环境下研究竞争问题。[2]

1940年,美国经济学家J. M. 克拉克(J. M. Clark)针对完全竞争概念的非现实性提出了"有效竞争"(workable competition)理论。克拉克强调,完全的垄断在现实中很难找到,而与完全竞争所定义的可以自由进入、不存在生产要素专用性和不可恢复的淹没成本的产业,可能会面临极其严酷的破坏性竞争。克拉克的结论是,虽然极端的产品差异性可能会导致垄断的倾向,但存在产品适度差异,特别是具有紧密替代关系和较多知识技术含量产品推动的竞争,可能是更为可行和有效率的。有效竞争理论是一种实现规模经济和竞争活力协调统一的均衡状态。

哈佛学派的竞争理论认为,竞争政策的目标就是要保证竞争过程获得有效的市场成果。过多的小企业、生产能力长期过剩、垄断价格的形成,在原子式结构市场上的毁灭性竞争和长期资源配置低效、不合乎期望的外部效益等都与期望的市场成果

---

[1] [德]马克思、恩格斯:《马克思恩格斯全集》(第1卷),人民出版社1956年版,第611页。
[2] 参见(1)吴小丁:《现代竞争理论的发展与流派》,载《吉林大学社会科学学报》,2001年第2期;(2)李秀芝、王振锋:《对竞争理论演变的分析与评述》,载《学术交流》2006年第9期;(3)曹建海:《试论有效竞争》,载《北京师范大学学报(社会科学版)》,1999年第6期。

偏离,为了保持有效竞争并获得令人满意的市场成果,必须对市场结构和市场行为进行干预和调节,具体政策措施包括:阻止卡特尔和协调行为方式、拆散在市场中占统治地位的企业、控制合并、通过国家影响提高要素流动性、国家直接干预等。

芝加哥学派和新奥地利学派均对垄断持宽容态度,并且反对政府干预。芝加哥学派的竞争理论认为,市场竞争过程是一个没有国家干预的市场力量自由发挥作用的过程,国家对市场竞争过程的干预,应仅限制在为市场竞争过程确立制度框架条件上。市场均衡不是最终状态,而是所有市场行为和市场过程所追寻的目标,并且市场均衡是不能通过人为的竞争政策实现的。竞争的唯一目标是保证消费者福利最大化,竞争政策的任务也是要保证消费者福利最大化,特别是国民经济资源最佳配置的市场机制的作用,竞争政策的具体依据就是资源配置效率和生产效率的标准。新奥地利学派的竞争理论以哈耶克的自由主义经济思想为基础,对市场的调整功能给予很高的评价,但对政府的介入抱有极强的不信任感。新奥地利学派全面否定反托拉斯政策的必要性,认为反托拉斯政策不过是妨碍市场过程的有害的政府介入之一,对私人垄断应该完全自由放任,只需保证"自由的进入机会"这一唯一的条件即可。

可竞争市场理论是20世纪80年代由美国的鲍莫尔等人提出的、以多元产品厂商为分析对象的新的竞争市场理论。所谓"可竞争市场"(contestable markets),是指一个进出绝对自由且进出成本绝对小的市场,即若一个市场是可竞争的,就必须避免严重的进入或退出障碍。由于市场进出完全自由,又不存在特别的进出成本,所以潜在的竞争者可以迅速且及时地挤入任何一个具有高额利润的部门,并可以在无利可图的情况下快速撤出。这种挤入式竞争使任何一个部门(即使是寡头市场或垄断市场)都不可能保持高额利润。所以从长期看,在一个"可竞争市场"上不存在超出正常标准的高额利润。可竞争市场理论的竞争政策强调,国家竞争政策的主要任务是最大可能地消除市场限制,设法降低"沉没成本",扶植可竞争市场中的潜在竞争,采取便于资本流动和推进企业垂直联合和改组的政策,以保证市场的可竞争性和多元产品厂商的收益稳定。在近似的完全可竞争市场中,自由放任政策比通过行政手段或反托拉斯手段主动干预更能有效地保护一般公众利益。

(二) 有限竞争界说

现代竞争理论向我们传递出一个强烈的信息:竞争是一个动态的过程,竞争政策的制定必须立足于多元的社会条件和经济要素。上文分别讨论了公用事业具有的自然垄断性特征以及公用事业与竞争法制的联系。公用事业的自然垄断性特征使其不能通过市场机制配置全部资源,而必须在政府规制下推进公用事业普遍服务的实现;另一个方面,公用事业并不排斥竞争,竞争机制与政府规制的有机结合有利于促进公用事业的发展和公用事业权的实现。这两方面的特质,促使公用事业立法必须权衡竞争法则在公用事业发展中的地位:既不能放任竞争又不能任意管制,必须确立一项既衔接政府规制以保障公共利益实现,又促进公用事业企业效率提升以增进消费者公用事业权实现的竞争政策,我们将这项竞争政策概括为有限竞争原则。有限竞争原则包括有效竞争和可竞争市场竞争两个方面的基本内容。

1. 有效竞争

有限竞争是一种有效竞争。有效竞争是指不完全竞争或适度竞争,即将规模经济和竞争活力有效地协调起来,形成一种长期均衡的竞争格局,既获得规模经济又获得竞争所带来的效率。[1] 有效竞争理论解释了垄断与竞争之间如何实现均衡和共赢:垄断和竞争都能实现经济效率目标,只是两者的途径不同,垄断通过规模经济来实现,而竞争通过竞争效率来实现。[2] 如果说规模经济是竞争的必然结果且在有效规制下有利于技术革新和经济发展的话,那么公用事业的规模经济却早已被确认为正当和正义。公用事业的自然垄断性要求规模经济运营以保障消费者公用事业权的实现,因此有效竞争理论可以充分适用于公用事业立法中。其一,公用事业立法对自然垄断和公用事业企业规模经济的维护是公用事业发展的必然要求,因为无论是出于民生考虑还是经济效益分析,维持特定公用事业产业结构的垄断地位并通过规模经济提高产业绩效,对于经济发展和民生诉求都是必要的;并且,公用事业产业发展经验已经证实,公用事业规制下的规模经济由于缺乏竞争和激励机制,易于偏离公益的轨道而导致公益救济的失灵,因此在确保公用事业规模经济下的有限竞争是各国制度实践的共同选择。其二,在公用事业具有竞争性条件的环节中,市场竞争同样会导致规模经济和垄断,因此在这个环节中需要有效分析规模经济效应和市场竞争的关系。基于这两个方面的考虑,公用事业立法中对竞争原则的设定首先需要奠定有效竞争理念,其既可以保障规模经济对于公用事业发展中的基本功能和价值的实现,同时又通过竞争机制促进自然垄断下的企业效率提升和非自然垄断环节中竞争机制的引入和功效的发挥,形成公用事业发展中政府规制下的垄断经营与市场机制下的市场竞争的长期均衡格局。

2. 可竞争市场竞争

有限竞争是一种可竞争市场竞争。一方面,在公用事业的实现机制中,政府机制和市场机制占据主导地位,政府机制通过控制市场准入和政府定价以实现政府对社会公益的救济,即公共行政机构作为社会整体利益的代表,通过行政权能保障寄托于公用事业的公共利益实现和增进。但这种理念和期望随着"规制俘虏"和

---

[1] 钱春海:《如何解决竞争性?——公用事业市场化改革发展方向的重新思考》,载《城市公用事业》2010年第1期。

[2] 徐金海、邢鸿飞:《竞争法视角下的公用事业有限竞争》,载《南京社会科学》2010年第6期。

"政治俘虏"等公权机构的渎职而归于破灭,因此如何限制公权机构的权能并辅助社会机制促进公用事业的发展,成为各国制度选择的重点问题之一。另一方面,公用事业民营化带来的公用事业企业效益优先和公益旁落的现象,也使得包括政府、公众在内的多元主体不得不思考公用事业民营化的限度。基于公用事业规制和公用事业民营化的缺陷和不足,必须将公用事业规制与公用事业竞争有机结合以形成一种长期均衡的机制,才能促进公用事业发展,实现有效竞争。但是,有效竞争理论只是解决了一个竞争的模式问题,并没有回答如何设定竞争机制,而这点需要求助于可竞争市场理论。可竞争市场理论强调竞争的市场准入和退出机制是否能够最大程度降低企业成本和增进社会收益,保障企业可以自主进入或退出竞争市场。可竞争市场理论对于改善和提高公用事业的实现机制有积极意义。

可竞争市场是指来自潜在进入者的压力,对现有厂商的行为施加了很强的约束的那些市场。在这一市场中,不存在严重的进入障碍。可竞争性理论假定这些潜在进入者:(1)与市场中的厂商一样,能不受限制地获得相同的生产技术,为同一市场提供服务,也就是说,潜在进入者不存在技术上的劣势,也不必承担额外的进入成本;(2)潜在进入者暂时地把在位企业的价格视为不变的,并用进入发生之前在位者的价格计算利润。可竞争市场理论认为,单一产品的完全可竞争市场仅存在两种可能的可维持产业结构。第一类可维持产业结构由两个或更多的厂商构成,所有厂商都采取边际成本定价。只要厂商不是垄断着这种商品的生产,完全可竞争市场的可维持性准则就会迫使厂商接受恰恰等于边际成本的价格。第二类可维持结构只包含一个厂商,也就是我们通常说的自然垄断。由于存在潜在竞争者,该厂商也不能漫天要价,而只能确定一个与非负利润相一致的价格,即平均成本定价。如果厂商的要价超过平均成本,就会产生一个利润机会,吸引潜在进入者进入。因此,为了阻止进入,可维持的自然垄断厂商只能采取平均成本定价方式。

多产品完全可竞争市场是可竞争理论的另一重要内容。多产品分析有两个必需的概念。一是特定产品规模经济。特定产品规模经济是指在产品集合中其他产品不变时,某一产品成本随其产量的增加而下降。在单一产品情况下,通常用规模经济来描述一种产品生产成本的节约情况。但在多产品情况下,这一概念就不再适用了,必须使用特定产品规模经济的概念。二是范围经济。范围经济是多产品产业的一个重要经济特征。它是指由于经营范围的扩大(从一种产品到多种产品)带来的成本节约(多角化厂商)。范围经济表明不同产品的生产上存在成本互补性。在多产品情况下,范围经济和特定产品规模经济的存在,对自然垄断及平均成本定价有一定的影响。在自然垄断的可维持结构中,厂商将采取平均成本定价方式。一种产品的自然垄断是指一家厂商生产成本最小的情况,因而我们常常把它和规模经济或递减平均成本相联系。而当厂商生产几种产品时,自然垄断是指一家厂商垄断生产这几种产品的情形,因此,即使这几种产品的射线平均成本处处递减,但若不存在范围经济,也可能会排斥自然垄断。因为此时,如果把一个多产品厂商分成几个专业化厂商,不仅不会增加任何成本,反而有可能节约成本。

对进入障碍的分析构成了可竞争市场理论的重要部分,并且这些结论有着极为重要的公共政策含义。在完全可竞争市场中,高额固定成本(规模经济)并没有导致社会福利的损失。而沉淀成本则不同,对现有厂商来说它等于零(因为它不退出),而对进入者来说,在发现进入不利而退出时,沉淀成本就是它进入的成本。沉淀成本越大,进入者退出损失的风险就越大,从而越不会进入。因此,沉淀成本才是真正的进入障碍。在没有其他人为的进入障碍的情况下,沉淀成本是影响市场可竞争性的根本原因。分析还表明,当现有厂商能够对进入做出随机反应时,会增加进入者为进入而支付的成本。从而,通过某种方式(如管制政策)限制现有厂商对进入的价格反应能力,可以有效地增强市场的可竞争性。可竞争市场理论证明,在近似的完全可竞争市场中,自由放任能够比通过行政手段或者反托拉斯手段主动管制更有效地保护公共利益,管制的重心应放在消除妨害可竞争性、损害经济效率的各种进入障碍方面。事实上,随着可竞争市场理论影响的逐渐扩大,这一理论对管制政策的制定和管制实践产生了极大的影响,不仅促使美国司法部、联邦通信委员会、联邦贸易委员会在制定政策和实施管制时承认潜在竞争的重要作用,而且对英国、瑞典等国的铁路改革起到了直接的指导作用。

可竞争理论可以广泛应用于公用事业的实现机制中。首先,在单一产品市场中,公用事业规制者需要确立公用事业的价格规制,即公用事业的定价机制必须与边际成本相符。在这一前提下,通过市场准入的遴选机制,选择最有效率的运营商提供公共产品。反之,如果通过准入竞争而放松价格规制的话,其结果是误导企业产业定位以及加重公用事业消费成本。其次,实践中普遍存在的公用事业企业横跨多个公用事业部门,按照可竞争市场理论,这种多产品可竞争市场必须同时考量规模经济和范围经济,尤其是当不足以形成范围经济时,多产品公用事业企业并不必然导致效率和效益的增进,反而会通过转移成本和交叉补贴的形式,增加公用事业利用成本,降低社会福利。最后,降低沉淀成本和控制定价权是保障公用事业福利的基本策略。在公用事业竞争机制的设定中,完全的市场竞争会导致企业不断加大沉淀成本,防止潜在竞争者的进入,并通过操纵定价权抵消潜在竞争者的收益,进而形成准入者垄断。因此,公用事业竞争政策绝对不是放任竞争,而是在维持可竞争市场的原则下,通过准入规制、投资规制以及价格规制等,实现公用事业规制与公用事业竞争的均衡。

四、有限竞争的制度实践

公用事业竞争法制的设定必须在有效竞争和可竞争市场竞争两个前置条件下

进行,完全的市场竞争纵使不是一种理想状态,在公用事业机制中也不能适用。在公用事业发展中,准入规制、投资规制和价格规制是公用事业均衡发展必需的规制内容,相应地,确立与这些规制契合的竞争政策是公用事业有限竞争的基本诉求。

首先,准入竞争与准入规制相结合的公用事业准入竞争法制。公用事业权的实现依赖于合格的公用事业运营商。指定运营商与限制运营商必然导致权力寻租或绩效低下,因此公用事业绩效提升的一个重要环节就是使既有运营商保持潜在竞争者的压力,促使公用事业企业降低运营成本和提高技术规范以及增进公共福利。另一方面,公用事业企业可以通过垄断地位转移成本、交叉补贴等形式掩盖运营缺陷以及攫取垄断收益,并且实现纵向一体化垄断和横向多元化经营,正如上文所讨论的,这种放松准入制度所带来的后果是公用事业市场发展的失衡和公共福利的减损。因此,准入竞争与准入规制必须有机结合,在保护公共利益的基础上,通过竞争机制增进公共福利。

其次,成本竞争与成本规制相结合的公用事业投资竞争法制。市场竞争的主要形式就是效益竞争,效益高的企业淘汰效益低的企业,而效益竞争的根本就是成本竞争,如何最大限度地降低企业成本并提高企业收益是企业不遗余力追求的目标。按照经济人的假定,企业只会降低经营成本而不会提高经营成本,但是这一假设取决于企业收益回报的来源。由于公共产品的特殊性质,政府承担了实现公用事业普遍服务的义务,实践中也是通过政府的供应机制实现公共产品的供应。尽管公用事业民营化摆脱了政府效率低下和权力寻租等弊端,但是由于公用事业自然垄断性特征明显,公用事业的运营商缺乏足够的激励机制参与运营,由此导致政府在公用事业实现机制中不可回避的保障职能,其主要形式就是企业运营和政府付费,而政府付费的主要依据就是以成本为基础的定价原则。因此,在这一条件下,公用事业企业缺少降低成本的激励,相反,通过提高成本能够获得更加高额的回报。在公用事业企业准入和运营中,对企业成本的控制和企业间成本的市场竞争是公用事业竞争法制中的相互兼顾和不可分割的重要内容。例如,原建设部《市政公用事业特许经营管理办法》第 10 条规定,主管部门应当履行"协助相关部门核算和监控企业成本"的责任。"为了维护社会公众利益和公共安全,有效履行政府行政管理与监督职责,合理确定市政公用行业产品和服务成本,为市政公用产品和服务价格调整或费用支付提供依据",原江苏省建设厅制定了《江苏省城市市政公用事业经营成本监管制度》,这也是国内较早的专门监督公用事业经营成本的制度。原建设部《城市供水特许经营协议》(示范文本 GF—2004—2501)第 112 条规定:"甲方有权对乙方经营成本进行监管,并对乙方的经营状况进行评估。乙方因非乙方原因造成的经营成本发生重大变动时,可提出城市供水收费标准调整申请。甲方核实后应向有关部门提出调整意见。"这些制度和实践都体现了成本竞争和成本规制相结合的原则。

最后,市场定价与价格规制相结合的公用事业定价竞争法制。在市场机制下,价格由市场竞争确定,而这点在公用事业领域却不适用,原因是公用事业产品的民生基础性和公用事业投资的沉淀成本特征。在公用事业特许经营权招标中,潜在投标者的公共产品定价是获得中标资格的重要条件,即"价低者得"原则在公用事业产品定价中同样适用。但由于公用事业产品的普遍服务特征,公共产品的定价与民生休戚相关,同时公共产品的定价直接影响公用事业企业的收益,因此公共产品定价过高会损害用户权益,而过低则会降低公用事业企业的积极性。因此,公用事业产品的定价机制既要考虑到市场竞争带来的福利增进,也要兼顾公共利益所要求的定价规制。公用事业定价规制的制度实践集中体现为价格听证制度。

第四节　公共治理原则

公用事业承担向社会提供公共产品并确保普遍服务的义务,由此形成了包括行政机构、公用企业和消费者在内的多元主体的利益安排。规制机构与公用企业在公用事业利益配置中占有信息获取和专业认知及财务成本的优势地位,并由此可能危害消费者的权益。并且,公用事业的公益特征使其面临公用事业规制正当性的保护,从而使得公共权力蔓延至公用事业权利的每一个角落,这种广泛的权力无疑对私权形成遏制和压抑。因此,公用事业立法也应该以消费者为出发点,构建促使公权规范、增进私权参与以及确立公私合作框架的法律制度,立法中的公共治理原则是保障上述目标实现的重点内容:将消费者和公用企业及规制机构纳入公共治理的框架,通过协商民主实现公用事业制度下价值衡量和利益判断的公平化和合理化;通过软法治理消解公权的强制以及公权与私权之间的对抗,促使公用事业规范发展必备要件的形成。因此,公共治理原则是确保消费者权益得到保障、规范公共权力运行以及推动公共利益增进的基本法律原则。

一、公共治理原则的意义

公共治理引入公用事业立法呼应了公用事业发展两个方面的诉求。一方面,从公用事业的供应角度而言,由于公共产品的非竞争性和非排他性特征,公众丧失了参与公用事业发展的积极性,并且出于利益最大化考虑,公众也会有"搭便车"的心理诉求。公众对公用事业的发展缺乏参与性,致使公用事业发展易于背离正当性的进路,沦为少数人或少数利益代表的"私有事业"。这种局面的产生不仅损害了消费者的利益,同时也误导了公用事业的发展。因此,公用事业公共治理的命题首先内生于公用事业有序和效率发展的诉求。

另一方面,由于民生依赖的公共设施具有投资大、回报率低和周期长等方面的特点,公众对公共产品的发展只能寄希望于政府。从公用事业的规制角度而言,公用事业规制成为公用事业发展的必备条件之一,但是规制效率低下使得公用事业的提供难以满足民生需要,并进而导致了政府公信力的下降。对于政府来说,经济的发展要求其调整公共产品供应思路和政府规制理念,对应前者的路径就是公共产品民营化的浪潮席卷全球,与后者遥相呼应的就是政府规制方法的调整。随着经济发展迅速,立法机构的立法逐渐滞后于现实需要,因此政府获得大量的行政授权,政府规制的法律渊源也从具体的法律规则向抽象的法律原则过渡。政府在面对日益膨胀的规制领域和规制权力时,逐渐认识到仅仅依赖于有限的政府智力提供的公共决策不能获得社会认可,因此开始寻求公众参与。

无论是公用事业发展的自身规律,还是公众利益的保护以及政府公信力增进的必要,都对公用事业公共治理产生了制度诉求。那么,如何建构公用事业公共治理制度呢?第一,公共治理是协商民主,即将消费者和公用企业及规制机构纳入公共治理的框架,通过协商民主,形成公用事业制度下价值衡量和利益判断的公平化和合理化,以保障公用事业发展的正当性和公用事业立法的合法性。第二,公共治理是软法治理,即通过软法治理消解公权的强制以及公权、私权之间的对抗,促使公用事业规范发展必备要件的形成,以公共利益和社会整体福利为中心,在公众参与和协商民主基础上形成公用事业规制的权力渊源。

二、公用事业协商民主

(一) 协商民主的定义

1980年,克莱蒙特·麦肯纳学院政治学教授约瑟夫·毕塞特(Joseph Bessette)在《协商民主:共和政府的多数原则》一文中首次从学术意义上使用"协商民主"(deliberative democracy)一词,他主张公民参与,反对精英主义的宪政解释。在过去的20～30年间,协商民主成为西方政治思想领域最重要的成果之一,诸多的西方政治思想界的代表人物,如约翰·罗尔斯、哈贝马斯等都声称自己是协商民主的倡导者。①

---

① 协商民主理论目前尚处在建构之中,西方学界的认识并不完全一致。例如,澳大利亚国立大学约翰·S.德雷泽克教授认为:"原则上,哈贝马斯还是一个批评理论家,同时,他也接受了当代世界大量不可改变的事实——社会的多元复杂化、政治—经济结构的不妥协——这意味着,现在很难确认哈贝马斯是否是一个协商民主理论家。"参见[澳]约翰·S.德雷泽克:《协商民主及其超越:自由与批判的视角》,丁开杰等译,中央编译出版社2006年版。

关于协商民主的含义,传统上可从三个视角做解释。一是将协商民主看成一种决策体制,或者说决策形式;二是将协商民主看成一种民主治理形式;三是将协商民主看成一种团体组织或政府形式。① 德雷泽克教授从自由宪政主义和批判理论两个引起民主理论转向的起点出发,更多的是从批判的视角建构协商民主,他强调民主真实性,反对自由民主论者关于自由国家范围内有大量不断的民主真实性的观点。② Simone Chambers 教授认为,协商民主理论是一门规范的理论,它指引了我们增强民主和批判没有实践规范标准的制度的道路;它从背离自由个人主义或者民主的经济理解出发,转向定位于带有责任和讨论概念的研究上来。以谈话为中心的民主理论取代了以选举为中心的民主理论。以选举为中心的观点,把民主看作为确定的偏好和兴趣通过公正的集体机制来竞争的竞技场,而协商民主注重那些先于选举的相关意见和达成的意愿的畅谈过程。责任性取代赞同而成为合法正当性的概念核心。③

协商民主的概念比较广泛,学者的总结大概集中在以下几个方面。第一是协商民主的核心——公共协商。④ 公共协商是政治共同体成员参与公共讨论和批判性审视具有集体约束力的公共政策的过程。形成政策的协商过程,不仅建立在政治谈判或契约性市场交易模式基础之上,而且还受公共利益的支配。第二是在政治共同体中的协商过程的参与者都是平等的、自由的、理性的,不存在特殊成员的利益且不具有超越其他任何公民利益的优先性,参与者行为不受先定权威的规范或要求的限制,而只根据协商的前提和结果行动,提出建议,或者批评、辩论必须具有充分的理由,协商不接受强力。第三是协商民主为政治决策提供合法性,并强调公开性和责任性。公共协商能够使公民自愿接受正当的、具有约束力的决策,协商民主力图完善自主的自我治理过程,从而既反映不同的愿望,也反映更高程度的道德责任。公开性能够保证所有公民参与形成决策的过程,阻止秘密的、幕后的政策协定。责任性明确了谁支持什么政策,承担什么样的责任。第四是协商过程的参与者要承担公共利益的责任,为更大利益而节制甚至牺牲自我利益。但社会结构的差异性,可能使某些团体对更大的政治共同体没有责任感和认同感,公共协商要求参与者的认知和道德框架完全相似,且必须有一套共享的基本认识观念和信念。

---

① 阎孟伟:《协商民主中的社会协商》,载《社会科学》2014 年第 10 期。
② 参见[澳]约翰·S. 德雷泽克:《协商民主及其超越:自由与批判的视角》,丁开杰等译,中央编译出版社 2006 年版,第 22 页。
③ 韩志明:《过程即是意义——协商民主的过程阐释及其治理价值》,载《南京社会科学》2023 年第 12 期。
④ 博曼教授对公共协商的界定是:"交换理性的对话性过程,目的是解决那些只有通过人际间的协作与合作才能解决的问题情形。根据这个定义,协商与其说是一种对话或辩论形式,不如说是一种共同的合作性活动。"参见[美]詹姆斯·博曼:《公共协商:多元主义、复杂性与民主》,黄相怀译,中央编译出版社 2006 年版,第 25 页。

但关于现实性的信念和假设、规范原则和实践、多种族与多文化的现实所存在的差异,可能会使理性协商受到极大削弱。不同团体之间存在着显著的社会经济、认识资源的不平等,从而严重阻碍某些团体有效参与协商过程和平等维护自身需求、利益的能力。第五是协商民主理论中民主合法性的本质取决于那些受集体决策制约的公民个体参与有效协商的能力和机会。诉求向协商民主转型,意味着人们重新关注民主的有效性,即民主控制是实质化的,而非象征性的,是有能力的公民参与的,其本质是公共协商。协商民主的主要形式是直接民主、市政会议、小规模组织民主、工作场所民主以及不同道德原则的公民及自愿协会之间公共理性的中介机制,而协商宪政和司法实践所调整的是作为整体的社会。

协商民主之所以得到学界的推崇,根本原因之一在于其补充和完善了当代西方民主的三种主要形式,即代议民主、多数民主和远程民主。有学者分析了协商民主与代议民主、多数民主和远程民主之间的关系。[①] 第一,对话和讨论之于政治民主的重要性,其从古希腊亚里士多德时期就受到重视并在古希腊的城邦中得到实践,他们认为,民主的过程就是决策者不断听取民众意见并使之转化为政府决策的过程。第二,现代民主国家的政治体制与古希腊城邦体制有很大的不同,政府与公民之间的直接对话和协商受到极大的限制,直接民主很难得到有效推行,代之而起的是代议民主和多数民主。第三,由于政治过程的复杂性,间接的代议民主缺陷明显,简单的多数原则不能充分体现全体民众的真实意图。因此需要增加政治对话的机会,提高对话在民主决策中的作用。第四,由于现代科技的进步,间接对话成为可能,产生了所谓的远程民主(tele-democracy)。远程民主理论认为,建立在现代高度发达的通信技术之上的大众传媒、舆论调查、民意代表和利益团体等制度能有效地实现"民有、民治、民享"的民主核心理念。第五,协商民主对代议民主和远程民主都进行了批判。协商民主理论认为,无论是代议民主还是远程民主,都与现代民主的要求和社会的发展有不相适应的地方,公民与官员之间就共同相关的政治问题进行直接面对面的对话与讨论,是政治民主的最基本要素之一,也是任何其他方式所不可取代的。

协商民主得到学界推崇,是因为人们渴求一种理论可以扭转代议制民主沦落为仅仅对少数利益关怀的缺陷,实现决策的透明化和利益多元化的充分表达。而协商民主能够促进决策合法化、控制行政权力膨胀、培养公民美德和弥补自由主义的不足,因此它越来越受到重视。但是,协商民主理论在很大程度上还只是一种观念形态,它的理论价值已经让很多学者着迷。但仅仅停留于思想启蒙阶段是无助于实体制度的建构的,并且学界也认识到了制度化的难度。博曼教授强调了制约

---

① 参见俞可平教授为国家"十一五"重点图书"协商民主译丛"所作的"总序"。收录于上引《协商民主及其超越:自由与批判的视角》等。

协商民主的文化多元主义、社会不平等和制度复杂性等内容①;我国学者更是认为协商民主是"深深植根于当代西方发达资本主义国家的政治现实",因此要"有清醒的认识"②。但是,并不是说协商理论没有实践。博曼将可能的协商制度称为"直接协商的多元政治",并且欧盟已经确立"开放的合作方法"作为协商政策形成和实施的形式。博曼教授对公共协商在中国的制度化实施进行了展望,德雷泽克教授甚至直接开出了药方:协商民主"可以与中国许多城市和乡村正在开展的咨询会、恳谈会和听证会等协商实践联系起来"③。

(二) 协商民主与公用事业治理

1. 公权的规范与私权的张扬

诺内特和塞尔兹尼克的回应型法的理论模型与协商民主理论有共通之处,它们都强调扩大公众参与和追求实质正义,在实体法中清除专横武断,使其"代表最广大人民的根本利益",但是对于二者追求的根本目标之一——公共利益的保护——却产生了分歧。④ 在诺内特和塞尔兹尼克的理论中,法律对于转变中的社会的回应,是从压制型法向自治型法和回应型法的转变。回应型法和后官僚组织的标志是:(1) 广泛授权,以调动和动用各种手段去实现确定的目标;(2) 创造性地使用规划、评估和开发的参谋机构,以提高组织的认知能力;(3) 承认双重监督和双重忠诚,以便鼓励在有组织性地参与受到一些专业义务和愿望的限制等情况下,也能保持判断的独立性;(4) 把分享决策作为一种认识来源,一种沟通的媒介,以及一种同意的基础。在后官僚组织的框架下,"法律权威被广泛地授予,为数众多

---

① 参见[美]詹姆斯·博曼:《公共协商:多元主义、复杂性与民主》,黄相怀译,中央编译出版社2006年版,第64页。

② 参见[澳]约翰·S. 德雷泽克:《协商民主及其超越:自由与批判的视角》,丁开杰等译,中央编译出版社2006年版,"总序"。

③ 参见博曼和德雷泽克各自为其著作在中国翻译出版撰写的"中文版序"。参见前引《公共协商:多元主义、复杂性与民主》和《协商民主及其超越:自由与批判的视角》。

④ 在分析国家干预与法律制度之间的关系时,季卫东教授追问:"社会在不断地变动和发展,反映并用以调整社会关系的法制也必然要相应地改变自身。从实用主义的视角来看,旧的法律手段如果已不能够解决当前的社会课题,就应该摸索新的方法。但问题是,当代社会瞬息万变,而国家对经济的干预导致了法制在规模和功能上的扩张。有鉴于此,要使法制既不故步自封又可预测筹划,究竟应该采取什么样的政策呢?"美国学者P.诺内特和P.塞尔兹尼克的研究回答了这个追问。二位学者认为,法制改革可以采取两种思路。其一是激进的或风险大的做法,即为了树立法制的权威而促成开放的体系,允许民众参与和批评法律,在涉及公共政策上不区分法律和政治;其二是稳健的或风险小的做法,即法律与政治的脱离,变法只能通过既定的政治渠道去进行,而不能运用执法机关裁量的办法。由于现代法制面临课题的复杂性,因此"不应该空谈法律与强制、法律与国家、法律与规则、法律与道德之间必要的联系,而应该考虑这些联系在什么程度上和在什么条件下发生"。基于此,二位教授抽象出"法律的目的""合法性""规则""推理""自由裁量权""强制""道德""政治""对服从的期望"和"参与"等变量,将法划分为三种类型,即"压制型法"、"自治型法"和"回应型法"。参见[美]P.诺内特、P.塞尔兹尼克:《转变中的法律与社会:迈向回应型法》,张志铭译,中国政法大学出版社2004年版。

的各种具有特殊目的的机构都是法律责任的重要载体和法律发展的渊源",结果是"一种四分五裂和软弱无能的政治体(形成),在其中公共利益这一观念毫无意义"①。协商民主则认为,通过公共协商,不仅可以保证参与者先前的利益和观点,而且还反映了他们在思考各方观点之后做出的判断,以及应该用来解决分歧的原则和程序。

回应型法的理论模型与协商民主理论存在分歧是有原因的。首先,诺内特和塞尔兹尼克的回应型法理论与协商民主理论,尽管在结论上殊途同归,但是二者的立论以及方法论是有本质区别的。回应型法理论本身强调的是法律制度的变迁,而协商民主理论分析的是如何实现实质民主。其次,法律所惯有的人性恶的思维方式,使得回应型法在理论框架中容易推理出矛盾激化的结果,而政治学理论中的协商民主追求的是实质参与和真实表达下的对话和协商。可见,回应型法理论和协商民主理论有着实质性区别,但由于公用事业立法本身追求目标的复杂性和受制因素的多样性,二者的区别并不影响我们以此为理论基础讨论公用事业立法的理念定位。无论是回应型法还是协商民主,都鼓动公众参与和实质正义。公众参与要求确立参与机制,实质正义要求建立制度保证。在制度变迁的科层结构中,政策层次为立法和司法机构控制,组织层次为行政机关主导。要实现操作层次的公众参与,必然是将立法融入政策层次和组织层次。如何实现这种融入呢?

在代议制下,政府基于公益对社会生活行使规制权,但是这种规制常常是低效率甚至是失败的。追溯低效率和失败的根源有几个方面。首先是作为规制渊源的法律制度的不健全。不健全的原因有两个:法律漏洞和规制俘房。其次,规制主体的渎职。渎职的原因也有两个:主观上的利益博弈和客观上的技术困难。对于规制在这两个环节的完善,通过鼓励公众参与是否可以实现呢?对这一问题,要从民主政治的双层化观点出发,一层是正式的代议制度(有时被称为强势公众),另一层则包括非正式的公民协商(弱势公众)。②

代议制下规制制度的确立,显然是通过强势公众的利益考量实现的,如果强势公众能够实现"支撑政治决策的理性令人信服到足以促进每一公民——即使是异见者——即便在决策做出之后仍然在协商中继续合作的程度,它们(决策)就具有公共性"③。显然,这在多数情况下是很难达到的。有效的解决路径,就是吸收弱势公众参与到决策中,以实现对公共理性的公开利用。我们不赞成将公共领域中的公共协商仅仅分析为对立法和决策的参与,因为这种参与的隐喻,是在公权力主

---

① [美]P.诺内特、P.塞尔兹尼克:《转变中的法律与社会:迈向回应型法》,张志铭译,中国政法大学出版社2004年版,第25、111-112页。
② 马奔:《协商民主与选举民主:渊源、关系与未来发展》,载《文史哲》2014年第3期。
③ Neufeld, B. (2022). Public Reason and Political Autonomy: Realizing the Ideal of a Civic People. Routledye.

导下的协商,至少是有公权力参与的协商。从法律上讲,公共协商有两个领域。一个是涉及国家权力或公共权威主导的公共领域,另一个是国家权力退让或让渡给公众的空间。随着国家权力边界的清晰界定以及公众治理能力的提高,后一个领域的公众参与将会同样重要。非政府组织和多元主体频繁、积极参与公共领域的治理就是例证。从而,公用事业立法将展现下述样态:(1)公众通过自由平等的对话、讨论、审议等方式参与公共政策和政治生活,实现权力和权利的公共协商治理;(2)公众通过独立于行政系统的"第三部门",实现对特定私域的私法或软法自治。就像从压制型法向自治型法的转变中,公权力通过放弃程序正义的强制来谋求政权的合法性一样,公用事业立法理念和形态的重新界定及私法自治的强化,也是对公用事业合法性重新权定的一个代价或条件。

2. 协商治理与公用事业实践

目前各国兴起的公用事业民营化、公私合营等浪潮,实际上反映了协商民主的理念。公用事业是与公众利益关涉最密切的一个部门。由于政治生活的复杂性,公民参与是有限的。自由主义对此做了解说,它主张个人是受自我利益而不是任何公共利益驱动的,他们是自身利益最大化的裁判者,因此他们会"用脚投票"。但是,公用事业一方面与私人利益密切相关,另一方面,它必然涉及公共利益,政府一直将其纳入传统的规制领域。由于政府提供公共产品的效率低下,长期饱受"规制俘虏"的指责以及公共财政的制约,在公用事业领域,政府开始走向公私合营,由社会主体参与公共产品供应,政府则基于公共利益进行监控。这方面的实践,成功地创造出了包括政府特许经营权和听证程序在内的一系列制度化操作。无疑,它们应该是在既有的政治框架下,行政机构与公众通过类似于平等主体间的公共协商,即通过多元主体的利益协商,达至理性立法,从而赋予公用产品供应者以正当性和合法性,最终实现公众对涉及公共利益的公共事务的参与。

三、公用事业软法治理

协商民主有两个层次,一个是立法前对法律规范制定的公共参与,另一个是立法后法律实施中的协商治理。这两个阶段都是从公众立场出发进行的制度设计,对于公用事业治理来说,不但要激发公众参与的热情,实现公共利益的多元表达,同时更加重要的是,要调整公权机构的公用事业治理范式,实现公权运行的民主化和科学化。在这一方面,软法治理的兴起为我们提供了良好的借鉴。

(一)软法治理的兴起

1. 软法治理的界定:基于公用事业规制的视角

软法是公法学界近年讨论的一个较为前沿的课题。尽管对于什么是"法"或

"法律",法理学界存有争议,但对法是由有权的立法机构或行政部门颁布、并有强制力保证实施的行为规范这一重要属性,学界的认识还是比较一致的。这一类型的法,由于有强制力作为实施保证,往往成为国家权威的象征,学界将其形象地称为"硬法"(hard law)。与硬法相对的是"软法"(soft law)。对于软法的定义,学界有很多争论。[①] 从公用事业规制的视角,软法及软法治理有两个层次的内涵:(1) 软法及软法治理意味着法律规范从具体规则向抽象原则转化,法律的强制性特征被部分消解,它体现了公权力对私权利的妥协,从而实现了私权利对公权力管制的合法性和正当性的部分救济。这种转换反映了两个方面的需要,一是社会生活的复杂化以及技术革新的加快,确定、具体的规则容易导致政府规制的落败,因此需要实现由具体规则立法为主向抽象原则立法为主过渡的转变;二是适应代议制政体向协商民主的转变,公众通过协商,更多地参与社会经济生活的治理,而抽象的符合自然法的原则立法与公众对话达成的对原则与具体案例的沟通,可以成功实现有效的公众治理和规制,也满足了公众参与的需要。(2) 公用事业规制的转变必然将更大的空间让渡给公众治理,公众通过一定的自治组织体实现组织治理,而约束组织治理的依据就是组织协商达成的自治规范。这种自治规范与国家立法相对应,其最大的特点就是不直接以国家强制力作为后盾。后一个软法内涵更多的是对社会组织治理模式和治理规范的考量,本文主要以软法的第一个内涵为基础进行分析。

2. 软法治理的理论阐释:商谈立法理论的启示

荷兰蒂尔堡大学(Tilburg University)学者 Willem Witteveen 和 Bart Van Klink 认为立法有两种基本形态,一种是工具性立法(instrumental legislation),另

[①] 软法研究的兴起——根据罗豪才教授的归纳:(1) 世界范围内国家管理的衰落与公共治理的兴起;(2) 全球化和国际组织的推动;(3) 欧盟对软法的实践和推行等原因推动的。对于软法的概念以及关注的核心问题各国学者从三个方面进行研究。美国学者从国际法、国际环境法、人权和军备控制等领域的软法现象进行研讨。我国学者中对软法研究较为深入的是北京大学的罗豪才教授和他领导的北京大学法学院软法研究中心,他们编辑出版了《软法与公共治理》一书。对于软法的概念,我国学界也是观点不一。罗豪才教授认为,软法是指那些作为一种事实上存在的可以有效约束人们行动的行为规则,而这些行为规则的实施总体上不直接依赖于国家强制力的保障(参见罗豪才等:《软法与公共治理》,北京大学出版社 2006 年版,第 6 页);北京大学姜明安教授甚至没有给"软法"进行界定,而是强调"'软法'亦法,'软法'是非典型意义的法"(参见姜明安:《软法在构建和谐社会中的作用》,载罗豪才等:《软法与公共治理》,北京大学出版社 2006 年版,第 89 页);国内另一位较早讨论软法的梁剑兵先生认为软法律是在中国社会中客观存在的、主要是由国家认可和社会默契方式形成的、并以柔性的或者非正式的强制手段实现其功能和作用的法律体系(梁剑兵:《"软法律"》论纲,载罗豪才等:《软法与公共治理》,北京大学出版社 2006 年版,第 331 页)。尽管差异存在,但是学界对软法之于公共治理的价值都是肯定的,而且对它与国家强制力保障的"硬法"的区别也是有共识的。本文的研究将跳出既有的框架,在尊重一般共识,即软法的国家强制力否认的基础上进行探讨。东京大学商法研究者中心将关注点从政府管制转向社会治理,这也是本节讨论的主题。

一种是商谈性立法(communicative legislation)。① 工具性立法以主权和强制为基础，主权者(国家)通过特定程序制定的规则要求附属于主权的公民服从该规则，通过制裁引导公民去遵守。商谈性立法以协商为基础，将法律视为政府官员(包括行政、立法及司法机构)、中间组织和公众等主体之间的谈话邀请。对于立法者而言，商谈性立法意味着立法理念的调整。其一，立法者必须为法律确定适用于法律共同体的诸如正当程序、平等或生物多样性等根本价值。这些没有确定含义的价值被转化为法律规范，只是引导而不是决定其隐含的价值在具体案例中的应用，这样就仍然留有解释和争论的空间。由于其一般性的、技术性的和理想主义的特征，Willem Witteveen 和 Bart Van Klink 将这些法律规范称为"启发规范"(Aspirational)。启发规范是以一般条款而不是具体指引的形式出现的，其结果是法律能够根据社会上的法理和公正观念来灵活地调整态度以适应新的环境。这种立法与 P. 诺内特和 P. 塞尔兹尼克孜孜以求的回应型法是一致的。其二，立法者必须探求为法律社会所接受的启发规范。这种探求尤其是可以通过向公众披露信息、提供补贴和创设机构等方式，以实现在行政机构、司法机构和公众之间的协商。否定性的制裁——例如罚款和监禁——并不适用于这种探求，因为公众对这类启发规范的遵守是出于内心的认可而不是对惩罚的恐惧。

商谈性立法与工具性立法或者说主权者立法不同的是，它要求构建起立法者与公众之间的对话平台。协商民主在理念上实现了对代议制民主的超越，但是后者已经形成了体系化的制度，并且已经相对有效地规制社会生活。而协商民主理论在很大程度上还只是一种观念形态，它所强调的人民主权和公共利益、公民的平等参与和协商能力及相应的程序机制，虽已受到人们的广泛关注，但在现实的政治世界中，它不仅没有制度化的机制和程序，而且也缺少自身的经验基础。至于经济收入、信息、教育水平等要素与协商民主能否实行的关系更待深入思考。Willem Witteveen 和 Bart Van Klink 所讨论的商谈性立法，正是对上述担忧的回应。那么，立法者与公众之间的对话平台该如何构建呢？Willem Witteveen 和 Bart Van Klink 提出的路径是由公众和机构构成的解释性共同体(interpretive community)阐述和适用特定的法律。也就是说，通过商谈机制制定出来的法律，应该通过解释性共同体所作的解释实施于特定案件。对解释性共同体的形成，Willem Witteveen 和 Bart Van Klink 的解释是："(1)解释性共同体的成员在某一个方面对法律解释作出贡献。这种贡献包括判决决定、解释性陈述或在科学期刊上的论文；(2)一般来说，他们认可与从事法律相关的目标以及路径。换句话说，基于法律所形成的'评价和批判'的社会实践对于他们是有益的。(3)尽管在具体案件中

---

① Klink, B. V. & Witteveen, W. (1999). Why Is Soft Law Really Law? A Communicative Approach to Legislation. Regel Maat, 14(3), 126-140.

关于法律的正确解释的争论是存在的,但是为了解决这些争论他们同意所使用的词汇。因此,一个解释性共同体并不必然建立在实质性的一致的基础上,只要认可如何处理关于一致的不同意见的方法就可以了。"但是,一个解释性共同体包括所有的成员和机构的想法只是一种奢望。Willem Witteveen 和 Bart Van Klink 将商谈性法实现过程划分为两个阶段:"宪政时刻"(constitutional moment)和"话语实践"(discursive practice)。当宪法性框架成功构建起官员和相关的主体公众都接受并受其约束的法律时,商谈性法律开始向"话语实践"过渡。在讨论商谈性法律的"话语实践"时,Willem Witteveen 和 Bart Van Klink 以荷兰的立法为例,认为由于主观性的原因,社会中不同的少数民族和团体的平等并不能得到完全的认知,也不能转化成清晰和明确的规则。这个时候启示性规则就是不可避免的。解释性共同体整体的任务,就是根据新的环境和法规及司法的认知,将这些规范与现实生活相融合。Willem Witteveen 和 Bart Van Klink 的理论在某种程度上与 P. 诺内特和 P. 塞尔兹尼克的回应型法理论是相通的,这点他们也承认,他们认为商谈立法是回应型法的一个变量。他们甚至表达出了诗人般的理想:通过商谈互通的过程,在"话语实践"中的参与者逐渐将法的理想转变成自身行动的动机。

　　商谈性立法理论在很多地方都值得商榷,但是它对公用事业规制的转向有着重要的启示意义。① 其一,商谈立法强调从强制性规则向启示性规范的转变,吻合了社会经济发展的要求。理论和实践都证实,社会经济发展得越快,社会矛盾会越多,政府规制的价值就愈发重要。由于立法的滞后性,作为政府规制权实体法渊源或来源的法律文本常常滞后于现实,从而使得规制于法无据,随之日益扩张的行政权容易引起公众的恐慌,因为行政不能只接受程序法的控制,其实体法上的缺陷或漏洞,同样会导致实体正义的抹杀。因此,必须建立起有效的机制化解这个问题。商谈立法的启示在于:必须从源头体现实质正义,通过公共协商形成具有启示性的规范,并依托公共治理过程中多元主体的参与式解释,实现法律抽象原则与具体个案之间的有效衔接,从而真正达致实质正义。这点正符合化解上述矛盾的需要,也是软法治理所要求的。其二,协商民主对代议制政府的指责在于代议制政府并不能代表公众尤其是弱势群体的利益,因此要通过公共治理实现利益保护和社会正义。而商谈立法要求通过公众参与的原则立法与公众协商达成的法律解释实现对

---

① 尽管商谈性立法理论在很多地方值得商榷,而且部分观点并不新鲜,譬如关于立法的原则化和具体化之争在立法理论中一直存在,但是作者基于治理范式的转化提出的通过多元主体参与的对原则性法律的解释,既适应了公共治理的需要,也对法律解释学提出了挑战。法律解释学一直在讨论解释什么、谁来解释的问题。在国内对法律解释学研究较早的陈金钊教授认为,法律解释应该由享有司法权的法院专享,解释的对象包括作为"本文"的成文法律和经法律主体选择、并与成文法相关的事实,包括事件和行为。(参见陈金钊著:《法律解释的哲理》,山东人民出版社 1999 年版,第 38-57 页)商谈立法理论对此的冲击是根本性的,因为它认为解释的对象是公共协商达成的启发规范,而解释的主体至少包括大部分的主权者和公众。

个案的裁决,正好回答了协商民主关心的问题,实现了从具体规则规制向抽象原则治理的过渡。

(二) 软法治理的实践:交通公用事业的权力衡平

传统上,政府规制一般倚仗公权力推行,原因之一在于规制的领域涉及公共利益的保护和公共资源的配置,必须依赖于强制力保障公众利益,维护政府规制的正当性。但是我们也看到,公权力机构为了实现规制目标,可能会扩张其权力范围,权力失控的后果是对权利的侵夺。学界的共识是,由于制定法的滞后性和法律语言的局限性,在涉及公共利益的政府规制领域,往往难以实现真正有效的规制;加之包括施蒂格勒等著名学者所指责的"规制俘虏"导致的规制者受利益集团影响,使得规制立法在公共利益面前失衡,因此政府规制的正当性一度受到怀疑。我们需要思考的是,如何保证政府规制权力渊源的立法对公共利益的尊重。商谈立法理论为实现立法民主化和公众参与提供了理论上的可行性和实践上的操作路径。立法的民主化是保证政府规制正当性的基础,也是维持政府规制效率和效益的保证。那么我国实践中的政府规制立法呈现何种样态呢?

1. 形式软法:我国的实践

按照本文对软法的界定以及学界的共识,我国经济生活中存在大量的形式意义上的软法规范,这些规范是政府实现规制目标的重要工具。但是,我国语境中的软法治理却停留在较低层次,它不但不能实现对政府规制水平的提高,甚至会导致公众对政府规制正当性的质疑。因此,如何使得体现软法形式的政府规制政策获得实质意义上的软法内蕴,即通过公众参与和民主协商机制制定出体现公共利益的法律渊源,就成为学界需要探讨的一个问题。下文将选取我国公用事业运营规制的一个案例,分析体现软法形式的规范的成因及其法理基础,并阐述如何实现从形式软法向实质软法的转变。

[案例] 吉德仁诉盐城市人民政府《会议纪要》案[①]

原告:吉德仁等四经营户

被告:江苏省盐城市人民政府

因农村公交与城市公交发生矛盾,盐城市人民政府(以下简称"盐城市政府")于 2002 年 8 月 30 日下发了盐城市政府第 13 号《专题会议纪要》(以下简称"《会议纪要》")。《会议纪要》第 5 条规定,城市公交在规划区内开通的若干线路,要保证其正常营运,继续免交有关交通规费。

[①] "吉德仁诉盐城市人民政府会议纪要案",案例摘自最高人民法院中国应用法学研究所:《人民法院案例选》,人民法院出版社 2003 年版,第 425—428 页。

吉德仁等四人是经交通部门批准的道路交通运输经营户,该四人营运的路线与《会议纪要》中明确免交交通规费的公交公司的 5 路、15 路车在某地段的营运路线重叠。同年 8 月 20 日,盐城市城区交通局(以下简称"城区交通局")向公交公司发出通知,要求该公司进入城区交通局所管理的公路从事营运的车辆办理有关营运手续,公交公司认为根据建设部规定及 8 月 20 日市长办公会要求,该公司不需要到交通主管部门办理有关手续。9 月 10 日,吉德仁等四人向城区交通局提出申请,请求依有关规定对公交公司未经交通部门批准超出市区延伸到 331 省道南洋段进行营运的行为进行查处,保护公平竞争。9 月 11 日,城区交通局书面答复吉德仁等四人称,由于盐城市政府 2002 年 8 月 30 日下发的第 13 号《会议纪要》第 5 条的规定,该局无法对城市公交车进入 331 省道南洋段的行为进行有效管理。吉德仁等人不服,认为盐城市政府的会议纪要决定城市公交免交交通规费,侵犯其公平竞争权,向盐城市中级人民法院提起行政诉讼。请求撤销《会议纪要》第 1 条、第 5 条及第 6 条内容。

［裁判要旨］

盐城市中级人民法院经审理认为:(1)《会议纪要》是一种行政决定行为,有具体的执行内容,是可诉的具体行政行为。吉德仁等四人具有行政诉讼的原告主体资格。(2) 盐城市政府的《会议纪要》是在其法定权限之内做出的行政行为,不违背相关的法律、法规。综上所述,吉德仁等四人虽具有本案的诉讼主体资格,但其诉讼请求不能成立,故驳回吉德仁等四人的诉讼请求。

吉德仁等四人不服一审判决,向江苏省高级人民法院提起上诉。

江苏省高级人民法院经审理认为:《会议纪要》第 5 条的规定作为政府的一项行政决定,具有行政强制力,是可诉的具体行政行为。吉德仁等四人有权以原告身份提起行政诉讼。盐城市政府《会议纪要》第 5 条中有关在规划区免征规费的规定,超越了法定职权。同时,该项内容无法律、法规依据,且与多个部委的有效的规章相抵触,依法应予以撤销。盐城市中级人民法院认定吉德仁等四人具有原告主体资格及《会议纪要》相关内容为可诉的具体行政行为的认定正确,但对于《会议纪要》第 5 条中有关在规划区免征规费的规定的合法性认定不当,依法应予以撤销。

在吉德仁诉盐城市人民政府《会议纪要》案(以下简称"纪要案")中,争议的焦点是盐城市政府第 13 号《专题会议纪要》的合法性。2000 年国务院颁布的《国家行政机关公文处理办法》第 9 条规定,会议纪要是公文的一种,适用于记载、传达会议情况和议定事项。一般来说,会议纪要是行政机关在行政管理过程中形成的具有法定效力和规范格式的文书,用于记载和传达行政机关有关会议情况和议定事项,是行政机关公务活动的重要载体和工具。[①] 会议纪要不是由立法机构颁布,而

---

① 黄培光:《政府会议纪要的法律性质研究》,载《天津行政学院学报》2013 年第 2 期。

是由行政机构表达的涉及特定公共事务的决议,因此学界将会议纪要纳入软法规范的范畴。① 在"纪要案"中,吉德仁等四名经营户之所以提起诉讼,是因为盐城市政府《专题会议纪要》第 5 条有关在规划区免征规费的规定使得他们遭受了经营损失,损害了他们的利益。

也就是说,形式上的软法不但没有实现对公众利益的保护和公众对治理结果的认同,还导致了公众对软法的否定或质疑,形成了"软法非治理"。这与国外理论中强调的软法治理的价值大相径庭。无论是形式意义上的软法还是实质意义上的硬法,其规制效果主要决定于相应制度形成过程中多元利益的平等保护程度。软法治理的形成首先必须保证软法对私权利和公权力的共同尊重和利益维护,也就是说,必须是实质意义上的软法而不是形式意义上的软法,只有这样,才能实现由"善制"到"善治"的转变。在上述案例中,会议纪要只是形成了软法的形式要件,但并不具备软法的实质要件,而后者才是软法的根本属性。那么,如何解决我国的"软法非治理"问题呢?

2. 对"软法非治理"原因的解释

对于"软法非治理"或形式软法的解释,我们将借助美国学者博曼的公共协商理论。运用博曼的理论,我们可以解释上述纠纷产生的原因:"首先且最重要的是,民主就意味着某种形式的公共协商。如果决策不是强加给公民的话,他们之间的协商肯定是必不可少的。毕竟,同意是民主的主要特征。公民们给自己制定法律,不但使得法律具有合法性,而且给公民们提供了他们有义务遵从的理由。根据多数协商民主的支持者的说法,当政策通过公共商讨和辩论的途径制定出来,且参与其中的公民和公民代表超越了单纯的自利和有局限的观点,反映的是公共利益或共同利益的时候,政治决策才是合法的。"② 显然,上述政府会议纪要所载的内容没有体现"公共利益或共同利益",而仅仅是对城市公交利益的保护。那么,如何制定实质软法并保证治理的有效推进呢?

首先,公共决策必须通过"公共商讨和辩论的途径制定"。在本案中,对于农村公交与城市公交的矛盾,盐城市政府召集商讨的主体包括"盐城市及城区的两级建设、交通、公安等部门及盐城市公交总公司",并在此基础上形成了盐城市政府第 13 号《专题会议纪要》。在这个商讨过程中,唯独缺少了农村公交运营商或其利益代表。显然,这里的协商违反了"民主合法性的最低条件":"'公众'不但意味的是公民体而且意味的是原则上对每个人都开放的决策、商讨以及信息收集的重叠领域的存在,它还指的是在公共领域中为协商而提供的理性,这些理性具有特定的范

---

① 罗豪才:《软法与公共治理》,北京大学出版社 2006 年版,第 71 页。
② [美]詹姆斯·博曼:《公共协商:多元主义、复杂性与民主》,黄相怀译,中央编译出版社 2006 年版,第 4 页。

围,即它们必须对每个人来说都是可信服的。协商民主的这个事实提供了判断构成自由平等的公民间共识的最低限度标准,公民们进行协商是为了发现和构建斯坎伦(T. M. Scanlon)所说的'知情的、非强制性的一致同意',或者于尔根·哈贝马斯(Jürgen Habermas)所说的'非强制性全体一致',两者都描述的是协商结果的民主合法性的最低条件。"①

其次,参与商讨的"公民和公民代表超越了单纯的自利和有局限的观点"。《专题会议纪要》第1条对城市公交的运营范围和纠纷解决做出了规定,但是并没有解决这次会议的主题——对"农村公交与城市公交发生矛盾"的处理。该诉讼产生的直接动因是《专题会议纪要》明确免交了公交公司的5路、15路车的交通规费。公交公司的5路、15路车的运营线路与吉德仁等交通运输经营户的营运路线重叠。根据《专题会议纪要》的规定,在此路段营运的吉德仁等交通运输经营户需要交纳交通规费,而公交公司的5路、15路车则不需要交纳,该《专题会议纪要》显然损害了吉德仁等交通运输经营户的利益。因此,从现有的材料看,盐城市政府的专题会办是失败的:其一,没有解决城市公交和农村公交的矛盾;其二,协调会不但没有听取农村公交运营商的意见,甚至于没有召集他们参加,从而参加专题会办的代表没有"超越单纯的自利和有局限的观点"。可以继续用博曼的观点解释此案:"常常损害和不利于多数公民的不具合法性的政治决策,肯定是由非公共理性和经由非公共途径制定出来。它们未经政治平等的公民进行讨论。"②

最后,政治决策必须是在集体理性基础上形成的,"反映的是公共利益或共同利益"。理论和实践并不存在必然的认识逻辑——经由公共表决的政治决策一定优于非经此路径制定的政治决策,"特别是当存在共同体范围的谬误和偏见的时候"。博曼的观点是:"我认为对公共协商最好的辩护在于它更有可能在认识论上提高政治决策正当性的质量。当协商在开放的公共集会上进行的时候,理性的质量就可能提高。在此类的集会中,公共舆论更有可能基于所有视角、利益和信息而形成,而不大可能将合法利益、相关知识或适当的反对意见排除在外。政治正当化中理性质量的提高最终会影响到决策结果;理性会更具有公共性,因为它们反映了所有受到影响的协商者更为广泛的要求。"③

在"纪要案"中,一审和二审法院对于市政府有关城市公交免收规费的权力合法性的判决不一致,前者认同而后者否认,依据的都是国家现行立法。实际上,这

---

① [美]詹姆斯·博曼:《公共协商:多元主义、复杂性与民主》,黄相怀译,中央编译出版社2006年版,第23页。
② [美]詹姆斯·博曼:《公共协商:多元主义、复杂性与民主》,黄相怀译,中央编译出版社2006年版,第24页。
③ [美]詹姆斯·博曼:《公共协商:多元主义、复杂性与民主》,黄相怀译,中央编译出版社2006年版,第24-25页。

个案件的意义并不在于市政府的会议纪要是否合法——尽管这是相关利益主体最关心的,而是在于为什么会产生这种维护一方利益而剥夺另一方利益的决议。根据上述分析,其根本原因在于没有在集体理性基础上通过公众参与、公共协商形成代表公共利益或共同利益的软法规范。缺少了实质意义上的软法规范,"软法治理"也只会沦为空洞的说教了。

第五章
公用事业规制法

第一节 公用事业规制法界说

一、公用事业规制法的概念

公用事业规制法是以政府对公用事业领域的规制关系为调整对象的法律和规范的总称。公用事业规制法包含以下两层含义：

首先，公用事业规制法的调整对象是在公用事业领域内的，因政府行使规制权而产生的社会关系。

公用事业规制法的调整领域为公用事业领域，但是受规制本身所承载的任务和公用事业的公共属性的影响，公用事业的规制关系呈多面性。一方面，公用事业规制法调整政府规制机构与被规制企业之间的关系，这是最主要的规制关系；另一方面，公用事业规制法也调整规制机构与消费者之间的关系，这是由公用事业公共性所决定的，这种规制关系常见于规制程序制度和消费者的救济制度之中；另外，为了保障消费者的基本生活福利，考虑到公用事业企业与消费者之间实际的不平等地位，公用事业规制法也会介入公用事业企业和消费者之间的关系中，如独立规制机构的纠纷裁决权。

其次，公用事业规制法与公用事业领域的其他法律规范存在分工。

第一，因为规制是政府对微观经济活动的直接干预，因此，公用事业规制法与国家对于包括公用事业在内的所有经济领域进行宏观调控所出台的宏观调控法相区别，后者是"国家对国民经济总体活动进行调节和控制过程中发生的法律规范的总和"①,如发展规划法、财政法、税法、产业政策法等。

第二,由独立的规制机构对公用事业进行专业规制是今后的发展趋势,规制与传统行政管理相分离,因此公用事业规制法与传统行政机构对公用事业进行的微观行政管理方面的法律规范也存在区分,并不是所有有关公用事业的行政管理法律规范都属于公用事业规制法,如反垄断法。

第三,在外延上,公用事业规制法既包括国家立法机关针对公用事业的规制关系所出台的法律规范,也包含有权国家机关,包括专门规制机构自己所出台的有关规制政策。政策性也称应时变动性,是市场规制的一个固有特征,因为市场总处于不停的变动发展之中,相应的政府规制也应采取不同的策略和手段,这就决定了规制法律体系应该更加灵活,规制政策在该领域具有巨大的作用空间。在我国,由于公用事业的改革还处于初级摸索阶段,再加上政策治理的传统习惯,在公用事业改革领域,往往政策先行,甚至某些领域的规范还长期停留在政策层面,因此,对我国的公用事业规制法进行研究,必须将这些政策纳入研究视野。

二、公用事业规制法体系

可以从以下两个角度对公用事业规制法体系进行界分。

首先,从规制法的内容来界分,公用事业规制法可以划分为公用事业规制主体法、公用事业规制行为法、公用事业规制监督法。② 其一,公用事业规制主体法主要规定规制主体的设立、组织、职权等内容,同时,由于公用事业企业是最主要的被规制对象,因此公用事业规制主体法也会涉及公用事业企业的相关法律问题,尤其是公用事业企业的法律性质。其二,公用事业规制行为法是针对具体规制活动的法律规范,可以从不同角度进一步划分。根据规制作用的不同领域,可以分为公用事业公共设施规制、产业结构规制、市场结构规制、利用机制规制、消费者保护规制和公用事业企业规制等活动的法律规范;③根据规制所起的作用不同,可以分为经济性规制和社会性规制的法律规范,这两种规制当中又包含许多种类的规制活动,如市场准入规制、价格规制、产品质量规制、信息规制等;还可以根据具体的规制手段来划分,公用事业规制行为法的内容涉及多样而灵活的行政手段,传统的规制手段以许可为主,在放松规制改革后涌现出契约式的规制手段,也包括其他激励性的规制手段。其三,公用事业规制监督法是监督公用事业规制的合法性、有效性的相关制度规范,是为实现监督规制而设计的。

---

① 叶秋华、宋凯利、郝刚:《西方宏观调控法与市场规制法研究》,中国人民大学出版社2005年版,第29页。
② 邢鸿飞、徐金海:《公用事业法原论》,中国方正出版社2009年版,第247—271页。
③ 邢鸿飞、徐金海:《公用事业法原论》,中国方正出版社2009年版,第261页。

其次，从规制法的作用领域进行划分，公用事业规制法可以分为基础性（通则性）规制法和行业性规制法。基础性的公用事业规制法是各公用事业产业都通用的规制法律规范，由于公用事业的特殊性，这些规范中既有专门规范政府行政权力的，如《中华人民共和国行政许可法》《中华人民共和国行政处罚法》《中华人民共和国政府信息公开条例》等，也包括传统经济领域的一些规范，如《中华人民共和国消费者权益保护法》《中华人民共和国价格法》等，还包括专门针对公用事业领域所出台的通则性规范，如《市政公用事业特许经营管理办法》；行业性的公用事业规制法主要是针对各公用事业产业的单独立法中有关规制的内容，目前我国已有的公用事业立法，包括公用事业规制法在内，主要以行业立法为主，基本上每个公用事业产业都已经出台了相应的行业法律规范，如《中华人民共和国铁路法》《中华人民共和国电力法》《中华人民共和国邮政法》等。

后续内容将主要遵循第一种划分来安排，同时第二种划分中的行业性规制法也为部分分析提供了实证法基础。

三、公用事业规制法在法律体系中的地位

公用事业规制法的法律地位，就是要确定政府规制法作为一个法体系，在我国总的法律体系中的位置，以及其与现有各部门法之间的关系。从内容来看，公用事业规制法与政府规制法、公用事业法密切相关，是两者的交叉领域。由是观之，公用事业规制法的法律地位可以从以下两个方面来解读：

首先，公用事业规制法是现代行政法的有机组成部分。公用事业规制法所调整的基本社会关系是政府因对公用事业各行业进行微观干预而形成的规制关系，如前文所述，规制是现代政府对微观经济领域进行的直接干预行为，属于行政行为，规制所涉及的主体和由规制所引起的法律关系均属于现代行政法律关系。政府规制产生于防范和矫正"市场失灵"的需要，其作用范围随着现代公共行政的民营化而大大扩展。也因常常采用弱强制色彩的作用方式甚至采用私法方式，政府规制法所规范的行政法律关系区别于传统行政法，随着我国公共行政的兴起，政府规制已成为我国行政法学的新兴课题，政府规制法也成为我国行政法体系的重要内容。

需要明确的是，政府规制法因为同时涉及政府对市场领域的规制和对民营化的社会公共服务领域的规制，因此，在我国现有的部门法体系之下，政府规制法因其内容不同，可分属于行政法和经济法两个法律部门。经济法将政府规制的重点主要放在可自由竞争领域，其规制的主要目标是反垄断和消费者保护；而带有社会福利性质同时具有自然垄断特征的公用事业领域则成为现代行政法所规范的领域，公用事业规制法成为现代行政法体系的必要组成部分，是公共行政视野下现代

行政法成为"有关行政的法"的重要表现。

公用事业规制法属于现代行政法,这一法理定位可以使我国行政法学界的研究视野从传统的秩序行政扩展到更为广阔的社会给付行政领域。公用事业法研究长期受部门法学忽视,加之受限于传统行政法与经济法将经济领域和社会领域相割裂的研究范式,公用事业法研究并未纳入各部门法的研究视域。

当下,强调公用事业规制法的行政法属性,为公用事业规制法的立法和执法等活动奠定了行政法治的基调,即任何有关公用事业规制的立法和执法活动,均应遵循行政法规范,必须适用现代行政法的基本原则,如法律保留原则、法律优先原则、程序公正原则、信赖保护原则等;也同样适用已有的行政法基本制度,如政府信息公开制度、行政复议制度、行政诉讼制度等。

其次,公用事业规制法是现代行政法中的部门行政法。现代行政法体系由通则性规范和部门性规范组成。通则性规范适用于所有领域,行政法律关系不受各社会领域分工的限制,如我国的行政处罚法、行政许可法、行政强制法、行政诉讼法等,通则性行政法规范构成了一国现代行政法的基本制度框架。部门性行政法规范是指基于社会分工而形成的适用于各领域、各行业的行政法规范,如治安行政法、卫生行政法、交通行政法等。部门性行政法规范具有较强的专业特色,对其所规范的行业或领域具有较强的针对性,但是通常不能像通则性行政法规范那样可以跨行业适用。由于部门行政法规范是社会分工日趋细密的产物,因此部门性行政法规范的完善程度是衡量一国行政法治水平的重要标准。

公用事业规制法是公用事业法的重要组成部分,其内容与公用事业的经济特征和社会属性密切相连,同时也涉及不同公用事业行业的技术特征,因此,政府要对公用事业领域进行有效规制,必须遵循公用事业的专业性,公用事业规制法也必然带有强烈的专业性色彩。

阐述公用事业规制法的部门行政法地位,是为了突出公用事业规制法较强的专业特点,从而提升行政法学者研究公用事业规制法的专业针对性。长期以来,我国行政法学界主要以行政法总论为研究对象,对各部门行政法研究不足。这与我国行政法的构建及行政法学研究起步较晚有关,而且对行政法学基本理论的探讨和行政通则性法律制度的构建也是建设行政法治的基础性内容。我国行政法学界经过近三十年的探索,取得了从通则性行政行为规范到通则性行政救济规范等多个领域的诸多成果。但是,随着我国行政法治进程的加快,行政法治建设和行政法学研究必然拓展到各部门行政法领域,也只有这样,现代行政法学理论才能融入各部门行政法规范,并用以指导部门行政法治实践,行政法治要求才能得到全面落实,政府法治建设才能迈上新台阶。

公用事业规制法的现实基础是政府对公用事业的规制,而政府对公用事业的规制属于政府对公用事业实施有效管理的必要组成部分,必须遵守政府管理公用事业的特殊原则。如有学者将公用事业管理的原则总结为以下四个：(1) 以公众为本原则，即公用事业管理必须以全体社会公众的共同利益为本位；(2) 服务原则，即公用事业管理的目的在于提供社会服务，保障和提升社会公众的生活质量；(3) 社会效益优先原则，效率与公平是公用事业管理的两个基本目标，在这两个目标中，应当以社会效益为先，优先解决公平问题；(4) 法治原则，即公用事业管理必须依法进行。[1] 可见，除了"法治原则"，前三个原则都具有公用事业专业色彩的针对性，可以视为公用事业规制法的特殊原则。

第二节　公用事业规制法的内容

公用事业规制法的内容就是公用事业规制行为所涉及主体的权利义务，主要围绕公用事业规制行为而展开，公用事业规制行为是决定公用事业规制法内容的核心要素，因此探讨公用事业规制法的内容可以以公用事业规制行为为主要视角。

公用事业产业的经济特征使得其规制内容区别于对其他可竞争性市场主体的规制，随着科学技术的进步，公用事业的改革又催生了许多新的规制内容，伴随着公用事业民营化而进行的放松规制意味着规制体系的重建，其中新的规制内容是规制改革的重要体现。

一、公用事业规制的传统内容

公用事业规制的传统内容通常由经济性规制和社会性规制构成。

(一) 经济性规制

经济性规制在经济学上的定义比较一致，如植草益认为经济性规制是指"在自然垄断和存在信息偏在的领域，主要为了防止发生资源配置低效和确保利用者的公平利用，政府机关用法律权限，通过许可和认可等手段，对企业的进入和退出、价格、服务的数量和质量、投资、财务会计等有关行为加以规制"[2]；西方经济学者认为，经济性规制通常是指"政府通过价格、产量、进入与退出等方面而对企业决策所实施的各种强制性制约"[3]。

---

[1] 崔运武：《现代公用事业管理》，中国人民大学出版社2011年版，第40—44页。
[2] ［日］植草益：《微观规制经济学》，朱绍文、胡欣欣等译，中国发展出版社1992年版，第27页。
[3] Drab-Kurowska, A. (2017). Regulation and institutional framework. Ekonomiczne Problemy Usług, 126(1), 81—88.

在传统的公用事业规制体系中,经济性规制占主要地位。传统经济性规制的主要内容包括:[1]

1. 价格规制

传统的公用事业价格规制模式是投资回报率定价,投资回报率定价又称为"公正报酬率定价",其基本思路是由政府规制部门公布各行业所允许获得的报酬率,允许垄断企业在通过资费收入补偿成本支出后,得到一定的利润报酬,但不得高于该报酬率。美国是实行投资回报率价格规制模式的典型国家。投资回报率定价的方法存在两大缺陷:一是投资收益率对成本和收益率的确定需要规制者对企业的运营成本信息和专业运营知识相当了解。而企业和规制者之间存在信息不对称,规制者通常很难得到真正的相关信息,并且,即使能够获得相关信息,也需要付出相当的成本。二是投资收益率规制缺乏对企业减少成本和提高效率的激励,因为企业的各项运营成本都能够得到回收,从而导致过度投资,生产效率低下。

2. 进入和退出市场规制

为了获得产业的规模经济性和成本弱增性,规制者需要限制新企业进入产业,同时,为了保障供给的稳定性,还要限制企业任意退出产业。行政许可(前置审批)是进入和退出市场最主要的传统规制手段。

3. 投资规制

规制者既要鼓励企业投资以满足不断增长的产品或服务需求,又要防止企业间过度竞争,重复投资,还要对投资品的最优组合进行规制以保证投资效率和效益。投资规制的传统手段也是行政许可。

4. 质量规制

由于公用事业的许多产品或服务的质量具有综合性,并不容易简单定义和直观认定,因此往往将质量与价格相联系,即在价格规制中包含质量规制,如果被规制企业的产品或服务没有达到质量标准,或者消费者对其质量的投诉太多,规制者就要降低该产品或服务的价格。

以上内容中,价格规制和准入规制是最基本和最传统的经济性规制内容,而且因为各公用事业产业具有不同的产业特征,因此各产业经济性规制的具体内容差异很大。

(二) 社会性规制

社会性规制是"以保障劳动者和消费者的安全、健康、卫生、环境保护、防止灾害为目的,对物品和服务的质量和伴随着提供它们而产生的各种活动制定一定标

---

[1] 王俊豪:《政府管制经济学导论——基本理论及其在政府管制实践中的应用》,商务印书馆 2017 年版,第 33 页。

准,并禁止、限制特定行为的规制"①。

社会性规制主要是为了应对经济活动中存在的外部性(特别是外部不经济)、非价值性物品、信息不完全以及为提供某些公共产品而设置的,以增进社会福利为目的。在传统公用事业规制体制中,社会性规制并不突出,直到20世纪70年代才开始在美国等西方发达国家受到重视。

二、公用事业规制改革后的内容

公用事业领域的市场化改革目的在于引入竞争,与其相对应的规制重构的目的也在于促进公平有效的市场竞争格局的形成。与一般可竞争性市场不同的是,公用事业市场化过程中会根据竞争程度形成三个不同的领域,即残存的自然垄断领域、从自然垄断向自由竞争过渡的领域和已实现充分竞争的领域,对这三个不同领域应该采取不同的规制政策和手段。同时,放松规制的实质在于放松以命令、许可等强制手段为主的经济性规制,而社会性规制在规制重构中反而得到加强。

(一) 经济性规制

1. 残存的自然垄断领域——激励性规制

在残存的自然垄断领域,以激励性规制代替传统的命令——控制型规制。激励性规制(incentive regulation)就是在保持原有规制结构的条件下,激励受规制企业提高内部效率,也就是给予受规制企业以竞争压力和提高生产或经营效率的正面诱因。② 激励性规制萌生于20世纪80年代的英国,90年代在西方国家得到了广泛应用。激励性规制理论是为解决规制与被规制双方的信息不对称问题,将博弈论和信息经济学中的激励理论应用于规制理论分析的结果,是西方规制经济学所达到的一个新的发展高峰。激励性规制的特点在于给予受规制企业一定的价格制定权,让其利用信息优势和利润最大化动机主动提高内部效率、降低成本,并获取由此带来的利润增额。相对于传统规制而言,激励性规制只关注企业的产出绩效和外部效应,而较少控制企业的具体行为,企业具有更大的经营自主权。激励性规制包括很多种类,比较重要的类型有:价格上限规制、特许经营、区域间标尺竞争、比较延期偿付率规制、利润分享规制、联合回报率规制以及菜单规制等,③其中运用最广泛、最具有代表性的是价格上限规制、特许经营和区域间标尺竞争。

价格上限规制也称最高限价,首先由英国在公用事业领域实行,采取 RPI—X

---

① [日]植草益:《微观规制经济学》,朱绍文、胡欣欣等译,中国发展出版社1992年版,第22页。
② [日]植草益:《微观规制经济学》,朱绍文、胡欣欣等译,中国发展出版社1992年版,第282—284页。
③ 有关各激励性规制种类的具体含义请参见余东华:《激励性规制的理论与实践述评——西方规制经济学的最新进展》,《外国经济与管理》2003年第7期。

模型,RPI 表示零售价格指数(retail price index),即通货膨胀率;X 是由规制者确定的在一定时期内生产效率增长的百分比。价格上限规制的优点在于将激励性规制最重要的两大特点有机地结合在一起:一是对降低成本的激励,而且这种激励稳定可行;二是调整价格的激励和自由,受规制企业具有制定价格的弹性空间,能够寻求更有效率的价格结构。①

特许经营在不同国家有不同的形式,因此其定义并不统一,但是"特许经营的本质是政府将竞争机制和市场力量引入到公共服务的供给之中,充分发挥公共部门与私人部门各自的禀赋优势,通过相互之间的密切合作,为社会成员提供更多、更好的公共产品和服务"②。特许经营的积极意义在于它改变了传统上直接以行政手段分配公用事业经营权的方式,代之以竞争的方式取得经营权,从而筛选出最优秀的经营者以提高公用事业的经营效率,同时减轻规制者由于信息不对称所引起的额外的规制负担。

区域间标尺竞争也称地区间比较竞争,是规制者针对地区性垄断经营的公用事业企业所实行的一种借助政府规制机制,促进不同地区的被规制企业间相互竞争的一种规制方式。规制者通过比较不同地区性公用事业企业的经营绩效,以经营绩效较高的企业经营成本为基准,在考虑各地区的经营环境差异之后确定规制价格,各地区的公用事业企业要取得较多的利润,就必须使成本低于其他企业的平均水平,这样就达到了促使企业降低成本、提高生产经营效率的目的。

2. 自然垄断向自由竞争的过渡阶段——不对称规制

自然垄断向自由竞争的过渡阶段的市场被称为部分垄断市场,部分垄断市场中的公用事业企业可以分为两种,一种是支配主导企业(dominant firm),即一直从事公用事业产业经营的原企业,一种是新进入公用事业产业的企业,称为竞争性周边企业(competitive fringe firms)。在该阶段,支配主导企业因为具有产品差异优势、成本优势、信息优势和策略优势等而在竞争方面具有压倒性的先动优势,并凭借该种先动优势采用价格手段或非价格手段排挤竞争性周边企业,使得有效竞争无法实现,这时就需要实施具有过渡性质的不对称规制。不对称规制的实质在于为尽快改变过渡时期不对等竞争的局面而实施的暂时的不公平对待。不对称规制具有过渡性,因此当市场实现有效竞争后就应该逐步取消对竞争性周边企业的优惠,将规制内容变更为充分竞争条件下的反垄断规制。

不对称规制的目的是促进竞争,主要手段有接入价格规制、互联互通规制、普遍服务与交叉补贴规制。

---

① 余东华:《激励性规制的理论与实践述评——西方规制经济学的最新进展》,《外国经济与管理》2003年第7期。

② 章志远:《公用事业特许经营及其政府规制——兼论公私合作背景下行政法学研究之转变》,《法商研究》2007年第2期。

(1) 接入价格规制

公用事业的一个重要技术经济特征是其具有垂直结构,比如电信部门的本地电话网、电力部门的电力传输网、铁路部门的路网和车站以及航空部门的机场等都是具有"瓶颈"效果的公共设施,在引入竞争后,原企业是唯一拥有"瓶颈"公共设施的企业,新进入者要进入竞争性环节就必须使用"瓶颈"性公共设施并支付费用。此时,如何确定竞争性环节向"瓶颈"性公共设施支付使用费的标准,即接入价格,就显得非常重要,既要防止支配主导企业损害竞争性周边企业的利益,同时也要适度保证支配主导企业的利益,使网络投资得到有效补偿。

(2) 互联互通规制

互联互通是对支配主导企业和竞争性周边企业双向互相接入各自网络的规制。对于网络性公用事业产业来说,只有竞争对手之间实现互联互通,才能实现有效竞争。但是占据垄断或市场主导地位的支配主导企业可以通过操纵技术标准、松绑的程度、提供互联互通服务的质量和时间,特别是通过制定不合理的接入价格来阻止或拖延其他企业的市场准入,扼杀新进入的竞争者;而如果新进入的竞争性周边企业具有一个独立的网络,也可能拒绝或拖延现有支配主导企业提出的互联要求。这就需要进行互联互通规制,如规定占市场主导地位的经营者不得拒绝其他经营者提出的互联互通要求,不能无限制地提高网间接续费,一般应按增量成本原则和网络元素分担的办法解决互联互通问题。

(3) 普遍服务与交叉补贴规制

普遍服务的含义是指提供某些基本服务,并且满足以下条件:有一定的质量保证;面向所有用户;价格可以承受。[①] 引入竞争前,实现普遍服务主要依靠企业内部的交叉补贴机制。但引入竞争后,新进入者从追求利润最大化的原则出发,往往不愿经营亏损的业务,从而出现"撇奶皮(cream skimming)"现象,而原有企业由于竞争必然导致高利润业务的利润受到挤压,从而再无力利用高利润业务弥补亏损性业务,从而必然导致普遍服务的目标难以实现。而且,在引入竞争后,如果仍然只由原有企业承担普遍服务义务,在客观上就造成了不公平竞争。这时的规制就是要解决普遍服务与竞争之间的矛盾。通常的规制手段有:对普遍服务重新作出制度安排;财政转移支付;建立普遍服务基金;拍卖普遍服务,将原来对消费者和企业的"暗补"变为"明补"。

3. 充分竞争条件——反垄断规制

反垄断规制是在市场竞争体制下针对市场竞争主体的垄断行为进行的规制。法律意义上的垄断不仅包括市场结构上的独占和寡占这两种经济意义上的垄断状

[①] 常欣:《放松管制与规制重建——中国基础部门引入竞争后的政府行为分析》,《经济理论与经济管理》2001年第11期。

态,还指经营者通过联合、合并,或者凭借经济优势以及行政权力,操纵支配市场,限制和排斥竞争的垄断行为。[1] 反垄断规制的内容包括禁止滥用市场支配地位、禁止联合限制竞争、企业合并规制、禁止行政垄断等。由于反垄断规制主要针对的是市场自由竞争的主体,而公用事业在传统上被认为是自然垄断行业,因此被排除在反垄断规制之外,但是随着经济、技术的发展和市场竞争机制的引入,以及公用事业各产业的市场化改革,公用事业对反垄断规制的适用性正从"一般豁免、例外适用"转向"一般适用、例外豁免"。

(二) 社会性规制

社会性规制是西方国家放松规制改革后反而加强的内容,自20世纪70年代后西方各国开始陆续建立社会性规制机构,健全其规制内容。如美国将社会性规制局限于健康、安全和环境保护三个方面,甚至直接将社会性规制称为 HSE 规制(Health、Safety and Environmental Regulation),并在这一时期建立了美国国家环境保护局、国家高速公路交通安全管理局、消费品安全委员会、职业安全与健康管理局等;日本经济学家植草益根据日本社会性规制的政策实践,将社会性规制分为 ABCD 四大类:A. 确保健康、卫生;B. 确保安全;C. 防止公害、保护环境;D. 确保教育、文化、福利。其中每一大类中又包括若干小类。[2]

社会性规制的主要手段是信息规制和标准规制。

1. 信息规制

信息规制也称为强制信息披露,是解决生产者与消费者之间信息不对称最有效的方法。从经济上来说,强制信息披露能够为消费者带来直接的福利,同时在解决外部成本方面比采取直接控制或禁止等传统经济性规制手段更加有效;从宪政理论来说,强制信息披露可以保障公民获得信息的"知情权",从而符合现代宪政和人权的要求。

信息规制可以分为两大类:一是强制信息披露,要求供应者有义务提供有关商品的价格、身份、成分、数量或质量方面的信息;二是控制错误或误导性信息。[3] 前者是积极地提供价格、数量、质量等方面的信息,使消费者能在不同的产品之间进行比较和选择,其可以由生产者提供,也可以由独立的中间组织通过登记或认证制度来提供;后者是对错误或误导信息的禁止和规制,是消极的信息规制。英国在1968年出台了《商业标识法》(Trade Descriptions Act 1968),对"错误的商标说明"给予了具体且易于理解的法律定义,该法被称为英国消费者保护的一个里程碑。

---

[1] 刘大洪:《经济法学》,北京大学出版社2007年版,第354页。
[2] [日]植草益:《微观规制经济学》,朱绍文、胡欣欣等译,中国发展出版社1992年版,第282-284页。
[3] [英]安东尼·奥格斯:《规制:法律形式与经济学理论》,骆梅英译,中国人民大学出版社2008年版,第123页。

但是过于精准的规定在实践中也产生了许多问题。

信息规制同样具有局限性,因为不可能将所有必要信息以某种大多数购买者都能看到并理解的方式表现出来,尤其是可能会对受教育程度低的群体构成歧视。

2. 标准规制

标准规制的经济正当性在于纠正市场失灵,尤其是信息不对称和外部性,而且标准规制相较于经济性规制和信息规制是干预程度最弱的方式,成本也更低。但是标准规制仍然需要进行相关考量。

首先是关于标准的类型,是将同一标准适用于所有企业,还是根据个体情况而差别对待;是用精确的公式来定义违法行为,还是以模糊的语言来表述以留下解释的裁量空间,以及如何行使裁量权。[1] 在标准类型的选择上,欧盟做法的演变可以为我们提供一些经验和教训。在 1985 年之前,由当时欧洲共同体的中央机构制定一套高度统一的标准来代替成员国标准。这一做法忽视了成员国的不同偏好,从而在各国产生了福利损失;统一标准也使共同体中央机构承担了艰巨的任务,从而出现标准规制的迟延;在执行中,因各成员国必须经过培训才能接受与本国在风格和内容上都迥异的新标准而成本大增。因此在 1985 年后,欧洲共同体不再依赖于统一的标准,转而关注成员国标准体系之间的相互承认。在新的做法中,跨国交易商根据相互承认的原则,可以自由选择欧洲标准或者本国标准,产品只要符合任一标准都能合法销售,一般也会贴上认证标志,而这一认证标志成为消费者判断产品质量的重要信号,使他们能够在不同的质量认证体系下进行选择。新的做法不仅促进了成员国之间标准体系的竞争,而且也为各成员国放松规制提供了动力。

其次,在具体公用事业产业领域,是否有必要制定安全和技术标准在各国有所争论,如美国民用航空业因为放松规制引入竞争而提高了安全性,但是英国的铁路却同样因为放松规制而导致安全性下降。技术标准在一些专业的公用事业产业实属必要,但是随着技术的进步和革新,也会产生落后脱节和阻碍技术进步的副作用。因此,标准规制要根据各国在不同时期的需要而定。

三、我国公用事业规制法的内容

(一) 经济性规制

我国公用事业规制法所包含的经济性规制主要有以下方面:

1. 市场准入规制

这一规制手段普遍应用于各公用事业行业,主要手段既包括事前的许可(审

---

[1] [英]安东尼·奥格斯:《规制:法律形式与经济学理论》,骆梅英译,中国人民大学出版社 2008 年版,第 168 页。

批、批准)、特许经营、登记注册等,也包括事后的备案、报送制度。

(1) 事前的市场准入规制

首先,在总的规定方面,2000年5月实施的《城市市政公用事业利用外资暂行规定》(已失效)对于城市市政公用事业外资项目的审批、吸收外商直接投资项目的中外双方所签订的合同或协定的审批,以及对已经签约或建成投产的利用国际金融组织贷款或外国政府贷款或外国政府贷款项目,吸收外商直接投资的批准程序和权限进行了规定;2004年原建设部颁布的《市政公用事业特许经营管理办法》明确规定城市供水、供气、供热、公共交通、污水处理、垃圾处理等行业依法实施特许经营。

其次,各个公用事业产业也有关于市场准入的规范性依据,如:

在供水行业,1994年国务院颁布的《城市供水条例》第19条规定:"城市自来水供水企业和自建设施对外供水的企业,经工商行政管理机关登记注册后,方可从事经营活动。"

在电力行业,1995年颁布的《中华人民共和国电力法》第25条规定:"供电企业在批准的供电营业区内向用户供电。……省、自治区、直辖市范围内的供电营业区的设立、变更,由供电企业提出申请,经省、自治区、直辖市人民政府电力管理部门会同同级有关部门审查批准后,由省、自治区、直辖市人民政府电力管理部门发给《供电营业许可证》。跨省、自治区、直辖市的供电营业区的设立、变更,由国务院电力管理部门审查批准并发给《供电营业许可证》。供电营业机构持《供电营业许可证》向工商行政管理部门申请领取营业执照,方可营业。"

在电信行业,2000年颁布的《中华人民共和国电信条例》第7条规定:"国家对电信业务经营按照电信业务分类,实行许可制度。经营电信业务,必须依照本条例的规定取得国务院信息产业主管部门或者省、自治区、直辖市电信管理机构颁发的电信业务经营许可证。未取得电信业务经营许可证,任何组织或者个人不得从事电信业务经营活动。"该条例第9条规定:"经营基础电信业务,须经国务院信息产业主管部门审查批准,取得《基础电信业务经营许可证》。经营增值电信业务,业务覆盖范围在两个以上省、自治区、直辖市的,须经国务院信息产业主管部门审查批准,取得《跨地区增值电信业务经营许可证》;业务覆盖范围在一个省、自治区、直辖市行政区域内的,须经省、自治区、直辖市电信管理机构审查批准,取得《增值电信业务经营许可证》。"

在邮政行业,1990年颁布的《中华人民共和国邮政法实施细则》第12条规定:"邮政企业及分支机构的设置标准,由邮电部规定;邮政企业的设置或者撤销,由邮电部批准。"

(2) 事后的备案、报送制度

备案、报送制度是在相应的行为进行之后向相应行政机关所进行的一种报备制度,主要功能在于使得相关行政机关知晓相应行为,起到存档和为以后的监督管理留存相应资料的作用。如《城市市政公用事业利用外资暂行规定》(已失效)第19条规定:"各级建设行政主管部门应建立利用外资的统计备案制度,并将利用外资统计纳入城市建设统计体系。利用外资项目对外签约后,应由项目建设单位的主管部门将合同或协定副本报送地市级建设行政主管部门备案,地市级建设行政主管部门将签约情况报送省建设行政主管部门。省级建设行政主管部门将本地区利用外资情况纳入城市建设统计报表报送建设部。直辖市利用外资项目的合同或协定,由直辖市建设行政主管部门直接报送建设部。"《中华人民共和国邮政法实施细则》第12条规定:"邮政企业及分支机构的设置标准,由邮电部规定;邮政企业的设置或者撤销,由邮电部批准;分支机构的设置或者撤销,由邮电管理局批准,报邮电部备案。"

2. 价格规制

价格规制是政府最常用和最传统的规制手段,其依据除了《中华人民共和国价格法》之外,还散见于各公用事业部门的立法和规范之中,如《城市供水条例》第26条规定:"城市供水价格应当按照生活用水保本微利、生产和经营用水合理计价的原则制定。城市供水价格制定办法,由省、自治区、直辖市人民政府规定。"《中华人民共和国电力法》第43条要求:"任何单位不得超越电价管理权限制定电价。供电企业不得擅自变更电价。"《中华人民共和国电信条例》第23、24条规定:"电信资费实行市场调节价。电信业务经营者应当统筹考虑生产经营成本、电信市场供求状况等因素,合理确定电信业务资费标准。国家依法加强对电信业务经营者资费行为的监管,建立健全监管规则,维护消费者合法权益。"

3. 数量控制

数量控制是政府为了防止因投资过多(过少)或产出过多(过少)而造成价格波动、资源浪费或有效供给不足而采取的规制。数量规制的方法有投资规制和产量规制两种。[①] 如《城市供水条例》第15条规定:"城市供水工程的建设,应当按照城市供水发展规划及其年度建设计划进行。"《城市供水条例》第10条规定:"编制城市供水水源开发利用规划,应当从城市发展的需要出发,并与水资源统筹规划和水长期供求计划相协调。"《中华人民共和国电力法》第3条规定:"电力事业应当适应国民经济和社会发展的需要,适当超前发展。"

4. 公用事业公共设施规制

国家通过制定公用事业生产设备和服务设施的标准体系,规定其质量、性能、规格、安全等标准,对关键设备实行强制登记和审核制度,从而建立起公用事业的设备规制体系。我国的相关立法有两类,一是相关产业立法中的相关规定,如《城

[①] 曾贤刚:《环保产业运营机制》,中国人民大学出版社2005年版,第98页。

市供水条例》第 16 条要求："城市供水工程的设计、施工,应当委托持有相应资质证书的设计、施工单位承担,并遵守国家有关技术标准和规范。禁止无证或者超越资质证书规定的经营范围承担城市供水工程的设计、施工任务。"《城市供水案例》第 17 条要求："城市供水工程竣工后,应当按照国家规定组织验收;未经验收或者验收不合格的,不得投入使用。"《中华人民共和国电力法》第 14 条规定:"电力建设项目不得使用国家明令淘汰的电力设备和技术。"《中华人民共和国电信条例》专门对"电信设施建设"进行了规定,《中华人民共和国电力法》第七章关于"电力设施保护"的规定等。二是专门针对公用事业公共设施出台的规制性法律规范,如《铺设海底电缆管道管理规定》《电力设施保护条例》等。

5. 强制接入规制和互联互通规制

强制接入规制和互联互通规制是在引入市场竞争过程中为了保证原企业与新进入市场的企业之间的平等竞争而采取的规制措施,一般存在于网络型的公用事业产业,如《中华人民共和国电力法》第 22 条第一款规定："国家提倡电力生产企业与电网、电网与电网并网运行。具有独立法人资格的电力生产企业要求将生产的电力并网运行的,电网经营企业应当接受。"《中华人民共和国电信条例》在第二章的第二节专门就电信网的互联互通进行了规定,其第 17 条第一、二款规定："电信网之间应当按照技术可行、经济合理、公平公正、相互配合的原则,实现互联互通。主导的电信业务经营者不得拒绝其他电信业务经营者和专用网运营单位提出的互联互通要求。"

目前我国公用事业主要的经济性规制内容是进入规制和价格规制,所涉及的手段和产业见表 12:[①]

表 12:我国公用事业主要的经济性规制

	产业	进入规制	价格规制	主要规制依据
市政公用事业	城市供水	资质审查、工商登记、特许经营	地方政府定价	《城市供水条例》《市政公用事业特许经营管理办法》
	城市燃气、热力	地方政府垄断	地方政府定价	《城市燃气管理办法》、地方立法
	公共汽车、地铁	地方政府垄断、特许经营	地方政府定价	《城市轨道交通运营管理办法》《市政公用事业特许经营管理办法》、地方立法
	城市出租车	营业执照	地方政府定价	《城市出租汽车管理办法》

[①] 本表系主要参考余晖:《政府与企业:从宏观管理到微观管制》,福建人民出版社 1997 年版,第 116—117 页,经作者整理和增加相关法律规范而来。

续表

产业		进入规制	价格规制	主要规制依据
邮电广播	邮政	国家垄断	法定价格	《中华人民共和国邮政法》《中华人民共和国邮政法实施细则》
	电信 国际长途	国家垄断	法定价格	《中华人民共和国电信条例》《电信业务经营许可证管理办法》
	电信 国内长途	国家垄断	法定价格	
	电信 地区通信	国家垄断	地方政府定价	
	电信 无线移动电话	寡头垄断	法定价格	
	电信 无线寻呼	许可证	地方政府定价	
	电信 增值业务	申报		
	无线电广播	审批	放开	《中华人民共和国无线电管理条例》
	有线电视	许可	地方政府定价	《有线电视管理规定》
	卫星电视广播	许可	地方政府定价	《卫星电视广播地面接收设施管理规定》《〈卫星电视广播地面接收设施管理规定〉实施细则》
交通运输	铁路 国家铁路	国家垄断	法定价格	《中华人民共和国铁路法》
	铁路 地方铁路	审批	地方政府定价	
	铁路 专用铁路	审批	放开	
	航空运输	许可、营业执照	法定价格	《中华人民共和国民用航空法》《民用机场使用许可规定》《中国民用航空国内航线经营许可规定》《通用航空经营许可管理规定》
	水路运输	许可、营业执照	行业指导价	《国内水路运输管理条例》
	公路运输	营业执照	客运:行业指导价;货运:放开	
	管道运输	特许		
电力		供电营业许可证、营业执照、	核准	《中华人民共和国电力法》《电力监管条例》

(二) 社会性规制

社会性规制是为了保护公民和劳动者的健康、安全、就业水平等,保护消费者权益,提高环境质量和维护生态平衡等所进行的规制。具体包括:

1. 产品质量或安全规制

在公用事业领域,产品质量规制是最普遍的一种社会性规制,如在城市供水领域,除了《城市供水条例》第 20 条的一般性规定,即"城市自来水供水企业和自建设施对外供水的企业,应当建立、健全水质检测制度,确保城市供水的水质符合国家规定的饮用水卫生标准",《城市供水水质管理规定》和《生活饮用水卫生监督管理办法》还有专门性规定。其他公用事业产业也有相关规定,《中华人民共和国电力法》第 28 条第一款规定:"供电企业应当保证供给用户的供电质量符合国家标准。"《中华人民共和国电信条例》第 30 条第一款规定:"电信业务经营者应当按照国家规定的电信服务标准向电信用户提供服务。"

2. 普遍服务规制

因为公用事业提供的产品或服务具有民生必需性,因此相关规制立法一般都会规定公用事业企业的普遍服务义务,普遍服务义务在某些公用事业产业的规制立法中表现为公用事业企业的强制缔约义务。如《中华人民共和国电力法》第 26 条第一款规定:"供电营业区内的供电营业机构,对本营业区内的用户有按照国家规定供电的义务;不得违反国家规定对其营业区内申请用电的单位和个人拒绝供电。"在邮政领域,我国专门出台了《邮政普遍服务监督管理办法》。

3. 持续、不间断服务规制

从广义上来说,持续、不间断提供服务规制也属于产品质量规制,但是狭义上的产品质量规制通常是通过制定标准来实现的,而持续、不间断服务规制往往并不需要体现为具体的标准。如《中华人民共和国电信条例》第 37 条第二款规定:"未经批准,电信业务经营者不得擅自中断接入服务。"《中华人民共和国电力法》第 29 条第一款规定:"供电企业在发电、供电系统正常的情况下,应当连续向用户供电,不得中断。"

4. 信息规制

信息规制是西方法治发达国家越来越普遍采用的社会性规制手段,在我国的一些公用事业产业规制立法中也有所采用,如《中华人民共和国电力法》第 26 条第三款规定:"供电企业应当在其营业场所公告用电的程序、制度和收费标准,并提供用户须知资料。"《中华人民共和国电信条例》第 30 条规定:"电信业务经营者应当按照国家规定的电信服务标准向电信用户提供服务。电信业务经营者提供服务的种类、范围、资费标准和时限,应当向社会公布……"

第三节　公用事业规制法的制度实践(一):政府特许经营

伴随着世界公共服务民营化的浪潮,自 20 世纪 90 年代以来,特许经营成为我国推行公用事业市场化改革的重要手段。然而,相较于实践界坚定而快速的步伐,理论界特别是我国行政法学界对政府特许经营问题没有达成共识,仍存在许多争论,在实践中,公用事业特许经营面临许多困惑。

一、公用事业特许经营与公私协力、民营化的关系

(一) 公私协力

1. 公私协力的含义

公私协力(Public Private Partnerships,PPP)又称公私伙伴关系,虽然至今也很难对其给出一个全面的定义,但公私协力一般被理解为一集合概念,泛指所有公部门与私部门共同处理事务之情形。就其内涵来说,首先,在主体上,必须有隶属于公私两个不同部门之权利主体存在,且以分工方式共同参与任务之执行;其次,从客体上来说,几乎所有国家公权力作用领域在理论上都可存在公私协力,但重点领域在行政任务方面。总体来说,公私协力可以被概括为在合作国家里,公部门与私部门为了能够比较经济地实现公共任务而采取的一种合作伙伴关系,可以涵盖以高权形式实现公共任务以及公共任务的完全民营化这两种极端光谱间的所有其他形态。

2. 公私协力的表现形式

由公私协力的含义可见,公私协力行为的表现形式极其广泛。我国台湾地区一向有继受德国行政法学说的传统,台湾学者对公私协力的研究相对比较深入,但是对于公私协力的表现形式的总结也有所不同。如有的学者将公私协力行为的类型总结为:第一,公办公营;第二,公办民营,包括 OT(管理营运委托)、ROT(设施出租、设施转让)、DBO(在 OT 的基础上,每一个环节均部分地委托由私人为之);第三,民办公营,包括设施受让和设施借用;第四,民办民营,包括 PFI、BTO、BOT、BOO。也有学者将公私协力的类型进行了更详尽的划分,认为公私协力的类型与合作模式包括:第一,行政委托,包括公权力委托和业务委托;第二,公民合资事业之经营;第三,公共建设之参与,我国台湾地区的所谓"促进民间参与公共建设法"共规定了七种模式[①];第四,公私合作管制,也称为"社会自我规制(self-regulation)",在德国被称为"受国家规制之社会自我规制"。

---

① 这七种模式是:(1) BOT:由民间机构投资兴建并营运,营运期届满后,转移该建设之所有权于政府;(2) BTO:由民间机构投资与兴建完成后,政府无偿取得所有权,并委托该民间机构营运,营运期届满后,营运权归还政府;(3) BT:由民间机构投资与兴建完成后,政府一次性或分期给付建设经费以取得所有权,并委托该民间机构营运,营运期届满后,营运权归还政府;(4) ROT:由政府委托民间机构,或由民间机构向政府租赁现有设施,予以扩建、整建后营运,营运期届满后,营运权归还政府;(5) OT:由政府投资兴建完成后,委托民间机构营运,营运期届满后,营运权归还政府;(6) BOO:为配合有关政策,由民间机构投资兴建,并拥有所有权,自为营运或委托第三方营运;(7) 其他经主管机关核定之方式。以上除第六种属于真正私人投资模式外,其他都属于公私协力的变形结构,体现了产权与营运合作的多样安排。此外,在台湾地区的实践中,也存在民间仅以单纯金钱出资或捐助方式参与公共建设,而兴建、营运与维护仍由政府承担的做法,如乡民认养公路。

从世界范围来看,由于各国公私协力的发展阶段不同、对公私协力的理解不同等原因,各国和世界组织对公私协力的分类也达十几种之多。由于各国对PPP的称呼不同,我们不妨将公私协力统一用PPP来表示。世界银行将PPP模式分为六种,即服务外包、管理外包、租赁、特许经营、BOT/BOO、剥离(产权归私人或私人与公共部门共有,由私人投资、负责营运和维护、承担风险的永久合同模式);而联合国培训学员则采用更狭义的PPP概念,认为只有特许经营和BOT、BOO才是PPP;欧盟委员会则按照投资关系将PPP分为传统承包、一体开发和经营、合伙开发三大类,而特许经营属于合伙开发类;加拿大PPP国家委员会则按照转移给私部门的风险大小将PPP分为11种模式:(1) O&M(Operation and Maintenance Contract),经营和维护;(2) DB(Design—Build),设计—建设;(3) DBMM(Design—Build—Major Maintenance),设计—建设—主要维护;(4) DBO(Design—Build—Operate),设计—建设—经营(超级交钥匙);(5) LDO(Lease—Develop—Operate),租赁—开发—经营;(6) BLOT(Build—Lease—Operate—Transfer),建设—租赁—经营—移交;(7) BTO (Build—Transfer—Operate),建设—转让—经营;(8) BOT(Build—Own—Transfer),建设—拥有—转让;(9) BOOT(Build—Own—Operate—Transfer),建设—拥有—经营—转让;(10) BOO(Build—Own—Operate),建设—拥有—经营;(11) BBO(Buy—Build—Operate),购买—建设—经营。[1]

(二) 民营化

1. 民营化

虽然民营化浪潮席卷全球,但是对于民营化的概念却始终存在着许多见解,甚至称呼也有所不同,如"私营化""私人化""私部门化"等。对民营化的理解有广义和狭义之分。广义的民营化指"由公部门处理之事务转移到私领域的各种不同现象"[2],在此意义上的民营化可以分为形式民营化、实质民营化、功能民营化、财产民营化、财政民营化和程序民营化。其中,形式民营化也称组织民营化,是以私法的组织形态来担当公共任务,但行政主体并不因此解免其原本承担的任务;实质民营化也称为任务民营化,是指将任务真正转移给私部门,国家或地方自治团体不再执行此项任务,借由任务的消除来减轻国家的负担;功能民营化是指公共任务的管辖权限、任务仍归属于行政主体,只是将特定执行权限委由私人承担;财产民营化是指国家或地方自治团体拥有的财产转移给私人;财政民营化是指将公共建设的成本由纳税人转由规费缴纳者负担,以及私人资本与技术的取得;程序民营化则是

---

[1] 该处对PPP的分类系参考王灏:《PPP的定义和分类探讨》,载于周林军、曹远征、张智:《中国公用事业改革:从理论到实践》,知识产权出版社2009年版,第25-27页。

[2] 陈爱娥:《国家角色变迁下的行政任务》,载《月旦法学教室》2002年第3期。

指将原本由机关负责的部分程序交由申请人负责,由机关委托私人做整体程序的规划,以及将原本由机关负责的审查与计划流程交由私部门的专家负责。[1] 以上分类本身存在交错混合,比如功能民营化、财产民营化、财政民营化和程序民营化也可以归入实质民营化;而广义的民营化又可以民营化的程度不同分为全部民营化和部分民营化,除形式民营化不存在全部与部分之分之外,实质民营化的各种类型都可以划分为全部民营化与部分民营化。狭义的民营化指"借转让公部门财产(包括所持有之股份)的手段(德国称财产私有化)达成将公营事业所承担的公共任务转移私部门的目标(德国称实质的私部门化或任务的私部门化)"[2],可见狭义的民营化仅指财产民营化。

2. 公私协力与民营化的关系

首先,从涉及的领域来看,两者都主要发生在行政领域。民营化虽然泛指公共任务的执行主体由国家转移到私人的状态,但是从目前的实践情况看,还只限于行政任务领域;而公私协力虽然可以被广泛理解为各种国家权力领域的公私合作,但是主要的领域或者目前发展最为迅猛的领域也在于行政领域,这是行政法学对两者进行研究和回应的基础。

其次,从概念来看,两者的侧重点有所不同。两者虽然都不是首先作为法学概念来使用的,但是民营化的概念作为对公共产品和服务由国家转为私人提供的过程和状态的集合性描述,更侧重于对事实层面的描述;而公私协力的概念则是基于民营化的事实而对国家与私人两者之间的关系进行重新定位的产物,侧重于对国家权力与私权利关系的重新观察和调整,因此更符合公法学的视角和要求,这也是以德国为代表的行政法学使用该概念的原因。可以说,民营化是公私协力理论产生和发展的事实基础,行政法学上的公私协力理论是传统行政法学应对民营化现象的现代回应和发展。

最后,从外延来看,公私协力与部分民营化的范围一致。以民营化的程度来划分,民营化可以被分为全部民营化与部分民营化,由于全部民营化是以公部门全面退出该领域为特征,因此也就不再存在公部门与私部门的合作问题,因而公私协力只能发生在部分民营化的领域;而从部分民营化中公私部门的关系来看,部分民营化正是将私人拉进国家实现其任务的过程中,就行政任务由公部门和私人共同完成,而非由公部门独自履行这个角度来看,"将公私协力视为部分民营化之描述,应

---

[1] 以上关于民营化的分类系参考 Schuppert, G. F. (1998)、Jenseits von Privatisierung und "schlankem" Staat: Vorüberlegungen zu einem Konzept von Staatsentlastung durch Verantwortungsteilung, Christoph Gusy (Hg.), Privatisierung von staatsaufgaben: Kriterien-Grenzen-Folgen; Nomos, 72–115;转引自陈爱娥:《德国行政学的新发展》,载《行政契约之法理 各国行政学发展方向》,元照出版公司 2009 年版,第 186 页。

[2] 陈爱娥:《国家角色变迁下的行政任务》,载《月旦法学教室》2002 年第 3 期。

无不妥"。从公私协力来看,其形态其实就是"高权主体与私经济主体间合作的形式,……它可能发生在公共基础设施准备阶段的某一部分或全部……"①。

(三) 特许经营、公私协力与民营化的关系

特许经营是民营化的重要手段,民营化又是引发公私协力理论的实践基础,可见,三者之间存在着密切的联系,但是又有着重要的区别。

首先,从概念上来看,公私协力与特许经营都是顺应民营化的推行而产生的,但是三个概念所着重的领域又有所不同。广义的民营化更多是对于原本由公部门处理之事务转移给私人这一现象的描述,着重于事实层面;公私协力是基于民营化的现象,针对公部门与私人角色的调整,从国家统治和公法角度所进行的思考和回应,更侧重于对其中公权力与私权利的重新配置;而特许经营则作为民营化的一种典型手段和制度被各国所广泛应用,甚至在有些国家应用于相关理论出现之前。

其次,从三者涵盖的范围来看,三者是逐个包含的关系。广义的民营化所包括的形式无疑是最广的,涵盖了公私协力与特许经营;而公私协力作为部分民营化的代名词,可以被视为民营化的一部分,但公私协力同时包含了部分功能民营化、部分财产民营化、部分财政民营化及部分程序民营化;从特许经营仍然保留国家所有权、收费来自使用者、风险自担等制度特点来看,特许经营应该只存在于部分功能民营化、部分财政民营化,而排除部分财产民营化和部分程序民营化。对于我国台湾学者所归纳的"公办公营""公办民营""民办公营""民办民营"等公私协力的四种类型,"公办公营"本身不属于民营化,也没有体现公私协力,所以应排除,至于其他三种公私协力类型中哪一种存在特许经营的空间,仍然要视相关产业所有权的性质、公部门与私人就该产业投资、经营的具体关系、收费来源等具体制度而定。

为简明起见,民营化、公私协力与特许经营的相互关系见下图:

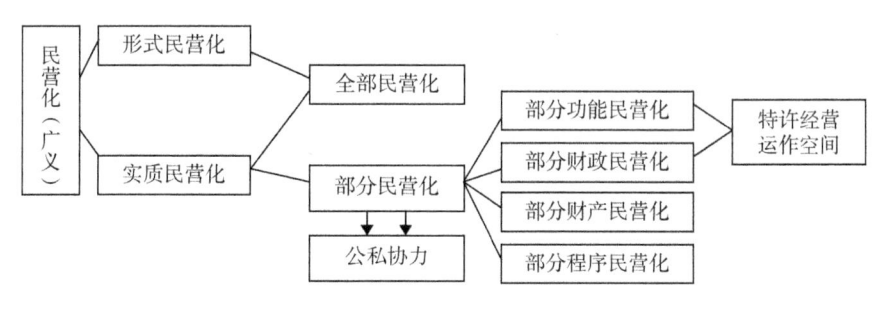

---

① Almeile, A. M., Chipulu, M., Ojiako, U., Vahidi, R., & Marshall, A. (2024). The impact of economic and political imperatives on the successful use of public-private partnership (PPP) in projects. Production Planning & Control, 35(6), 559-579.

二、作为规制工具的公用事业特许经营

(一) 公用事业特许经营以行政特许为基础

公用事业特许经营只是政府提供公共产品和公共服务的另一种形式，区别于传统由政府直接供给的形式，而公用事业特许经营的运作往往以政府选择特许经营者为开端，这个选择过程属于政府对私人进入公用事业供给领域的特殊许可。根据《中华人民共和国行政许可法》第 12 条第二款和第 53 条的规定，有限自然资源的开发利用、公共资源配置以及直接关系公共利益的特定行业的市场准入等可以设定行政许可，这些领域的许可必须通过招标、拍卖等市场化的方式来进行，这就是公用事业特许经营的基本法律依据。尽管与一般许可在领域、程序、监管等方面存在诸多不同，但是行政特许仍然属于行政许可的范畴，而行政许可是最主要的政府规制手段。

虽然如今民营化的浪潮肇始于 20 世纪 70 年代的英国，但是世界上最早采用公用事业特许制度的是法国，公用事业特许经营是法国公务特许理论和制度的开端。法国行政法上的公务特许是指"行政主体和其他法律主体签订合同，由后者以自己的费用和责任管理某种公务，管理活动的费用和报酬来自使用人的收费，盈亏都由受特许人承担"[①]。公务特许作为公务管理的一种方式，源于 19 世纪科学技术进步所导致的铁路、水、电、煤气供应等新兴公务（也即现代公用事业）的出现，由于实施这些公务需要投入大量的资金和技术力量，再加上当时包括法国在内的资本主义国家奉行经济自由主义，国家不直接经营工商企业。因此，法国将这些有关公用事业的建设和经营交由私法主体来进行，并发展出公务特许理论。法国铁路和其他公用事业的发展几乎都是通过特许制度实现的。

法国的公务特许理论有以下几项内容值得我们借鉴：

第一，公务特许与其他公务管理形式的不同之处在于：公务特许通过签订合同产生；公务特许的管理费用来自对使用人的收费，且允许营利。

第二，公务特许的范围：公务特许虽发端于公用事业领域，但是随着公务特许的发展，至 20 世纪，法国的公务特许已不限于工商业公务，行政公务也可以采用特许制度。尽管对工商业公务的识别标准相对复杂，但是公用事业无疑是最典型的工商业公务。

第三，公务特许合同的性质是公法合同，即行政合同。对公务特许合同的认识经历了一个发展过程，在公务特许发展的最初阶段，强调的是其合同因素，而随着公务特许的发展和特许范围的扩大，公务因素成为特许制度中被强调的因素，认为

[①] 王名扬：《法国行政法》，北京大学出版社 2016 年版，第 401 页。

公务特许行为虽然采取合同形式,但其实质是一种特殊的行政合同,伴随这种观念转变的是对政府监管的强调和加强。

第四,公务特许合同作为行政合同,行政主体与受特许人分别享有某些特权和特别义务。如对行政主体而言,其享有单方变更、终止合同和制裁的权力;受特许人享有利用公产、收取公务使用费、享受某些财政利益的特权,同时也要接受行政主体的指导和监督。

第五,公务特许的诉讼根据当事人的不同而有所分别。受特许人与行政主体之间关于履行特许合同的诉讼,由行政法院管辖;特许公务的使用人和第三人与受特许人之间,由于实施特许公务所产生的诉讼,由普通法院管辖。

可以说,行政特许是公用事业特许经营的实质性内容,公用事业特许经营的目的在于实现政府的给付职能,这决定了公用事业特许经营作为规制工具的行政法属性。

(二) 公用事业特许经营是公私合作治理模式下的新型规制手段

公用事业特许经营与传统行政许可的最大不同在于公用事业特许经营采用了合同的表现形式,契约性是公用事业特许经营区别于传统规制手段的最大外在特征。特许经营是在公共事务民营化过程中出现的,顺应新公共管理运动的要求进行公私合作治理的一项典型制度,是"晚近三十年来我国行政法制度变迁进程中的一朵奇葩"[1]。

与传统命令-服从模式下的单方、强制性行政行为相比,公用事业特许经营所采用的合同形式具有明显的私法色彩,因为公用事业特许经营合同以双方合意为基础,这个合意既包括双方缔结该合同时对当事人的选择,也包括对合同所含条款的合意,整个合同缔结过程充满了协商、妥协的意味,而这正是传统命令-服从模式下的行政行为所不具有的。但是应当看到,公用事业特许经营合同相比于私法合同而言,仍然具有许多特殊之处:从合同缔结的目的来看,公用事业特许经营合同的目的是提高公用事业产品或服务的效益,提升社会福利水平,是出于公益的目的;从合同当事人来看,公用事业特许经营合同只能在政府和其他社会主体之间缔结;从合同的履行过程和适用规则来看,公用事业特许经营合同不能完全适用私法规则,而是要遵循特殊的公法规则。[2] 因此,公用事业特许经营的本质仍然是一种借助了契约的私法外壳来实现公共职能的行政行为,公用事业特许经营合同是行政合同。

---

[1] 章志远:《民营化、规制改革与新行政法的兴起——从公交民营化的受挫切入》,《中国法学》2009年第2期。

[2] 参见邢鸿飞:《政府特许经营协议的行政性》,《中国法学》2004年第6期。

以双方当事人合意为基础、强制性色彩不浓厚的行政合同一开始并不为传统行政行为理论体系所容,甚至德国的行政法鼻祖奥托·迈耶在1886年出版的《法国行政法理论》一书中称法国行政合同是最为严重的任性方式。受传统行政行为理论和当时撤销行政行为作为行政诉讼的一个受理条件的影响,行政合同在德国长期没有受到重视。直至1960年的《行政法院法》规定,行政诉讼向所有公法争议开放,提起行政诉讼不再取决于行政行为的存在,行政合同才取得了与行政行为同等重要的地位。如今,《德国行政程序法》将行政合同规定为与行政行为同等地位的行政活动的法定方式。在法国,行政合同也由一开始的由行政机关基于经营管理行为所缔结的私法合同演变为真正行政行为意义上的行政合同。我国的行政法学理论深受大陆法系国家的影响,过去对行政行为的研究也长期主要关注行政处罚、行政许可等秩序行政下的单方行政行为,以公用事业特许经营为代表的行政合同在我国还属于一种较新的行政行为。

(三) 公用事业特许经营作为规制工具的实证分析[1]

公用事业特许经营的规制功能同样可以从相关立法的条文中分析得出,主要体现为两个方面:对特许经营者的选择和特许经营合同的条款设计。

1. 对特许经营者的选择

特许经营作为放松规制改革之后的一种新型激励性规制手段,其经济学上的规制功能在于,对不存在市场竞争的自然垄断行业来说,特许经营为其创造了一个相关主体进入垄断市场之前的竞争环节,从而实现该行业的最优化。因此,对特许经营者的选择是公用事业特许经营作为规制手段的首要规制内容,可以视为市场准入规制。

(1) 特许经营权申请者的资格条件

2024年国家发展改革委委务会通过的《基础设施和公用事业特许经营管理办法》新增了特许经营可行性论证制度,要求从项目全生命周期成本、产出或服务效果、建设运营效率、风险防控能力等方面进行综合评估,以确保项目适合采用特许经营模式。这一制度使得政府在选择特许经营者时有了更加科学和系统的依据,能够避免盲目决策。

对参与特许经营的竞标者的具体要求,依据原建设部出台的《市政公用事业特

---

[1] 我国目前有关公用事业特许经营现行有效的立法,除了2024年国家发展改革委委务会通过的《基础设施和公用事业特许经营管理办法》、2017年交通运输部通过的《城市公共汽车和电车客运管理规定》、2016年住房城乡建设部印发的《城市公园配套服务项目经营管理暂行办法》、2005年原建设部发布的《关于加强市政公用事业监管的意见》、2004年原建设部发布的《市政公用事业特许经营管理办法》、2004年原建设部发布的《关于加强城镇生活垃圾处理场站建设运营监管的意见》外,还有68部地方性法规、47部地方政府规章。

许经营管理办法》第 7 条,具体包括七个条件:(1) 依法注册的企业法人;(2) 有相应的注册资本金和设施、设备;(3) 有良好的银行资信、财务状况及相应的偿债能力;(4) 有相应的从业经历和良好的业绩;(5) 有相应数量的技术、财务、经营等关键岗位人员;(6) 有切实可行的经营方案;(7) 地方性法规、规章规定的其他条件。地方政府的相关立法根据自己的需要在此基础上又增加了一些条件,如合肥市规定竞标者还要有切实可行的经营方案和突发公共事件、重大安全事件的应急预案;广西、青海、湖南等地规定竞标者要有切实可行的经营方案和保证提供持续、稳定、方便、及时、安全、优质、价格合理的普遍服务的能力。《基础设施和公用事业特许经营管理办法》在此基础上进一步细化,明确了项目运营方案、收费单价、特许经营期限等成为选择特许经营者的重要标准。

此外,涉及特许经营具体行业时,相关立法也根据实际需求补充了具体要求。例如,《城市公共汽车和电车客运管理规定》第 15 条对申请线路运营权的特许经营者规定了合理可行的运营方案和安全管理制度的要求,而《城市公园配套服务项目经营管理暂行办法》则要求特许经营者具备与公园服务项目相适应的设备、技术能力和管理经验。

(2) 选择特许经营者的程序

《市政公用事业特许经营管理办法》第 8 条规定了主管部门选择投资者或者经营者的程序,其他地方相关立法也参照此程序进行了相应的规定。根据这些规定,主管部门通过招投标方式选择投资者或经营者的程序大概是:提出项目,发布招标条件→受理招标→资格审查、方案预审、推荐投标候选人→组织评审委员会评审,经质询、公开答辩,择优选择授予特许经营权对象→向社会公示→经直辖市、市、县人民政府批准,签订特许经营协议。

各地方相关立法有关招投标的程序也大致如此,只是各地规定的公示期有所不同,如《市政公用事业特许经营管理办法》规定的公示期是不得少于 20 天;福建省规定不得少于 10 天;湖北省规定不得少于 30 天。另外,青海省、河北省等地的相关立法规定,在签订特许经营合同的同时,颁发"城市市政公用事业特许经营权证",这是对授予特许经营权程序的完善。

值得注意的是,各地相关立法对于选择特许经营者的方式不仅规定了招投标,还有其他方式,如深圳市规定了拍卖和招募的方式;合肥市规定了公开接受申请并进行协商的方式;河北省规定在没有其他竞争者的情况下可以采取直接委托的方式。根据《中华人民共和国行政许可法》第 53 条的规定,特许只能采取招投标和拍卖的方式;而根据《中华人民共和国招标投标法》的相关规定,公用公共设施工程建设只能通过招投标的方式选择建设者,因此,前述相关地方立法所规定的招投标和拍卖以外的方式都是违反《中华人民共和国行政许可法》和《中华人民共和国招标投标法》的。但是,从实践操作需要来看,因为公用事业相关产业建设和经营存在投资大、沉淀成本高、回报周期长等特点,往往会出现不存在招投标竞争者的情况,因此如何根据实际情况来选择合适的投资者或者建设者并将其合法化,是我国公用事业特许经营法治化的一个课题。

2. 公用事业特许经营合同条款包含的规制内容

根据我国现有立法的规定,公用事业特许经营合同所包含的规制条款主要包括以下几个方面:

(1) 特许经营的期限、区域和范围。这是特许经营合同首先需要明确的内容,涉及特许经营权授予的相关外延问题,这是由作为规制者的主管部门单方面决定的,不是双方协商的结果。例如《基础设施和公用事业特许经营管理办法》就对特许经营期限进行了规定,明确原则上不超过40年,对于投资规模大、回报周期长的项目可适当延长。有的地方立法还根据自己的特许经营具体方式进行了其他的相关规定,如合肥市、济南市规定还须明确投融资的期限和方式;杭州市规定需要明确项目公司的经营范围、注册资本、股东出资方式和出资比例、股权转让限制等。

(2) 产品或服务的标准、设施的维护和更新改造。这些条款可以被视为标准或质量规制的内容。各地方立法对此都有相应的更详细的规定,如绥化市规定必须明确产品或服务的相关标准或规范;广西壮族自治区规定须明确市政公用事业建设的质量、供气、产品或服务的数量和标准。

(3) 价格和收费的确定方法、标准以及调整程序。这是价格规制的体现。《基础设施和公用事业特许经营管理办法》对价格调整机制进行了详细要求,明确项目经营收入应覆盖建设投资和运营成本,并为公共服务价格的合理性和透明性提供保障。相关地方立法也都对确定价格的原则和程序进行了类似的规定,如杭州市和深圳市都规定特许经营产品或服务的价格应当根据社会平均成本、社会承受能力和经营者合理收益的原则确定,并进一步详细规定了成本的核定方法;邯郸市和本溪市都规定特许经营产品或服务价格的确定和调整,遵循企业成本+税费+合理利润,并充分考虑社会承受力的原则。对于确定和调整价格的程序,相关地方立法也大都规定应该根据价格法的规定组织听证会。

(4) 安全管理。这是对公用事业特许经营者的安全规制,除了一般的安全监管之外,西安市还规定特许经营者必须制定应急预案;青海省和安徽省还规定特许经营者应当制定突发事件的应急措施。

(5) 特许经营权的终止和变更。这是保证特许经营权稳定性和有效性的规制。《基础设施和公用事业特许经营管理办法》对特许经营协议变更的程序和条件作出了严格规定,如因重大政策调整或不可抗力导致协议变更时,须提前评估对债务和资产管理的影响,并获得债权人同意;同时明确规定,在政府提前终止特许经营协议时,须给予特许经营者公平合理补偿,补偿范围包括因项目投资未能收回的损失。同时明确了特许经营期限届满后的资产移交程序。

其一,特许经营权的变更。根据现有规定,特许经营权的变更分为内容的变更和特许经营者主体相关事项的变更。前者一般需要在共同协商的基础上签订补充协议,本溪市则进一步规定,特许经营合同的条款可以三年调整一次,内容变更的,在双方协商的基础上签订补充协议,经人民政府批准后生效。特许经营者主体相关事项的变更包括企业变更名称、地址、法定代表人,需要提前向主管部门提出(报告)。对于向主管部门报告的形式,《市政公用事业特许经营管理办法》规定的是书面报告形式,这也为大多数地方立法所借鉴,但是合肥市和北京市并没有规定需要以书面形式报告。另外,对于向主管部门报告后,是否需要经主管部门同意,《市政公用事业特许经营管理办法》和大部分的地方立法都规定需要经主管部门同意。

其二,特许经营权的终止。特许经营权的终止通常是指特许经营权期限未届满时由于特殊原因使特许经营权提前解除。根据提出终止特许经营权的主体不同,可以将特许经营权的终止分为特许经营权的解除和特许经营权的取消(收回、撤销),前者既可以由特许经营者主动提出,也可以由政府基于公益需要而提出;后者则是基于特许经营者的一些原因而由作为规制主体的主管部门作出的决定。不管是哪一种特许经营权的终止,都涉及特许经营项目运营的稳定性,因此在特许经营合同中都有明确的规定加以规制。

第一,特许经营权的解除。由特许经营者主动提出解除特许经营权分为两种情况:一般情况下的解除和因不可抗力致使无法正常经营时的解除。对于前者,一般规定需要提前申请,主管部门在收到申请后的3个月内答复,并规定在主管部门同意之前,特许经营者必须保证特许经营项目正常的经营与服务;对于因不可抗力而提出的解除特许经营权,一般规定需要企业提出申请,再由主管部门批准。由政府提前解除特许经营权的,一律必须出于公益的需要,而且应该给予特许经营者合理补偿。对于不可抗力,青海省和湖南省规定得比较详细,包括国家相关法律法规、规章修改或废止,从事特许经营的市政公用事业项目所依据的客观情况发生重大变化等。对于补偿,大部分立法都规定的是合理补偿,赤峰市则规定对被收回特许经营权的企业造成的财产损失,由政府依法给予补偿;深圳市规定,政府对原特许经营者为维持特许经营业务正常运作所投资建设的固定资产净值部分,给予合理补偿。

第二,特许经营权的取消。对于特许经营权的撤销,各地立法用语不尽一致,如《市政公用事业特许经营管理办法》将其称为取消特许经营权,贵州省称为撤销特许经营权,还有规定为收回特许经营权的,但实际上都是指因特许经营者单方面的原因而致使特许经营不得不提前终止。特许经营权的取消通常与政府的临时接管制度相关。

对于取消特许经营权的情形,《市政公用事业特许经营管理办法》规定了特许经营者的五种行为:①擅自转让、出租特许经营权的;②擅自将所经营的财产进行处置或者抵押的;③因管理不善,发生重大质量、生产安全事故的;④擅自停业、歇业,严重影响到社会公共利益和安全的;⑤法律、法规禁止的其他行为。各地立法又进行了相应的补充,其中地方立法规定比较一致的其他情形有:因转让企业股权而出现不符合授权资格条件的(如山西省、深圳市、银川市);不履行普遍服务义务,或者不履行养护、维修和更新改造义务,危及公共利益、公共安全的(如湖南省、杭州市);因经营管理不善,财务状况严重恶化,危及市政公用事业运行的(如武汉市、青岛市和乌鲁木齐市);不按城市规划投资建设市政公用设施,经主管部门责令限期改正而拒不改正的(如杭州市、深圳市);违反所作承诺的(如深圳市、本溪市)。

对于临时接管的程序,《市政公用事业特许经营管理办法》规定得比较笼统,只规定必须按照有关法律、法规的规定进行,并召开听证会。地方相关立法规定的程序一般包括书面通知、一定期限内可要求听证(如合肥市、本溪市和邯郸市规定的期限是30个工作日之内)、组织听证;湖南省还进一步规定,政府主管部门于接管之日起90日内确定新的特许经营者。贵州省、邯郸市、深圳市还规定了接管之前特许经营者的义务,即在特定的单位完成接管之前,特许经营者应该按要求履行职责,维持正常的经营业务。

除了以上五种主要的规制内容之外,各地方对特许经营合同条款还各自规定了其他的规制内容,如乌鲁木齐市将特许经营者的混业经营限制纳入合同条款;晋城市在合同条款中规定了经营企业相关运营数据上报等要求。

(四) 规制工具属性对我国公用事业特许经营改革的启示

1. 公用事业特许经营应以公益优先

公用事业特许经营是一种新型的规制工具,在公用事业特许经营法律关系中,政府与被特许人之间的基础法律关系是行政法律关系,这一点应与特许经营协议中其他具体问题的公私法属性的争论相分离,这是一个前提性的问题。在19世纪的法国,因为特许经营合同还属于行政法领域的新课题,因此在当时强调其合同属性,而到了20世纪,以特许经营为代表的行政合同在法国行政法上就实现了向行政法传统要素的回归,更加强调其公共性。一味强调公用事业特许经营的经济性质的做法在我国学界也已经开始得到反思。

强调公用事业特许经营的规制工具功能,就是强调特许经营仍然是政府实施公务的一种手段,因此不能背离公共利益这一根本考量。特许经营改革的最终目的是提高公共产品和公共服务的供给质量和效率,最终提升社会公众的福利待遇,这也是公用事业特许经营改革得以实施的合法性基础,在此前提之下,特许经营提升效率和产业增值等优势才有意义。

目前,我国在公用事业特许经营改革过程中,最突出的问题正是公共利益难以确保的问题,其典型表现就是广大消费者即社会公众的利益被漠视。作为最终消费者的广大公众,大多时候被排除在公用事业特许经营的运作过程之外,既没有知情权也没有参与权,"在当下的特许经营运作过程中,往往只有地方政府与民间资本的身影,似乎这一制度安排根本不涉及公众的任何利益。作为组织者的政府,不仅不将特许经营的意图、方案向公众公开并广泛听取公众的意见,而且即便在特许经营协议签订之后也常常不向社会进行公告"①。从公用事业特许经营的大部分结果来看,在服务和产品质量没有显著提高的情况下,产品和服务的价格却普遍持续上涨,而消费者只能"望涨兴叹",究其原因,主要在于一些地方政府在采用公用事业特许经营模式时,过于注重财政减负和产业增值,一味强调特许经营的资金导向性,而忽视了公用事业本身的公共性,在选择被特许人时更多倾向于溢价投标的最高出价者,而竞标者就可以采用先溢价竞标中标,再通过与政府的二次谈判来提高产品和服务价格的策略,以保证自己的盈利,最终牺牲的是广大消费者的利益。

2. 公用事业特许经营并不排斥民事法律关系

自从我国在公用事业领域引入特许经营制度,对特许经营合同法律性质的争论就没有停止过,有的学者认为其属于公法合同,有的学者则认为其属于私法合同,有的学者还提出了两段论,即认为特许经营前半段的招标与决标行为,涉及厂商的投标资格及国家资源的充分公平分配问题,公法性质突出,因而是公法行为;而契约的缔结、履行等行为则是私法行为。② 其实,承认公用事业特许经营合同的公法性质与在该制度中适用私法规则并不是对立和不可兼容的。

从法国传统的公务特许理论来看,虽然强调公务特许经营协议是行政合同,但是都承认有关该合同的诉讼要根据不同当事人来确定管辖法院。受特许人与行政主体之间关于缔结、履行特许合同的诉讼,由行政法院管辖,而不区分特许合同中的协议条款和法规性条款;特许公务的使用人和第三人与受特许人之间,由于实施特许公务所产生的诉讼,由普通法院管辖。公产特别独占使用特许的诉讼管辖也区分不同当事人来分别对待:当事人之间关于合同的成立、解释、执行或解除的争议,由行政法院管辖,属完全管辖之诉;受特许人与第三者之间的争议由普通法院管辖。

可见,公用事业特许经营协议本身的性质与有关特许经营纠纷的性质是两个不同的命题,要根据具体纠纷当事人来进行区分。公用事业特许经营合同属行政合同,在被特许人的选择、合同双方的权利义务和履行上都要适用不同于一般私法合同的特殊规则,从本质上来看,特许经营合同也是政府推行社会和经济职能的一种手段,具有公益目标,因此被特许人与政府有关特许经营协议的缔结、履行等纠

---

① 章志远:《公用事业特许经营及其政府规制——兼论公私合作背景下行政法学研究之转变》,载《法商研究》2007年第2期,第5页。

② 李霞:《论特许经营合同的法律性质——以公私合作为背景》,载《行政法学研究》2015年第1期。

纷属行政纠纷；而在特许合同履行过程中，消费者与被特许人就产品或服务的质量、价格等产生的纠纷则属于民事纠纷，适用私法规则。

第四节 公用事业规制法的制度实践(二)：政府规制绩效评价

一、公用事业规制影响评价界说

(一) 公用事业规制影响评价的含义

规制影响评价(Regulatory Impact Assessment, RIA)是现代政府绩效评估的组成部分。政府绩效也被称为"公共生产力""国家生产力""公共组织绩效""政府业绩""政府作为"等，是指"政府所做的成绩和所获得的效益"[1]。政府绩效评估是"政府及其他社会组织，运用科学的评估方式和方法对政府及其部门的决策和管理行为所产生的政治、经济、社会、环境等短期或长远的影响和效果进行综合分析和科学测评。它是一种以绩效为导向，以促进公共组织绩效最大化为目标，以管理和服务对象的满意为最终衡量标准的新型管理模式"[2]。政府绩效评估起源于1906年美国市政研究院的绩效评价实践，其宗旨是根据公众对公共服务与公共产品的满意程度来评估政府的管理绩效，从而确定政府管理对公众负责、提高服务质量及其运行机制。[3] 政府绩效评估的本质是改革与完善政府公共部门内部管理的一种措施，是一种以结果为本的控制，其根本目的在于提高政府的公共管理水平，因此可以被认为是针对政府公共管理所进行的一种内部监督制度。

规制影响评价最早由1975年的美国福特政府提出，日后逐渐为英国、日本、澳大利亚等发达国家以及墨西哥等发展中国家所借鉴，目前规制影响评价也成为经济合作与发展组织(OECD)所提出的一套针对规制政策绩效的分析工具。规制影响评价是"对政府规制行为的潜在影响进行系统评价并把这些信息传递给决策者的过程"[4]，因此公用事业规制影响评价就是针对政府在公用事业领域的规制政策

---

[1] 中国行政管理学会课题组：《政府部门绩效评估研究报告》，载《中国行政管理》2006年第5期。
[2] Yong, D. & Han J. L. (2014). Multidimensional perspective and making up the shortcoming of the performance appraisal of public sector in China. International Business Research, 7(2), 22-28.
[3] 蔡立辉：《西方国家政府绩效评估的理念及其启示》，载《清华大学学报(哲学社会科学版)》2003年第1期。
[4] 肖兴志等：《公用事业市场化与规制模式转型》，中国财政经济出版社2008年版，第127页。

的潜在影响进行系统评价的过程,公用事业规制影响评价的概念具有以下几层含义:

第一,公用事业规制影响评价制度产生的直接动因在于规制的失灵。因此其主要目的在于确保公用事业规制方案的必要性、可行性和适度性,既针对规制造成的正面影响(收益)进行评价,也针对规制引起的负面影响(成本)进行评价。

第二,公用事业规制影响评价是一种对公用事业规制的可能影响及实际影响进行系统评估,从而为规制者出台或者修改规制立法、政策提供信息,从而改善规制的技术工具。规制影响评价的内容包括"规制受益者和成本承担者的确定、收益和成本估算以及非规制替代方案的分析,评价既考虑可测度的影响又考虑不可测度的影响及各种不确定性,同时强调对收益和成本的量化和货币化"。公用事业规制影响评价是经济学中的"比较静态分析""博弈论"等理论方法在公用事业规制政策制定过程中的综合运用。

第三,公用事业规制影响评价的对象是公用事业领域规制的影响。这些影响就是政府的规制措施所引起的社会现状的变化,包括经济影响、社会影响和环境影响,经济影响即对市场失灵的纠正和商业环境的改善的效果;社会影响是指贫困的减少和福利的增加的效果;环境影响则是指环境保护的效果。

第四,公用事业规制影响评价的过程是一个注重公众参与的公共决策过程。公用事业规制影响评价的程序一般包括以下环节:(1)问题的陈述;(2)方案的阐明;(3)规制影响评价方法的应用;(4)收益和受损群体的确定;(5)方案的选择;(6)公众的参与。① 公众参与的形式包括向公众公布信息、收集数据、咨询等,公众参与是对规制方案潜在影响进行评价的重要信息收集形式。

(二)公用事业规制影响评价的种类

1. 对规制的制定、实施、结果的评价②

这是按照评价的客体进行的分类。一般来说,全面的规制影响评价应该包括对规制的制定、实施、结果的全过程的评价,这也是广义的规制影响评价。规制制定的评价主要包括规制目标的合理性、政策手段的合适性和制定过程的公开性;规制实施的评价主要涉及规制执行情况、规制政策调整、规制实施主体能力、规制信息沟通及规制服务对象的满意程度等方面,其主要功能在于通过充分利用公众参与等机制,避免规制实施过程中的随意性和不确定性,促进公共治理达到良好治理原则的要求。对某项规制政策实施结果的评价往往是最重要的评价,因此也被称为狭义的规制影响评价。本书中所说的规制影响评价主要是指狭义的针对规制结

---

① 肖兴志等:《公用事业市场化与规制模式转型》,中国财政经济出版社2008年版,第130页。
② 肖兴志等:《公用事业市场化与规制模式转型》,中国财政经济出版社2008年版,第137-138页。

果所作的评价。

2. 规制影响评鉴和规制影响评估[①]

这是根据实施评价的时间所进行的分类。规制影响评鉴是在规制实施之前对该项规制政策的预期影响所进行的评价,属于事前评价,该评价分为三个步骤:初步规制影响评价、进一步规制影响评价和最终规制影响评价。初步规制影响评价是形成规制提案的基础,根据评价结果,如果规制方案所产生的总收益值大于其他任何方案净收益的贴现,则形成规制方案,否则采取其他方案;进一步规制影响评价是在初步规制影响评价的基础上对规制提案的成本和收益的分析进行修正;最终规制影响评价则是出台规制方案的依据,它以进一步规制影响评价所提供的信息和分析为基础,并对咨询结果作出反应,如果咨询过程中发现存在重大的问题,则进一步修改规制方案,否则将形成并出台最终的规制方案。规制影响评估是规制方案付诸实施后,对其产生的实际影响进行的评价,规制影响评估的结果可以与规制影响评鉴所建立的基准进行比较,从而为今后的规制决策提供信息。规制影响评鉴和规制影响评估都是针对规制结果进行的评价,因此属于狭义的规制影响评价。

(三) 公用事业规制影响评价方法

1. 成本-收益分析法

因为规制影响评价是对规制方案所产生的正面影响和负面影响进行系统评价,因此成本-收益分析法是对规制影响进行评价的最重要、最直接的经济学方法。成本-收益分析对规制活动进行系统性的定量评价,其分析原则是一项规制要能够带来社会剩余的最大化,即经济学上的卡尔多-希克斯标准:只有当赢家所得能够安全抵消损失并使情况更好时,一项政策才能被采纳。成本-收益分析的优势在于,在关于提高市场效率,保护健康、安全和环境质量的争论中,成本-收益分析在立法与规制中起着重要的作用。成本-收益分析所探讨的是某项政策从总体上看是否对稀缺资源进行了合理的配置,判断的标准是市场效率。成本-收益分析提供了衡量市场效率的基本方法,它既有市政分析的市场基础,又有规范分析的价值取向,它可以解释现有政策的效率程度,又可以预测未来政策的走势。[②] 因此,在采取规制影响评价的国家中,成本-收益分析是被最为广泛使用的评价方法,已为许多国家通过立法加以确认。

当然,成本-收益分析作为一种规制影响评价方法,其适用也有自己的要求和

[①] 肖兴志等:《公用事业市场化与规制模式转型》,中国财政经济出版社2008年版,第130-131页。

[②] 郑雅方:《论我国行政法上的成本收益分析原则:理论证成与适用展开》,载《中国法学》2020年第2期。

局限,主要有以下两点:

第一,成本-收益分析需要解决成本和收益的定量问题。这里的成本和收益是全体社会成员的总和,其中既包括直接效果也包括间接效果,既包括有形效果也包括无形效果。直接效果是由特定项目所产生的效果,间接效果是派生出的效果;有形效果是存在市场和市场价格的商品和劳务;无形效果是不存在市场交易的后果。[1] 在进行成本-收益分析时,不仅要收集不同种类效果的信息,而且要区分不同种类的效果并分别给予评价,这对政府的信息、数据收集能力和评价技术都提出了较高的要求,全面的数据和科学的评价体系是进行成本-收益分析的基础,否则成本-收益分析将丧失科学性,失去对于改进规制、提高规制质量的参考意义。

第二,成本-收益分析有适用范围的局限,并不是对所用领域都适用。对于某些特殊领域是不能用量化的成本和收益来衡量的,因此不适用成本-收益分析法。如美国的《清洁空气法》规定,空气质量指标和降低大气污染指标的规制不适用成本-收益分析;美国《濒危物种灭绝法》也规定,对濒危灭绝物种的保护不适用成本-收益分析。

2. 其他评价方法

除了成本-效益分析法之外,也存在一些与成本-效益基本思想相同的经济评价方法,但是这些评价方法在目标和适用范围上比成本-效益分析法要窄,只是在具体问题上更具可操作性。

(1) 成本-效果分析法

成本-效果分析法又称为成本-产出分析法,是成本-收益分析的不完全形式。该分析方法是指当成本和收益不能够完全货币化时,利用其他形式的指标,选择最能有效利用已有资源的方案。

(2) 服从成本分析法

该分析法集中分析比较容易估算的成本,而不对任何收益进行量化。这种分析方法适用于当规制的首要考量是规制的成本负担是否适当或者是否已降至最低水平时。

(3) 经济影响分析法

经济影响分析法可以被看作是服从成本分析法的变形,该分析法是对每个备选方案的影响进行具体分析,包括对公平和再分配的影响、对地方政府的影响、对小企业的影响、对价格和工资的影响等。其中,对小企业的影响分析和预算影响分析是最常用的分析。

---

[1] 肖兴志等:《公用事业市场化与规制模式转型》,中国财政经济出版社2008年版,第140页。

二、我国的公用事业规制影响评价

（一）我国公用事业规制影响的现状

就属性而言，规制影响评价属于政府绩效评估的组成部分，而自我国改革开放以来，无论是理论界还是实践界，对政府绩效评估都是相当重视的。20世纪80年代迄今，我国地方政府开展了一系列政府绩效评估探索，主要包括三种形式①：(1) 各地先后实行了多种形式的目标管理责任制。20世纪80年代初，我国开始试行机关工作人员岗位责任制，到1990年前后，随着我国经济体制改革进入新的阶段，各地党政部门在岗位责任制的基础上，普遍实行目标管理责任制。(2) 不断完善党政领导干部政绩考核评价体系。我国的干部考核在20世纪80年代就确定了德能勤绩全面考核、注重实绩的原则，但实绩考核标准和测评体系一直没有建立起来，在实际工作中，存在单纯用GDP考核干部的倾向。随着科学发展观的提出，干部政绩考核体系不断得到完善，主要体现为干部考核指标体系既重显绩，又重潜绩，既看当前，又着眼可持续发展；各地在全面考核的基础上，将劳动就业、社会保障、环境保护和资源、能耗等方面指标列入政绩考核的重要位置；充分考虑不同地区、不同层次、不同岗位、不同基础的特殊性和差异性；注重可操作性等。(3) 采用多种方式广泛开展公民评议活动，许多地方将公民评议作为对领导干部和公务员考核的重要方式，并不断规范化、制度化。2004年，原国家人事部《中国政府绩效评估研究》课题组提出了一套适用于我国地方政府的绩效评估指标体系。该体系共分三层，由职能指标、影响指标和潜力指标3个一级指标，11个二级指标以及33个三级指标构成，适用于全面系统地评估我国地方各级政府，特别是市县级政府的绩效和业绩状况。②

但是，规制影响评价所属的公共政策评估在很大程度上受到忽视。公共政策评估就是"依照一定的标准，运用特定的方法，对政策的科学性、可行性及其实施后的效果、效益与效率所进行的综合评估"③。公共政策是政府绩效主要的实现手段，因此公共政策评估应该成为政府绩效评估体系的重要组成部分。然而至今为止，我国的公共政策评估无论是在理论上还是在实践中都属于比较薄弱的环节。在理论上，公共政策评估隶属的政策科学产生于20世纪50年代的美国，我国引入该门学科则是20世纪80年代，研究时间较短，并且更多地停留在政策制定与执行

---

① 桑助来：《地方政府绩效评估的主要形式和基本经验》，载《中国人事报》2007年4月13日，第4版。
② 尚虎平：《激励与问责并重的政府考核之路——改革开放四十年来我国政府绩效评估的回顾与反思》，载《中国行政管理》2018年第8期。
③ 申喜连：《试论我国公共政策评估存在的困境及制度创新》，载《中央民族大学学报（哲学社会科学版）》2009年第5期。

的研究上,对于政策评估很少做过系统、专门的研究,政策评估系统的理论研究完全处于一个尚未开发或开发不够的领域,对于公共政策评估的概念、程序、标准、技术方法多是借鉴于国外,并没有形成我国特色的政策评估理论体系。① 在实践中,虽然在中央和各地方先后出现过公共政策评估的实践活动,如国务院发展研究中心对我国实施十多年来的医疗制度改革政策进行了初步的评估;上海市杨浦区政府根据上海市劳动和社会保障局《关于本市开展促进就业政策实效评估工作的通知》(沪劳保就〔2005〕10号)的要求,对区现有各项促进就业政策进行全面梳理与评价;北京WTO事务中心根据市商务局的指示于2007年3月正式成立了政策评估部等。但是,公共政策评价在我国并没有形成固定的制度,也没有形成固定的评估体系和方法,在组织上也缺乏相应机构和人员的保障。公共政策评估缺乏规范指引,导致实践中公共政策评估在部分地区或领域存在功利化倾向,如以评估来炫耀工作绩效,沽名钓誉、歌功颂德;借评估使效果不佳、绩效不佳的政策合理化,以掩盖或推卸责任。②

我国目前公用事业的规制影响评价制度之所以处于空白状态,还有一个特殊原因,就是缺少赖以建立公用事业规制影响评价的独立规制机制。公用事业规制影响评价必须建立在较为健全的公用事业政府规制机制基础之上,为公用事业政府规制提供指导方针和原则、筛选良好的规制政策的程序和方法,而我国虽然自20世纪90年代开始在公用事业领域尝试公用事业市场化的改革,但是以政监分离为主的行政管理体制改革却相对滞后,至今在公用事业各产业领域都还没有建立起真正的政监分离的公用事业规制体系,在政监不分的公用事业行政管理体制下,公用事业规制政策与一般性行政管理政策相互混淆,针对规制进行的规制影响评价制度自然没有建立的基础。

(二) 我国确立公用事业规制影响评价制度的正当性分析

1. 行政民主改革是建立公用事业规制影响评价的政治基础

政府绩效评估的根本目标是建立与知识经济以及信息化社会相适应的新公共管理制度,涉及行政管理理念和管理模式的根本创新,政府绩效的标准由传统的注重行政效率到重视公众满意度,这一质量标准预示着新的公共管理模式对下负责的民主化改革趋势,行政部门的权威不再主要依靠自上而下的国家强制力,而是以公众满意为衡量标准的政府绩效。政府绩效的公民导向意味着对传统的由上至下的行政管理模式的颠覆,行政部门与公众的关系不再是通过对民选机关负责的间

---

① 谢帆:《公共政策评估的理论与方法》,载《经济研究导刊》2020年第7期。
② 应晓妮、吴有红、徐文舸、何淑华:《政策评估方法选择和指标体系构建》,载《宏观经济管理》2021年第4期。

接委托关系,而是直接对公众负责,这意味着现代公共管理的新民主模式,也是我国行政改革的方向。公用事业规制影响评价正是以这种新的行政民主模式为政治基础。

2. 建立健全公共政策评估制度是公用事业规制影响评价的基本制度环境

公用事业规制影响评价是政府绩效评估的有机组成部分,属于公共政策评估,在我国各级政府还没有普遍建立公共政策评估观念并建立系统的、较为成熟的评估体系之前,公用事业规制影响评价制度即便在公用事业领域率先建立,也很难保证其评价体系的质量和实施效果,因此必须首先将公共政策评估纳入各级地方政府绩效评估体系,同时建立健全公共政策评估的各项制度,如组织人员保障、法律制度保障、经费保障等,公用事业规制影响评价才能获得良好的制度环境。

3. 公用事业领域的政监分离是建立公用事业规制影响评价制度的组织基础

公用事业规制影响评价必须建立在独立的公用事业规制机制之上,要对公用事业的规制政策进行评价,首先要区分规制政策与一般的行政政策,而组织上的政监分离是保证规制政策与一般行政政策相区分的源头,因此,公用事业领域的政监分离是建立公用事业规制影响评价制度的组织基础。

4. 相关立法是建立公用事业影响评价制度的基本保障

从国外的经验来看,公用事业规制影响评价制度是伴随着放松规制改革而生的一种新型公共政策评价制度,也是对公用事业规制进行监督的新途径。但是在引入该制度的国家,基本上都通过代议制机关的立法将其正式作为法律制度确认下来,而不是仅仅将其作为改革的临时措施,公用事业规制影响评价制度已经普遍被纳入法治轨道,成为国家法律体系的有机组成部分。我国建立规制影响评价制度,必须改变以往以政策、规范性文件代替立法的惯常做法,将公用事业规制影响评价以相关立法的形式固定下来,这是我国建立社会主义法治国家的必然要求,也有利于此项制度的顺利推行。鉴于此项制度在我国的确立和健全有一个摸索的过程,不妨先以效力层级比较低的法律形式出台,待制度成熟后再提升其法律效力层级。

5. 完善公用事业规制影响评价的配套制度和相关技术

首先,公用事业规制影响评价制度需要其他一系列配套制度。如规制影响评价需要向公众收集影响效果的信息,评价结果要向社会公众公开,这涉及政务公开,而我国有关政务公开的制度除了通过《中华人民共和国行政处罚法》《中华人民共和国行政许可法》《中华人民共和国行政强制法》等单行法在相关领域实施外,具有普遍适用意义的法律规范是《中华人民共和国政府信息公开条例》,但该条例受立法和实施环境等诸多因素的影响,实施效果并不理想,特别是我国尚未出台对确立政务公开制度具有基础作用的行政程序法。又如,在组织制度的保证方面,美国和英国都在中央层级成立了专司规制影响评价的机构,并赋予其明确的法律地位和职权,这对规制影响评价制度的推行起到了重要作用。我国要推行公用事业规制影响评价制度,实际上也涉及政府绩效评估新内容、新指标、新体系的建立和推广的问题,这一过程一定会遭遇各种困难和阻力,成立专司此项制度的机构是十分必要的。但是必须同时注意的是,在我国推行以精简机构为核心内容的行政机构改革的大背景下,要避免以往简单以事业单位身份代替行政机构身份的做法,明确该机构的法律地位及职权,确立其权威。

其次,公用事业规制影响评价制度是建立在较高的技术基础之上的,最重要的就是数据的收集和评价技术。数据的客观性、全面性等质量要求是规制影响评价制度的技术性关键,而这也恰恰是许多发展中国家建立该制度时所面临的困难。经济合作与发展组织(OECD)曾经在1999年出具的一份报告中指出:"在墨西哥,规制影响评价估算成本和收益时面临的最大问题就是数据质量普遍低下,以致不能对规制方案进行定量分析。"我国也面临同样的问题。另外,我国还面临评价技术不足的问题,发达国家精确量化成本与收益所广为采用的计量技术和工程研究方法在我国还未成熟。可见,提高数据收集能力和数据质量以及发展技术评价制度,是我国建立公用事业规制影响评价在技术基础上的努力方向。

第六章
公用事业企业法

第一节 公用事业企业法界说

一、公用事业企业的定义

(一) 公用事业企业的立法界定

在我国,公用企业的官方界定一直比较含糊。1993年原国家工商行政管理总局根据《中华人民共和国反不正当竞争法》颁布的《关于禁止公用企业限制竞争行为的若干规定》第2条规定:"本规定所称公用企业,是指涉及公用事业的经营者,包括供水、供电、供热、供气、邮政、电讯、交通运输等行业的经营者。"按照字面意思,公用企业应该包括水力、电力、煤气、电信和交通等行业的企业主体。2001年颁布的《中华人民共和国国民经济和社会发展第十个五年计划纲要》要求:"引入竞争机制,加快电力、铁路、民航、通信、公用事业等垄断行业管理体制改革。"这里的公用事业与电力、铁路、民航、通信等并列为垄断产业。按照立法意图,我国的公用企业应该包括电力、铁路、民航、通信等产业部门。

公用事业在经济生活中的重要地位和作用通过行业标准规章得到了充分体现。根据2004年原建设部《市政公用事业特许经营管理办法》的规定,公用事业部门主要是指确定的城市供水、供气、供热、公共交通、污水处理、垃圾处理等行业。相应地,公用企业部门包括供水企业、供气企业、供热企业、公共交通企业、污水处理企业和垃圾处理企业。中国证监会《上市公司行业分类指引》中单列一个独立的行业为"电力、煤气及水的生产和供应业",包括电力生产业、电力供应业、蒸汽热水的生产和供应业、煤气生产业、煤气供应业、自来水生产业、自来水供应业等。上海证券交易所《上市公司行业分类说明》中,独立设置了"公用事业"行业,包括电力、气和水等多种公用事业,公用企业包括电力企业、供气企业和供水企业等。在实践中得到较广泛认可的"中国企业 500 强"的一项重要评选是"分行业主要经济指标及结构",将与公用事业相关的行业分类为"电力、蒸汽、热水、煤气的生产和供应业""交通运输及辅助业(航空、铁路、公路、水运等)"以及"邮电通信业"。[1] 当下对公用企业的分类有两大特点:首先,按照公用事业部门进行的划分,这种分类下的公用企业有供水企业、供气企业、供热企业、公共交通企业、电力企业、污水处理企业和垃圾处理企业;其次,按照企业所属是生产领域还是流通领域进行的分类,包括电力、煤气及水的生产企业和电力、煤气及水的供应业、交通运输业等。

(二)公用事业企业的学理定义

诸多研究公用企业的论著均对公用企业的内涵和外延进行了分析。有人认为,公用企业是指通过一定的网络提供公共产品或服务的企业,主要包括电信、电力、民航、铁路、供水、供气、供热等行业的企业。[2] 另有人提出了同样的看法,强调公用企业是通过网络提供传统公共服务的产业,包括电信、电力、煤气和供水服务等。[3] 另一种思路是通过公用企业的特征界定公用企业,如有论文提出,公用企业具有一定的特殊性,包括营业目标的公益性、市场地位的垄断性、服务渠道的管网化和产品的不可贮存性、公用企业产品的生产和销售具有不可分离性以及运行的规模化和国家补贴等特征。[4] 更多的论者在讨论公用企业时并没有对其进行界定,但从讨论的内容和分析的思路可以发现其预设是将公用企业界定为类似于上文列举的观点。

这种对公用企业过于笼统的界定是不科学的。既有的研究基本以 1993 年原国家工商行政管理总局的行政界定为基础,可以确认的是,十余年之后的中国公用企业无论是实践发展还是理论认识,均已超越和改变了公用企业的外在形态。20 世纪 80 年代以来,许多经济发达国家对垄断性产业实行市场结构重组政策,允许一批新企业进入,把原来的垄断性市场结构改造为竞争性市场结构,对原来实行垂直一体化经营的整体业务实行分割政策,例如将电力产业的整体业务分割为电力设备生产、发电、高压输电、低压配电和电力供应等业务领域,将电信产业的整体业务分割为本地电话、长途电话、移动电话、各种增值业务和通信传输等业务领域,把

---

[1] 中国企业管理年鉴编委会编:《中国企业管理年鉴(2005)》,企业管理出版社 2006 年版,第 280 页。
[2] 郑艳馨:《论公用企业的界定》,载《社会科学家》2011 年第 10 期。
[3] 陈仿文:《网络型垄断性公用企业的反垄断治理》,载《党政干部论坛》2017 年第 1 期。
[4] 傅骏杰、余恩海:《公用企业及其特殊社会责任》,载《经济师》2019 年第 11 期。

铁路运输产业的整体业务分割为铁路建设、铁轨网运行、客运和货运等业务领域。① 也就是说,公用企业的内涵在过去十余年内发生了较大的变化。经济学家对公用企业的结构性调整进行了解释,例如将公用企业划分为必然垄断型和相对垄断型等。② 必然垄断型公用企业是指由于技术垄断、资源垄断、规模经济垄断和许可经营垄断等特别的技术和经济而必然垄断的企业,包括本地电话业务网、电力传输网、铁路铁轨、煤气及天然气传输管道、城市自来水供水系统、邮电等具有极强网络性的产业。相对垄断型公用企业具有下述特征,包括:(1) 企业较少,具有强大的市场支配力;(2) 企业间存在较强的竞争关系;(3) 产品存在一定的差异;(4) 这些企业都对市场具有重要的影响,它们是市场价格的寻求者,可以通过竞争来影响和制约相互间的市场价格和产量;(5) 存在一定的进入障碍。这些企业有城市煤气生产、热力供应、有线电视、国内航空、国内海河运等。这种划分方法有一定的合理性,例如管道垄断具有显然的成本弱增性和规模效应,并且关系到国家安全,其应该具有必然的自然垄断性,但是如果认为拥有管网的企业就是公用企业也不合适。并且,自然垄断性产业并不必然就是公用事业。公用企业的界定关涉国计民生,不恰当的归类将导致社会财富的流失,因此需要慎重。以经济学的理论为基础,可以用如下标准来衡量企业的公用企业属性,以判断其能否进入公用企业行列。

第一,生产的产品或提供的服务具有公益性或普遍服务性,关系民生。一般的企业产品也是与公众生活相关的,但该产品或服务并不具有普适性和公益性,其稀缺将不会导致社会民生普遍受损。

第二,产品的生产或服务的提供依赖特定的网络系统。通信网络、电力传输网络、铁路网络、煤气及天然气传输网络、城市自来水供水网络等建设和运营,关系国计民生、国家安全和公共利益,往往依赖于公权力的授权和许可,否则难以推行。

第三,企业成本的弱增性。规模经济或范围经济较为明显,完全竞争将导致市场资源配置的无效率。公用事业的公益性使得公用事业成了经济生产和社会生活的必要组成部分,在用户一定的情况下,产品或服务需求的数量也是确定的。按照麦特卡夫定律(Metcalfe's Law),网络价值等于网络节点数的平方,网络效益随着网络用户的增加而呈指数增长。③ 因此,在依赖于网络生产或服务的公用企业中,完全的市场竞争将导致生产过剩和效益低下,竞争将是有限度和受规制的。

第四,基于公益的政府规制的广泛性和全面性。按照通行的规则,一般的营利性企业需要接受进入和退出规制、产品或服务的质量规制、环境规制等。尽管公用

---

① 王俊豪等:《中国垄断性产业结构重组分类管制与协调政策》,商务印书馆2005年版,第1-2页。
② 魏丽丽:《对公用企业垄断的法律思考》,载《经济研究导刊》,2007年第5期。
③ 谢地:《政府规制经济学》,高等教育出版社2003年版,第38页。

企业也要接受上述规制,但规制的程度差异较大。以准入规制为例,一般的营利性公司按照法定程序登记或注册即可以完成准入,并且没有数量控制,按照法定程序解散、清算或破产即可完成退出。而公用企业的准入规制实行许可制和数量控制,对于企业的存续期限、专业人员、注册资本均有较高的要求;产品或服务的定价,不是按照一般的营利性企业所遵循的市场规律,而是政府干预较多,公用企业提高或降低价格,均需经过政府的行政许可或核准。

综上,公用事业企业是在立法的特别规制下,以公共设施为运营载体,以向社会提供普遍服务为目的的企业法人。

二、公用事业企业的组织形式

(一) 理论评析

汉斯曼总结了美国公用企业的组织形式:(1) 由投资者所有,同时不受政府的监管;(2) 由投资者所有,但受政府的价格监管;(3) 由政府所有;(4) 特许权投标,即投资者所有的企业以竞标的方式从政府有关的监管机构手中取得经营公用事业的特许权。[1] 汉斯曼认为,在具体的经济环境中,决定公用企业所有权形式的关键因素不是风险承担和融资渠道等其他条件,而是企业的顾客人群在利益上的一致程度和在构成上的稳定程度。[2] 易言之,只要公共产品的用户在利益上是一致的,并且用户群是稳定的,那么公用企业的所有权形式将必然适用户利益。首先,在农村地区,消费者人群的利益基本一致,而且大部分的农业居民居住环境也比较稳定,在这些地区,尽管每个用户的平均资金成本比较高,消费者所有权在相当多的公用企业中占据主导地位。合作社所有权制的最大优点是把企业的利益与顾客的利益联系在一起,当合作社经营者谋求剩余索取权时,就会损害全体股东和消费者的利益,那么对其进行监管将会是全方位和深刻的。那这样一来是否会导致股东兼消费者沦为投机主义者呢? 在股权分散的企业中,小股东并不作为普遍消费者而存在,其消极不作为的成本仅仅是股权对价;而在合作社中,股东消费的成本将是股权对价加上单位剩余索取权。因此,合作社股东消极不作为的概率大大降低。其次,在高度城市化的地区,投资者所有权制度占支配地位,但用户人群通常具有高度的异质性而且流动性很大。这种模式的好处是规模经济效应比较明显,但缺点在于政府规制成本难以确定,且政府规制容易导致产业受损。以电力企业为例,加强规制会使电力企业的利润率降低从而出现投资不足,但放松规制又会使电力

---

[1] [美]亨利·汉斯曼:《企业所有权论》,中国政法大学出版社 2001 年版,第 253 页。
[2] [美]亨利·汉斯曼:《企业所有权论》,中国政法大学出版社 2001 年版,第 253 页、第 264 页。

企业出现生产过剩。① 在汉斯曼看来,投资者所有权制公用企业的最大问题在于公用企业利用垄断地位对消费者利益的损害。但同时,这种形态的企业存在也具有合理性,因为其经济环境中不存在类似于农村的利益一致和高度稳定的消费者群体,合作社的形成缺乏合理性基础,因此,由投资者所有制企业提供公共产品尽管会产生代理成本和交易成本,这些成本之和也是大于建立电力合作社的成本。最后,市政所有的公用企业,普遍存在于小城镇。②小城镇的特点是顾客人群的成分比较复杂并且流动性强,这样合作社的设立缺乏基础,并且其存在有一定的历史原因。③

汉斯曼的结论是,公用企业的结构形式取决于消费者利益的一致性和消费者结构的稳定性。这一结论有利于我们理解中国公用事业政府投资的合理性。在我国,城乡经济发展不平衡,东部地区和西部地区经济发展差距明显。以电力资源为例,地区之间电力资源分布极不平衡,电力传输成本极高。由于公用事业投资有大量的沉淀成本,民间投资缺乏积极性,因此政府投资公用企业成为必然。④

(二) 公用事业企业主体形式

根据汉斯曼的总结以及公用企业的所有权特征,公用企业主体可以分为政府垄断企业、政府特许企业和市场选择企业。政府垄断企业是指政府垄断公用事业的提供并由其控制下的企业实施;政府特许企业是指政府通过特定的法律程序将公用事业的经营特许给政府垄断企业或其他市场主体;市场选择企业是指在准入限制取消的情况下,市场主体根据市场机制选择进入公用事业部门。

1. 政府垄断企业

政府垄断企业是一种政企不分的模式,政府根据公共服务的需要,将公用事业直接交由其控制下的企业经营。政府提供公共服务是源于本能的驱动:首先,政治家及其官僚们的特定地位,决定了他们对于政府能力的信心,在公共物品的供给上,他们常常踌躇满志。其次,政治家和官僚们的报酬制度并不与公共物品提供的

---

① 美国的电力公用企业投资有三种模式,一是由投资者设立的企业提供电力服务,政府进行价格监管。这种模式的好处是规模经济效应比较明显,但缺点在于政府规制成本难以确定,且政府规制容易导致产业受损,当加强规制时,电力企业由于利润率降低会出现投资不足,但放松规制又会使电力企业出现生产过剩;二是由消费者组成电力供应合作社,合作社把企业的利益与消费者的利益结合在一起,不仅减少了垄断造成的效率损失,而且节约了规制成本;三是由市政府直接提供电力服务。参阅前引《企业所有权论》第九章"公用事业"的论述。

② 汉斯曼提供的1986年的数据指出,在496个回应调查的市政企业中,80%的公用企业的顾客都在15 000名之下。参阅前引《企业所有权论》,第257页。

③ 汉斯曼指出,这种市政公用企业是在20世纪上半叶达到高峰的,而美国电力市场也是在19世纪末到20世纪20年代之间兴盛的,这说明政府提供的公用事业只是在这个阶段得到发展,之后开始走下坡路。

④ 公用事业不同结构和不同公用事业部门之间存在差异性,政府投资的方式和数额也存在差异性。

效率相关。最后,官僚机构有预算扩大化的倾向。① 除了政治和官僚体制上的原因外,政府垄断企业参与公用事业还有其他因素推动。其一,公用事业的非竞争性和非排他性使得市场主体投资回报难以有效保证,且市场需求相对短缺更加剧了回报周期的延长;其二,技术成本较高促使市场主体难以承受技术革新的压力,进而难以保障公用事业普遍服务和安全服务;其三,公用事业市场需求量有限,公共政府财政足以支撑必要的投入;其四,市场主体的不发达也是政府垄断企业普遍参与的外部原因之一。在 20 世纪 70 年代前,公用事业公共设施被大多数国家认为是福利性公共产品,国有化的经营模式占据主导,但之后,这种情形发生了改变,公共设施经营的国有化暴露出诸多矛盾:第一,政府投资运营的单一模式导致国家财政负担加剧;第二,政府财政受到政治环境和国家经济状况等因素的影响,单一的政府投资运营模式为公共设施建设带来不确定性;第三,政府垄断投资模式导致投资运营中缺乏激励机制,降低了公共设施的投资效益和运营效益。②

一方面,政府垄断公用事业供应被普遍认为是滋生腐败和降低普遍服务水平的重要原因;但另一方面,政府垄断企业提供公用事业也有独特的优势,正如德姆塞茨所言,对一个公用公司的配送体系实行公有制,可以避免沉淀成本问题。③在有限市场或不存在潜在竞争的市场上,政府垄断企业是保障公用事业发展的必由之路;在自然垄断性较强和关系国家安全及国计民生的产业中,维持政府垄断也是民生需求的必然选择。但显然,这种国家垄断企业的参与,需要建立在开放市场准入和促进有效竞争的前提下,而不是在排他性的封闭环境下进行。

2. 政府特许企业

丹尼尔指出:"虽然成本劣加性的生产技术表明只需要一个生产者,但潜在的生产者的数目却可能会有很多。这就说明,能够设计一种机制,从而在取得供应市场权力的竞争中得到好处,以获得期望的目标——特别是,消除垄断资金,实行有效定价及取得生产效率。然而,问题在于如何设计这样一种机制,以免带来高成本交易和传统管制的行政复杂性。……(这样一种机制)叫作特许权竞争的机制。"④特许经营权的基本内容是政府部门通过公开招标的方式,就某个公共设施项目确定被特许人,通过双方签署的特许权协议,授予被特许方承担该公共设施项目的投资、融资、建设、经营与维护;在协议规定的特许期限内,被特许方有权向用户收取适当的费用,由此来回收项目的投融资、建造、经营和维护成本并获取合理回报;政

---

① 句华:《公共服务中的市场机制:理论、方式与技术》,北京大学出版社 2006 年版,第 24 页。
② 丁芸:《城市基础设施资金来源研究》,中国人民大学出版社 2007 年版,第 29-30 页。
③ Marques, R. C., & Berg, S. (2010). Revisiting the strengths and limitations of regulatory contracts in infrastructure industries. Journal of Infrastructure Systems, 16(4), 334-342.
④ [美]丹尼尔·F. 史普博:《管制与市场》,余晖等译,上海人民出版社、上海三联书店 1999 年版,第 326-327 页。

府部门对该公共设施享有监督管理权;特许期届满,被特许方将该公共设施无偿移交给政府部门。

政府特许可以普遍应用于公用事业的各个层次,包括自然垄断性业务和非自然垄断性业务。对于自然垄断性业务,特许竞标可以"消除垄断资金,实行有效定价及取得生产效率"[①],并且特许协议仍然保障有效的政府监管。对于非自然垄断性业务,特许权竞标同样有利于吸引最优秀的公用企业参与到公用事业的供应中。因此,在时任土耳其总理的厄扎尔于1984年首先提出利用BOT方式建造一座电厂之后,特许经营权制度风靡全球。公用事业特许经营的优点首先在于减轻政府在公共设施投资方面的压力,集中力量办大事;其次,通过竞标机制参与的市场主体,能够最大限度地提高生产和服务效率,保障公用事业普遍服务的供应;再次,消费者通过竞争机制,可以获得高质量的公共产品和服务;最后,特许经营权在引入竞争——其本身就是一项竞争——的同时,也保障了基于公益的必要监管的存在,监管机构可以通过实施特许权协议以保证公用企业的作为符合公共利益。另外一个方面,契约形式达成的公用事业提供机制也伴随着诸多缺陷,结合丹尼尔先生所谓"交易成本,风险的结合,运营的监控"[②]的认知,政府特许经营招致了代理成本、监督成本、俘获成本、制度成本等。

3. 市场选择企业

市场选择企业依赖于完全的市场机制,通过市场竞争选择优秀的公用企业参与公用事业经营。对于公用事业来说,市场机制仅仅适用于非自然垄断性业务,且该非垄断性业务具有较强的可替代性,在市场失灵的情况下,替代产品的跟进可以保障公用事业普遍服务的维持。

第二节 公用事业企业法的理论阐释

一、公用事业企业法的内涵

公用事业企业法是指以调整和规范公用事业领域中企业法人的主体资格和主体行为为主要内容的法律规范的总称。它包括如下几个方面的基本内容:

---

① 参见[美]丹尼尔·F.史普博:《管制与市场》,余晖等译,上海人民出版社、上海三联书店1999年版,第327页。

② 参见[美]丹尼尔·F.史普博:《管制与市场》,余晖等译,上海人民出版社、上海三联书店1999年版,第328页。

首先，公用事业企业法是主体资格特别法。公用事业企业法作为主体资格特别法主要体现在两个方面：第一，公用事业的准入资格无论是通过政府机制施行或市场机制选择，准入主体须取得公用事业建设和运营的必要资质条件。《市政公用事业特许经营管理办法》第 7 条规定："参与特许经营权竞标者应当具备以下条件：（一）依法注册的企业法人；（二）有相应的注册资本金和设施、设备；（三）有良好的银行资信、财务状况及相应的偿债能力；（四）有相应的从业经历和良好的业绩；（五）有相应数量的技术、财务、经营等关键岗位人员；（六）有切实可行的经营方案。"第二，公用事业企业法对准入资格的要求往往是针对公用事业的投资主体，而非直接针对项目法人。但是与公司法制中母公司和子公司不同的是，公司法中母公司和子公司是独立法人，且责任独立，其各自行为互不关联；在公用事业企业中，公用企业的股东首先需要满足主体资格要件，同时它要对其设立的项目公司承担相应的资格责任，包括资金、技术、人才等。

其次，公用事业企业法是主体行为特别法。一般来说，企业法人在获得设立资格后，依法具有意思自治权利，法律对其行为实施合法性监管。公用事业中公用企业的行为既要满足上述合法性要求，还要在价格、质量、环境、财务账簿等方面遵循特殊的行为要件。例如，美国加利福尼亚州《公用事业法典》第 451—632 条对公用企业的定价、质量保证、普遍服务以及财务账簿等方面作了专门规定。

二、公用事业企业法的立法基点

公用事业企业是公用事业法的本位主体。通过对公用事业企业在法制调整下企业绩效和治理结构调整的实证分析，可以发现企业理性与立法理性并不必然吻合，因此公用企业的本位地位必须通过科学和合理的法律制度才能客观地发挥社会实效。公用事业企业立法的原点是对中国公用事业客观规律内生的自为客观状态及法律规制下的他为主观状态的实证认知。前文论述了公用事业企业在不同制度环境下的发展趋向，并据此检讨了公用企业主体理性与立法理性之间的博弈，这些正是公用事业企业立法需要考虑的。

第一，公用事业企业组织形式或治理结构是多元利益博弈的结果，它反映了特定情境下企业、股东和高管谋求各自利益最大化的状态。因此，在外部环境改变后，企业组织形式和治理结构必然要经历相应的调整，立法也要关注这些调整。

第二，国外的实践和理论都表明，在市场机制对资源配置起主导作用的体制下，公用事业企业放松规制后，其治理结构发生了显著的变化，这种变化是企业适应竞争需要的必然要求。公用事业的发展必须重视公用事业企业治理结构的改进和完善，因为尽管治理结构不能短期内发挥明显的市场效益，但其调适有利于企业经营向正确的方向迈进，有利于公平竞争的市场秩序的形成，有利于公共福利的增进。

第三,放松规制下,我国电力公用企业无论是何种股权性质和股权结构,企业治理结构都经过了较大的调整,具体表现为管理层结构趋向合理,管理层薪酬更能反映对高管的激励。但是,所有权性质和股权结构对企业建设"市场导向型"治理结构有明显影响。因此,放松规制并不必然带来企业效益的增加和民生的改善,必须将企业产权改革、大股东"一股独大"等问题纳入公用事业企业市场化的步伐,通过合力,推进公用事业企业效益的提升。

第四,公用事业打破垄断后,人为因素——也可能是基于国家安全和国计民生的需要——导致的垄断型公用企业仍然占据着市场的主体份额,其经营业绩的提升,一方面是经营拓展的结果,另一方面也与企业占据垄断资源有关。在公用事业企业仍然控制市场主体份额的情况下,它按照市场机制开展经营活动的积极性并不高,企业所控制资源的市场效益没有发挥到最大。因此,规制者并没有达到其最佳的规制目的。应该对基于国家安全和国计民生所需而设立的垄断型公用企业设置特别规制措施,鼓励企业最大限度地提高经营效益。[①]

第五,垄断型公用企业治理结构存在一定的惰性,其不愿积极参与市场竞争,企业行为更多地表现为从一个打破垄断的产业转移到另一个仍然处于垄断的产业。因此,立法规范的重点必须是破除垄断企业非通过竞争就能获取的垄断利益,推动企业治理结构由"垄断导向型"向"市场导向型"转变;另一方面,应该通过积极的激励措施,推动企业高管参与市场竞争的积极性。内因和外因的合力,有助于公用事业企业建立"市场导向型"治理结构。

第六,公用事业企业区域性特征比较明显,从而使公用事业缺少全国性市场,因此,公用事业企业参与市场竞争主要是在特定区域内展开的。规制者期望的通过放松规制、引入竞争并推动企业经营绩效的提升,会因为缺乏参与竞争的市场主体或市场主体不足以构成竞争而导致规制目的落空。因此,规制者在放松规制的同时,必须考虑全国范围内和区域范围内有效竞争的形成。

三、公用事业企业法的法律理念

公用企业作为公用事业法本位主体的意义和价值在于,通过促进公用企业的主体理性和利益激励,提高公用事业企业在提供公共产品和服务上的积极性和能动性,在公用事业规制机构合法性和特殊性规制下,保障公用事业普遍服务的实现

[①] 例如,江苏省在实践中以政府投入股本金并参与企业利润分配的形式推动企业的经营发展。参见《21世纪经济报道》(2007年3月19日),第6版。在以国有资本投入或国有资源转移设立的公用企业中,应该建立起完善的企业经营绩效考评机制,推动企业经营者提高经营效益。

和社会整体利益的增进。由此,公用事业企业法的立法目的应立足于规范公用企业行为、健全公用企业理性、提高公用企业激励和保障公共产品供应等方面。公用事业规制法为公用企业行为规范提供了公权依据,并确立了秩序和公平的法律理念。与此相适应,公用事业企业法应该在公用事业规制法确立的秩序和公平的基础上,以效率和效益为其立法理念。

首先,公用事业企业法的效率理念的第一项内容是对公权无节制地规制权力滥用的抗辩。通过对效率维持和增进的立法衡量,要求规制立法必须强调程序精简和实体科学,规制立法必须以提高公用企业效率和规制绩效为共同目的。效率理念的第二项内容是公用事业企业法在规则设计和原则确定方面,必须强调规则的可操作性、效率优先性以及法律原则与规则的灵活结合,在法律适用上以保障和增进企业效率为优先。同时必须强调,效率理念是建立在秩序保障的基础之上的,这是公用事业自然垄断性和普遍服务性所要求的。

其次,公用事业企业法的效益理念要求在保障公共利益的基础上,最大限度地保证公用企业的收益,科学合理地构建公用企业的激励机制,促进企业法人参与公用事业发展和公共产品供应的积极性。一般认为,政府机制由于无法反映供求关系且寻租成本过高,企业效率比较低下,从而导致公用事业发展滞后和公共产品短缺,而公用事业民营化恰恰弥补了公用事业公营化的这些缺陷和不足。另一方面,公共产品定价机制是以"企业成本＋税费＋合理利润"的原则,并根据社会平均成本和年度价格指数适时予以调整。① 尽管公用企业可以根据情势变更提出价格调整,但是公共产品调价需要履行严格的价格听证程序和复杂的政府行政审批,周期长、成本高,往往是调价刚刚完成又发生新的亏损,这种情势降低了企业主体发展公用事业和扩大投资的积极性,因此立法需要考量如何提高公用事业企业的收益,只有保护公用事业企业的效益,才能构建公用事业发展的长效机制。

第三节　公用事业企业法的结构体系

一、主体资格要件

公用事业企业主体资格包括一般资格要件和特别资格要件,前者是指主体获得公用事业准入需要具备的共同要件,后者是指公用事业不同部门对主体准入的

---

① 参见《江苏省政府关于进一步推进全省城市市政公用事业改革的意见》(苏政发〔2003〕9号)。

特别资格要求。

首先,一般资格要件要求公用事业的潜在参与者必须具有独立的法律主体地位,并具有独立的意志能力和行为能力。由于公用事业往往关系民生和公益,作为公用事业的运营商,必须具有独立的法律主体资格,并能根据监管要求以及企业章程,独立作出意思表示并承担相应的法律责任,才能从根本上避免主体能力问题所导致的公用事业失败。因此,一般资格要件是主体参与公用事业的必备要件。

其次,特别资格要件是针对不同公用事业部门的产业特征、经济特征、技术特征以及法律地位而作出的差别化限定。特别资格要件又分为法定特别资格要件和约定特别资格要件两种。法定特别资格要件是指立法或规范性法律文件规定的特定行业部门公用事业的特别资格要件。例如,《深圳市污水处理厂BOT项目管理办法》第18条规定:"投标人须为满足以下条件的潜在投标法人实体或其组成的联合体:(一)具有雄厚的投融资能力;(二)具有丰富的污水处理项目投资建设经验、先进的污水处理设施管理运行经验以及良好的企业声誉;(三)其他条件。"约定特别资格要件是指公用事业主管部门在依法设定特别资格要件的同时,在不违反法律强制性规定的前提下,设定准入条件更高的资格要件。需要注意的是,如果约定特别资格要件违背了法定特别资格要件的强制性规定或其他法律的强制性规定,约定资格要件及据此作出的决定将被视为无效。

二、主体行为规范

主体行为规范是对获得准入资格的主体在公用事业运营中行为的法律调整,以公用事业企业与监管者、消费者以及竞争者之间的法律关系为标准,公用事业企业行为包括特许经营、普遍服务以及营业关系等三个方面的内容。[1]

(一) 特许经营

无论是公用事业政府直接经营还是公用事业民营化,公用事业的授权人往往是通过协议形式对授权方和经营主体的权利义务进行约定并调整。公用事业特许经营由公用事业准入和退出制度、公用企业服务保证制度、公用事业经营成本制度、公用事业普遍服务制度、公用事业监督检查制度和公用事业公共参与制度等若

---

[1] 这方面的代表性规范性法律文件是江苏省建设厅(苏建城〔2007〕325号)颁布的市政公用事业相关制度:《江苏省城市市政公用事业特许经营招标投标制度》《江苏省城市市政公用事业公益董事或监督员制度》《江苏省城市市政公用事业公众参与监督制度》《江苏省城市市政公用事业特许经营权临时接管制度》《江苏省城市市政公用事业特许经营市场退出制度》《江苏省城市市政公用事业履约保证制度》《江苏省城市市政公用事业经营成本监管制度》《江苏省城市市政公用事业产品和服务质量监管制度》《江苏省城市市政公用事业特许经营中期评估制度》等。

干方面构成。本部分先围绕前三项内容展开讨论,其他内容将在后续章节予以论述。

首先,特许权竞标是公用事业市场准入的主要制度形式,因此特许经营权招标投标制度成为引入竞争机制和遴选合格投资者的首要制度选择。《市政公用事业特许经营管理办法》第 8 条对主管部门通过竞标程序选择投资者或经营者作了规定:"(一)提出市政公用事业特许经营项目,报直辖市、市、县人民政府批准后,向社会公开发布招标条件,受理投标;(二)根据招标条件,对特许经营权的投标人进行资格审查和方案预审,推荐出符合条件的投标候选人;(三)组织评审委员会依法进行评审,并经过质询和公开答辩,择优选择特许经营权授予对象;(四)向社会公示中标结果,公示时间不少于 20 天;(五)公示期满,对中标者没有异议的,经直辖市、市、县人民政府批准,与中标者签订特许经营协议。"江苏省颁布了专门规范性文件《江苏省城市市政公用事业特许经营招标投标制度》,对招标投标的组织实施、监督检查等进行了专门规定。需要强调的是,特许权投标尽管是一项特殊的招标形式,但仍然需要遵守国家关于招标投标的基本法律制度。

公用事业的退出制度包括期限届满退出、协议终止退出和强制退出三种形式。期限届满退出是指公用事业运营期限届满,且企业未依法或依照协议约定提出延期申请或提出申请被权力部门拒绝;协议终止退出是指主管部门与公用事业企业就提前终止公用事业运营达成协议;强制退出是指因公用事业企业违反法律规定或协议约定而导致被依法终止公用事业运营资质。对于期限届满退出和协议终止退出,双方将依据法律规定或协议约定履行公用事业接管;对于强制退出而导致的普遍服务损失,有权部门将依法或依约要求公用事业企业承担相应责任。

其次,公用企业服务保证制度是对公用企业普遍服务实现的制度约束,它由投标履约保证金、建设运营履约保证金和移交保证金三项内容构成。投标履约保证金是对企业法人获得公用事业市场准入资格的承诺和保证,要求意向投标人对其作出的承诺和保证的合法性及真实性承担保证责任。建设运营保证金是企业法人获得准入资格并且开始建设公用事业公共设施及运营公共设施过程中,应承担建设运营公共设施项目的忠实义务和注意义务的保证。忠实义务要求公用事业企业忠实于法律规定和特许权协议约定,忠实履行普遍服务供应商的职能;注意义务要求公用事业企业配置与公共设施建设和运营相关的资金和技术条件,以保证公共利益不因公用事业企业的渎职而受到影响。移交保证金是在特许期限届满前的一定期间,向有权部门缴纳保证金,以承诺审慎运营项目设施并保证移交后的公用事业符合一般运营和提供普遍服务的条件。

最后,公用事业经营成本制度是主体参与公用事业的利益回报机制。通常来说,公用事业公共设施投资成本高、回报周期长,导致社会投资缺乏足够的激励;另一方面,如果按照市场机制确定公用事业产品,又会导致用户权益损害。在公用事业产品定价中,公用事业经营成本是影响定价的核心因素,因此对公用事业经营成本进行规范是公用事业健康发展、公用事业企业参与和公用事业用户权益保证的必要制度选择。

根据《江苏省城市市政公用事业经营成本监管制度》第5条的规定,市政公用企业的产品(服务)成本包括如下内容:(1)城市供水成本包含供水生产过程中发生的原水费、电费、净化消毒材料费、资产折旧费、修理费、直接工资、水质检测、监测费、输水、配水等环节的合理水损及其他应计入供水成本的直接费用。费用包含组织和管理供水生产经营所发生的销售费用、管理费用和财务费用。(2)城市供气(管道燃气)成本包含供气生产过程中发生的购气费、电费、原材料费、资产折旧费、修理费、直接工资、气质检测、监测费、输配环节的合理气损及其他应计入供气成本的直接费用。费用包含组织和管理供气生产经营所发生的销售费用、管理费用和财务费用。(3)公共交通成本包含工资及福利费、燃料、轮胎保养费、设施设备折旧费、维修费、营运业务费、事故处理费、养路费、车队经费、管理费用、财务费用和税金。(4)污水处理成本包含污水处理厂的运行维护成本,包含污水处理生产过程中电费、净化消毒材料费、资产折旧费、修理费、直接工资、水质检测、监测费及其他应计入水处理成本的直接费用。费用包含组织和管理污水处理所发生的管理费用和财务费用。(5)垃圾处理成本包括运输费、工具费、材料费、动力费、维修费、资产折旧费、人工工资及福利费和税金等。

(二) 普遍服务

所谓普遍服务是指按照法律规定的质量、数量、价格以及环境等标准,由公用事业企业为特定区域内的全部用户提供基本服务。首先,普遍服务的主体是公用事业企业;由于普遍服务往往提供的是公共产品,且与公共设施相连,因此承担普遍服务的主体往往是公共设施的运营商,即公用事业企业。其次,普遍服务的依据是法律就普遍服务标准作出的专门规定,尤其集中在费率和服务标准两个方面。例如,《邮政普遍服务监督管理办法》第2条第二款规定:"本办法所称邮政普遍服务,是指按照国家规定的业务范围、服务标准,以合理的资费标准,为中华人民共和国境内所有用户持续提供的邮政服务。"最后,普遍服务的内容是保障基础服务的提供。所谓基础服务,以邮政业为例,邮政普遍服务的业务范围包括信件、单件重量不超过五千克的印刷品、单件重量不超过十千克的包裹的寄递以及邮政汇兑;邮政普遍服务的方式采取设立邮政局、所,设置邮政信筒(箱),上门服务、流动服务、按址投递以及委托代办等。

普遍服务是公用事业企业向所有公用事业用户承担的基本义务,在多数情况下也是唯一义务。所谓基本义务,是指公用事业企业设立和存续的合法性基础在于普遍服务的内容,一旦公用事业企业无法履行普遍服务供给的义务,那么该企业将退出公用事业市场,变更为一般的营利性商事企业或其他主体形式;所谓唯一义务,是指通过立法或协议禁止公用事业企业从事普遍服务之外的其他业务,并且禁止公用事业企业设立分支机构或子公司,以保障公用事业企业集中技术、资金和人才优势,保障普遍服务的实现。这点在我国的市政公用事业特许经营权立法和特许经营权协议中多有规定。

普遍服务通常是通过公用事业企业与用户签订服务合同的形式确立的。由于用户在契约缔结中处于信息不对称以及缔约成本过高等劣势地位,因此监管机构往往通过颁布示范文本的形式规范公用事业企业与用户之间的权利义务关系。例如,原建设部于 2004 年颁布的《城市供水特许经营协议示范文本》《管道燃气特许经营协议示范文本》《城市生活垃圾处理特许经营协议示范文本》,于 2006 年颁布的《城镇供热特许经营协议示范文本》,原国家电力监管委员会于 2006 年颁布的《购售电合同示范文本》以及《并网调度协议示范文本》等。监管机构除了通过示范文本规范相关主体的权利义务关系,还同时通过监督检查示范文本的执行状况进行监管,例如,2005 年 7 月 28 日,原国家电力监管委员会和原国家工商行政管理总局对《购售电合同(示范文本)》(以下简称《合同》)、《并网调度协议(示范文本)》(以下简称《协议》)进行监督检查,并形成监督检查报告:"检查结果显示,截至 2005 年 8 月底,全国网省级调度电厂《合同》应签 835 份,实签 622 份,签约率 74%,《协议》应签 850 份,实签 833 份,签约率 98%。"

(三) 营业关系

营业关系是表明行为主体至少在一段时间内连续不间断地从事某种同一性质的营利活动,是一种职业性营利行为。① 公用事业企业在提供普遍服务的同时,也注重企业的营利能力。公用事业企业的营业关系是指公用事业企业与其同质或异质竞争者以及潜在竞争者以营利为目的的营业关系。

在 2024 年中国公平竞争政策宣传周活动期间,国家市场监督管理总局发布相关统计数据:2023 年 1 月至 2024 年 9 月,我国市场监管部门依法查处市场垄断案件 32 件、不正当竞争案件 1.86 万件。② 活动期间,最高人民法院发布 8 件反垄断和反不正当竞争典型案例,其中案例 2 和案例 3 涉及公用事业企业的垄断和不当竞争问题。③

案例 2:"有线数字电视加扰信号服务公用企业"滥用市场支配地位案——搭

---

① 范健、王建文:《商法论》,高等教育出版社 2003 年版,第 642 页。
② 吴君:《去年以来查处不正当竞争案件 1.86 万件》,载人民网:http://finance.people.com.cn/n1/2024/0912/c1004-40318361.html,最后访问时间:2015 年 1 月 7 日。
③ 最高人民法院新闻局:《最高法发布反垄断和反不正当竞争典型案例》,载中华人民共和国最高人民法院网站:https://www.court.gov.cn/zixun/xiangqing/442571.html,最后访问时间:2015 年 1 月 7 日。

售、拒绝交易行为的认定

【案号】最高人民法院(2023)最高法知民终383号[某化纺视讯维修站与中国广电某网络股份有限公司鞍山市分公司滥用市场支配地位纠纷案]

【基本案情】中国广电某网络股份有限公司鞍山市分公司(以下简称广电某鞍山分公司)系辽宁省鞍山市内唯一提供有线电视加扰信号和宽带业务信号的企业。某化纺视讯维修站(以下简称某化纺维修站)与广电某鞍山分公司于2018年11月23日签订一份为期三年的合作协议,约定:广电某鞍山分公司在合作区域内传输有线数字电视加扰信号,某化纺维修站自行接入广电某鞍山分公司有线电视网络;合作区域内某化纺维修站供应客户的机顶盒消耗完后只能使用广电某鞍山分公司提供的机顶盒;合作期满后在同等条件下某化纺维修站有权优先续约。2021年11月21日,广电某鞍山分公司函告某化纺维修站,合作协议履行期届满后不再续约。双方协商无果,某化纺维修站遂向一审法院起诉,请求判令广电某鞍山分公司停止实施拒绝交易行为,按原合同约定的收费标准续签合同;确认其搭售机顶盒和IC卡的行为无效,允许某化纺维修站使用其他品牌的机顶盒和IC卡入网;赔偿某化纺维修站支出的律师费。一审法院认为,广电某鞍山分公司的被诉行为不构成滥用市场支配地位,据此判决驳回某化纺维修站的全部诉讼请求。某化纺维修站不服,提起上诉。

最高人民法院二审认为,本案相关市场应界定为辽宁省鞍山市有线数字电视加扰信号服务市场,广电某鞍山分公司是该市内唯一能够将该项服务覆盖全市的经营主体,故其在该市场内具有支配地位。广电某鞍山分公司没有正当理由要求某化纺维修站在自行购买的机顶盒消耗完毕后只能使用其提供的机顶盒,不仅限制、剥夺了某化纺维修站在有线电视机顶盒市场上选择其他交易相对方的自由,也排斥、限制了其他现有或潜在的有线电视机顶盒供应商向某化纺维修站供应机顶盒的交易机会,构成搭售行为。鞍山市有线数字电视加扰信号服务市场由于历史、政策、技术等多重因素叠加导致的客观情势变更,在合作协议履行期届满时已趋于自然消亡,双方的合作模式已无延续之价值,且广电某鞍山分公司已自行完成合作区域范围的有线电视网络建设,该区域居民用户可正常收看有线数字电视节目,故广电某鞍山分公司不再续约不构成拒绝交易。某化纺维修站在本案中支出的律师费5 000元,予以全额支持。据此,最高人民法院二审判决,撤销一审判决,广电某鞍山分公司赔偿某化纺维修站合理开支5 000元,驳回某化纺视讯维修站的其他诉讼请求。

【典型意义】本案涉及滥用市场支配地位中拒绝交易行为和搭售行为的认定。本案纠纷虽然发生在有线数字电视加扰信号的供应方和接收方之间,但直接关系终端用户收看有线数字电视的民生福祉。本案裁判对于人民法院积极发挥反垄断司法职能作用,科学界定相关市场、精准识别滥用市场支配地位行为、维护市场公平竞争、实现反垄断法预防和制止垄断行为的立法目的,具有积极意义。

案例3:"天然气公司"捆绑交易案——反垄断行政处罚后继诉讼中的举证责任及损害赔偿确定

【案号】最高人民法院(2023)最高法知民终1547号[海东华某燃气器具商贸有限公司民和分公司与青海省民和川某石油天然气有限责任公司捆绑交易纠纷案]

【基本案情】海东华某燃气器具商贸有限公司民和分公司(以下简称华某燃气器具公司)起诉称,2017年10月,华某燃气器具公司向青海省海东市民和回族土族自治县(以下简称民和县)某湾村马某等10余位村民销售并安装燃气壁挂锅炉。青海省民和川某石油天然气有限责任公司(以下简称川某天然气公司)在受理案涉村民天然气用气申请时,要求案涉村民必须安装川某天然气公司指定的壁挂锅炉,否则不予接入天然气,案涉村民被迫拆除已安装的壁挂锅炉,因壁挂锅炉拆除后无法再次销售,华某燃气器具公司因此遭受损失,请求判令川某天然气公司赔偿经济损失10.72万元。2020年5月,青海省市场监督管理局作出行政处罚决定,认定川某天然气公司违反反垄断法有关禁止具有市场支配地位的经营者没有正当理由搭售商品的规定。川某天然气公司对案涉行政处罚决定不服,提起行政诉讼,经过两审行政诉讼,案涉行政处罚决定在本案诉讼时已经生效。一审法院认为,川某天然气公司的被诉垄断行为属于反垄断法禁止的搭售行为,判决川某天然气公司赔偿华某燃气器具公司经济损失8万元。川某天然气公司不服,提起上诉。

最高人民法院二审认为,本案系反垄断执法机构作出处罚决定后的后继民事赔偿诉讼。案涉行政处罚决定认定,川某天然气公司作为民和县主城区唯一的城镇民用管道天然气供气企业,在2009年至2018年期间,实施了滥用市场支配地位的搭售商品行为。川某天然气公司未能提交证据推翻行政处罚决定认定的基本事实。华某燃气器具公司在提交了已经生效的案涉处罚决定书后,无须再行举证证明川某天然气公司实施了本案被诉垄断行为。由于川某天然气公司的搭售行为,华某燃气器具公司向案涉村民销售并已经安装的壁挂锅炉因不能接入天然气而无法使用,华某燃气器具公司被迫将锅炉价款退还村民。华某燃气器具公司以其向村民退还的壁挂锅炉价款和锅炉安装费合计10.72万元主张经济损失,鉴于锅炉安装费已经实际发生,且壁挂锅炉对安全性要求较高,拆除后的壁挂锅炉二次销售价格将急剧下降,一审法院酌定8万元,并无不当。最高人民法院二审判决,驳回上诉,维持原判。

【典型意义】本案系反垄断执法机构作出处罚决定后发生的后继民事赔偿诉讼。本案裁判依法减轻原告对被诉滥用市场支配地位行为的举证责任,并综合考量原告的实际损失、可得利益损失判决被告赔偿损失,对惩治垄断行为,保障基层民生,维护人民群众合法权益,规范民用天然气行业的市场竞争秩序,提高人民群众的反垄断法治意识具有积极意义。

公用事业企业垄断或部分垄断了公共设施或具有排他性权力，这使得其可以利用技术垄断、公共设施垄断或权力垄断的优势地位排斥或限制竞争者或潜在竞争者，从而导致产业发展和经济效率极大减损。因此，维系公用事业营业关系的秩序性是公用事业健康发展的基础条件。通常来说，立法会通过开放准入、服务无歧视以及竞争结构监管等措施，实现公用事业企业营业关系的秩序化和效率化。

三、法律责任体系

确定公用事业企业法律责任体系的前提是明确公用事业企业所承担的义务。公用事业企业义务体系中的主体内容包括普遍服务义务、公共设施开放义务、公开信息披露义务以及市场结构保护义务等。普遍服务义务要求承担公用事业普遍服务义务的企业未经批准擅自停业、歇业或者停止按法定条件履行普遍服务义务的，应承担相应的法律责任；公共设施开放义务要求拥有公共设施所有权或特许权的公用事业企业必须依法向其他主体开放公共设施准入，允许第三方利用公共设施；公开信息披露义务要求公用事业企业必须向国家机构、社会公众尤其是用户公开企业信息、公共产品内容等，以保证社会公共利益；市场结构保护义务要求公用事业企业必须维护竞争有序的市场结构，保障公用事业的健康发展。

归根结底，公用事业企业是以向社会提供特定公用事业产品或服务为目的的特殊法人组织，由于公用事业及其产品的特殊性，公用企业需要遵循特殊的行为准则。因此，公用事业企业的责任体系包括面向用户的民事责任体系、面向监管者的行政责任体系以及因损害社会公共利益而可能产生的刑事责任体系。公用事业企业因过错而根本不能履行或部分不能履行义务或滥用优势地位侵害权益的，须承担由此所导致的法律责任，如何认识公用事业企业法律责任的归责体系呢？

我国行政主管部门在认定公用事业企业是否构成违法或违约行为时，适用的是无过错责任原则，即无论公用事业企业造成的损害是基于主观过错或无过错，只要造成了损害后果，均应承担相应的法律责任。

第七章
公共设施（公物）营造法

第一节 公共设施界说

一、公共设施的内涵

如前所述[①]，公共设施是"在特定地理区域内分配产品或服务的网络系统"[②]，是为社会生产和居民生活提供公共服务的物质工程设施，是用于保证国家或地区社会经济活动正常进行的公共服务系统，是社会赖以生存发展的一般物质条件。根据《中华人民共和国民法典》的规定，铁路、公路、电力设施、电信设施和油气管道等都属于公共设施。公共设施，是将现代城市以及主要区域联系在一起的结构或网络，为社会和经济活动的开展提供了载体，包括街道和高速公路、垃圾处理系统、饮用水和污水管网、电力和天然气供应配送设备以及电信网络等。[③]

[①] 公共设施是为社会生产和居民生活提供公共服务的物质工程设施，是用于保证国家或地区社会经济活动正常进行的公共服务系统，它是社会赖以生存发展的基础物质条件。公共设施可以进一步分为"经济公共设施"和"社会公共设施"。经济公共设施包括交通运输、通信、电力、水利以及市政公共设施等。与经济公共设施相对的是社会公共设施，通常包括文教、科研和医疗保健等设施。本书意义上的公共设施主要是指经济公共设施。

[②] Gómez-Ibáñez, J. A. (2006). Regulating Infrastructure: Monopoly, Contracts, and Discretion. Harvard University Press, p.4.

[③] 孙学玉、周义程：《公用事业：概念与范围的厘定》，载《江苏社会科学》2007年第6期。

二、公共设施的特征

公共设施具有民生基础性、自然垄断性、技术导向性、结构差异性、投资持久性和稳定性等5个方面的特征。

(一) 公共设施的民生基础性

公共设施是公共产品的生产或运输以及公共服务提供的基础条件,离开了公共设施,公共产品和公共服务就无法正常供给。

(二) 公共设施的自然垄断性

最早提出自然垄断的是约翰·密尔。他在1848年指出,英国伦敦的某些公共设施不适应竞争性经营,如果伦敦的煤气、自来水由一家煤气公司和一家自来水公司垄断经营,而不是像当时那样由许多家企业竞争经营,就会取得巨大的劳动经济性。[1] 正是由于公共设施具有非竞争性和非排他性及规模经济效应等,因此,通过立法维持特定公共设施的垄断地位,更加有利于社会民生和提高资源配置的效率。

(三) 公共设施的技术导向性

由于技术革新,公共设施的经济垄断性特征受到巨大冲击,从而导致公共设施的建设和维系成本被极大地削减,私人的主体作用越来越明显。

(四) 公共设施的结构差异性

公共设施在公用事业垂直一体化的不同结构中的价值和地位差异明显。以电力公用事业为例,发电公共设施、电力传输公共设施和电力配置公共设施的物理特征、经济特征和技术要求存在明显的差异,从而导致公共设施利用中的区别对待。

(五) 公共设施的投资持久性和稳定性

投资持久性和稳定性是指公共设施的建设、运营及其维护与一般的私营部门不同,公共设施需要通过长期而稳定的投资才能确保公共产品和公共服务的有效和稳定供应。国外理论认为,投资持久性和稳定性是公共设施垄断的最主要因素。[2]

---

[1] 谢地:《政府规制经济学》,高等教育出版社2003年版,第31页。
[2] Gómez-Ibáñez, J. A. (2006). Regulating Infrastructure: Monopoly, Contracts, and Discretion. Harvard University Press, p. 5.

第二节　基础设施权

基础设施所有权的矫正正义表明，基础设施所有权必须最大限度地确认和保障公众对公共产品的需求，维持和增进建构在基础设施基础上的公共利益。这进一步昭示，基础设施的制度建构不能简单定型为通过明确所有权关系和财产权保护以实现基础设施物化产品的发展，而应该综合考量社会经济发展中的政府、公民和社会整体的利益诉求和权益配置。立法检审表明，基础设施的立法价值取向在于公共利益和普遍服务本位，由此可以生成独立于基础设施的、衡平各方主体利益的基础设施权。

一、基础设施权的形成

理论研究对基础设施所有权的矫正正义予以定性，对立法实践的检审有利于我们从制度层面抽象基础设施与所有权的关系。以加拿大阿尔伯特省（以下简称"阿省"）的《管道法》（Pipeline Act）为例，下文将探讨基础设施立法的框架内容和基本特征以及由此生成的法律理性。

根据阿省《管道法》的规定，"管道"系"用于运输一种物质或合成物的管道，包括与管子相连的设施"。该法第2条规定，《管道法》适用于阿省内的所有管道，但不包括属于炼油厂、加工厂、煤炭加工厂、销售厂或生产厂自用的管道财产或其他属于私人财产权的管道。《管道法》调整了与管道的设置、监管、利用等相关的六个方面的内容。

第一，管理规章。节能局（Energy Resources Conservation Board）有权对与管道相关的事务行使管理权，但与燃气公用事业管道相关的事务由阿省公用事业委员会行使与节能局相同的管理权。节能局有权制定与管道管理相关的规章，包括如下方面：(1) 信息披露，获得许可的条件；(2) 与管道设计、建设、测试、运营、维护或维修相关的事宜；(3) 管道升级及升级标准，管道边界；(4) 导致侵犯土地、接地干扰的工作、运营或活动；(5) 在管道中使用的设备、材料及设施或与管道相关的工作、设备、设施或选址；(6) 管道的废止、放弃或移除以及与管道相关的废止成本、放弃成本和移除成本；(7) 建设完成前后的监督检查，有关确认和保护管道及设施免受公共获取的措施；(8) 有关确认和定位管道并保护管道免受地面干扰的措施；(9) 无需节能局许可的管道调整；(10) 要求随时检测和调查并向节能局传输相关信息；(11) 许可转让；(12) 成为或延续被特许人或代理人的适格要件；(13) 管道的销售、租赁或运营商改变等。

第二,节能局的权力和义务。根据《管道法》第3节的规定,节能局有权行使调查权和检查权。其一,调查权。基于省议院、省督或自身动议,节能局有权询问、审查或调查下述事宜:(1)基于公共利益要求的管道设施的经济性、秩序性和发展性;(2)在管道建设、运营、废弃或放弃过程中的安全和效率要求;(3)控制区域内地面侵扰发生时所进行的工作、运行或活动相关的安全和效率方法要求;(4)管道设施建设、运营、放弃或放弃中的环境污染和保护控制。其二,检查权。在合理时间,节能局成员或节能局授权人员有权:(1)进入管道或建设中的管道场地;(2)进入任一控制区域;(3)进入管道、设施或控制区域必经的区域;(4)检查、调查或测试管道和控制区域;(5)检查与管道建设、运营和维护相关的账簿、记录和文件。

第三,许可。《管道法》第4节就管道许可相关问题进行了规定:(1)许可。未经许可或节能局特别授权,任何人或实体不得建设管道或运营管道。(2)农村燃气公用事业。未经特别同意,节能局无权就燃气公用事业管道作出授权许可。(3)节能局做出的变动。节能局认为必要时,其有权对管道的计划和规格进行调整或作出替代方案。(4)许可授予。节能局有权授予或拒绝作出管道许可,授权时被许可人须接受许可文件中条款和条件的约束。(5)许可修正。当被许可人在管道建设开始时或期间要求对管道作出改变,除规章另有规定外,须向节能局提交许可修正的申请。如果修正申请涉及管道或拟建管道的重新选址或转移,节能局须取消原许可并重新作出许可。(6)许可修正申请。被许可人在管道建设后,认为有必要对管道进行变更,被许可人须向节能局提交申请。(7)节能局对已许可实现的权力。节能局基于被许可人的要求或基于自身判断,有权修订、暂停、取消或重新许可。(8)建设日期。在许可作出后或修正许可作出后,节能局有权要求被许可人在规定的日期内开始或完成建设。(9)管道选址及通道权。节能局有权基于许可或修正许可,规定管道的选址及路线,规定管道及临近边界的通道权。(10)节能局决议的最终性。节能局就申请或取消或暂停许可作出的决议是最终的,并且无权上诉。(11)运营权许可。非经许可,不得运营管道。非经基于规章要求的测试或未得到节能局的批准,不得运营管网。(12)非授权物质的传输。非经许可,管道不得用于传输许可之外的其他物质。(13)许可转让。就许可转让,内容如下:一是未经节能局同意,不得转让许可;二是当被许可人出售或以其他方法处置被许可人权益,反映该交易的计划转让方案须呈报节能局;三是节能局有权同意或拒绝该许可转让申请。(14)代理人委任。每一代理人均应将其地址在节能局登记;如果被许可人的地址位于阿省之外,被许可人应该在征得节能局的同意后,委任其阿省境内的代理人承担被许可人的义务和责任,并在节能局登记。(15)名称变更通知。如果管网被许可人拟变更其名称,须书面向节能局报告并据此修改许可文件。(16)获得许可的资格。许可资格的获取主体,无论是自然人还是法人,须满足立法规定的要件。(17)中止或放弃。被许可人有权根据节能局的指导或要求中止或放弃管道,节能局基于保护公益或环境需要时有权要求被许可人中止或放弃管道。(18)责任持续性。管道放弃并不免除被许可人应当承担的其他责任。此外,该节还对中止或放弃成本、设施出售以及土地进入等许可问题进行了规定。

第四,终止及关闭。当节能局或其授权代表认为在管道建设、运营中发生违反本法、有关规章、许可、命令或节能局指令的事项,或认为其采用的方法、实践以及管道的设备、设施在控制区域内是不正确、不充分、模糊或错误的,节能局或其授权代表有权命令终止管道的建设或运营,并且在获得相应许可后方能恢复。

第五,一般规定。本节主要对管道运行中涉及的地面干扰、管道改动及重新选址、样本采集及检测、泄漏与爆炸事故以及溢出物的清除等事项作了规定。

第六,土地的利用与取得。该节分别规定了高速公路下的管道、高速公路下管道的批准、跨路管道、跨路管道的批准、灌溉渠与排水沟、地面接入承揽的批准、河流与溪流、矿产与采石、损害修复、公共建筑、土地利息获取等管道建设和运营涉及的土地问题。

从《管道法》的基本架构中,可以总结出此项立法的特征。首先,与公共利益和普遍服务相关的基础设施均是基础设施立法所规范的内容,仅用于私人目的且对公共利益不构成影响的基础设施不受基础设施立法的管辖。其次,基础设施立法的重心在于确立和规范公权机构在基础设施规制中的权力内容及规制重点。在基础设施民营化建设和运营的体制下,规制机构的权力集中在调查权和检查权两个方面。再次,基础设施建设和利用机制社会化后,规制机构与市场主体基于基础设施立法达成的许可协议,成为规范有关各方权利义务的宪法性文件,且规制机构通常保留基于国家安全和公共利益需要而行使的基础设施接管权或特许协议变更权。从《管道法》的立法架构和立法特征可以看出,基础设施立法的本位并不在于界定基础设施的物权关系,而在于通过基础设施提供普遍服务以保障公共利益的实现,因此,围绕基础设施生成多元主体利益的权利安排,这项权利集束被表述为"基础设施权"。

二、基础设施权及其实现机制

(一)基础设施权的法律属性

基础设施权与基础设施所有权是两个不同层面的概念,后者强调物质形式的基础设施的权利支配,即归属关系;前者则明确公民享有的以基础设施为客体的权利内容,是公民社会经济权利实现的重要载体,是受公民社会经济权利支配的派生权利。基础设施所有权制度需要服务于公民基础设施权的实现和强化政府机构基于基础设施权的义务安排,保障基础设施权的实现是基础设施所有权制度的配置目标。尽管基础设施权与基础设施所有权区别明显,但由于基础设施权的正当性在于提供普遍服务和增进公共利益,基础设施权的实现取决于基础设施的供应和利用效率,即基础设施功能的实现机制,基础设施功能的实现机制要有利于基础设施权的实现,从而增进公民、社会以及政府等多元主体的利益。

基础设施的权利主体需要承载向公众提供公共产品和普遍服务的义务。基础设施的权利主体既可以是行政机构,也可以是通过法律机制选定的代理人。基础设施吸收私权主体或社会资本参与投资的代表性模式有BOT(建设—运营—移交)、BOO(建设—拥有—运营)和TOT(移交—运营—移交)等。在这三种代表性模式中,对于作为监管者的政府来说,其目标是保障公众享有基础设施普遍服务;对于基础设施企业来说,其主旨是在政府监管下运营基础设施、向公众提供公共产品并享有由此产生的收益权。

从公共利益的角度,基础设施的所有权形式并不是基础设施设立的出发点和归结点,所有权形式是致力于基础设施普遍服务需要的。这样,基础设施作为法律关系的客体,法律调整的意义由权属关系迁移到基础设施的使用效率和公益监管。在美国,基础设施和网络系统的建设及其所有权的确立受两个理念的影响:一是网络系统的发展须以实现整体经济发展和个体经济机会的最大化为原则。从19世纪初至今,美国基础设施的形式经历了从传统的供水管网、收费公路和铁路系统到现在的数据高速公路的发展,它们都被视为经济发展的工具。二是对政治和经济权力的担忧也对基础设施的公共政策产生影响,这种担忧导致了基础设施民营化的发展。[①] 美国基础设施的发展,一方面受制于经济社会发展的客观需要,另一方面植根于对公共权力"管制俘虏"的担忧,但对政治和经济权利的担忧是从属于实现整体经济发展和个体经济机会最大化原则的。

基础设施的物理形态为物,其正当性归结为行政机构发展基础设施以保障并增进社会公共利益和社会公众通过基础设施利用以获取并提升普遍服务的机会。基础设施的物质客观性和价值正当性,透过法律制度构建形成了基础设施权。基础设施权是由国家保障公民享有的,旨在实现国家、社会和公民和谐发展的,以基础设施公共产品供应和实现普遍服务为内容的权利体系。基础设施权的制度价值在于保障公民的普遍服务和实现国家的公共利益,透过基础设施的供应和利用,实现国家、社会和公民的协调发展。

基础设施权应是公民享有并由国家保障的一项权利,它是由公民社会经济基本权利派生形成的,以保障社会经济权利的实现。现行宪法理论认为,宪法在"社

[①] 贾韶琦:《美国基础设施领域的公私合作治理——以制定法为线索》,载《国际经济合作》2023年第1期。

会经济"领域内保障的权利包括财产权、经济活动自由、社会福利以及教育的公共资助等方面。[1] 公民的社会经济权利,是公民的积极权利内容,但其权利内容的实现依赖于特定的物质条件和公共政策。国家需要为公民的生存权、工作权及财产权提供必需的物质条件并制定相应的公共政策。基础设施所具备的基础性和公益性,要求国家予以保障。

(二) 基础设施权的内容

基础设施权包括权利和义务两方面的内容。权利主体对基础设施权的支配,表现为公民以基础设施普遍服务为权利载体或衍生权利来实现公民的社会经济权利。基础设施权利实现有三项内容:一是享有基础设施普遍服务的权利;二是根据经济社会发展需要要求增加基础设施普遍服务的权利;三是要求政府矫正基础设施供应不足或供应不能的权利。

义务主体对基础设施权的义务承担集中体现为以提供基础设施普遍服务为公共服务内容,增进公共利益,保障社会经济发展的客观要求。基于基础设施权内生的政府义务包括下述内容:一是根据经济社会发展和普遍服务需求提供定量和定性基础设施公共产品的义务;二是根据基础设施的公共需求和社会经济配比关系,制定和矫正基础设施公共政策的义务;三是监督和矫正基础设施公共产品运营的义务,以保障基础设施普遍服务对公共利益的增进。基础设施的政府义务,不仅是公共利益保障的重要条件,并且"可以帮助吸引基础设施领域的投资并且加速民营化目标的实现",同时也推动了政府监管机构的改革。[2]

(三) 基础设施权的实现机制

基础设施权的实现机制包括政府机制和市场机制,前者是政府直接提供基础设施公共产品,后者是政府通过法律机制选定代理人来提供基础设施普遍服务。在基础设施权的内容中,政府承担了向社会供应基础设施公共产品以保障普遍服务和提升公共利益的义务,并且由于基础设施具有非竞争性、非排他性以及沉淀成本和规模经济等经济特征,基础设施被定性为公共产品并依靠政府提供。另一方面,由于政府机制缺乏竞争以及管制绩效不高,市场机制可以有效摆脱基础设施公共产品供应不足的困境;但市场机制下的私益最大化又可能导致对公共利益的侵蚀,因此,基于公共利益的政府管制是基础设施实现机制中的重要内容。

---

[1] Corona Lisboa, J. L., & Mijares Hernández, M. D. (2020). Evolution, conceptualization and legal implications of social rights. Current Research Journal of Social Sciences and Humanities, 3(2), 165-177.

[2] Prado, M. D. M. (2009). Independent regulatory agencies, patronage and clientelism: Lessons from Brazil, Corruption and Transparency: The Limits between State, Market and Society, 299-322.

三、基础设施权的权属分配

对于基础设施来说,要提高其服务公共利益的效率,必须分别审视不同形态所有权主体支配下基础设施的绩效供应和运营,这一问题可以简化为公权机构作为所有权人和私权主体作为所有权人两种形式。

一方面,公权机构作为基础设施的所有权人,意味着它要通过公共财政支出建设基础设施,进而通过直接利用或通过代理人利用基础设施实现主体收益。现行理论对这种模式有两个方面的质疑。一是政府公共职能广泛和公共财政不足的矛盾,使得政府在人力和物力上都难以高效率地建造基础设施;二是公共政策的指向与作为经济人参与运营基础设施的私益导向相矛盾,政府也不适合作为基础设施的建造人,尤其是直接充当运营商。

另一方面,由于私权主体的利益导向型诉求,其无法承担起为公众提供普遍性公共产品和服务的职责,因此公权机构不能放弃基础设施公用事业监管的职能。[1]在这两种因素制约下,公权机构可以选择的路径是:在保留基础设施所有权的条件下,将基础设施权相关的其他权能委托给代理人行使,代理人通过行使基础设施权产生的代理费和代理成本之间的差额实现收益。

从实践来看,尽管基础设施的民营化机制备受推崇,但民营化的弊端亦逐渐显现,尤其是私权主体对利益最大化的追逐导致对公益的漠视。因此,基础设施权的行使,核心是确立制度配置的原则,即一方面规避公权机构的管制俘虏和公共财政的掣肘,另一方面救济私权主体对公共利益的摒弃和普遍服务的失败,使其选择最大程度实现政府管制绩效和市场效率最大化的机制。

需要考虑的是,在基础设施的价值实现机制中,如何采用所有权与经营权分离的模式?尤其是基础设施的所有权人同样不明晰的条件下,如何规避代理成本?与传统意义上的国有企业不同的是,公用企业提供的公共产品和服务关系公共利益,牵系国计民生,因此公权机构不能放弃监管;对于公用企业而言,其公共产品的生产和供应需要依赖基础设施,而基础设施的提供与公权力的存在是密切相关的。在这种情境下,公权机构和公用企业在公共产品和服务的实现上有着共同的利益:只有公共产品和服务正常供应,公权机构才能维系权力合法性,公用企业也才能合法实现企业收益;同样,公权机构和公用企业在基础设施上也有着共同的价值取向:公权机构无法独立、完整提供民生所需的基础设施,不掌握基础设施的企业也无法独立提供民生所需的公共产品和服务。因此,基础设施可以是共有产权,即公权机构和公用企业共同享有对基础设施的所有权,通过期间区分或权利保留实现

---

[1] 王茂涛、冯伟:《公用事业民营化的社会风险及防范》,载《中州学刊》2013年第10期。

基础设施权。对于公权机构来说,其对基础设施共有权的享有是借以监管公用企业正当、合理地利用基础设施并保障公共产品的有效供应;对于公用企业来说,其所有权的享有是激发企业积极性和创造性,确保公共产品和服务的提供。二者通过权利的划分和保留,共同实现基础设施在公共产品实现中的价值。

我国现行立法确立了基础设施民营化中共有产权的法律理念。以《基础设施和公用事业特许经营管理办法》为例,该办法第3条规定:"本办法所称基础设施和公用事业特许经营,是指政府采用公开竞争方式依法选择中华人民共和国境内外的法人或者其他组织作为特许经营者,通过协议明确权利义务和风险分担,约定其在一定期限和范围内投资建设运营基础设施和公用事业并获得收益,提供公共产品或者公共服务。"以该立法为依据的特许经营实践也证实,运营商对市政基础设施并不享有处分权。运营商权益不是通过基础设施的处分权实现的,而是通过对基础设施的运营、提供合格公共产品并获得收益来实现的。另一个方面,监管者非经法定程序不得终止运营商的特许权利,不得处分基础设施的所有权,且其承担的基础设施监管义务不得放弃或移转。质言之,市政公用事业的监管者和运营商,通过享有基础设施的共有产权,共同保障普遍服务的实现和公共利益的信守,监管者履行以公共利益为目标的监管职能,运营商承担提供普遍服务的公共职能,最终实现基础设施普遍服务和增进公共利益的目标。

第八章
政府购买公共服务法

第一节　政府购买公共服务界说

一、政府购买公共服务的概念及内涵

(一) 政府购买公共服务的概念

提供公共服务是政府治理社会的手段之一，每个人或多或少都能以有形或无形的方式获取到一定量的公共服务。尽管公共服务被社会公众欣然受之，但"公共服务"作为一个概念，其被提出的时间则相对较晚。1912年法国学者莱昂·狄骥(Léon Duguit)首次明确提出"公共服务"的概念，他将公共服务界定为："在一般情况下，任何对社会团结的实现和促进有着某种不可分割的关联性，以致必须由政府来加以规范和管控的活动，就可以界定为一项公共服务，只要它具有除非通过政府干预否则便不能得到保障的特征。"[1]自此之后，公共服务概念逐渐被接受，并成为现代公法制度中的基本概念。

"购买"公共服务模式，历史上早有实践，并不新奇，但因其契合政府与市场关系的改革理念，"新公共管理运动"后，"政府购买"这一概念引发了学界广泛关注。[2] 在

---

[1]　[法]莱昂·狄骥:《公法的变迁·法律与国家》，郑戈、冷静译，辽海出版社、春风文艺出版社1999年版，第446页。

[2]　"新公共管理运动"于20世纪80年代初兴起，其核心理念是"重新规整政府、市场、社会三者的关系，将市场管理引入政府治理"。

国外,政府购买公共服务①更多以契约形式出现,因此常被置于经济学范畴加以讨论,并被定义为:政府和供应商协同签订外包合同,将公共服务作为合同标的,从而实现将公共服务的生产、提供义务从政府手中转交给供应商。供应商性质不限,并不严格区分营利与否,政府为市场上所有潜在供应商提供同等介入的机会。政府购买公共服务关系与民事领域的简单"买卖关系"有所区分,一般而言,在这一关系中,除了要遵循约定俗成的买卖规矩与习惯,还需要考虑到财政资金使用的特殊性。因此,从决定购买到公共服务提供,需要一系列步骤共同促成完整的政府购买运行。

在我国,学界对"政府购买公共服务"的定义有多种看法。有学者认为,购买公共服务是一种新兴政府治理模式,在这一模式下,购买通过公开招标等形式,用公共财政向非政府组织和个人购买服务,将市场管理引入政府治理;②有学者认为,购买就是以买卖的形式,按照市场交易习惯和力量,将原本由政府提供的服务事项,通过购买的形式交由具备条件和能力的社会力量承担,两方通过签订合同、约定服务数量和质量,完成一系列购买流程;③有学者则认为,政府购买公共服务是政府职能转变的一种形式;购买是在政府无力提供或不适宜提供某项公共服务时发生的义务转移,在此情况下,政府将制定相关服务清单并出资委托服务机构代为提供公共服务。④ 类似表述不胜枚举,虽各不相同,但是可以分析出政府购买公共服务概念中的基本元素是一致的,这种元素与现行立法基本相吻合。⑤

王浦劬、萨拉蒙(Saramon)指出,所谓"政府向社会组织购买公共服务","是指政府将原来直接提供的公共服务事项,通过直接拨款或公开招标的方式,交给有资质的社会服务机构来完成,最后根据择定者或者中标者所提供的公共服务的数量和质量来支付服务费用"⑥。这一概念建立在实证研究的基础上,整体性较强,基本概括了政府购买公共服务所应具备的构成要素,加强了实务部门的可操作性。

---

① 本书所谓之"政府购买服务"与"政府购买公共服务"是作为同一概念使用的,在表述中不做严格区分。
② 项显生:《我国政府购买公共服务监督机制研究》,载《福建论坛(人文社会科学版)》2014年第1期。
③ 王浦劬:《政府向社会力量购买公共服务的改革意蕴论析》,载《吉林大学社会科学学报》2015年第4期。
④ 袁维勤:《公法、私法区分与政府购买公共服务三维关系的法律性质研究》,载《法律科学(西北政法大学学报)》2012年第4期。
⑤ 参见《政府购买服务管理办法》第2条:"本办法所称政府购买服务,是指各级国家机关将属于自身职责范围且适合通过市场化方式提供的服务事项,按照政府采购方式和程序,交由符合条件的服务供应商承担,并根据服务数量和质量等因素向其支付费用的行为。"
⑥ 王浦劬、[美]莱斯特·M.萨拉蒙等:《政府向社会组织购买公共服务研究:中国与全球经验分析》,北京大学出版社2010年版,第3页。

其概念表述比较契合《政府购买服务管理办法》(财政部令第 102 号)①的有关精神,该办法第 2 条对政府购买服务的概念予以明晰:"本办法所称政府购买服务,是指各级国家机关将属于自身职责范围且适合通过市场化方式提供的服务事项,按照政府采购方式和程序,交由符合条件的服务供应商承担,并根据服务数量和质量等因素向其支付费用的行为。"

因此,当下的"政府购买公共服务"模式有别于传统的国家公共服务供给方式,一般而言,在这种供给方式下,行政主体首先需明确公共服务的品种、数量、质量等基础状况,再通过合同、协作等程序和方式,将本应由政府供给的公共服务转移给其他承接主体生产,并由政府根据公共服务供给状况分阶段地用财政资金付款。

(二) 政府购买公共服务的内涵

政府采用购买模式实现公共服务供给有两大基本价值追求,一是保质保量的服务,二是创造一个"工作更好、花钱更少"的政府。② 这两个目标本质上是不冲突的,前者直接维护社会公众利益,后者间接维护,当要对两者做出选择时,当以前者优先。政府作为监管者不等同于旁观者,义务转交、角色转变并不影响政府提供公共服务的履职性质,仍属于行政监管范畴。

为了高效率和负责任地提供"基本公共服务",需要通过"三种手段来变革激励机制:商业化管理、竞争和有关人士的参与。政府和私有部门的作用也必须改变"③。在此基础上,政府购买服务将成为"一种政府承担、定向委托、合同管理、评估兑现的新型的政府提供公共服务的方式,它的核心意义是公共服务提供的契约化政府与社会组织之间构成平等、独立的契约双方"④。尽管这一模式客观上改变了公共服务的供给主体,传统的国家与公众之间的二元主体结构被分化,政府及其相关部门在特定法律关系中的主导性、支配性地位也逐渐消失,法律主体间形成了一种有别于传统隶属型的新型法律关系,但这一法律关系主体结构的动态变更,不能改变和减轻政府要承担的责任,必须赋予政府购买服务以独特的意涵。可以从以下七个方面对政府购买服务的内涵加以理解。

第一,对于作为购买主体的"政府"应做广义理解。《政府购买服务管理办法》

---

① 2019 年 11 月 19 日,《政府购买服务管理办法》经中华人民共和国财政部第一次部务会议审议通过,财政部第 102 号令予以公布,自 2020 年 3 月 1 日起施行。以下若引用《政府购买服务管理办法》,均以此条文为准。

② 参见 Kettl, D. F. (2000). The Transformation of Governance: Globalization, Devolution, and the Role of Government, Public Administration Review, 60(6), 488-497. 转引自常江:《美国政府购买服务制度及其启示》,载《政治与法律》2014 年第 1 期。

③ 毛寿龙、李梅、陈幽泓:《西方政府的治道变革》,中国人民大学出版社 1998 年版,第 25 页。

④ 何雷、田贺、李俊霖:《基于合约治理的政府购买公共服务研究》,载《中共福建省委党校学报》2015 年第 6 期。

第 5 条规定:"各级国家机关是政府购买服务的购买主体。"可见,这里的"政府"泛指包括立法机关、行政机关、司法机关等在内的所有国家机关,是"大政府"的概念。接着,其第 8 条又作了排他性规定:"公益一类事业单位、使用事业编制且由财政拨款保障的群团组织,不作为政府购买服务的购买主体和承接主体。"显然,这里的"政府"不包括公益一类事业单位、使用事业编制且由财政拨款保障的群团组织。但根据该法第 33 条之规定:"党的机关、政协机关、民主党派机关、承担行政职能的事业单位和使用行政编制的群团组织机关使用财政性资金购买服务的,参照本办法执行。"这意味着,上述承接主体在使用财政性资金购买公共服务时也可纳入政府购买服务的范畴。

第二,政府购买的承接主体以社会力量为主。《政府购买服务管理办法》第 6 条规定:"依法成立的企业、社会组织(不含由财政拨款保障的群团组织),公益二类和从事生产经营活动的事业单位,农村集体经济组织,基层群众性自治组织,以及具备条件的个人可以作为政府购买服务的承接主体。"政府购买服务旨在通过承接主体的生产经营活动实现公共服务供给,至于承接主体能否以营利为目的,有关法律规范并无禁止性规定。因此,承接主体可以是非营利组织,也可以是营利性组织,多数国家将营利性组织纳入承接主体的范围。但同一服务事项存在非营利组织和营利性组织竞争的情形时,政府应否优先选择非营利组织作为承接主体?这一问题值得思量。而且,我国公益一类事业单位、使用事业编制且由财政拨款保障的群团组织不能成为承接主体。

第三,要明确何为公共服务。上文已提及,"公共服务"由公共产品的概念衍生而来,最早由法国著名法学家莱昂·狄骥提出,是指政府在拥有权力的同时,负有为社会公众实施一定行为的义务,即只能由政府加以控制和规范的用来满足社会公众需求和保障公众平等享有的活动。[1] 学界普遍认为,作为政府购买的公共服务是指政府及其部门运用自身拥有的权力和社会资源向公众间接供给的服务。"政府购买的服务"主要指社会公众能直接获取的"基本公共服务",涉及劳动就业、公共教育、人才服务、社会保险、养老服务、儿童福利服务、残疾人服务、优抚安置、医疗卫生、人口和计划生育、住房保障、公共文化、公共体育、公共安全、公共交通运输、三农服务、城市维护等领域。[2] 我国明确将公共服务作为除市场监管、经济调节、社会管理之外的重要的政府职能,目的是解决市场失灵所引发的问题,维护正常的社会秩序,保障市场机制的稳定运行。

立法上对"公共服务"的范围进行了反向规定,根据《政府购买服务管理办法》

---

[1] [法]莱昂·狄骥:《公法的变迁·法律与国家》,郑戈、冷静译,辽海出版社、春风文艺出版社 1999 年版,第 40 页。
[2] 江苏省财政厅:《关于印发 2021 年省级政府购买服务目录的通知》,载江苏省财政厅网站:https://czt.jiangsu.gov.cn/art/2021/4/7/art_51168_9745487.html,最后访问日期:2021 年 6 月 15 日。

第 10 条之规定,以下各项不得纳入政府购买服务范围:(1) 不属于政府职责范围的服务事项;(2) 应当由政府直接履职的事项;(3) 政府采购法律、行政法规规定的货物和工程,以及将工程和服务打包的项目;(4) 融资行为;(5) 购买主体的人员招、聘用,以劳务派遣方式用工,以及设置公益性岗位等事项;(6) 法律、行政法规以及国务院规定的其他不得作为政府购买服务内容的事项。

第四,政府购买服务之目的在于通过市场交易机制给社会提供公共服务。这一模式更加契合当下的社会公共服务需求,有利于政府部门节约财政资金、提高公共服务的供给质量。显然,政府购买不同于政府补贴或者政府资助,其本质是在公共服务供给过程中实现所有权和经营权的分离,行政主体通过引入市场竞争机制来选择公共服务承接主体,进而提高公共服务供给的质量与效率。

第五,契约是政府购买服务的主要手段。与传统的行政活动不同,政府购买服务是建立在政府与私人部门互动的基础上的,私人部门积极、主动地参与公共事务。这种政府与私人部门的合作模式,必然要借助合同、协议等体现合意的非强制性行政行为。契约模式可以积极发挥合意和沟通功能,使公私主体能够达成合意。但是,政府的监督指导责任不能因为政府因购买服务将服务功能"转移"给承接主体而有所减损,其服务功能的"公共"性不能有丝毫降低,否则,政府购买服务就会偏离政府为民服务的初衷。

第六,政府购买服务的费用来自公共财政。虽然政府购买的公共服务的直接供给主体是社会资本方,但政府作为间接供给主体,其行政法上的供给义务不能免除。而且,公共服务所需资金只能由公共财政给付。[①] 因此,政府通过购买服务转移出去的只是服务项目的实施功能,政府依然具备相关服务义务。

第七,政府购买服务行为具有较强的政策性。公共财政管理是政府管理经济的一项重要内容,政府购买服务事项牵涉社会生活的多个领域,政府购买服务所需财政支出的预算、立项等管理手段,涉及方方面面,政策因素很多。政府通过购买活动,可以在一定程度上引导当下社会的生产和消费,并在此基础上实现对社会生产、消费的宏观调控和示范。[②]

二、政府购买服务模式的类型

政府购买服务可以有多种模式,根据自身条件和能力,各国对购买服务模式的选择遵循适时、适宜、效益、效率等原则,合同(协议)是购买服务的典型方式,除此之外,还有政府拨款补助、使用者付费等独立或配套措施。我国借鉴了西方政府购

[①] 石亚军、高红:《政府职能转移与购买公共服务关系辨析》,载《中国行政管理》2017 年第 3 期。
[②] 刘小川、唐东会:《中国政府采购政策研究》,人民出版社 2009 年版,第 26 页。

买服务模式,通过在公共服务供给中引入市场竞争机制,降低公共服务供给的成本,来提高公共服务质量。

我国政府购买服务模式呈多元化发展趋势。韩俊魁[1]、王浦劬[2]、苏明[3]和王名、乐园[4]等学者,主要依据购买主体间的关系和购买行为是否具有竞争性并结合实践,将政府购买服务模式划分为依赖关系非竞争性购买、依赖关系竞争性购买、独立关系非竞争性购买、独立关系竞争性购买四种模式。具体而言,根据承接主体相对于购买方的政府或政府部门地位是否独立,分为独立性服务购买与依赖性(非独立性)服务购买;根据各潜在承接主体是否存在竞争关系,即购买结果是否基于市场竞争而产生,分为竞争性购买与非竞争性购买。经过实证研究,依赖型(非独立性)竞争性购买没有相应案例,下面只对其中三种模式进行分析。

(一) 依赖型非竞争性购买模式

依赖型非竞争性购买模式也称体制内吸模式或者形式性购买模式,在这种模式下,购买主体与承接主体之间存在依赖关系,购买任务由购买主体直接委派给承接主体,购买事项的选择是定向的、非竞争性的。

依赖型非竞争性购买模式具备如下典型特征:第一,购买服务关系中的承接主体对购买主体有较强的依赖性。这类承接主体通常是政府部门为了完成特定的购买服务目的或任务而建立的,事实上,该主体与政府部门是某种上下级关系。承接主体没有自己独立的运行空间和规则,完全依赖财政拨款而生存。第二,依赖型非竞争性购买模式下的购买程序和评估机制通常是不规范的,承接主体之间缺乏公平竞争的环境和条件。承接主体需在政府特定的指令下提供公共服务,并且其监管和评估是通过政府行政管理的方式予以实施。第三,政府只是将特定的公共服务转移给所谓的承接主体,但其职能职责并未发生变化,全部的责任仍然由政府及其相关政府部门承担。在购买过程中,作为购买主体的政府仍处于主导地位,承接主体的行为也只是体现政府单方面的意志,参与服务的承接主体服从于政府意志,无法自愿、平等地参与并实现公共服务的供给。

在这一模式下,相关承接主体只是单纯地提供服务事项,而政府在公共服务的供给过程中往往占据主导地位。这种"挂羊头卖狗肉"式的服务购买实际上并没有

---

[1] 韩俊魁:《当前我国非政府组织参与政府购买公共服务的模式比较》,载《经济社会体制比较》2009年第6期。
[2] 王浦劬、[美]莱斯特·M.萨拉蒙:《政府向社会组织购买公共服务研究:中国与全球经验分析》,北京大学出版社2010年版,第4页。
[3] 苏明、贾西津、孙洁等:《中国政府购买公共服务研究》,载《财政研究》2010年第1期。
[4] 王名、乐园:《中国民间组织参与公共服务购买的模式分析》,载《中共浙江省委党校学报》2008年第4期。

缩减政府职能,反而增加了政府在购买服务过程中的管理环节和管理成本,造成一定程度的资源浪费。该模式的典型案例是上海市委和政法委组建的阳光、自强、新航等多个民办非企业单位,接受来自市团委和市禁毒委的委托从事相关工作。[①]承接服务的主体单纯只是政府意志的执行者,没有体现"多方参与"的精神。而且在这一模式下,政府不但没有实现实质意义上的职能转移,反而承担了这种"形式意义购买"的所有不利后果。

依赖型非竞争性购买模式是我国政府转型过程中出现的特殊情况,也是目前我国政府购买服务领域较为常见的一种方式。但从政府购买服务成立的前提条件来看,购买主体和承接主体双方都应当是独立的法律主体,因此,维系相互间法律关系的应是合同或契约,而不是其他。此外,公平的竞争程序、明确的责任分配方式以及评估机构的完备性,都是影响两者之间权利义务关系的因素。显然,依赖型非竞争性购买模式不具备这些条件。但在目前的改革背景下,作为一项过渡性改革举措,该模式还有一定的存在价值,随着购买模式的进一步深入与发展,依赖型非竞争性购买模式终将退出历史舞台,为独立型、竞争性购买模式所取代。

(二) 独立型非竞争性购买模式

独立型非竞争性购买模式又称委托性购买模式,在这种模式下,购买主体与承接主体之间关系独立,承接主体不由购买主体为了购买事项而成立,通常在服务购买之前,该承接主体业已存在。这一点比起依赖型非竞争性购买模式要进步一些,但在承接主体的选择程序方面,不是采用面向社会公开招募的竞争机制,而是还采用比较老旧的非竞争性方式。而且,政府作为购买主体,为减少和降低购买风险,通常偏向于选择有良好社会声誉的组织来担当此任。

独立型非竞争性购买模式具备以下基本特征:第一,承接主体是民间组织,因为购买事项而与政府或政府部门发生协作关系,从是否独立的角度出发分析,承接主体不依赖于政府存在,该部门在承接公共服务过程中也不依赖政府购买资金生存。第二,政府购买社会服务通常不经过公开招标,而是通过政府部门和服务提供商相互选择和协商产生。这种方式具有很强的可替代性和不稳定性,政府部门处于强势地位,可以随时调整服务提供商。第三,政府购买的服务往往具有公益性和

---

① 上海新航、阳光、自强案例:为了从源头上预防和减少犯罪,加强社会管理、提高社会管控水平、维护社会稳定,上海市委提出构建预防和减少犯罪工作体系。2003年由上海市政法委牵头,按照"政府主导推动、社团自主运作、社会多方参与"的总体思路,通过政府购买服务的方式组建了新航、阳光、自强三个民办非企业单位,分别接受市矫正办、市团委和市禁毒委的委托,从事社区矫正人员、"失学、失业、失管"社区青少年和药物滥用人员的相关社会服务工作。三个组织的运作模式是统一的,均按照一定的比例,根据社区服刑人员、刑满释放的安置帮教人员、问题青少年、禁毒人员的人数来配备社工(其比例分别是50∶1、150∶1、150∶1和50∶1)。每个组织的社工规模约在500名左右。组织分为总站和19个区县工作站,每个分站在各个街道有工作点,服务遍及上海。

专业性,政府部门在选择服务提供商时会优先考虑专业性强、管理模式高效和社会声誉良好的民间组织,这类组织所提供的服务能够在最大程度上契合政府部门购买该项服务的宗旨和出发点,能够较为完整地落实政府部门制定该项政策的目标。第四,承接主体具有独立地位,在服务供给过程中独立承担责任,政府只负责监管,因此,购买主体与承接主体之间存在明晰的权责关系。

(三) 独立型竞争性购买模式

独立型竞争性购买模式又称契约化购买模式,在这种模式下,购买主体与承接主体之间关系独立,不存在资源、人事等方面的依赖关系;而且,购买主体通过公开竞争市场、采用公平竞争机制选择承接主体。具体而言,政府用招标方式选择最合适的承接主体,实现最小成本、最大收益、物有所值的效果。这种模式,最符合政府购买服务的价值取向和制度目标,也能最大限度地保障公共服务的供给。

独立型竞争性购买模式是三种模式中的最优方案,其基本特征如下:第一,双方主体在购买过程中彼此独立、互不依存,二者之间不存在资源上的依附关系。第二,潜在的承接主体之间遵循透明、公开、公平原则,采用统一的竞争、招标方式,由社会组织自愿参与,政府部门遵照一定的标准进行选择。公开招投标等方式可以让政府充分考虑成本、收益等综合因素,从而提供最优质价廉的公共服务。第三,购买主体与承接主体之间的权利义务关系一般按照双方签订的购买协议确定。第四,承接主体能结合组织自身擅长的领域和方向,使用合理的方式和管理经验来提供公共服务。第五,除了政府或政府部门提供购买经费外,一些实力较强的承接主体还可根据实际需要,投入合同以外的相关经费,跨越纯粹的"委托"关系,实现与购买主体的深度"合作"。

因此,独立型竞争性购买模式完全符合"公开择优,政社分开"的原则,一般而言,政府通过邀请招标、公开招标、竞争、谈判等购买程序,鼓励多元承接主体参与竞争,通过标准化的评标方式确定承接主体。此外,这一模式鼓励竞争,可以帮助社会组织提高服务质量,有利于鼓励社会组织结合自身优势提高购买服务效率。同时,独立型竞争性购买模式有利于建立合理的购买程序,防止政府购买程序以及服务评估中可能存在的腐败问题。这样一方面能够保证社会组织的独立性,另一方面能够实现政府对社会组织的有效监管,最终实现长期、稳定、具有可持续性的政府购买服务模式。①

---

① 陈红霞、樊舒舒、李德智:《保障房社区购买公共服务的实践模式与创新路径——以南京市齐修保障房社区为例》,载《河北经贸大学学报(综合版)》2018 年第 4 期。

第二节 政府购买公共服务合同

一、政府购买公共服务合同的公法属性

契约性或私法特征固然是政府购买服务合同的重要表象,但政府购买服务行为毕竟不同于私人行为,也不同于政府的一般行政行为。根据国际惯例及有关政策规定,政府购买服务已在许多国家和地区广泛运用,在私有化浪潮的冲击下,政府购买服务的方式几乎覆盖基础设施营造、公共物品生产、公共服务供给的所有领域。显然,政府购买服务的方式,不但能摆脱公共服务供给中资金不足的窘况,而且可以避免为大型项目融资而出现的风险,预防损失,避免产生长期债务,好处自不待言。① 基于此,我国政府对政府购买服务的态度也由观望转向实施。

由于政府购买服务方式所涉及的法律领域具有综合性和复杂性,呈公、私法交融之状。其中,属于私法范畴的问题大都与公司、证券、票据、保险、商业银行、商事合同等有关,也正因为此,往往使人产生政府购买服务合同纯属私法契约的错觉。虽然社会资本方为实施公共服务供给项目,首先须建立专门的项目公司,因该项目公司的成立和运作而产生的一系列法律问题,有不少具有私法特征。但是,作为项目主体内容的政府购买服务合同,其公法表现或行政法特征是毋庸置疑的。英国学者戴维斯(Davies)认为,两个原因可以佐证政府购买公共服务合同属于公法性质:"第一,若合同的另一方违约,就会危及基本公共服务提供的连续性,因而政府有权预先决定合同相对人的资质以保证公共服务能够平稳运行;第二,政府合同与其他政府行为属性一致,应在诸如法治、民主等种类的宪法价值框架内进行,而这需要公法规则来达成。"② 利兹大学法学教授皮特(Peter)也对这一观点持支持态度。③ 可见,政府购买公共服务合同有着浓烈的公法色彩:从合同利益角度看,其具有较强的公共利益考量;从权力或权利角度看,政府方具有单方掌控权,合同双方的平等地位不存在,这与典型的私法合同并不相同。严格意义上讲,政府购买服

---

① [英]A. D. F. 普赖斯:《国际工程融资》,赵体清、王受文译,水利电力出版社1995年版,第103页。

② Davies, A. C. (2006). English Law's Treatment of Government Contracts: The Problem of Wider Public Interests. In Freeland M. R. , & Auby J. B. (Eds.), The Public Law/Private Law Divide: Une Entente Assez Cordiale? (pp. 113-114). Bloomsbury Publishing.

③ Vincent-Jones, P. (2007). The new public contracting: Public versus private ordering?. Indian Journal of Global Legal Studies,14(2),259-278.

务合同的基础和前提是政府责任及其责任转移,其责任转移又是建立在政府允诺和政府指导基础上的,政府购买服务项目,首先必须纳入政府购买的指导性目录,否则,政府购买服务合同便无法成立。所以,政府购买服务合同的性质取决于政府购买的性质,政府购买服务到底属商业交易还是行政行为,直接影响和决定着政府购买服务合同的定性。如果将政府购买服务视为私法意义上的商业交易,则由此而产生的购买服务合同便是私法契约;反之,若将政府购买视为公法意义或行政职权意义上的行政行为,则此类合同就应该是行政契约。

其实,政府购买服务合同是借用私法契约形态达至公法目的的典型方式。为更清晰地了解此类合同的存在背景,有必要借鉴法国的公产制度。将行政主体的财产分为公产与私产,是法国行政法的特色。公产受行政法支配,由行政法院管辖;私产则受私法支配,由普通法院管辖。公产与私产的区分标准,主要由法院的判例决定。一般认为,行政主体的公产是供公众使用或供公务使用的财产;所以,公产可以分为公众用公产和公务用公产。具体表现为海洋公产、河川湖泊公产、空中公产和地面公产,以不动产为主,例如道路、铁路、桥梁、军港、兵工厂、公立医院、通信设施等。公产使用的方式和原则因公众用公产和公务用公产的不同而不同,公众用公产的使用又有共同使用和独占使用之分。公产的共同使用意味着一般公众不需要对公产享有任何特殊的权利即可直接使用之;公产的独占使用,则是使用者根据行政主体所给予的权利单独占用公产的一部分。当某一共用公产设定的目的就是供公众个别地使用时,即属于普通的独占使用;当某一共用公产设定的目的本来是供公众直接共同使用,而由个别人例外地设定独占使用时,则属于特别的独占使用。这种特别的独占使用,可以因行政主体单方面的允许而实现,也可以由行政主体与私人间所缔结的合同来约定,这类合同可以单独存在,也可以作为占用不动产的公务特许合同的补充,法国行政法上通常称之为共用公产特别独占使用特许合同。这类合同原则上只能在行政主体与私人之间缔结,一方面,行政主体有权单方面变更合同,甚至终止合同;另一方面,特许占用人有权使用合同约定的公产,当合同权利受行政主体侵害时,有权请求损害赔偿,当行政主体单方面解除合同时,还有权请求损失补偿。根据1938年6月18日的法令,一切占用公产合同的诉讼均由行政法院管辖,因此,不管共用公产特别独占使用特许合同所用的名称如何,它们均属行政契约。①

在我国,公产的概念是从国家经济制度层面使用的。我国宪法规定,公有制经济包括全民所有制经济和劳动群众集体所有制经济,因此,国有财产和集体所有的财产共同构成公有财产,简称"公产"。这与法国行政法上的公产概念完全不同,与公产有关的契约行政的表现形式也不一样。我国涉及公产承包、租赁、出让的行政

---

① 王名扬:《法国行政法》,北京大学出版社2016年版,第407页。

契约主要有：国有企业承包契约、小型国有企业租赁契约和国有土地使用权出让契约。

政府购买服务是一种特殊的行政行为方式。通常情况下，这种行政行为的实体内容表现为：行政主体通过招投标程序对符合法定条件的相对人资格予以确认，同时允许其代替政府从事某项公共服务的供给，从而使该相对人取得了一般人所没有的、可以从事某些特殊民事活动的"特权"。这种行政行为虽以相对人申请为前提，但行政主体与申请人之间在服务供给事项的范围、质量、价格等问题上，不存在讨价还价或协商合作，它以行政主体单方面的允诺或许可为表现，基于此，将其视为一种非典型的单方行为并无不妥。但是，政府购买服务的行为又是以行政主体与相对人（项目公司）签订的行政契约为表现的，基于此，它又应归入典型的双方行为的范畴。事实上，双方缔结的购买服务合同所包含的权利义务涉及国有化政策、关税及税收制度、投融资管理制度、外汇制度等等，均不同程度地展示了购买服务合同的行政性。综上，将政府购买服务合同视为行政契约是可行的，它与私法合同的最大区别在于其行政性。政府购买服务合同的行政性，主要源自协议主体的特定性、协议目的的公益性及协议适用规则的公法色彩。

（一）合同主体的特定性

政府购买服务合同主体的特定性，主要表现为合同主体资格的特定性。一般来说，政府购买服务合同不可能在普通公民之间、普通社会组织之间、普通公民与普通社会组织之间缔结。因为，政府购买服务合同是在行政主体实施行政管理活动的过程中形成的，其设立、变更和终止原则上离不开行政主体的活动，所以，这种协议对其主体的要求往往较为特定。当然，这里所讲的行政主体，并不专指国家行政机关。在我国，行政管理活动的实施者主要是国家行政机关，但在一定条件下，行政机关以外的组织，经法律、法规的授权或行政机关的委托，依法拥有行政职能，也能像国家行政机关一样依法订立政府购买服务合同。

实践中，对政府购买服务合同当事人资格的认定可能更宽泛。例如，基于客观需要，对部分公共工程，政府往往委托某些公用企业（如电力公司、煤气公司、电信公司、自来水公司等）与有关相对人签订购买服务合同，这种情形下的合同双方可能都以企业面貌出现，其所订协议属不属于政府购买服务合同呢？如果属于政府购买服务合同的范畴，它是民事契约还是行政契约呢？倘若单纯以形式标准衡量，它们可能不成为行政契约，但若将其归入民事契约，有些疑问又难以说清。

西方国家行政法也存在此种情形。法国行政法院持以下观点，公私合营公司与建筑企业签订高速公路和国有公路建设契约的活动，本质上属于国家活动，即使活动发生在私人之间，也受行政法的支配和行政法院管辖，他们之间所订立的这类契约是行政契约；此外，根据"代理人的行为效力及于本人原则"，私人作为公法人的代理人和其他私人所签订的契约，应认为是该公法人和另一私人之间的契约，从而也可以成为行政契约；法国行政法院甚至认为，在行政主体没有明确授权的情况下，私人之间的契约合同同样可以被视为行政契约，根据具体情况，可以认为该私人是作为行政主体的代理人与另一私人签订契约。[1] 例如，某私人除接受行政主体的补贴外，还与另一企业签订合同，由后者承担建设工程的责任，该建设完成后立即归行政主体所有并管理。这种私人活动完全可视为行政主体的代理人与其他私人签订行政契约的活动。显然，法国行政法院对行政契约缔约主体资格的理解是非常宽泛的，对此，我们未必完全照搬，但这种理解对我们正确思考这一问题不无启发。

私人之间不能订立政府购买服务合同是原则，该原则立足于行政契约的形式标准。但当私人之间所订立的契约是基于法律的特别规定或授权[2]，内容涉及行政法上的权利和义务，目的也与执行行政公务有关时，还有必要死抠形式标准而否定其行政契约的属性吗？恐怕没有必要。比较圆满的做法是，在对政府购买服务合同定性时，除了适用形式标准，还宜考虑实质标准，前者是原则，后者是例外。那些既符合形式标准又符合实质标准的政府购买服务合同，当然是行政契约；那些只合乎实质标准，而在形式标准上存在瑕疵或欠缺的政府购买服务合同，仍属行政契约。下面将主要围绕政府购买服务合同的实质标准展开论述。

（二）合同目的的公益性

政府购买服务合同的订立目的，是区分它究竟是行政契约还是民事契约的最重要的实质标准，如果政府购买服务合同的订立目的与行政契约相一致，政府购买服务合同自然属于行政契约范畴。

关于行政契约的目的，不同版本的行政法学著作表述不一。有人认为，"行政契约应以执行公共事务、增进公共利益为直接目的"[3]；有人认为，签订行政合同的目的是执行公务，实现国家行政管理目标；[4]有人认为，行政契约是为行使行政职能、实现特定的行政管理目标而订立的；[5]也有人认为，行政契约旨在实现国家行政管理的某些目标；[6]有人甚至干脆将其表述为"行政目的"[7]，而这简简单单的四个字，恰恰揭示了上述各种观点的共性。可见，以"旨在实现行政目的"作为行政契

---

[1] Tian, J., & Jin, B. (2023). The legal framework for PPP in China—current issues, challenges and future perspectives—with regard to the French experience. Juridical Tribune, 13(4), 602-623.
[2] 这里的法律当指狭义的法律，即最高国家立法机关制定的法律规范。
[3] 应松年：《行政行为法——中国行政法制建设的理论与实践》，人民出版社1993年版，第586页。
[4] 许崇德、皮纯协：《新中国行政法学研究综述(1949—1990)》，法律出版社1991年版，第473页。
[5] 罗豪才、湛中乐：《行政法学》，北京大学出版社2016年版，第279页。
[6] 胡建淼：《行政法学》，法律出版社2023年版，第700页。
[7] 叶必丰：《行政法与行政诉讼法》（第六版），中国人民大学出版社2022年版，第149页。

约的实质标准,是大陆行政法学界的通说观点,具有一定代表性。

西方国家行政法围绕行政契约的实质标准问题,界定不一。大陆法系各国的行政法,对行政契约的界定标准虽有差异,但更多考虑实质标准是其共性。德国行政法将行政契约界定为"设立、变更和终止公法上的法律关系的合同"①。该定义立足于合同的一般概念,通过增加"公法上的法律关系"这一定语说明合同的属性,阐明了行政契约的本质,明确地指出了行政契约不同于私法契约的地方。根据该规定,在对合同性质作认定时,"合同当事人的法律身份并不重要"。合同一方或者双方当事人是行政机关的事实,并不足以认定为行政合同,有时,双方当事人都是行政机关,其合同可能是私法合同。例如,甲镇与乙镇根据民法典第433条签订的机动车辆买卖合同。"另一方面,有人认为,私人之间在法律明确授权的情况下也可能签订行政合同,建设法典第110条规定的协议,征收的受益人和关系人是私人,经常达成协议(征收机关自己不是当事人,而是合同的中介人),以合同的方式接受打扫街道的公法义务,公法租金请求权转让合同"②。尽管德国国内针对私人之间能否成立公法合同的问题也有争议,有人认为公法租金请求权转让合同不是行政合同。但无论如何,行政程序法都包括私人之间的"行政合同"③。

法国对于行政契约的定义并没有明确的法律规定,甄别是否属于行政契约由行政法院的判例决定,法国行政法院创设了"公务理论",以此作为识别行政契约的标准。根据公务理论,实质意义上的公务是指"行政主体为了直接满足公共利益的需要而从事的活动,以及私人在行政主体控制之下,为了完成行政主体所规定的目的而从事的满足公共利益的需要的活动"④。法国行政法院对行政契约的识别主要考虑实质意义上的公务标准,并且以是否"直接执行公务"作为判断行政契约的实质标准。正如王名扬先生曾论述,不能机械地认定所有与执行公务有关的合同都属于行政合同的范畴,一般只有直接履行公务的合同才属于行政合同。通常而言,以下两种情况可认为属于直接执行公务的合同:一是公务合同当事人直接履行,二是公务合同本身就构成执行公务的方式。但无论属于哪种情况,法国行政法院认可行政契约一般以"直接执行公务"为基本性原则。

当然,通过诸多判例来识别和界定行政契约的做法,比较复杂,但法国行政法院"在判案中又从公法契约与私法契约在法律适用上是不同的这一认识出发,找到了另一个技巧,即如果发现合同中含有私法以外的规则,也认定该合同为行政契约。这种反推的方法是值得赞赏的,这就将私法所不能调整的契约统归行政契约

---

① 参见《联邦行政程序法》第54条第1款。
②③ [德]哈特穆特·毛雷尔:《行政法学总论》,高家伟译,法律出版社2000年版,第350页。
④ 王名扬:《法国行政法》,北京大学出版社2016年版,第145-146页。这里所谓的"行政主体"实际上就是行政机关。

范畴,因而比较科学"①。所以,在法国,直接执行公务的契约固然是行政契约;但只和公务执行有关,不直接执行公务的契约中,倘若含有私法以外的规则,则也成为行政契约。一般来说,私法以外的规则是指在性质上和民商合同当事人所自由约定的权利和义务不同的权利、义务及其条款,它一般包含在合同条款之中,也可以出现在合同条款以外关于签订合同的特别制度中。例如在合同中特别约定,赋予行政机关自由终止或变更合同、依职权强制执行合同等超越普通民事合同规则的特权,或者给予当事人对第三者享有独占经营、规定价格等方面的特权。"出现此类条款,表示双方当事人有意使合同不在私法领域内进行适用。此种由行政机关签订的合同,不论是否与公务的执行有关,都属于行政合同。"即使"当合同条款中没有特别的规则,而合同的订立制度又超出了一般私法的范围时,这样的合同无论是否与履行公务有关,都是行政合同"②。在这种情况下,合同往往是在胁迫或非自愿的情况下订立的,不符合私法合同的自由订立原则。

日本行政契约的概念"不是实定法上的术语,所以,其定义也因人而异"。通说将行政契约定义为为了产生公法上的效力,由多个偶数相对人在意向相反的方向上达成协议而成立的公法行为。③ 由此可见,"以公法上的效果发生为目的",是通说所主张的行政契约区别于私法契约的实质标准。进一步说,以私法上的效果发生为目的的契约,不是行政契约。可是,契约作为法的一般形式,对公法和私法具有普遍的适用性,它在公法上的效果与在私法上的效果到底有何不同? 这仍然是一个难以回答的问题。"以公法上的效果发生为目的"作为判断行政契约的实质标准,存在很大的不确定性,"最近,日本学者一般将作为实现行政目的的手段而缔结的契约,一概称为行政契约"④。

因此,大陆法系国家有关公法与私法之属性的判断,对行政契约的界定影响甚大。而在任何一个大陆法系国家,要非常清晰地区分公法与私法,都不那么容易,进而,要非常准确地界定行政契约,就更不容易了。例如,"契约内容倘有部分是公法,也有部分是私法,整体契约又该如何定性? 是拆开分别定性,或一体定性? ……其次,数个相关联的各自独立契约也有可能合并记载在一个文件上,例如土地转移契约与开发代金契约,在此,固然可以各自区分属公法或私法契约,无须一体判断。不过,究竟是一个契约或数个契约,有时不易判断,且即便形式上可区

---

① 余凌云:《行政契约论》(第三版),清华大学出版社2022年版,第29页。
② 陈天昊:《在公共服务与市场竞争之间 法国行政合同制度的起源与流变》,载《中外法学》2015年第6期。
③ 杨建顺:《日本行政法通论》,中国法制出版社1998年版,第509页。
④ 杨建顺:《日本行政法通论》,中国法制出版社1998年版,第510页。

分为数个不同契约,如各该契约有主从之分,究应分开定性或一体定性,也是问题"①。之所以如此,"主要还是由于一个干净利落的区分标准难寻,或甚至不存在"。许宗力先生认为,"与其让学界与实务界继续花费精力去钻研注定会徒劳无功的法规主体说、修正的法规主体说,乃至综合考察说,倒不如化繁为简,干脆通过立法途径或直接采用行为主体说,将一切契约,只要有行政机关参与为契约当事人者,无论有没有法规依据,都一律划定为公法契约。简单、清楚、易操作,是这种化繁为简之定性法的最大优点"②。

许宗力先生的这一主张,更接近普通法国家的法理。普通法国家,没有公法与私法之分,也不区别公法和私法争议的救济管辖,对行政契约的界定,做法比大陆法系国家简单得多。普通法国家的行政法,往往采取形式主义的界定方法,将以政府为一方当事人的合同统称为政府合同。这一做法,对中国这样一个受大陆法系影响更深的国家来说,当真能"化繁为简",从而使久而未决的问题迎刃而解吗?恐怕没那么简单。因为,在契约制度乃至所有法律制度上,普通法国家有其自身的、不同于大陆法系国家的独特的传统、习惯和规律性,这些东西放在普通法国家是顺当而有益的,可一旦移植到大陆法系国家,就可能有害而无益了。所以,我们并不反对对这种"化繁为简"之法作理论探讨,我们也承认这种方法在一定程度上的合理性,但它的缺陷和弊端也是显而易见的。

不妨假设一下:倘若以此为标准,那就意味着,行政机关为购买 100 元的办公用品,与商家签订的买卖合同,属于行政契约;而一个法规或规章认可的国有公司,为完成耗资 100 亿元的重大公共工程项目,与相对人签订的 BOT 合同,则不属于行政契约。这样的结论难道不耐人寻味吗? 其实,大陆法系国家的行政机关所签订的契约有行政契约与民事契约之分,普通法国家所谓的政府合同,同样包括我们所讲的实质意义的行政契约和纯粹的民事契约两种,法院在具体判案中,对这两类契约也是区别对待的。尽管这些政府合同的法律适用规则不同于普通合同,但这并不意味着凡是以政府为一方当事人的合同都与私人之间签订的普通合同有着实质的区别,也不意味着这些政府合同只能一概适用特别规则而绝对不适用一般合同法规则。可见,纯粹形式主义的界定方法并不能准确划定行政契约的范畴,也无法为司法审判实践提供足够的理论指导。

若将法国的"公务理论"与德国的"法律关系"学说结合起来,从是否"执行公务"和是否"设立、变更和终止公法上的法律关系"两方面综合考虑,并以此为实质标准界定行政契约,似乎更适合中国的法治现状。以涉及的法律关系为标准划分

---

① 许宗力:《双方行政行为——以非正式协商、协定与行政契约为中心》,载杨解君编:《行政契约与政府信息公开——2001 年海峡两岸行政法学术研讨会实录》,东南大学出版社 2002 年版,第 63 页。
② 许宗力:《双方行政行为——以非正式协商、协定与行政契约为中心》,载杨解君编:《行政契约与政府信息公开——2001 年海峡两岸行政法学术研讨会实录》,东南大学出版社 2002 年版,第 64 页。

两类契约的方法,与我国法学理论上通行的从调整对象(即法律关系)角度划分法律部门的做法相吻合。民法与行政法之所以作为两个不同的法律部门,就是因为它们有不同的调整对象,民事契约与行政契约作为分属于两大法律部门的法律范畴,之所以不一样,自然也是因为它们涉及两种不同的法律关系。同时,法律关系的设立、变更和终止,又与当事人的主观目的紧密联系,行政契约不同于民事契约的另一重要表现,还在于其"执行公务"的行政目的。行政主体在允诺什么、允诺多少、向谁允诺等事项方面进行决策时,不能掺杂个人偏好,而应在平衡公共利益与企业利益、社会效益与经济效益的基础上,从公共产品、公共服务的社会价值和潜在的经济价值出发,以实现财政资金的有效利用和各项资源的有效配置为最终目的,找到政府与市场的最佳结合点。这种以实现社会公共利益为目的的合同,与以个人利益为本位的民事合同有本质的区别。这样一来,其不但能涵盖大陆行政法学界以"旨在实现行政目的"作为行政契约界定标准的主流观点,而且能避免单纯考虑行政目的所带来的缺陷。

(三) 合同评判规则的公法属性

政府购买服务合同的适用规则超越了私法范畴。政府购买服务合同是执行公务的契约,其适用规则也要与它执行公务的基本属性相适应。那些旨在实现当事人私人利益的私法契约所适用的规则,不完全符合政府购买服务合同的本质属性,不能为此类合同所适用。因此,政府购买服务合同所适用的是私法以外的规则,至于私法以外的规则到底应包含哪些内容,又通过何种形式体现,理论界观点并不一致。

一般而言,政府购买服务合同的适用规则取决并反映于此类合同的行政性。在私法契约中,契约双方当事人不但法律地位平等,而且权利义务对等。而在政府购买服务合同中,双方当事人的法律地位虽然平等,但契约所包含的双方当事人的权利与义务并不完全对等,这种权利与义务的不对等,最集中的表现是行政主体在行政契约中拥有一系列特权。譬如,缔结合同的原始发动权(要约权)永远在行政主体一方;又如,行政主体有权对参加政府购买服务的相对人进行资格审查。世界银行的《采购指南》规定,通常对于大型或复杂的工程,或在其他准备详细的招标文件成本很高、不利于竞争的情况下,对投标商进行资格预审是必要的。资格预审时提交的信息要在授予合同前加以确认和校正,如果判定一个投标商没有能力或资源圆满完成合同义务,可以拒绝授予合同。《贸易法委员会货物、工程和服务采购示范法》规定,如发现供应商和承包商有不轨行为,采购机构可中止合同或取消供应商、承包商资格。采购实体可以要求中标的投标商进一步证明其资格。[①] 葡萄

[①] 杨汉平:《供应商法律问题研究》,载徐杰主编:《经济论丛(第3卷)》,法律出版社2002年版,第395页。

牙《葡萄牙行政程序法典》第 180 条还明确赋予公共行政当局以单方变更合同权、指挥履行合同权、单方解除合同权、监察履行合同权和旨在履行合同的单方处罚权。①

当然,行政主体在政府购买服务合同中的所谓特权,只能基于实现行政目的的需要而存在,也只能以行政主体在缔约前事先承诺的义务(如提供优惠条件)为前提,行政主体还得为行使这些特权付出补偿的代价。因此,行政主体在政府购买服务合同中的特权是有限的,绝不是一种任意的、无节制的专横力量。也正因为在政府购买服务合同中适度保留了行政主体的某些特权,这类合同的行政性才得到了必要而充分的体现。

事实上,由一般商业合同转化为政府购买服务合同的过程是一个质变的过程,促成其质变的原因主要在于政府购买服务所固有的政策性、公益性和自然垄断性以及政府购买服务合同适用规则的特殊性。行政契约本身就是政府执行经济计划、推行经济政策的手段,现今的政府购买服务已在这方面发挥着越来越重要的作用。与此相关的是,政府在何时何地允许何人经营何种公共事务,对有关部门或地区的生存与发展会形成关键性影响,进而对整个国民经济产生举足轻重的作用。基于政府购买服务之巨大规模以及由此产生的影响力,将政府购买服务作为政府干预社会事务、推行经济政策的手段,在很多国家都已是不争的事实。政府购买服务一旦作为政策工具而存在,并在贯彻一定行政政策的过程中发挥其经济、社会乃至政治功能时,政府购买服务合同就"不再仅仅是商业活动的媒介,而转变为行政规制的手段,在公务机制中所起的作用也会随之加强"②。

政府购买服务的政策性主要从其功能角度来分析,政府购买服务的公益性主要通过购买服务的范围或内容来体现。事实上,我国的政府购买服务在《中华人民共和国政府采购法》中能找到直接依据。根据《中华人民共和国政府采购法》第 2 条的规定,我国政府采购范围既包括货物,也包括工程和服务。其中,政府对服务事项的采购,便具有政府购买服务的典型意味。其实,《中华人民共和国政府采购法》所规定的任何一种采购标的,都与政府公务及公众利益有关,具有很强的社会公益性和浓厚的行政色彩。

我国的政府购买服务虽然刚刚起步,其运作过程中的市场化和竞争性固然占主导地位,但其行政性和公益性也不容忽视。从宏观上看,政府购买服务在提供公

---

① 杨海坤、黄学贤:《中国行政程序法典化——从比较法角度研究》,法律出版社 1999 年版,第 344-345 页。根据《葡萄牙行政程序法典》第 180 条(行政当局的权力)之规定,"除非法律有相反规定或合同性质不允许,公共行政当局可以:a) 单方变更给付的内容,只要尊重合同的标的及其财政的平衡;b) 指挥履行给付的方式;c) 基于公共利益且经适当说明理由,单方解除合同,但不影响支付合理的损害赔偿;d) 监察履行合同的方式;e) 科处为履行合同而定的处罚"。

② 余凌云:《行政契约论》(第三版),清华大学出版社 2022 年版,第 257 页。

共服务、优化资源配置、拓宽融资渠道等方面的作用,无不体现其行政性和公益性。从微观角度看,在特定案件中,政府购买服务的行政性和公益性,同样可以通过在契约中保留政府特权或主导性权利的条款来实现。例如,在合同中约定政府对契约履行的管理权等。而且,有些政府购买服务活动,本就应受法律的特别控制,由私法以外的特殊规则来调整。这些规则,对普通民事合同往往不予适用。也正因为政府购买服务合同在内容及适用规则上的特殊性,它当然有别于一般的民事合同。

二、政府购买公共服务合同的私法表象

如前所述,政府购买服务合同首先具有行政性。但政府购买服务合同与行政主体长期以来普遍实施、广泛运用的以强制性和单方意志性为基本特征的行政行为不同。政府购买服务合同也不同于传统意义上的民事契约、商事契约等私法契约,但它仍具有契约的一般共性。因此,政府购买服务合同的私法表象源自私法契约的某些本质特征,是私法契约的内在规定性在政府购买服务中的具体体现,也是政府购买服务合同与传统行政行为的区别所在。政府购买服务合同的私法表象,具体表现在以下四个方面。

(一) 合同主体的平等性

理论界有不少人以行政契约中行政主体与相对人之间权利与义务的不对等为根据,得出了行政契约中行政主体与相对人法律地位不平等的结论。这是一种错误观点。因为双方当事人法律地位的平等,不等于其权利义务的对等,反言之,双方当事人权利义务的不对等,也不等于其法律地位的不平等。契约双方当事人权利与义务的对等与否,对双方法律地位的平等性并不构成必然影响。[①] 进一步说,契约作为调整新型社会关系的有效手段,自脱离母体始,就与强制、命令水火不容,而与平等、自愿结下了不解之缘。政府购买服务合同作为契约的一种,当然不能背离契约的基本信仰和本质特征。

因此,行政主体在实施行政契约以外的其他行政行为时,行政主体作为管理

---

① 这里的所谓"平等性"与"对等性"是两个既有联系又有区别的概念,不能混用。在双方当事人之间权利与义务关系或法律关系方面,我们用"对等性";而在双方当事人法律地位方面,我们用"平等性"。有学者在其著述中对这两个概念不作严格区分,如余凌云先生认为:"以行政关系的不对等来否定契约关系成立的可能性,是建立在这样一种认识基础之上,即契约的本质是合意,而合意有效成立的前提是双方当事人法律地位必须平等……而在行政法领域之中,政府和相对人之间形成的是以命令和强制为特征的权力服从关系,没有地位对等可言,因而真正自由的合意也就无从产生。其实,这种观点过分拘泥于民法理论以及传统的高权行政理论,而没有敏锐地体察到现代行政法发展所带来的变化,因而是失之偏颇的。"[参见前引《行政契约论》(第三版),第10页。]

者,行政相对人作为被管理者,他们的法律地位是不平等的。行政主体对相对人有命令、指挥的绝对权力,处于主导、支配的优越地位;从相对人一方来看,其对行政主体有服从、遵循的义务,处于被动、从属的地位。但当行政主体与相对人缔结政府购买服务合同并借以实现行政职能时,作为合同相对人的另一方,便取得了与行政主体平等的法律地位。当然,政府购买服务合同由于其所具有的行政性,与传统私法契约相比,自有其特殊之处,其特殊性也反映了行政契约与私法契约在范畴、原则、缔结、履行、变更、解除等方面存在诸多差异。但是,决不能因为它们两者间的差异而否定政府购买服务合同与私法契约在形式特征上的一致,即不能以政府购买服务合同中行政主体与相对人权利义务的不对等,否定双方当事人法律地位的平等,否则,政府购买服务合同的存在将以牺牲自己的基本特征为代价,整个契约制度的基石也将遭到毁灭性的破坏。①

也有人认为,"在签订契约过程中,对等地位对于合意自由性的实现,只是充分要件而不是必要要件。平等地位能够实现自由合意的事实,并不否定在不对等基础上就不能实现自由的合意。在这里,问题的关键不在于契约当事人地位是否平等,而在于是否真正实现合意"。因此,"对问题的思考应转到'合意',也就是双方意思的自由表达上。法律或事实上双方地位是否对等,都无关宏旨"②。事实果真如此吗?契约的本质是合意,而双方当事人法律地位平等是合意有效成立的前提。进一步说,权利与义务对等与否,对双方当事人合意的有效成立与否不起决定作用,即使权利与义务不对等,双方当事人之间也能形成合意。但法律地位的平等对双方当事人合意的有效成立至关重要,很难想象,两个处于不平等地位的当事人之间能够实现真正意义上的讨价还价并达成有效合意。所以,政府购买服务合同中双方当事人之间的权利和义务,应当按照平等、自愿的原则,以合同方式约定。这一要求完全符合行政契约的本质属性。③ 而接下来要探讨的政府购买服务合同双方当事人意思表示的一致性,仍然是以合同当事人法律地位的平等性为前提的。

---

① 日本的田中二郎先生认为:"一般说来,对通说认为公法关系即支配关系、公法行为即权力性行为的见解,是不能赞成的。我们不得不承认公法关系中也存在非权力服从的支配的关系,故公法行为中也存在非权力性行为,在公法上的关系中,不限于上下的关系,对等者的关系也可能成立。"([日]田中二郎《公法契约论序说》,载[日]田中二郎《行政行为论》,有斐阁1954年版,第284页。)以上资料转引自前引杨建顺《日本行政法通论》,中国法制出版社1998年版,第514页。本书认为,将田中二郎先生所谓的"对等者的关系也可能成立"改为"平等者的关系也可能成立"也未尝不可。

② 余凌云:《行政契约论》(第三版),清华大学出版社2022年版,第12页。

③ 即便主张"契约当事人地位是否平等"不是"问题的关键"的余凌云先生,对"这种地位不对等状态"也表示了他的担忧:"这种地位不对等状态存在着压制相对一方的意思的自由表达、使行政契约滑向行政命令的危险。"[参见前引《行政契约论》(第三版),第12页。]既然如此,何不以立法形式对行政契约中事实上可能存在的"这种地位不对等状态"作有效的防范及规制呢?哪怕是旨在实现一种法律上的"拟制平等",总比对"这种地位不对等状态"听之任之强。

(二)意思表示的一致性

政府购买服务合同是一种双方行为,是行政主体与行政相对人意思表示一致的产物。这类合同的有效成立必须以行政主体与相对人的合意为前提,这与那些只需行政主体单方面意思表示即可成立的行政行为完全不同。后者往往带有命令色彩,相对人在这种行政行为面前只有服从的义务,没有讨价还价的权利。行政主体与行政相对人各自的价值取向和意思表示可能是一致的,也可能是不一致的,但不管是一致还是不一致,均不影响行政行为的有效性,即这类行政行为并不以行政主体与相对人的合意为前提。而政府购买服务合同的成立,应以行政主体与行政相对人的自愿为原则,并且以双方当事人的合意为前提,这一原则和前提又在一定程度上表现为政府购买服务合同双方当事人的互选性和妥协性。

客观上,现代行政法的发展已为私法理念和私法制度向公法领域的渗透创造了条件,也为契约关系在行政法领域的形成提供了合意的基础,运用契约手段、采取合意方式处理公法关系是必要而可行的。所以,"对行政契约的思考,不必羁束在传统的公法行为理论框架内,完全可以跳出以往的那种认为公法行为必定是行政机关单方意思表示的权力行为、公法关系必定是权力服从关系的思维定式,而承认可以采取双方协商合意的非权力行为方式"[1]。

(三)合同主体的互选性和妥协性

正因为政府购买服务合同的成立以双方当事人的合意为前提,所以这类合同的订立不但应给双方当事人以互相选择的机会和条件,而且要求双方当事人在一定条件下应互谅互让,以必要的妥协换取意思表示的一致。

首先,政府购买服务合同中的行政主体常常是特定的;相对人有时是特定的,但多数情况下是不特定的。当相对人较为特定时,行政主体和相对人相互选择的机会就少;当相对人不特定时,行政主体和相对人相互选择的机会就多。但从整体来看,相对人选择行政主体的机会更少,而行政主体挑选相对人的机会更多。同样一个政府购买服务合同,可供行政主体挑选的相对人往往有两个乃至若干个,为了选出最理想的契约相对人,行政主体可以采取招标、邀请发价和直接磋商等多种方式。只有那些得到行政主体特别信任的相对人,行政主体才会选其做购买服务合同的对方当事人。另一方面,行政相对人也不总是处于消极的、被选择的地位,在行政主体选择相对人的同时,相对人也在选择行政主体。当一定的行政主体和一定的相对人互相选择并达成合意时,政府购买服务合同就可能在他们两者之间成立。即便是那些行政主体对相对人以及相对人对行政主体的选择余地较小或者根

---

[1] 余凌云:《行政契约论》(第三版),清华大学出版社2022年版,第10页。

本无法选择的行政契约,其自愿色彩虽然受到了一定的影响,但双方意思表示的一致性对这类购买服务合同的成立,仍起着不可替代的作用。

其次,政府购买服务合同与行政主体那些单方面的行政行为不同,若无相对人的承诺和认可,政府购买服务合同便不会成立并生效。因此,为了得到相对人的理解和支持,行政主体在必要时还得做出某种妥协和让步。如给相对人提供某种便利、给相对人以一定的帮助或补贴等,以使相对人心悦诚服地接受行政主体在行政契约中的某些特权,并使双方形成共同、一致的意思表示。

问题在于上述选择、妥协或者讨价还价与传统的契约自由是不是有所区别？传统的契约自由在行政契约领域有无存在的空间？行政契约中代表行政权行使的依法行政原则与传统契约理念所包含的意思自治(契约自由)原则能否协调？事实上,对契约自由原则在政府购买服务合同中的运用,既不能全盘肯定,也不能全盘否定。首先,应当承认契约自由在政府购买服务合同领域的存在;同时必须看到,这一特定环境下的契约自由并不是不受任何限制的。其实,即便在私法领域,契约也非绝对自由,也要受到法律的限制,契约自由与受法律羁束并非绝对不能相容。① 早在罗马法中就有"私人约定不能变更公法规定"的法谚,②那么,在行政契约领域,强调依法行政的同时,实行适度的契约自由更是无可非议。既然如此,问题的关键就不在政府购买服务合同中的依法行政与契约自由会不会步入水火不容的困境,接下来的问题恐怕是政府购买服务合同中依法行政与契约自由的界限到底如何来划定。布林格(M. Bullinger)主张,行政机关只有在法律赋予其自由裁量权时,才有选择契约作为行为方式的自由。③ 所以,"行政契约在一定程度上是附着在裁量之上的",行政契约中契约自由的"边际是由合行政目的性原则与依法行政理念划定的,因而双方当事人的合意空间是有限的"④。可见,行政契约中的契约自由是有限的契约自由,是依附并服从于依法行政的契约自由,学者林纪东的所谓公法中的"契约不自由"原则以及"惟在不抵触法规之限度内,公法上契约始得有效成立"之观点,大概也是这个意思。⑤ 行政契约中的契约自由,在政府购买服务合同的缔结和合同内容的确定这两大环节中的意义尤其重要。根据上述原则,政府购买服务合同的缔约自由意味着,只要法律不禁止,行政主体即可基于行政目的径行缔结。具体来说,当法律对缔结政府购买服务合同有强制性要求时,无论是行政主体还是相对人均无缔约选择权;当法律对此未作强制性要求或根本未作规定

---

① 德国学者果德勒(D. Goldner)持此观点。转引自吴庚:《行政法之理论与实用》(增订8版),中国人民大学出版社2005年版。
② 吴庚:《行政法之理论与实用》(增订8版),中国人民大学出版社2005年版。
③ 转引自吴庚:《行政法之理论与实用》(增订8版),中国人民大学出版社2005年版。
④ 余凌云:《行政契约论》(第三版),清华大学出版社2022年版,第17、19页。
⑤ 林纪东:《行政法新论》,三民书局(台北)1985年版,第259页。

时，行政主体可以在法定权限内，基于行政目的，缔结政府购买服务合同。在合同内容的确定方面，同样遵循法律优位原则，当法律对政府购买服务合同的内容有硬性规定时，应服从法律；当法律未作规定时，行政主体可以自由裁量，相对人也可以讨价还价。通常情况下，这时的相对人对合同内容的接受与否，享有单方面的决定权，若对合同内容不可接受，相对人有权拒签，行政主体无权强制其必须接受。

（四）合同缔结过程的公开性和竞争性

政府购买服务合同的订立，应遵循公开、公平、竞争的原则。公开招标缔结契约的方式最符合自由竞争的思想，也最适合我国当前市场经济的新形势。因为公开竞争是市场经济条件下缔结行政契约的一项重要原则（紧急情况和涉及国家机密的情况除外），政府购买服务合同之所以不同于那些带有命令色彩的行政行为，就是因为其合同缔结过程具有公开性和竞争性，以及双方当事人意思表示具有一致性。倘若此类合同的相对人仅由行政主体私下确定，不经过公开竞争，合同成立也不以双方当事人的合意，而由行政命令左右，则势必造成地区与地区、部门与部门的分割和封锁，地方保护主义、行业保护主义也由此产生，平等、公正、竞争、规范、健全、完善的统一市场和良好、有序的社会环境便无法形成。

值得一提的是，尽管政府购买服务合同也适用"合同法"条款[①]，但无论是公共产品、公共服务的提供还是公共公产的管理，行政主体采取合同方式执行行政政策和计划，仍然受既定的公法原则和规则的约束，这就产生了公法与私法的混合物。并不是行政机关的"哪种活动只受公法支配，哪种活动只受私法支配，往往是一种活动同时受公法和私法支配，公法和私法在不同的情况中以不同的程度结合在一起"[②]。在有关行政契约的立法尚未确立之前，作为行政契约表现形式之一的政府购买服务合同适用合同法的一般规定并无不妥。行政契约本身就是在私法契约基础上发展而来的一种特殊契约，其契约规则中本来就存在大量的私法规则，两个不同本质的事物存在某些相同或相似的形式或表现，在理论上是成立的。所以，在行政契约中援用民法或私法原理也是常有的事。

第三节　政府购买公共服务的行政法律关系

政府购买服务是传统行政给付方式的改革创新之举，是政府通过市场化运作

[①] 随着《中华人民共和国民法典》的颁行，《中华人民共和国合同法》予以废止，此处的"合同法"已不具有法典意义，充其量只作为民法典的一部分而存在。

[②] 王名扬：《英国行政法》，中国政法大学出版社1987年版，第277页。

寻找承接主体提供公共服务的新型行政模式,这一公私合作行为引发了法律关系的行政化趋势,原本由政府直接提供公共服务的双边法律关系,变为"购买主体—承接主体—消费主体—评估主体"之间的四方法律关系。其中,不仅存在作为购买主体的政府与承接主体的社会资本方之间产生的行政契约关系,也存在政府或购买主体对整个购买服务过程的监管和评估所引发的行政监督关系,还包括作为消费主体的民众与承接主体之间因行政服务质量是否合乎服务标准所引发的行政争议关系。可见,政府购买服务与传统市场供给模式有很大区别,其中购买主体、承接主体、消费主体、评估主体四方之间法律关系的公、私法界限不清,公、私法属性不明,公法与私法的交叉融合是常态,故有必要在公私协力视野下,重新构建政府购买服务的行政法律关系。

政府购买服务法律关系主体主要包括购买主体、承接主体、消费主体和评估主体,这四方主体的法律行为贯穿政府购买服务全程,通过交错与互动,彼此间形成特殊的四方法律关系,进而构成四对"子关系"。这一法律关系结构成为政府购买服务法律关系的标准样本,这里仅就政府购买服务行政法律关系的基本样态作一分析。

首先,政府(购买主体)和社会资本方(承接主体)协商一致,缔结服务购买合同,两者间形成行政合同法律关系。其次,服务购买合同赋予了承接主体公共服务供给的行政职能,同时作为履行公共服务供给责任的受委托人,其实施一系列履约行为,与公民(消费主体)建立起一种公共服务行政法律关系。基于服务对象的广泛性和服务内容的公益性,供应商(承接主体)对社会公众(尤其是特定消费者)拥有引导权、必要的管理权以及合理限度的、临时性的约束权等权力(权利)。作为公共服务的终极消费主体,公民个人对供应商(承接主体)享有建议权、监督权、请求权以及了解权和知情权等权利。再次,评估主体通过对政府购买服务的有效评估,监督政府及其法律、法规授权的组织在公共服务购买方面的行为,对服务购买绩效进行客观分析和评判,对承接主体的专业能力、团队管理能力以及公共服务的供给能力等进行全方位的评估。就评估主体的单位性质而言,其属于第三方中介服务机构,而且评估主体的评估行为可能源自评估协议或评估合约,但评估主体的职责取决于法律法规及相关政策,评估结论会影响和决定购买主体、承接主体、消费主体由行政法赋予的实体权利义务的效力,公共服务绩效评估所引发的也是行政法律关系。

一、购买主体与承接主体之行政法律关系

以购买主体身份出现的政府,是恒定的行政主体,与其他行政法律关系一样,政府在行政法律关系中居于主导地位,其主导地位贯穿于购买服务的全过程。购

买主体与承接主体虽然在形式上仍具备"传统"的行政主体与相对人的外观,但其内在法律属性却与传统行政法律关系不同,双方的法律关系需要根据政府购买服务的特性重新定义。

(一) 购买主体与承接主体之间的契约关系具有行政性

我国目前最新的用以规范政府购买服务事项的法律规范,是财政部于2019年11月19日通过、2020年3月1日起施行的《政府购买服务管理办法》(以下简称《管理办法》),《管理办法》第五章对政府购买服务合同及其履行作了明确规定,要求政府购买服务合同的签订、履行、变更应遵循《中华人民共和国合同法》的相关规定。购买主体应当与确定的承接主体签订书面合同,用以明确服务的内容、期限、数量、质量、价格及资金结算方式,各方权利义务事项和违约责任等内容。购买主体与承接主体的权利义务通过合同予以约定,是双方平等协商的产物。购买主体与承接主体是公、私合作的伙伴,彰显了当今时代公私合作治理的本质。

与平等主体的自然人、法人、其他组织之间设立、变更、终止民事权利义务关系的一般民事合同不同,尽管购买主体与承接主体间的合同有民事合同的某些表象,但是公法属性仍然贯穿于其制度安排中,从而显现出一定的行政契约的性质和特征,跟民事合同(私法契约)泾渭分明。

第一,合同订立目标不同。民事合同以取得个人的经济利益为导向,政府购买服务合同则以国家利益或社会公共利益为导向,政府购买服务合同一般是政府达成经济和社会目标的手段。

第二,合同缔结与履行的要求不同。民事合同奉行意思自治,政府购买服务合同的缔结与履行不完全遵循意思自治,应受公法约束。例如,购买主体只能选择具备法定条件、经公开招标程序中标的相对人做承接主体,其合同相对人的选择受严格限制;根据《管理办法》的规定,政府购买服务的内容包括政府向社会公众提供的公共服务和政府履职所需的辅助性服务,《管理办法》第10条还列举了不得纳入政府购买服务范围的事项[①],政府购买服务的具体范围和内容由指导性目录管理,指导性目录依法予以公开,无论购买主体还是承接主体,均不能自主决定服务的具体范围和内容;购买主体应当与确定的承接主体签订书面合同,且合同应依法予以公告,主体双方不能私下签约,也不能口头缔约。

第三,合同解除方式不同。民事合同的解除方式较为明确及自由,一般采取协商解除、约定解除、法定解除三种形式,且双方都拥有此三项解除权,此外,双方还

[①] 《政府购买服务管理办法》第10条规定:"以下各项不得纳入政府购买服务范围:(一) 不属于政府职责范围的服务事项;(二) 应当由政府直接履职的事项;(三) 政府采购法律、行政法规规定的货物和工程,以及将工程和服务打包的项目;(四) 融资行为;(五) 购买主体的人员招、聘用,以劳务派遣方式用工,以及设置公益性岗位等事项;(六) 法律、行政法规以及国务院规定的其他不得作为政府购买服务内容的事项。"

拥有相应的救济权。而政府购买服务合同,购买主体拥有单方解除权,当合同履行可能损害国家利益或公共利益时,购买主体具有单方解除的权利,合同解除条件中的"国家利益"或"社会公共利益"的解释权和判断权也属于购买主体,承接主体一般不能就合同应否解除提出法律救济的要求,而只能就合同解除所致损失的补偿或赔偿问题进行磋商或提起诉讼。

第四,争端磋商解决机制不同。私法的救济渠道(协商、调解、仲裁或民事诉讼)一般适用于民事合同争议,但由于政府购买服务合同争议的特殊性,世界各地区对此类争议采取的解决机制呈复杂性和多样态,既有普通民事诉讼的解决方式,又有行政诉讼解决方式,还有民事诉讼和行政诉讼并行的双重解决机制。

(二)购买主体与承接主体之间存在协同合作的监督关系

政府方面(包括购买主体以及其他政府部门)对承接主体的监督,源自民主原则即民主正当性的要求。在德国,公组织与私主体的公私协力应确保民主正当性的实现,公组织不得以规避宪法约束为代价,将实现公益的过程委之于私主体。基于宪法规范的要求,所有国家权力的行使,无论单方高权行为抑或事实上的给付行为,亦无论是公法行为抑或私法行为,抽象意义上的最终决定权均归因于人民意志,由全体国民判断和选择。政府购买服务作为政府与私人共同合作执行行政任务的形式,自然不例外,也应具备民主正当性。与此同时,民主原则实质上是全体国民拥有国家主权的组织原则,任何直接或间接行使国家权力的公共部门或者私人部门,其权力应源自宪法或依据宪法制定的法律,至少也应来自有权主体的委托。这种建立在直接或间接民意基础上的权力行使,必须具有民主正当性,而确保其合乎民主正当性的最直接的监督手段,便是购买主体对承接主体服务供给的行政监督,只要以公权主体身份存在的政府(包括购买主体),基于政治重要性及民主正当性,对承担公共服务供给义务的私主体(承接主体)依法予以监督,就意味着其满足了民主原则的要求。可见,政府对社会资本方或私主体的履约监管,不仅是公共部门角色和任务转换的内在需要,也是民主正当性的有力保障。

从西方国家的相关实践看,为了实现对诸如合同外包等行为的有效规制,政府机关往往分工负责、协调配合,实行对购买公共服务的行政监督。我国财政部制定发布的《政府购买服务管理办法》第19条也对其监督举措作了原则性规定:"政府购买服务项目采购环节的执行和监督管理,包括集中采购目录及标准、采购政策、采购方式和程序、信息公开、质疑投诉、失信惩戒等,按照政府采购法律、行政法规和相关制度执行。"据此,购买主体应当强化合同管理,建立监督检查机制;财政部门可以根据需要,对政府有关部门购买服务整体工作开展绩效评价,或者对政府部门实施的资金金额和社会影响大的政府购买服务项目开展重点绩效评价;购买主体及财政部门应当将绩效评价结果作为承接主体选择、预算安排和政策调整的重要依据。

政府既可对承接主体进行法律监督,也可对其进行专业监督。法律监督方面,涉及监督主体、内容、条件、方法、程序、责任及其救济措施;专业监督方面,政府主管部门及其第三方主体也要对承接主体进行专业监督,确保公共权力运行质量符合要求。总之,购买与承接主体之间的协作关系不是简单的民事法律关系,两者不是单纯的平等主体,政府作为购买主体,既是购买合同中的一方,也是具有监督职能的行政主体,其有义务保证对公共服务整个流程的监督,确保公共利益如期实现。

(三)购买主体与承接主体的利益诉求殊途同归

购买主体通过购买服务,让承接主体代为履行服务供给的政府责任,承接主体供给公共服务所花费的数量不等的人财物资源以及其他经营成本,理应从购买主体那里得到回报,政府为确保公共服务正常供给,必须有充足和稳定的资金保障。

可是作为承接主体的社会资本方,其生产经营活动能否正常开展以及能否实现适度盈利,取决于多重因素,倘若承接主体自身的经营理念、管理水平、技术力量等存在缺陷,即便政府的财政资金非常充裕,支持力度足够强大,恐怕也难以确保承接主体的正常运营及发展,政府借助社会资本方的力量实现公共服务供给的良好愿景终将落空。反之,倘若政府财力严重不足,采购资金无法正常到位,即使承接主体尽心敬业、信守合约,而且经营有方、技术过硬,公共服务的正常供给也会难以为继。

因此,政府购买服务合同一经签订,购买主体与承接主体的利益就牢牢捆绑在一起,二者互为依赖,共存共荣,殊途同归。为了确保合作成功,政府制定财政预算时,应安排足够的专项资金用于购买公共服务,通过财政资金直接购买、财政资金补贴、公共物品配送、税收政策优惠等形式,实现公共服务供给的行政目的。为了避免公共服务购买资金未全额纳入公共财政体制且大多来源于预算外资金的缺陷,避免承接主体不必要的经济损失,立法应明确承接主体向购买主体的支付请求权,并提供相应的制度保障。但值得注意的是,公共服务供给旨在实现国家或社会的公共利益,无论是购买主体还是承接主体,尤其是承接主体,均不得以营利为单一目的。承接主体的适度盈利无可厚非,但若以盈利为其主要乃至唯一的经营目标,就背离了公共服务供给的初衷。

二、承接主体与消费主体之行政法律关系

社会资本方在政府购买服务中扮演着重要角色,其作为承接主体在政府购买服务体系中发挥着重要作用。政府购买服务合同一旦签订,承接主体将会作为政

府在公共服务领域的"代言人",代替政府推进服务供给项目的实施。在连接政府的同时,直接联系广大公众(消费主体),承接主体成了购买主体的代言人和应声虫,是名副其实的政府与民众的桥梁和纽带。因此,承接主体与消费主体之间法律关系的性质,在一定程度上受制于作为购买主体的政府与消费主体之间的法律关系。

(一) 为消费主体提供优质服务是购买主体和承接主体的共同义务

政府购买服务,旨在推动公共服务的法定供给者与实际供给者相分离,实现公共服务供给主体的多元化。社会资本方的"生产+供应"活动,由政府通过行政契约安排,并受政府监管,该项活动就是政府积极履职的一种方式,通过这种方式可以有效促进公共服务事业的发展。公共服务供给是购买主体的法定义务,这一法定义务通过行政合同转化为承接主体的约定义务,倘若承接主体提供的服务不符合合同约定的内容、期限、数量、质量、价格等要求,则不仅构成其对政府的违约,也是对广大公众的违约,更是政府行政履职的失败,会导致政府失信于民。

(二) 要求购买主体和承接主体共同提供优质服务是消费主体的权利

在政府购买服务法律关系中,有必要区分公共服务的三个基本参与者:消费者、生产者、安排者或提供者。其中,消费者直接获得或接受服务,生产者直接组织生产并直接向消费者提供服务,服务安排者(提供者)选择服务的生产者或者为消费者安排生产者或者给生产者指派消费者。这种解释基本上符合作为公私协力及民营化重要类型的政府购买公共服务的三层关系。

政府(购买主体)是购买服务合同恒定的发起人或要约者,虽然最初的购买服务合同由购买主体与承接主体签署,但该合同的实际客户既不是购买主体,也不是承接主体,而是广大民众(消费主体),消费主体基于购买服务合同的约定,享受了由购买主体和承接主体共同提供的一系列公共服务。理论和实践中公众作为消费主体的身份存在疑问,其享有的权利究竟是公法属性还是私法属性抑或兼而有之,仁者见仁,智者见智。在此,姑且不讨论"姓社姓资"问题,但其通常意义上所享有的诸如知情权、监督权、评价权、建议权、安全保障权、依法求偿权等权利,起码具有浓郁的公法色彩。

而且,购买主体有权选择承接主体,而消费主体对承接主体根本无法选择,广大民众虽然在购买主体选择承接主体的过程中,有程度不等的意见表达权,但此项权力的行使及其效果取决于多重因素,其中政府民主决策的意识、程序、机制是否健全起决定作用。那些民主化程度较高的地区,消费主体对政府选择承接主体的参与度会相对高些,但也不等于广大消费主体可以根据自己的消费愿望、兴趣、爱好和需要,自主、充分地选择公共服务,更不等于他们可以自由选择承接主体。在消费主体只能被动接受承接主体的层面,法律关系的单方面性和对法律关系主体的不可选择性,决定了承接主体与消费主体之间法律关系的行政性。强调这一点,有利于彰显公共服务供给的民主化和权威性,更有利于促进公私各方主体的权利(权力)实现。

三、购买主体与消费主体之行政法律关系

表面上看,购买主体与消费主体之间不存在直接关系,其相互间的法律关系是间接的,处于"虚拟"或"引而不发"状态。当承接主体所有服务供给活动均依约开展,没有任何意外情形时,无论购买主体与承接主体还是承接主体与消费主体抑或购买主体与消费主体之间的法律关系,均处于正常和稳定状态,大家相安无事。倘若上述法律关系的任一环节出了问题,特别是承接主体在供给服务过程中存在疏漏和差错,甚至出现供给不能的状态,引发了消费主体的不满,损害了消费主体的利益,购买主体一定会走到前台,直接面对广大民众,购买主体与消费主体之间的直接对话甚至直接服务,将会被提上议事日程。

购买主体与消费主体之间的行政法律关系源于以下因素。

(一) 消费主体对购买主体的监督权

民众是公共服务的消费主体,也是公共利益的终极获得者。虽然消费主体不直接参加购买主体与承接主体的管理及生产事务,但无论对直接提供公共服务的承接主体,还是对不直接负责公共服务供给的购买主体而言,消费主体的监督功能是不言而喻的,特别是消费主体通过对购买主体监督权的行使,能确保公共服务的持续、稳定和正常供给,有利于购买主体行政职能的实现。

(二) 购买主体对消费主体的保证责任

购买主体不直接从事服务供给,其公共服务供给的行政责任由承接主体代为承担,但购买主体绝不处于超然地位,不能置身事外,不能回避甚至逃避自己应有的责任,其法定义务不能免除。购买主体对消费主体的法定义务以保证责任为主要形态。政府对公共服务供给的保证责任,意味着承接主体的公共服务供给一旦出现违法或违约情形,或者发生可能导致消费主体权益受损的情势变更,或者承接主体因履约不能无法提供持续、稳定、正常的供给服务时,购买主体应对广大民众兜底承担承接主体无力承担的一切责任。此项保证责任有别于民事法律关系中的担保责任,虽然其与民事担保一样也是一种补充责任,但购买主体基于其行政主体身份所应担负的保证责任是行政法律责任,是一种更为直接、更加主动的法律责任。

（三）消费主体对购买主体的求偿权与购买主体对承接主体的追偿权

承接主体的公共服务供给一旦损害消费主体的合法权益而自身又无力赔偿时，消费主体可以行使类似于私法上的求偿权，向公共服务供给的保证主体——政府，请求赔偿或补偿。购买主体对消费主体履行了赔偿或补偿责任之后，可视具体情形对承接主体行使追偿权，让其进一步承担因此而造成的全部或部分损失。这一权利虽然类似于私法意义上的民事权利，但基于政府购买服务项下的求偿权或追偿权，其是以公权存在为前提的。

通常情形下，公权存在必须同时满足以下三个条件：公法规范要求行政主体为或不为一定的行政行为；公法规范既维护公共利益又保护私人利益，一旦二者相冲突，公共利益优于私人利益；公法规范赋予利益受损方以行政法手段保障其利益的法律力量。[①] 据此，政府购买服务中，消费主体对购买主体服务供给的请求权和由此派生的求偿权，以及购买主体依法、依约要求承接主体为或不为一定行为的权利和对承接主体的追偿权，是具有公权属性的权利形态。

四、评估主体与相关主体之行政法律关系

政府购买服务的绩效评估是进一步优化和保障公共服务供给的有效举措，对强化购买主体和承接主体的公共服务供给能力、提升消费主体的服务品质和生活水平大有裨益。评估主体的评估对象涉及购买主体、承接主体、消费主体，四方主体基于评估活动所建立起来的法律关系具有公法价值。

政府购买服务的绩效评估有利于政府或购买主体及时发现服务供给中出现的问题，并尽快找到解决问题的最佳方案。根据《管理办法》第 20 条的规定，财政部门可以根据需要，对部门政府购买服务整体工作开展绩效评价，或者对部门实施的资金金额和社会影响大的政府购买服务项目开展重点绩效评价。购买主体实施政府购买服务项目绩效管理，应当开展事前绩效评估，定期对所购服务实施情况开展绩效评价，具备条件的项目可以运用第三方评价评估。

可见，评估的发起者可以是掌管资金的政府财政部门，也可以是购买主体；对具备条件的服务供给项目，财政部门或购买主体可以通过新的购买服务方式，运用第三方评价评估；评估可以有事前评估、事中评估和事后评估，可以有定期评估和不定期评估，可以有局部评估、整体评估和重点评估；评估事项可以涉及全方位、全流程，也可以针对专门事项。例如，可以专门对承接主体的资质进行事前评估，通过该项评估，确保参与服务供给项目竞争的主体完全具备和符合资格条件，避免资

---

① 王本存：《论行政法上的公法权利》，载《现代法学》2015 年第 3 期。

格阙如导致的供给能力缺失,提升服务供给的满意度,保障服务供给的有效有力推进。

无论是对服务供给项目的整体评估还是对项目局部的分项评估,抑或仅针对承接主体的服务供给水平的单项评估,评估都只是一种手段。这一手段对社会资本方具有一定的约束力,同时又有一定的激励作用,通过评估约束承接主体的生产经营不是其终极目标,通过评估促进承接主体的发展壮大、增强承接主体的机体活力、提升承接主体的服务质量才是其价值追求。评估对社会资本方的发展具有导向功能,评估作为公共服务供给的指南针和风向标,指引着公共服务供给的发展方向。为了更好地规范与引领社会资本方的行为,政府在向众多具备基本资质、合乎基本条件的社会资本方购买公共服务时,应着重评估承接主体的资质与能力;一旦有符合条件的社会资本方中标,政府或购买主体的评估重心应转向公共服务供给的效率和质量,形成完备的评估标准体系,为承接主体的能力提升和品质保证指明方向。

基于以上认识,评估主体的评估活动政策性强,权威性高,行政目的鲜明。同时,评估活动往往源自政府或购买主体的另一单项购买服务合同,评估主体是受政府或购买主体委托实施评估活动的,评估权是基于行政授权或委托产生的,评估主体与政府或购买主体以及承接主体之间建立在公务委托背景下的法律关系,只能是行政法律关系。

第九章
城市地下空间开发法

第一节 城市地下空间权

一、城市地下空间权的界定

各国立法、判例和学说关于空间权的界定都不尽相同,其主要区别就在于空间权所包含的权能范围。① 与此相适应,我国学者在给地下空间权下定义时也表现出较大差异。例如,梁慧星教授认为,地下空间权"是对土地地表下一定范围内的空间享有的权利"②。刘保玉教授在对空间权作界定时附带论及了地下空间权,他认为:"空间权,是指以土地地表之上的一定空间或地表之下一定地身范围为客体而成立的一种不动产权利。"③总的来说,学者们对城市地下空间权的界定包括广义和狭义两种认识。广义的城市地下空间权,是指权利人对城市土地地表下特定范围内的空间所享有的权利,是以城市土地地表下特定范围内的空间为客体而成立的一种不动产权利。狭义的城市地下空间权,是指民事主体依法对城市土地地表下特定范围内的空间享有的占有、使用、收益的排他性权利。

城市地下空间权作为一项不动产权利,学界观点基本一致,但城市地下空间权是不是一项单独的用益物权,学界观点并不统一,大体上可分为肯定说与否定说。

---

① 王利明:《空间权:一种新型的财产权利》,载《法律科学》2007年第2期。
② 梁慧星:《中国物权法研究》(上),法律出版社1998年版,第348页。
③ 刘保玉:《物权法》,上海人民出版社2003年版,第221页。

肯定说的代表为王利明教授。他认为，由于空间利用权可以基于土地所有权人、使用人的意志而在特殊情况下与土地所有权和使用权发生分离，且可以通过登记予以公示，因而空间利用权可以成为一项独立的物权。① 刘保玉教授认为，肯定说的理由主要在于空间利用权与土地使用权存在着差异，不应合一；其一，两者的效力所及范围或者客体上不同；其二，两者的着眼点不同；其三，两者存在的前提不同。② 否定说的代表为梁慧星教授。他认为，地下空间权不是一项新的用益物权种类，空间权并不是物权法体系中一个新的物权种类，而是对在一定空间上所设定的各种物权的综合表述。③ 另有学者认为，《中华人民共和国物权法》（已废止）第136条关于空间建设用地使用权的规定并不意味着我国已将其确立为一种独立的用益物权。④

对城市地下空间权法律性质的理解，取决于城市地下空间权是否符合民法传统理论中的"一物一权"原则。根据物权法的传统理论，一块土地只能对应一个所有权，并且权利"上达天宇，下至地心"，即土地所有权人当然享有依附于土地而自然延伸的地下空间所有权。从法理上讲，地下空间的使用权无疑可归入地上权范畴，德国立法与实践正是采取这一模式。然而，这种通过扩张地上权的内容解决土地下层空间利用问题的立法模式，仍存在明显缺陷，难以彻底有效解决土地分层利用问题。英美法系国家在不存在传统物权体系束缚的情况下所采用的空间权概念及相关立法，则因与我国物权法体系不同而不能完全适用于我国。因此，日本及我国台湾地区所采取的折中模式更具有实际价值。该模式在地上权序列中增设空间地上权（理论界称之为区分地上权），立足于在基本法中创设地下空间权来解决土地分层利用的问题，不仅兼顾了体系的协调，也为地下空间权留下了制度成长的空间。⑤ 基于此，我国不妨以民法典第345条⑥为依据，将城市地下空间权解释为一项独立于土地使用权（地上权）的新型用益物权。

对城市地下空间权作为一项新的特殊的用益物权的探讨，主要集中在城市地下空间的使用权角度。基于此，城市地下空间权具有以下三方面的特征：

1. 城市地下空间权具有用益性

城市地下空间权以对城市地下空间的使用、收益为主要内容，即注重对城市地

---

① 王利明：《空间权：一种新型的财产权利》，载《法律科学》2007年第2期；王利明：《物权法论》，中国政法大学出版社1998年版，第644页。
② 刘保玉：《物权体系论——中国物权法上的物权类型设计》，人民法院出版社2004年版，第233页。
③ 梁慧星：《中国物权法研究》，法律出版社1998年版，第591页。
④ 王晓明：《空间建设用地使用权的理论问题研究——以〈物权法〉第136条为中心》，载《中州学刊》2011年第2期。
⑤ 赵秀梅：《土地空间权利用的形态及其分析》，载《政法论坛》2011年第2期；马栩生：《论城市地下空间权及其物权法构建》，载《法商研究》2010年第3期。
⑥ 我国民法典第345条规定："建设用地使用权可以在土地的地表、地上或者地下分别设立。"

下空间的使用价值。作为城市地下空间权客体的城市地下空间,本身具有一定的经济价值。城市地下空间权正是为了合理利用此特定空间以获取一定的经济利益,或者满足公用事业的需要而存在的法律意义上的权益。随着城市地下空间的持续开发和利用,城市地下空间权作为一项用益物权,其法律意义和经济意义也越来越突出。

2. 城市地下空间权具有稳定性

城市地下空间是一个特定的三维立体空间,一经形成,便相对稳定,一般情况下,非经二次开发,其空间范围不会改变。因此,基于城市地下空间所产生的城市地下空间权,特别是城市地下空间的使用权,只会因权利人的有效使用而增值,原则上不会因权利人的有效使用而减损。权利人通过城市地下空间的基础设施整备、灾害防治、景观改造,或者通过特定利用,不但不会引起城市地下空间权益的减损或消耗,反而会促进城市地下空间的高效利用,从而充分保障城市地下空间使用权收益的持续、稳定增长。

3. 城市地下空间权具有一定的公法色彩

城市地下空间权作为用益物权,其公法色彩主要体现为对它的公法保护。在现代物权立法中,涉及物权的强制性公法规范不断增加,其中最主要的表现形式就是不动产登记制度。城市地下空间权作为一项不动产权利,其取得方式应当遵照不动产取得的相关规定,即以登记作为其权利确认和公示公信的唯一合法方式,只有这样,才能保证权利人对城市地下空间占有的合法性和排他性。

城市地下空间不动产登记行为是行政确认行为,具有鲜明的公法属性。第一,城市地下空间不动产登记行为是由行政主管部门(登记机关)代表政府实施的行政确认行为。登记机关与相对人之间绝非平等主体之间的关系,城市地下空间不动产登记行为的行政性决定了该登记行为不是民事行为,而是行政行为。第二,城市地下空间不动产登记具有公定力,正是这种公定力赋予了城市地下空间不动产登记强大而稳定的效力。通常所说的物权在私法意义上的公信力,实质上是不动产物权登记行为的公定力在物权法律制度中的反映,物权在私法意义上的公信力有赖于不动产物权登记行为公定力的保障。所以,城市地下空间不动产物权登记行为的公定力是物权在私法意义上的公信力的效力基础。第三,城市地下空间不动产登记中登记机关的意思表示具有中立性,而不具有私法效果上的决定性。登记行为并不是赋予该物权的变动以私法效果,而是对该私法行为能否产生物权变动的法律效果进行确认,[1]而这种确认是认定并宣告特定的法律事实或法律关系是否存在的行政措施,至于已确定的法律事实或法律关系发生何种法律效果与确认

---

[1] 章剑生:《行政不动产登记行为的性质及其效力》,载《行政法学研究》2019年第5期。

行为无关。① 第四,城市地下空间不动产登记具有程序法定性与登记主体的被动性。程序法定性要求不动产登记严格按照法律规定的程序进行,在程序的具体安排上,行政主体不得自由裁量。登记主体的被动性意味着不动产登记启动有赖于相对人的请求,否则,登记机关不会主动提起不动产登记,与此相关的权利也得不到法律的有效保护。上述程序法定性与登记主体的被动性是任何不具有公法色彩的私法权利所不可能具备的。

在现代法治进程中,物权的公法保护之所以愈来愈受到重视,一方面源于私法体系的包容性和开放性,另一方面则源于私法对公法的日益依赖以及公法与私法的日益契合。公、私法的交叉与契合对私法的发展具有积极意义。因此,作为物权公法保护主要表现的不动产登记具有公法属性,实际上是历史的、逻辑的必然。

二、城市地下空间权的要素

(一) 城市地下空间权的主体

城市地下空间权由城市地下空间所有权和城市地下空间使用权构成。尽管我国相关法律未就城市地下空间的法律归属作明确规定,但我国宪法第 10 条明确规定了"城市的土地属于国家所有",因而城市地下空间作为国有土地所有权客体的一部分,应由国家所有。因此,城市地下空间所有权的主体应当且只能是国家。国家作为城市地下空间所有权的主体具有恒定性,如同城市土地属于国家所有,其所有权不能交易和流通一样,城市地下空间的所有权也不能交易和流通。

不过,由于城市地下空间使用权作为一项独立的用益物权,与城市地下空间所有权及土地使用权呈相对分离的状态,因而自然人、法人和其他组织在不享有城市地下空间所有权的前提下,可以享有城市地下空间的使用权。并且,城市地下空间使用权作为一项用益物权,其价值在于对城市地下空间的开发、使用、收益,只有允许城市地下空间使用权作为一项独立的民事权利交易和流转,才能更好地实现城市地下空间的经济价值和社会功能。因此,为了充分有效地利用城市地下空间这种特殊资源,应当允许设定城市地下空间使用权并允许其流转,即应当允许非城市地下空间所有权人依法享有对城市地下空间占有、使用、收益的权利。城市地下空间使用权人通过对城市地下空间合理有效的开发利用,充分实现城市地下空间的经济价值和社会功能。

---

① 陈坚:《我国物权登记行为的性质与法律效力辨析》,载《求索》2012 年第 5 期。

(二) 城市地下空间权的客体

法学意义上的城市地下空间与地理学意义上的城市地下空间不同。地理学意义上的城市地下空间是指"在地球表面以下的土层或岩层中天然形成或经人工开发而成的空间……在城市规划区范围以内开发的地下空间为城市地下空间,除少数城市外,一般处于地下土层中"[1]。而法学意义上的城市地下空间属于法律关系的重要客体"物"的范畴。在民法中,"物"是指存在于人体之外,为人力所能支配,且能够满足人类社会生活需要的有体物。[2] 因此,法学意义上的城市地下空间应当指受法律法规所调整,为人力所支配控制,并能满足人类社会生活需要的,在城市规划区范围以内的土地表面以下的岩层或土层中天然形成或经人工开发形成的空间。

法学意义上的城市地下空间,同时具有财产性和可支配性。首先,城市地下空间具有一定的财产属性。城市地下空间作为一种能给人类带来经济利益的物,具有使用价值和交换价值,其一旦进入流通领域,便自然成为交易的对象和法律关系的客体。其次,城市地下空间具有可支配性。法学意义上的城市地下空间是为人力所支配的物,能为其权利人占有、使用、收益、处分,成为权利的客体,并由此形成一系列的用益物权。

由于城市地下空间权由城市地下空间所有权和城市地下空间使用权构成,城市地下空间权的客体也由城市地下空间所有权的客体和城市地下空间使用权的客体构成。

城市地下空间所有权是以城市规划范围内的土地地表下特定范围内的三维空间为客体的财产性权利。作为城市地下空间所有权的客体,应当是与城市规划范围内的土地地表相分离而独立作为权利客体的空间。因而,城市地下空间所有权主体(即国家)所能支配的范围,是在城市规划区范围以内的土地表面以下的岩层或土层中天然形成或经人工开发形成的空间。

城市地下空间使用权的客体与城市地下空间所有权的客体不同。如前所述,我国城市地下空间所有权均属于国家,在城市地下空间一级市场上,其使用权只能通过出让或划拨的方式从国家取得。与土地使用权出让方式相类似,公民、法人或者其他组织对城市地下空间使用权的取得必须通过契约形式实现。因此,城市地下空间使用权人所能支配的范围,只能是在使用权取得合同中所规定的城市地下空间范围,即城市地下空间使用权的客体是基于合同约定的权利范围。

城市地下空间可以独立存在,如城市地铁、城市地下排水系统等,但也常常附

---

[1] 童林旭:《地下空间概论(一)》,载《地下空间》2004年第1期。
[2] 王利明:《民法》(第十版),中国人民大学出版社2024年版,第115页。

随于对应的土地地块而存在,如住宅小区、商业楼宇等的地下空间。后一情形的空间使用权范围有赖于相应的土地使用权的划定,通常情况下,取得某一地块土地使用权的主体也相应取得该宗土地的地下空间开发权,但对其地下空间的开发利用必须符合该土地项目的开发利用及建设规划。

(三) 城市地下空间权的内容

城市地下空间使用权是依附于城市地下空间所有权而存在的,是城市地下空间所有权的延伸性权利。尽管城市地下空间所有权作为国家专有的、绝对的占有性权利,其内容形态比较单一,也过于抽象,而城市地下空间使用权的表现形式相对具体而丰富,且复杂多变。但人们对城市地下空间权的内容研究,还是主要立足于城市地下空间所有权展开。一般来说,城市地下空间所有权的内容主要包括占有、使用、收益、处分。

1. 占有

占有,是"所有权人对于财产实际上的占领、控制。这往往是所有权人对于自己的财产进行消费(包括生产性的和生活性的)、投入流通的前提条件"[①]。根据当前的城市地下空间所有权管理模式,城市地下空间所有人(国家)可以自己占有此项财产,也可以由他人占有此项财产。他人占有城市地下空间即他人对城市地下空间事实上的控制,此项控制必须以合法占有为前提,即城市地下空间权的相关权利主体对城市地下空间的占有,必须根据法律规定或符合所有人的意思,通过公开、公平竞争,缔结合同,并按规定办理登记手续等法定程序来实现。所以,对城市地下空间的占有,以登记簿中所记载的城市地下空间范围为准,在登记簿中,应当明确记载所占有的城市地下空间的范围,以保障对城市地下空间高效合理地开发利用。

2. 使用

使用,是"依照物的性能和用途,并不毁损其物或变更其性质而加以利用。使用是为了实现物的使用价值,满足人们的需要"[②]。城市地下空间的使用权,具体表现为特定主体对城市地下空间的利用,本质上实现了城市地下空间的使用价值,是一种事实上的权能。

3. 收益

收益,就是"收取所有物的利益,包括孳息和利润学"[③]。收益还包括"收取物的利润,即把物投入社会生产过程、流通过程所取得的利益"[④]。城市地下空间权的权利主体必须按照登记簿所载的规定用途和目的使用城市地下空间,并取得相应的经济收益;城市地下空间使用权人未经城市地下空间所有权人(即国家)同意,不得擅自改变城市地下空间的用途。城市地下空间权可以进入流通领域,其通过

[①②③④] 魏振瀛:《民法》(第八版),北京大学出版社、高等教育出版社2021年版,第255页。

流通获取或增加收益。为了防止城市地下空间使用权人为盲目获取或增加收益而擅自改变城市地下空间用途,应对城市地下空间权的转让作出限制,以法律的形式加以约束。原则上,城市地下空间权未经相关部门同意,不得擅自转让,权利人利用城市地下空间获取的一定经济收益应受法律保护,如若擅自改变其用途,所有权人可以无偿收回城市地下空间的使用权。

4. 处分

处分,是"决定物事实上和法律上命运的权利"[1]。处分不仅包括事实上的处分,也应包括法律上的处分。事实上的处分是指对物进行消费,即通过事实行为使物的物理形态发生变化,从而满足人们的需要,所以,事实处分的对象为物本身。法律上的处分是指对物的权利的处置,故法律处分的对象是权利。处分虽然是所有权的核心内容,但就城市地下空间权而言,城市地下空间权利人有权处分的只能是城市地下空间的使用权,不能是城市地下空间的所有权,即城市地下空间权利人有权将城市地下空间使用权转移给他人(包括占有、使用和获得收益的权利),也可以以城市地下空间为客体设定地役权、抵押权、租赁权等权利。但城市地下空间的所有权主体是恒定的,永远为国家。而且,由于城市地下空间的公共利益属性,对城市地下空间使用权的处分还需合乎公益目的。因而,法律应对城市地下空间使用权的运行模式加以规范,对城市地下空间使用权的出让和交易加以严格限制。

第二节 城市地下空间开发法的价值

一、实现公共利益

(一) 城市地下空间资源与公共利益

1. 城市地下空间公共利益的界定

马克思认为:"这种共同的利益不是仅仅作为一种'普遍的东西'存在于观念之中,而且首先是作为彼此分工的个人之间的相互依存关系而存在于现实之中。"[2] 通俗地理解,所谓公共利益,是"一定时空条件下,与一定人们共同体多数成员普遍而密切关联的社会需要与需求"[3]。人们共同体是基于共同的社会关系而结成的

---

[1] 魏振瀛:《民法》(第八版),北京大学出版社、高等教育出版社 2021 年版,第 255 页。
[2] [德]马克思、恩格斯:《马克思恩格斯全集》(第 3 卷),人民出版社 1960 年版,第 37 页。
[3] 黎映桃:《论当代公共政策的价值目标——取向、界说与评价途径》,载《中南大学学报(社会科学版)》2005 年第 6 期。

社会群体,其成员有着"共同的理解、共同的预期、行为规则、目标和利益、价值和关切,以及那些使得我们以一种有意义的方式彼此交往和互动并说明我们是社会的人的特征的东西"①。

2. 城市地下空间的开发以实现公共利益为前提

由古至今,世界各国都不同程度地开发利用地下空间(如表 13 所示,各个时期城市地下空间开发利用的主要功能类型及其规模),随着城市人口的不断增加,经济的不断发展,城市的集约化程度不断加深,城市功能日趋完善,城市基础设施服务能力已难以匹配城市功能转型的需求,为此,需要通过系统性更新与改造,以适应更高集约化的要求,而城市地下空间资源的科学利用正是实现城市的公共利益的关键路径。

表 13:各个时期城市地下空间开发利用的主要功能类型及其规模

时代	功能类型		实例	规模
	大类	小类		
古代	市政设施	排水设施	唐宋时期的长安城和洛阳城排水沟渠	规模很小
	仓储设施	物质库	洛阳含嘉仓的地下粮仓 古罗马的地下蓄水池	较少的个例
近代	市政设施	上下水及煤气管道共同沟等	巴黎下水道、伦敦早期共同沟等	有一定的规模
	仓储设施	物质库	散见于各地城市的地下储藏室	数量增多但规模小
	交通设施	地铁	伦敦、纽约、布达佩斯等城市的地铁	开始大规模开发地下空间,但发展缓慢
现代	市政设施	直埋管线	当前城市市政管线最常见的传统敷设方法	遍布城市各个角落,占据道路浅层地下空间
		共同沟	巴黎、东京等各国大城市现代管线的综合化、集约化建设	规模庞大且逐渐形成网络,工程技术水平很高
		站点设施	大城市中心区的地下变电站等,如东京的地下高等级电压变电站	呈地下化发展趋势
	仓储设施	物质库	超市、商场的地下仓库及大型城市地下食品库、水库等	数量多、规模大
		能源库	一些发达国家用于储备石油的地下油库等	一般规模较大

---

① [美]贝思·J.辛格:《实用主义、权利和民主》,王守昌等译,上海译文出版社 2001 年版,第 70 页。

续表

时代	功能类型 大类	功能类型 小类	实例	规模
现代	交通设施	地铁	世界各大城市地铁网络	规模庞大并逐渐形成网络,工程技术水平很高
现代	交通设施	停车库	常见于大城市的中心地带	数量众多
现代	交通设施	车行道	上海黄浦江越江隧道等	过江隧道、地下立交等,建设数量较多
现代	交通设施	人行道	人行过街地道、各地下空间之间的连接通道等	随地铁发展而发展
现代	公共设施	商业设施	城市中心的地下商业娱乐网点等,如上海人民广场的迪美购物中心	规模较大
现代	公共设施	文化设施	发达国家大城市建设的地下图书馆、地下博物馆等,如日本的国会图书馆	尚不多见
现代	防护防灾设施	防空地下室等	我国城市建设的人防工程设施	数量很多、十分普遍
现代	地下综合体		巴黎列·阿莱地下综合体等	规模庞大,体现未来发展趋势

通过对表13的分析可以发现,城市地下空间是随着人类生活生产需要、城市建设需要的变化而不断发展的,城市地下空间的开发利用始终是为了满足人类共同体多数成员的普遍利益,是城市功能设施建设的要求,最终是为了实现公共利益。

(二) 实现公共利益:基础的价值目标

城市地下空间开发利用管理法律制度的调整范围是与城市地下空间资源相关的开发利用管理活动,属于环境法和行政法的交叉范畴。环境法和行政法分别从环境公共利益和社会公共利益两方面合力证实,城市地下空间开发利用管理法律制度必须以公共利益为最基础的价值目标。

1. 基于环境法本质的分析

环境法作为新兴的部门法,其特征在学术界一般被概括为以下三个关键词:综合性、公益性、共同性,这三项特征都来自环境公共利益的正当性。环境公共利益是环境法的价值体现,是环境法存在及发展的生命基石。环境公共利益与公共利益的一致性自不待言,这一称谓本身就体现了公共利益的特征。

城市地下空间开发利用管理法律制度必须以环境公共利益作为核心范畴和完善重点,站在维护环境公共利益的高度,着力解决好城市地下空间资源的开发利用问题,实现维护环境公共利益的目标。

2. 基于行政法本质的分析

行政法的主要目的在于协调个人利益与社会公共利益之间的矛盾冲突,在保护好个人利益的前提下,最大限度地实现社会公共利益。社会公共利益作为公法研究的起点与核心,是行政权力产生的缘由。

城市地下空间开发利用管理法律制度主要调整的是政府及其部门与单位、个人之间就城市地下空间开发利用管理活动所产生的矛盾,在保证社会公共利益、管理者及开发利用者个体利益的基础上,不断完善及扩大与城市地下空间相关的公共利益。

3. 基于法哲学视角的分析

随着社会的进步,在19世纪末20世纪初,法哲学由自然法学派向社会法学派发展。以社会法学派为代表的哲学群体,以"社会化"为基调对法律进行了新的观察和理解,突破了近代社会传统的法观念的局限,这一哲学群体更多地从公共整体利益出发。目的法学派的创始人耶林认为,法律的目的就是社会利益,社会利益是法律的创造者,是法律的唯一根源,所有的法律都为了社会利益的目的而产生。①

21世纪,法哲学家们的社会利益观念更是引发和加剧了城市地下空间开发利用管理法律制度对新的价值即公共利益的追求。城市地下空间开发利用管理法律制度的制定和完善,必然将以实现公共利益作为最基础的价值目标。

二、尊重和保护私权

(一) 城市地下空间与私权

1. 私权的界定

私权在我国立法中尚未明确确立,但在理论研究中已被普遍应用。私权是与公权相对应的概念,在西方法学中,"公权是指公法上确认、赋予公民享有的某种权利,包括国家的公权和人民的公权;前者如命令权、形成权、强制权和公物权等,后者如参政权、生存权、自由权和请求权等"②。我国学者关于私权最普通的定义是:"私权即人们在经济领域和民间的和私人的事务方面的权利。"③

2. 城市地下空间开发利用中的私权关系

一般情况下,私人权利应分为核心的元权利、辅助性权利、救济性权利三个层次。私权利的基本层次是元权利,顾名思义,辅助性权利是具备行使元权利的辅助功能,当辅助性权利无法修正元权利的行使状态时,为了消除元权利受到的侵害,

---

① [美]E.博登海默:《法理学:法律哲学与法律方法》,邓正来译,中国政法大学出版社1999年版,第109页。
② 邹瑜、顾明:《法学大辞典》,中国政法大学出版社1991年版,第222页。
③ 张文显:《法理学》(第三版),高等教育出版社2007年版,第130页。

救济性权利则成为必须,救济性权利通常表现为诉权等公力救济。元权利若无法实现,则需要自立救济的辅助权利来解决,辅助权利若不能解决,则需外力的救济权利加以救济,私权的完整逻辑体系即如此表现。

从城市地下空间开发利用管理活动中的私权法律关系来看,元权利即为城市地下空间资源的权利人对城市地下空间资源的物权及占有、使用权等,包括城市地下构筑物权利主体的物权及占有、使用权等。辅助性权利就是当城市地下空间资源在开发利用管理活动中遇到非法行为时,国家、城市地下空间资源和城市地下构筑物的权利人请求停止开发利用的请求权,或抗辩权、撤销权、解除权等。当国家、城市地下空间资源和城市地下构筑物的权利人使用辅助性权利救济无效果时,则可行使救济权,通过向法院起诉来保护自己的权利。其中元权利、辅助性权利、救济性权利构成私权的整体逻辑架构,在法律制度构建时缺少任何一个方面,都会使私权制度不完整。

(二) 尊重和保护私权:重要的价值目标

根据我国宪法第 13 条①规定,城市地下空间开发利用管理法律制度应当以尊重和保护私权为首要价值目标。当城市地下空间资源及城市地下构筑物的权利人的物权、占有权、使用权等元权利受到侵犯时,城市地下空间开发利用管理法律制度应当优先尊重城市地下空间资源的权利人、城市地下构筑物的权利人的合法财产权,为了实现基础价值目标,即当公共利益不得已需要实行征收或征用时,必须尊重城市地下空间资源的权利人、城市地下构筑物的权利人的私权,使其得到相应的补偿。

1. 尊重私权不受侵犯

城市地下空间资源虽然属于公共资源,但当其经合法程序流转给公民个人或企业占有使用时,应当作为一项私权受到尊重和保护;另外,城市地下空间的构筑物,其产权属于开发利用管理者,也应作为私权受到尊重和保护。受到私权保护的地下空间资源和构筑物,应当优先尊重并考虑公民个人或企业基于城市地下空间资源所享有的私权。

2. 保障私权得以补偿

城市地下空间的开发利用管理不能违背保护公民和法人的财产权这一公权力的基本责任,公权力对私有财产权利进行限制的前提应当而且只能是为了公共利益的需要。城市地下空间开发利用管理过程中,非因公共利益需要,不得侵害既有

---

① 《中华人民共和国宪法》第 13 条规定:公民的合法的私有财产不受侵犯。国家依照法律规定保护公民的私有财产权和继承权。国家为了公共利益的需要,可以依照法律规定对公民的私有财产实行征收或者征用并给予补偿。

的私有财产权,即便确因公共利益需要,也必须尽可能将对既有私有财产权的损害降到最低。城市地下空间的开发利用管理应当是基于城市地下空间现状(即现有的私有财产权现状)在合法、合理的范围内实现公共利益的最大化。

城市地下空间开发利用管理制度在调整基础价值目标和首要价值目标,即公共利益和私权保护两者的冲突时,应当尽可能避免为实现公共利益而损害私权的情形发生,实在不可避免时,也应当将对私权的损害降到最小,并且及时对私权作出相应的补偿。

城市地下空间开发利用管理法律制度以尊重和保护私权为首要价值目标,这为城市地下空间的开发利用管理活动增加了实施成本,但其成本的增加带来了更多的好处,如增加了对财产权的尊重;更合理地对城市地下空间进行规划,以减少社会总成本;避免单纯以政绩为目的而不顾客观情况推进对城市地下空间资源的盲目开发。

城市地下空间的开发利用管理不仅仅是公益的建设活动,也包括私益的建设活动,在对城市地下空间开发利用管理实行立法规制时,不仅要注重公益类建设项目涉及的私权保护,也要尊重和保护私益类建设项目产生的私权。

三、促进合理、有序、高效、可持续开发利用

(一)我国城市地下空间开发利用的基本特征

1. 由简单到综合的利用形式

在利用形式上,经过由建筑物地下室到简单的地下街即过街通道,再到复杂的地下综合体,再到目前普遍存在的地下城,即与地下交通系统相结合的地下商业及街区系统等。

2. 由单一到多元的利用功能

由最初的建筑物、地下水利设施转变为现在的多元化功能设施,主要包括:城市地下公共空间,如城市地下商业街、城市地下文化娱乐设施等;城市地下交通空间,如城市地下道路、城市地下轨道交通、城市地下过街道等;城市地下市政设施利用,如城市地下供水和排水管网、城市地下大型供水系统、城市地下大型能源供应系统、城市地下大型排水及污水处理系统、城市地下生活垃圾的处理和回收系统以及城市地下综合管线廊道等。

3. 与城市空间规划相匹配的利用重点

城市地下空间的规划结构配合城市地上空间的规划结构,并与之相适应,城市地下空间的开发利用重点与城市整体的空间规划相匹配。城市地下交通、城市地下过街道一般位于地上交通压力较大的区域,城市地下空间的综合利用体一般也位于城市各项公共活动的中心区域,城市地下空间的开发利用重点必须与城市整

4. 地下街连通组成地下综合体的利用模式

地下轨道交通在我国城市地下空间的开发中扮演着发展源的角色：以地下轨道交通站点为核心，建设开发地下商铺、"街道"、周边建筑的地下室与地下轨道交通站点连通，形成地下综合建筑群，实现地下通行、停车、公共活动等功能。

(二) 我国城市地下空间开发利用的基本价值目标

1. 促进合理开发利用

城市地下空间资源的基本属性，最为突出的是城市地下空间的不可逆转性，这就决定了制定和实施城市地下空间开发利用管理法律制度的严肃性。城市地下空间一旦开发利用，其资源结构就不可能恢复到原来的状态，已经建成的城市地下构筑物也将影响到相邻地区及城市地上空间部分的开发利用。因此对城市地下空间资源的开发利用必须做到合理、科学，还要做到慎重决策、统一规划、统一管理。系统完善的城市地下空间开发利用管理法律制度，有利于促进对城市地下空间资源的合理开发利用。在完善我国城市地下空间开发利用管理法律制度时，为了使我国地下空间开发利用工作有序、规范、健康进行，促进城市地下空间的合理开发利用成为一项重要的价值目标。

2. 促进有序开发利用

秩序是法治的重要价值，"法律旨在创设一种正义的社会秩序"[1]。目前城市中对地下管道的反复挖掘，不但重复劳动，浪费人力、物力、财力，污染环境，还影响交通，影响城市居民的正常生活秩序。

制定完善的城市地下空间开发利用管理法律制度，就是要促使人们有序利用地下空间。通过立法，对开挖管道的时间、期限、技术标准等进行明确规定，极大程度地减少其负面效果。

前述的"有序"只是操作程序上的有序，"是一种物理的、具体直接的有序；通过立法，更重要的是确立一种抽象的有序——以权利为核心的秩序"[2]。通过立法，明确权利与责任，借助法律的预测与指引功能，引导城市地下空间开发利用管理的规划、设计、建设、使用以及维护等操作合法有序地进行。

城市地下空间开发利用管理法律制度必须以权利为基础，以有序的权利为核心，积极营造以权利为中心的、有序的开发利用管理制度，明确应当维护的相关权利，保障促进有序地开发利用这一重要价值目标的积极实现。

---

[1] [美] E. 博登海默：《法理学：法律哲学与法律方法》，邓正来译，中国政法大学出版社1999年版，第318页。

[2] 肖军：《论日本地下空间利用的基础法制》，载《行政法学研究》2008年第2期。

3. 促进高效开发利用

所谓高效,就是要用低成本产生高效益。城市地下空间资源是与土地资源一样的宝贵资源,同样寸土寸金,有极高价值禀赋。要实现高效,必须从建设和管理两个层面入手。

完善城市地下空间开发利用管理法律制度就是要促使人们对城市地下空间进行高效利用。这里所谓的"高效利用"指的是:在建设层面确立规划制度并降低建设成本,在管理层面确立权责明确的管理体系以提升运营效率。完备的城市地下空间开发利用管理法律制度,能够促进城市地下空间开发利用实现高效运作,实现科学实用的规划、严格安全的成本控制、高效协调的系统管理。

4. 促进可持续开发利用

"可持续发展是未来城市建设的主题,没有城市地下空间的开发利用就没有城市的可持续发展。"[1]可持续发展是指既满足当代人的需求,又不损害后代人的利益,可持续发展的目标是要保证人类具有一种长期的持续性发展的能力,与传统的发展观相比,其具有协调社会、经济、生态三者共同发展的科学性与人文性。

城市地下空间开发利用中的可持续性体现在两个方面,一是开发利用应保证科学规划,有序开发;二是有计划地保留城市地下空间,避免短时间开发完毕。正是基于对前述第二点的考虑,有学者主张,"应尽可能地将有可能开发的地下空间尽量开发,而将容易开发的地块适当考虑将来城市发展的需要",因为"目前越难开发的地块,随着城市建设的不断展开,其开发难度将越来越大,有的可能变得不可开发"[2]。为大大提高我国城市地下空间利用的质量,推进该事业不断向更高水平发展,在完善城市地下空间开发利用管理法律制度时,要明确可持续开发利用的重要价值目标,通过立法将其确立为一项政府义务。

---

[1] 唐启国等:《城市发展论》,中国工商出版社2008年版,第274页。
[2] 陈志龙、王玉北:《城市地下空间规划》,东南大学出版社2005年版,第32页。

第三节 我国城市地下空间开发法的基本架构

一、我国城市地下空间规划法律制度

(一) 我国城市地下空间的规划原则

1. 当前规划与长远规划相统一原则

城市地下空间资源是一项不可逆的公共资源,对城市地下空间资源的开发利用,不仅要立足现在,还要放眼未来,进行长远规划,使得城市地下空间资源得到长效管理、有效利用。

相关的城市地下空间规划部门在拟制城市地下空间发展规划时,不仅要对近期的城市地下空间区域作出规划,还要考虑到城市地下空间资源对人类今后发展的影响,对现在与未来的城市地下空间作出统一合理的规划。

2. 局部规划与整体规划相统一原则

首先,要有全局意识。城市地下空间资源的开发利用虽然由古至今,但其作为一项重要的环境资源为人类所利用,才刚刚起步。这样一项重要资源的开发直接关系城市的未来,城市居民的未来,人类的未来。对城市地下空间资源作出部分功能规划时,要结合城市地下空间的总体规划,做到部分功能与整体功能协调统一。

其次,要站在城市地下空间全局的高度。相关部门应审慎对待城市地下空间资源的具体利用,认识到城市地下空间规划的整体性,对各部门、各单位工程项目进行审查时,应以大局为重,必须坚持局部规划与整体规划相统一。

3. 地上规划与地下规划相统一原则

城市地下空间与城市地上空间虽然以地表作界分,但两者不是孤立存在的,也不可能孤立存在,两者紧密相连、相互依存、相互制约。在进行城市地下空间规划时,要考虑到地上已建、在建和规划内的构筑物的安全性,同时,进行城市地上空间规划建设时,也要考虑到城市地下空间资源的使用及设施保护。

总之,城市地下空间规划要充分考虑城市地上空间的发展,做到城市地上空间与地下空间同步发展、相得益彰,坚持地上规划与地下规划相统一。

(二) 我国城市地下空间的规划主体

1. 规划主管部门

城市地下空间规划不仅包括一般的商用或民用的地下构筑物的规划,更重要的是包括地下管网规划、民防规划、地铁规划等,所以不能盲目规划、盲目开发、盲目利用,必须坚持当前规划与长远规划相统一、局部规划与整体规划相统一、地上规划与地下规划相统一。

直辖市、市、县规划主管部门必须做好城市地下空间开发利用的规划管理。各级规划行政主管部门的城市地下空间开发利用专项规划,应遵循城市总体规划和土地利用总体规划对城市地下空间开发利用的强制性规定。

考虑到大型公用事业设施可能涉及跨行政级别的规划,涉及区域的相关规划主管部门应当本着以全局利益、公共利益为重的思想共同参与,积极促进城市地下空间资源科学、合理、有效的开发利用。

2. 民防部门

我国早期的城市地下空间规划多用于人防设施,为实现高效合理的现代规划,应当适用"平战结合"的规划模式,民防部门参与规划必不可少。民防部门的参与,能够使现代规划与早期地下空间工程实现有效对接,提高民防工程的平时利用率,并且提升战时的城市防卫能力,真正实现民防工程"社会效益、战备效益、经济效益"的有机统一。因此,民防部门必须与规划主管部门相互合作,努力将现代化城市地下空间规划与早期民防工程相结合,提高城市地下空间规划的科学性和可实施性,高效合理地利用城市地下空间。

(三) 我国城市地下空间的规划方式

1. 城市地下空间资源的规划前评估

美国著名经济学家弗里德曼认为,"经济学理论则是一种强大的工具,它有助于人们理解军队为什么要撤退,选民为什么对投票选举缺乏热情,离婚率为什么会出现上升等问题"①。虽然城市地下空间的规划前评估属于行政法与环境法的交叉领域,但是在如今市场经济的时代,利用经济学方法对城市地下空间资源的开发利用进行规划前评估理所应当。对城市地下空间资源的规划前评估本质上是为了更加合理地开发利用这一资源,为了最大限度地实现其经济价值、社会效益和环境效益,规划编制、批准前的规划项目评估无疑是明智之举。

城市地下空间资源调查评估是城市地下空间规划的前期基础步骤,城市地下空间资源调查评估主要从"城市与地下空间现状调研与分析"和"城市社会经济、城市规划及相关社会经济要素分析"两方面入手,遵循先调查再估算最后评估的工作顺序。

---

①② [美]弗里德曼:《弗里德曼的生活经济学》,赵学凯、王建南、施丽中译,中信出版社 2003 年版,第 3 页。

2. 城市地下空间规划的编制

城市地下空间规划的编制必须具备完整有效、切实可行、符合城市发展、适应城市地下空间资源现状的特点,这样才有利于综合利用,效益最大化,从而实现城市地下空间的合理有序开发。

在深入研究城市地下空间资源调查评估分析报告的基础上,规划主管部门应当形成具体的城市地下空间的总体规划。建议城市地下空间总体规划编制应包括以下内容:城市发展对地下空间的需求预测、城市地下空间使用功能的选定、城市地下空间的总体平面布局、城市地下空间的竖向分层布置、城市地下空间各专业系统设施的综合与整合、近期和远期建设项目的统筹安排与实施措施等。[1]

针对各项目的具体规划不得违反城市地下空间的总体规划。在开发利用项目立项后,规划主管部门应当及时成立该项目具体规划的规划编制领导小组,结合项目特点编制相应规划。由于城市地下空间资源的不可逆性,加之具体项目建设规划涉及多行业、多学科,因此在具体的项目规划编制过程中,应当广泛吸收各行业专家的意见,必要时应与其他相关部门协作,由专家把关,保证项目具体规划编制的预见性和可行性。

实际项目具体规划编制的成果性文件应当包括图纸性文件和文字性说明文件两个方面,其中图纸性文件应包括:地下空间现状图、项目建设施工图、地下空间平面规划布局图、地下空间竖向规划整合图、地下空间近期建设规划图等。文字性说明文件应包括:地下空间现状,规划依据、期限、范围,项目开发利用的功能与规模,地下空间开发利用的总体布局,项目环境保护规划,项目规划的实施步骤、时序与近期建设计划,项目的工程量、投资估算及技术经济比较,项目规划实施的政策措施等。[2]

3. 城市地下空间规划的审批

城市地下空间规划是城市规划的重要组成部分,应当由城市规划主管部门依照《中华人民共和国城乡规划法》进行审批和调整。

根据《中华人民共和国城乡规划法》第 12 条、第 13 条、第 14 条的规定,全国城市地下空间体系规划由国务院城乡规划主管部门报国务院审批。省、自治区人民政府组织编制省域城市地下空间体系规划,报国务院审批。直辖市的城市地下空间总体规划由直辖市人民政府报国务院审批。省、自治区人民政府所在地的市以及国务院确定的市的城市地下空间总体规划,由省、自治区人民政府审查同意后,报国务院审批。其他城市的地下空间总体规划,由城市人民政府报省、自治区人民政府审批。

---

[1][2] 李传斌、潘丽珍、马培娟:《城市地下空间开发利用规划编制方法的探索——以青岛为例》,载《现代城市研究》2008 年第 3 期。

根据《中华人民共和国城乡规划法》第 26 条的规定,城市地下空间规划报送审批前,相应的规划编制机关应当依法将城市地下空间规划草案予以公告,并采取论证会、听证会或者其他方式征求专家和公众意见。规划编制机关应当充分考虑专家和公众的意见,并在报送审批的材料中附具意见采纳情况及理由。

二、我国城市地下空间资源管理法律制度

(一) 我国城市地下空间资源的管理原则

1. 明确城市地下空间利用权原则

城市地下空间资源所有权归于国家独占,公民、法人和其他民事主体不得享有城市地下空间资源的所有权。为了实现城市地下空间资源的经济价值和社会价值,当城市地下空间资源进入民事领域时,必须有法律明确规定,允许非城市地下空间资源所有权人通过合法渠道对城市地下空间资源享有占有、使用、收益的权利,这是城市地下空间资源开发、利用、管理事项的合法权利基础。

2. 与现有制度相衔接原则

城市地下空间资源管理应纳入整个自然资源管理体系,其管理制度应与经济社会发展、城市发展整体布局等协调一致、有机衔接,城市地下空间资源管理制度应跟上时代发展的步伐,适应时代发展的需要,与国土资源管理、环境保护、城乡建设、城市管理等制度有机统一,同步推进。

3. 效率与公平相平衡原则

对城市地下空间资源的投资管理,是经济发展的新模式在城市地下空间资源流转过程中的新形态,其势必受经济利益的驱使,因而城市地下空间资源的投资管理必须坚持效率和公平相统一的原则,不可偏重于任何一方。

(二) 我国城市地下空间资源的管理主体

1. 自然资源主管部门

城市地下空间资源作为不动产资源的一种,投资者必须首先取得城市地下空间使用权,不论是基于何种方式取得的,都应当进行要式登记,正如《中华人民共和国民法典》第 209 条、第 210 条的规定,城市地下空间权的登记应当适用不动产登记的方式,符合不动产登记的一般要求。

目前我国的不动产登记主要针对土地和房屋,由自然资源主管部门下辖的不动产登记中心统一管辖。城市地下空间使用权登记,也应由不动产登记中心负责。理由如下:首先,有利于与现行的不动产登记管理制度相衔接;其次,不动产登记中心的机构设置、人员配备相对成熟,政策理解到位,工作流程完善,由其负责登记,驾轻就熟,不会过多增加政府管理成本;再次,自民国以来,我国的不动产登记即由

地政部门负责,而现行的土地登记制度在理论研究和硬件建设上都具备了较为扎实的基础。基于上述理由,借鉴国外先进的管理理念,由不动产登记管理部门负责城市地下空间使用权登记,具备天然优势。

2. 政府投资主管部门

根据是否有收费机制和资金流入,城市地下空间开发项目可以划分为非经营性项目、准经营性项目和经营性项目三种。不论是非经营性、准经营性或经营性项目,都具有投资额度大、投资回收期长的特点,在市场调节机制不占优势的情形下,政府应当成为推动城市地下空间项目开发的主体,将可以取得收益的城市地下空间项目推向市场,促进市场调节作用。

在政府投资主管部门的推动下,应逐渐形成由非经营性项目到准经营性项目再到经营性项目的过渡。首先,建立市场准入机制,鼓励社会资本进入城市地下空间的开发领域,同时建立有效的投资退出机制,以完成由非经营性项目到准经营性项目的过渡。其次,建立系统完备的地下空间使用定价收费制度,并确立政府补偿机制,引导经营性地下空间开发利用项目的发展,完成准经营性项目到经营性项目的过渡。最后,进一步充实和完善既有城市地下空间开发优惠政策的适用范围及优惠幅度,以吸引社会资本注入。其中,社会效益较小、公共福利意义弱的项目,建议提高价格和收费水平,以完成向经营性项目的过渡;社会效益较大、公共福利意义大的项目,建议建立政府补偿机制,使已有经营性项目得以稳定发展。在城市地下空间投资管理中,政府投资部门应当是组织者、推动者、协调者、管理者和监督者。

(三) 我国城市地下空间资源的管理方式

1. 城市地下空间权的取得

城市地下空间归国家所有,其所有权由国家自然取得,"是没有一定存续期限而永久存续的物权"[1],其所有权主体处于恒定状态,没有变化。所谓城市地下空间权的取得,主要基于城市地下空间的用益物权属性展开讨论。由于城市地下空间的用益物权主要表现为城市地下空间的使用权,城市地下空间权的取得实际上主要表现为城市地下空间使用权的取得。

2. 城市地下空间使用权的变动

城市地下空间使用权是一种物权权利,而引起这种物权变动的常见原因是法律行为。参照引发土地使用权变动的法律行为的具体情形,我国城市地下空间使用权的取得,可以基于划拨、出让、转让等法律行为实现。

---

[1] 魏振瀛:《民法》(第八版),北京大学出版社、高等教育出版社2021年版,第235页。

(1) 城市地下空间使用权划拨

城市地下空间使用权划拨,指城市地下空间使用人只需依法申请,经主管机关批准,无需向城市地下空间所有人(国家)支付任何费用即可取得城市地下空间使用权。这是一项无偿取得城市地下空间使用权的制度,参考《中华人民共和国土地管理法》等有关法律的规定,可以通过划拨方式取得城市地下空间使用权的情形有:军事、人防设施所需,国家机关公务所需,城市基础设施和供水、供电、供气以及能源、交通、水利等公用事业所需,法律、行政法规规定的其他项目所需。上述以划拨方式取得城市地下空间使用权,须经县级以上地方人民政府依法批准。

(2) 城市地下空间使用权出让

城市地下空间使用权出让,是国家以城市地下空间所有人身份将城市地下空间使用权在一定期限内让与城市地下空间使用者,并由城市地下空间使用者向国家支付城市地下空间使用权出让金的法律行为。严格意义上讲,城市地下空间使用权是一项民事权利,其出让应遵循公平、自愿原则。但是,由于城市地下空间是一项有限而珍贵的自然资源,其使用权出让必须受法律严格约束。

根据《中华人民共和国行政许可法》第12条和第53条的规定,涉及有限自然资源开发利用、公共资源配置以及直接关系公共利益的特定行业的市场准入等需要赋予特定权利事项的行政许可,除非法律、行政法规另有规定,行政机关均应当通过招标、拍卖等公平竞争的方式作出许可决定。行政机关通过招标、拍卖程序确定中标人、买受人后,应当作出准予行政许可的决定,并依法向中标人、买受人颁发行政许可证件。行政机关违反法律规定,不采用招标、拍卖方式,或者违反招标、拍卖程序,损害申请人合法权益的,申请人可以依法申请行政复议或者提起行政诉讼。

可见,城市地下空间使用权出让活动是一种受政府规制的行政行为,其招标、拍卖,应当先由政府城市地下空间管理部门发出招标、拍卖公告,通过招标、拍卖程序,方可签订城市地下空间使用权出让合同,并必须由政府颁发城市地下空间使用行政许可证件。

(3) 城市地下空间使用权转让

城市地下空间使用权转让,是城市地下空间使用权人通过出售、交换、赠予等方式将城市地下空间使用权再转移的法律行为。基于城市地下空间使用权转让的法律事实,新的城市地下空间使用权人即依法取得原城市地下空间使用权人对此项标的物的使用权。由于城市地下空间使用权的实现,关涉国家安全和公共利益,加之其有限而珍贵的自然资源属性,其使用权转让同样受法律严格约束。

首先,经划拨取得的城市地下空间使用权不得转让。参考《中华人民共和国城镇国有土地使用权出让和转让暂行条例》第四十四条之规定:"划拨土地使用权,除本条例第四十五条规定的情况外,不得转让、出租、抵押。"可见,通过行政划拨方式取得的国有土地使用权原则上不得转让,只有经过出让方式取得的国有土地使用权才可以转让。同理,经划拨方式取得的城市地下空间使用权,除非补交城市地下空间使用权出让金或满足其他法定条件的,原则上也不得转让。

其次,经出让取得的城市地下空间使用权可以依法转让,但必须遵守法定程序。城市地下空间使用权只有在符合法律规定的情况下才可以进入流通领域,作为交易标的进行让与,让与程序终结,受让人方可继受让与人的地位取得城市地下空间使用权。

由于城市地下空间的不动产物权属性,其设立、变更、转让和消灭受民法典约束。根据《中华人民共和国民法典》第 209 条的规定,除非法律另有规定,不动产物权的设立、变更、转让和消灭,经依法登记,发生效力;未经登记,不发生效力。而且,由于城市地下空间这一交易标的的特殊性,其权利让与的物权变动,应当采取书面合同的形式。为保障这一特殊标的物交易的严肃性和稳定性,原则上,交易合同还必须到政府城市地下空间管理部门鉴证,通过鉴证,保护国家作为所有权人的利益,同时也维护双方当事人交易的合法性;待整个交易行为成就后,政府城市地下空间管理部门方可办理城市地下空间使用权变更登记手续,为受让人核发新的城市地下空间使用权证书。

当然,对城市地下空间的开发利用,不同的投资主体基于不同的投资目的,其所采取的投资方式和开发策略各不相同。为了尽可能减少交易成本,实现资源利用效益最大化,只要受让人权利取得的程序合法,开发利用的具体运作合乎规范,政府只需在健全城市地下空间使用权的流转机制上下功夫,对城市地下空间使用权的交易或转让不宜人为地设置障碍。

3. 城市地下空间使用权的价值拓展

严格意义上讲,城市地下空间使用权主要通过上述划拨、出让、转让三种方式变动。但是,依法取得城市地下空间使用权的当事人,还可以通过抵押、出租等方式实现城市地下空间的使用价值。

抵押。城市地下空间使用权可以作为抵押权的标的物,此时,城市地下空间范围内的构筑物随之抵押;同理,城市地下空间范围内的构筑物作为抵押权的标的物时,该构筑物所占有的城市地下空间使用权也随之抵押。

出租。城市地下空间使用权人可以出租人身份将城市地下空间使用权连同城市地下空间范围内的构筑物等租赁给他人使用,从中收取租金。城市地下空间使用权的主体不因租赁行为而转移,承租人只是取得对租赁物的使用权及收益权,对城市地下空间所有权人的相应义务,仍然由城市地下空间的使用权人(出租人)负责履行。

三、我国城市地下空间建设管理法律制度

(一) 我国城市地下空间建设管理的基本原则

1. 依法管理原则

广义的建设管理过程包括规划审批、权利登记、工程建设、法律归责等多方面，各项活动过程都需要严格依照法律规定。为使各项活动都有法可依，城市地下空间开发利用管理法律制度的建构必须明确、到位，为管理活动提供详细、严格、充分的法律依据。

2. 功能适应性原则

提升城市地下空间资源的利用效率，充分发挥其独特功能和效用，是城市地下空间开发的基本目的。所谓功能适应性原则，就是保证城市地下空间的开发按照整体规划所确定的策略，在立项论证以及方案设计的工作程序中充分考虑城市地下空间的自然特性，使得拟建地下建筑的设计和实际功能均适应地下空间的自然优势，同时避免不利因素（如自然光线不足、日照缺乏、自然通风受限、空间闭塞等）的影响，扬长避短，在合理的成本控制区间，使得拟建地下建筑物获得最佳使用效果。地下空间具备极其丰富的城市建筑功能，也正是由于这一点，在实际的地下空间利用过程中，必然根据前述功能适用性原则区别对待，视具体项目的地下空间因素（物理因素、生理因素、心理因素、环境因素、社会因素等）实施规划、设计、施工等活动。同时，在地下空间开发利用过程中，可以引入量化研究，对前述地下空间各项因素进行科学的分类比较，在综合量化分析的基础上开展充分、系统的项目论证。

(二) 我国城市地下空间建设管理主体

经过规划主管部门的详细规划，资源及投资主管部门的政策推动，城市地下空间开发进入实质性建设阶段。城市地下构筑物如同地上构筑物，都是私权利的客体，地上构筑物的建设管理主体是建设行政主管部门，同理，城市地下构筑物也应由建设行政主管部门管理和监督。

根据国务院颁布的《城市房地产开发经营管理条例》第14条的规定，城市地下构筑物当属房地产开发行业类，鉴于以上条款及城市地下构筑物的属性，建设行政主管部门的主要职责不仅包括地上一般房地产开发经营活动的监督管理，还应当包括城市地下工程建设的监督和管理。

(三) 我国城市地下空间建设管理形式

1. 质量控制管理

与一般的土地及地上资源相比，城市地下空间资源具有特殊性，地下工程的建

设质量标准更高、更严,也更为重要。建设行政主管部门在实施地下工程的质量监督管理时,应当与建设单位、监理单位一起,建立行之有效的质检机制和质量监管体系,对尚未施工的、正在施工的和已完成施工的分部、分项工程及各道工序进行全面监督。

城市地下工程建设的质量控制监督应包括以下几个方面:现场监督时,对施工作业中的每一道工序,严格检查,一旦发现问题,及时指出并纠正;召集城市地下工程建设的现场管理人员,一一指明施工中普遍存在的问题,严肃施工纪律,严格执行施工规范,对施工工人进行工序技术交底;编制质量控制书,对城市地下工程建设的施工过程中可能发生或已经发生的质量问题进行详细说明,指明对策,责成项目部限时整改。

特别要加强对城市地下工程施工管理人员的监管。城市地下工程的施工管理人员,是工程质量的现场掌控者和保障者,是各项施工管理工作的重中之重,城市地下工程质量的好坏,很大程度上取决于质检、安管、监理等人员的管理水平、监管力度和工作态度,若其采取的控制质量的方法和手段得当,管理效果就明显,否则,就容易发生质量事故。

2. 进度控制管理

考虑到城市地下空间资源各区域间存在的不同程度的差异性,每项城市地下工程都应因地制宜编制独立的工程进度,管理人员应充分考虑施工过程中材料、天气、人员以及其他因素的不同影响,编制合理、具体的施工进度计划,并严格按进度计划科学施工,切忌为追求所谓的效率效益而拔苗助长,盲目赶进度。

对城市地下工程建设的进度控制监管包括以下几个方面:必须充分计划,合理使用城市地下工程建设的工程款;按时(或按进度)召开施工现场工作人员例会,让施工现场的工作、管理人员充分了解施工计划各阶段的具体目标;主动积极协调城市地下工程建设施工中涉及业主或第三方的矛盾纠纷,深入施工现场,协调施工单位,完善施工作业方法等,降低施工进度延误风险。

3. 造价控制管理

随着城市地下工程建设规模的扩大,对城市地下工程建设的管理力度也逐步加大,在前期决策和设计阶段,应当充分考虑城市地下工程建设的高难度以及可能出现的技术风险和资金缺口,执行全过程的造价控制。

首先,确定城市地下工程建设施工的各项具体目标值,在施工过程中认真收集、测算各项施工现场的阶段性数据,并将之与计划目标值及时对比分析,以确保各项目标值的实现。其次,在城市地下工程开发建设的投资决策、设计、发包、建设等阶段,充分做好工程造价的流程监控。最后,对城市地下工程建设项目的造价实行事前控制,以期将实际值与目标值的偏离控制在尽可能小的范围内,以充分实现工程目的。

四、我国城市地下空间使用管理法律制度

(一) 我国城市地下空间使用管理的基本原则

1. 公益事业优先原则

公益事业优先指公共利益应当在城市地下空间的立体式开发利用中得到优先考虑和充分保障。适用这一原则的最极端的例子是，当战争或其他紧急状态来临时，城市地下空间的权利人应及时地、无条件地将地下空间提供给社会公众用于防空、防灾。城市地下空间和设施的社会属性决定了城市地下空间不可剥离的社会性功用。通过设定公益事业优先原则，可以确保在公正、合理的前提下，在城市地下空间的立体式开发环节中，优先确保市政公共工程对地下空间资源的使用，使城市地下空间的社会性功用得到充分发挥。

2. 无害和有限利用原则

城市地下空间作为自然资源，其开发利用应当与环境保护、土地资源保护一样遵循可持续发展的战略方针。任何对城市地下空间资源的有害、无序和过度开发利用行为，均会引发环境破坏、资源枯竭等严重的社会问题。[①] 城市地下空间的开发和利用，必须遵循无害和有限利用原则，兼顾经济效益、环境效益和社会效益。

(二) 我国城市地下空间使用的管理主体

1. 相关行业主管部门

城市地下空间资源开发利用项目投入运营后，按各自用途划归各行业主管部门管理。诸如城市地下交通系统应划归城市交通主管部门管理、城市地下管线系统应划归城市地下管线主管部门管理、城市地下商业娱乐系统应划归城市商务及文旅主管部门管理、城市地下人防系统应划归城市人防主管部门管理等。各行业主管部门应当根据相关行业的具体管理规定，对城市地下工程的维护、运营等实施有效监管。

2. 环保及安全部门

城市地下空间资源是一项重要的非再生自然资源，保护城市地下空间资源尤其重要，在城市地下空间的开发利用管理中，环境和安全层面的保护异常重要，其甚至是各项管理和保护的重中之重，应凌驾于一切经济社会利益之上。

从规划、开发、建设到投入运营，环保、安全和应急管理部门必须全方位跟踪监管，使管理行为贯穿始终。例如，应切实做好地质、水文、矿产勘察工作，为城市地

---

① 由此引发的环境损害很多，例如，地下建筑密度过大会造成地下空洞、地表下沉等危害。

下空间的开发利用提供客观、科学的环境技术标准。对于城市地下空间的开发利用,必须有效防止地下水枯竭和地面沉降,避免地下水污染及地面建筑安全风险。规划和建设部门必须配合环保和安全、应急部门做好对环境、矿产资源、水资源、文物古迹的保护和对现有人民防空、国防设施的保护。

(三) 我国城市地下空间使用的管理形式

1. 城市地下工程设施运营维护管理

鉴于城市地下工程使用及运营主管部门各不相同,相互之间又难以形成具有实质性意义的较为细致的共同标准,为了保证城市地下空间资源开发利用能充分发挥效用,工程设施得到良好的运营维护,各行业应根据自身的实际情况制定城市地下工程管理的配套政策,形成诸如地下街区管理、地下车库管理、城市道路共同沟管理、城市综合防灾管理等配套政策体系。

2. 环境安全风险技术管理

世界范围内城市地下工程对环境造成的影响主要有以下四方面:第一,"地下水环境变异。地下工程施工常需要采用水泵将施工区的地下水位降低,以疏干工作面,改变着施工区周围的地下水的分布"。第二,"地表移动和变形。影响地表移动和变形的因素很多,地表移动和变形的大小不仅与地下工程的埋深、断面尺寸和施工方法、支护方式有关,而且受地层条件的影响"。第三,"邻近建筑物损坏。工程降水造成地层的沉降,其影响范围很大,地层沉降可能造成周围建筑及管线的剪应力增大,致使建筑或管线断裂。另外,由于地质条件的区别或者排水量的不同还可能造成地层的不均匀沉降,而地层的不均匀沉降亦会造成建筑物的倾斜,影响其正常使用"。第四,"地质生态环境恶化。……地下工程中采用化学灌浆来实现加强护壁措施或堵漏处理,化学灌浆材料多数具有不同程度的毒性,特别是有机高分子化合物(环氧树脂、乙二胺、苯酚)毒性复杂,浆液注入构筑物裂缝与地层之中,然后通过溶滤、离子交换、复分解沉淀、聚合等反应,不同程度地污染地下水,导致公害"[①]。

我国环境治理一般遵循"谁开发、谁治理,谁污染、谁治理"的原则,城市地下空间的开发利用也不例外,由开发者、污染者承担相应的环境治理义务。但是,鉴于城市地下空间资源的特殊性,环境及安全部门应当制定特殊的安全风险技术管控标准,并建立相应的保障制度。

(1) 环境安全分级制度

城市地下空间资源规划开发初期,就应确定环境安全风险等级,以便在后来的

---

① 刘慧林、周蕾、成湘伟等:《城市地下工程建设诱发的环境地质问题及预防》,载《山西焦煤科技》2008年第4期。

开发建设阶段、运营维护阶段引起足够的重视,将环境安全风险视为第一风险。

(2)定期评估制度

必须定期对所开发区域进行持续性评估。在建设阶段,要定期严格勘测开发区域的环境风险等级变化;项目开发完成后,在后续长时间的运营维护阶段,定期评估尤为重要;邻近建筑物的环境安全风险分析也必须长久、持续进行;各类评估报告必须作为档案资料妥善保存。

(3)专项设计制度

对环境安全风险等级较高的项目,环境及安全部门应当组织专家评审,听取专业意见,对项目进行环境安全的专项设计。经过专家评审论证,施工技术风险、环境安全风险等风险系数属于可控范围的城市地下空间开发利用项目,方可组织实施。

第十章
城市公共客运交通营运法

第一节 城市公共客运交通营运线路特许经营的制度实践

改革开放以来,中国的客运行业高速发展,日益壮大。城市公共客运交通作为一项重要的民生工程,是现代化城市的重要组成部分,具有维系城市功能正常运转的作用,是衡量城市发展状况的基本指标。其基本任务是为居民出行提供安全、快捷、经济、方便的客运服务。以此为基础开展的城市公共客运交通营运线路特许经营是由政府授权的,本质上是一种政府特许经营。

一、国外城市公共客运交通营运线路特许经营的实践

(一) 法国

法国城市公共交通管理,由政府职权部门、城市交通管理委员会和运营公司各司其职,共同构成整个管理和运营体系。[①]

首先,法国公交营运线路授权机关。组织和安排城市公共客运交通的权力和责任归属于市镇一级,由于市镇规模有限,没有足够的能力独立承担此项工作,法国城市公共客运交通组织便将"城市交通服务区"作为基本单位进行管理和组织。根据法国法律的规定,"城市交通服务区"是指地方城市公共交通所涉及的合法区域范围,由地方议员组成的"城市交通管理委员会"是该"城市交通服务区"内城市

[①] 卢宇:《城市公交行业市场化改革研究》,经济管理出版社2014年版,第38-48页。

公共客运交通的最高领导机构和最高决策机构，独立于市、镇政府的管理。[①]

其次，法国公交营运管理方式。法国没有针对公共客运交通营运线路特许权问题制定专门的单行法，而是采用通用法规的方式进行管理，这些法律规范散见于合同法、招标法等法律之中，适用于全国范围各式各样的特许经营。经过长期的实践和运作，法国已经建立起特许可行性论证、特许经营权招投标规范以及对特许经营企业资格审查、政策支持、事后监管等一整套规范化运作程序。规范化的程序和制度化的操作，使得经营企业的资格得以检验、资金来源得以保障、特许经营的公益目的得以实现。与此同时，法国政府还十分重视对于特许经营的实时监管，确保监管的严格性和多层次性，采用监督和管理同步的方式。

最后，法国公交营运特许经营权的纠纷解决机制。法国的特许经营合同具有行政性，经营者与政府机关因为特许经营产生的纠纷完全由行政法院管辖和处理，行政法官可以变更、撤销行政机关的决定，也可以判定行政机关承担相应责任，这极大地保障了经营者的合法权益。[②]

法国有一整套用于城市公交营运线路特许经营全过程监管的法律规范，并且明确了纠纷处理方式。我国可以从中得到以下启示：一是建立健全相应立法，提高法律位阶，做好对特许企业的监管工作；二是对该特许经营引发的纠纷，应建立统一的纠纷解决机制。

（二）菲律宾

菲律宾成立了"国家BOT项目管理局"，专门负责BOT项目管理事务。交通营运线路特许经营属于国家的基础设施特许经营项目之一，也由该专门机关管理。[③] 1993年，菲律宾颁布了《BOT投资法》，以此对国内BOT项目加以规范，对项目审批和经营也作了明确的规定。对于菲律宾城市公共客运交通营运线路的建设和管理，政府较倚重于外来资金，也因此承担了较大风险，所以其对适格企业的审查比较严格。

菲律宾作为发展中国家，其基础设施建设、运营及管理制度处在发展阶段，城市公共客运交通营运线路特许经营制度，更是存在许多不足。但其具体做法对我国而言仍有借鉴之处：一是可以考虑建立专门机关管理特许经营事项，该管理机关的财政、人事等相对独立，以确保其监管工作不受外界影响；二是政府应保障城市公共客运交通营运线路建设、运营和管理的资金投入及政策支持，不能全部依靠企

[①] 杨洁、过秀成、杜小川：《我国城市公共交通规划编制法治化路径思考》，载《现代城市研究》2013年第1期。

[②] 徐琳：《论法国行政合同纠纷的可仲裁性》，载《行政法学研究》2018年第3期。

[③] Raquiza, A. R. (2014). Changing configuration of Philippine capitalism. Philippine Political Science Journal, 35(2), 225-250.

业支撑,以免其承担过大风险。

二、我国城市公共客运交通营运线路特许经营的实践

(一) 香港

香港十分重视并大力发展以城市轨道交通为核心的城市公共客运交通,旨在提供安全快捷的交通服务,解决居民出行问题。香港居民出行大多数都会选择城市客运交通,而非私家代步工具。

香港特别行政区政府主管交通事务的部门是运输署。运输署管理任何与交通有关的事宜,对海、陆、空等区域交通实行统一协调和综合管理。[1] 对于香港城市内部公共客运交通营运线路特许授权主体的选择,自然也由运输署负责。

香港城市交通采用专利经营的模式,类似于道路客运线路特许,即由特别行政区政府通过法定程序选择适格企业并与之签订合同,准许该企业拥有排他性地经营城市内一定线路或区域的公共客运交通的专利权,合同还明确了政府和企业之间的权利义务。香港的公共交通企业,无论是公营还是私营,均统一按照市场经济原则经营,由企业承担风险、自负盈亏。[2] 例如香港巴士并非采用PFI(Public-Private Finance Initiative,公私合作融资)模式,而是全部由私营公司经营,私营公司负担成本和承担风险,特别行政区政府不会采用补贴等直接援助方式,而只是出台相应的政策给予支持和保护。[3]

香港特别行政区政府给予公共交通企业极大的经营自主权,但相应的也设定了不少限制。特别行政区政府对于公共客运交通的控制方式体现在制度和实施两个层面。制度层面,香港特别行政区政府制定了一系列法律法规,包括《公共汽车交通监管条例》《道路交通条例》《公共巴士服务条例》等,明确授予营运线路特许权的程序,规范授权行为。实施层面,特别行政区政府严格控制交通工具的总量,对公共小巴牌照实行定额拍卖发放,授予经营专利权许可时也注重发挥市场调节的作用。政府对经营收入也有要求,与此同时,政府可以通过放弃道路客运交通特许权税来获得插手交通客运企业内部经营管理的权力,政府可以委派两名政府官员加入企业的董事会,监督相应的营运专利权的行使。[4]

---

[1] 符慧丹、王雪松、樊天翔等:《香港道路交通安全治理经验与启示》,载《汽车与安全》2024年第4期。
[2] 苏剑、杜丽群、王沛等:《香港城市交通管理模式及其对内地城市的启示》,载《重庆理工大学学报(社会科学)》2010年第8期。
[3] 同上:《世界主要城市公共交通发展经验》,载《城市公共交通》2013年第5期。
[4] 李炎:《香港城市交通可持续发展的经验》,载《中国道路运输》2009年第2期。

（二）上海

作为我国直辖市之一的上海市，已经发展成为国际化大都市，该市十分注重城市公共客运交通营运线路特许经营的制度建设，对涉及该特许经营事项的监管机构、监管手段等内容，都有专门规定，比较具有代表性。

1. 授权机关

上海市城市公共客运交通营运线路特许经营的授权主体与管理主体分开设置。上海市交通委员会是城市交通行政主管部门，负责公路和城市道路、轨道交通、枢纽场站、公交站点、公共停车场（库）、港口、航道、桥梁、隧道等交通基础设施的项目建设管理、工程质量安全监督和运行维护管理；协调铁路、机场等基础设施项目与市内交通运输的衔接配套；负责道路交通标志、标线、护栏、诱导屏等交通设施的建设、管理和维护；负责道路指示牌工作的监督管理和综合协调；对轨道交通、高架道路及越江隧桥、港口、航道、机场等规划控制区域范围内的新建、改建、扩建项目进行审核等。

上海市城市交通运输管理处是上海市交通委员会所属的依法履行全市城市交通运政管理职能的行政类事业单位。其负责对本市中心区城市交通（公共交通、出租汽车、轨道交通、省际客运、货运、汽车维修、道路清障施救、驾驶员培训八个行业）经营者、车辆、设施及从业人员进行日常管理和监督指导，确保城市交通健康有序运行。这不仅有利于减轻行政机关的压力，提高行政机关的执法效率，更有助于防范"权力寻租"，遏制腐败现象。

2. 企业资质

根据上海市的有关规定，获得城市公共交通客运线路特许经营权的企业需要具备如下条件：第一，具有法人资格，持有企业法人营业执照；拥有与线路经营实际相符的客运车辆或者具备相应的购车资金；第二，拥有相应的配套设施和车辆维修保养能力；第三，企业需要制定应急方案和相应的规章制度，企业工作人员需要具备一定资质，其中驾驶员应当有一年及以上的驾龄。

3. 授权方式与特许经营期限

对于提交申请的企业进行公开招标和邀请招标，此外，还创新性地鼓励部分区域实行集中经营。交通行政主管部门适当调控相对集中经营区域内的经营者数量，确定一家主要经营者，控制其他经营者数量。对于实行相对集中经营的区域内的线路，市交通行政主管部门可以采用组合式招投标方式，将线路经营权整体授予中标经营者。上海市对此类项目的招标过程、定标标准、决定主体都作了详细规定，最终由专家小组评审，确定中标企业。市交通行政主管部门应当授予中标企业线路特许经营权证书。线路特许经营权证书有正本和副本，正本需载明经营者状况以及经营者承诺等；副本应载明具体的线路名称、首末班时间、线路、站点、票价等事项。公交线路特许经营权期限届满前六个月,经营者可以向市交通行政主管部门提出取得新一期线路经营权的书面申请和营运服务的自评报告,市交通行政主管部门对于营运服务状况良好的经营者,应当继续授予其该线路新一期的线路特许经营权,集中经营区域内的主要经营者享有优先权。

上海市公交线路特许经营权期限每期不得超过八年,市交通行政主管部门可以根据招标线路的具体情况确定授予线路经营权的期限。

4. 管理方式

上海市注重对公交线路特许经营权的授予、变更、注销等的登记工作,以确保其公信力,经营者不得擅自以转让或者其他方式处分公交线路特许经营权。经营者发生企业重组、合并等情况,需经市交通行政主管部门批准,其公交线路特许经营权的主体变更方为有效。经营者在特许经营期限内因解散、破产等原因需要终止营运的,应当在终止营运三个月前书面告知市交通行政主管部门。

市交通行政主管部门制定经营者营运服务评议标准,评议标准包括营运服务、安全行车、统计核算、遵章守纪、市民评价等方面,该标准在正式实施 30 日前向经营者公布。每年对经营者的营运服务状况进行评议,评议时应当邀请乘客代表、新闻媒体等方面参加。评议结果对经营者影响很大,市交通行政主管部门有权根据评议结果的不同等级授予经营者不同的经营权期限。

5. 禁止行为

经营者的有些行为是被严格禁止的,经营者的禁止性行为包括:未按有关规定经营,造成人员伤亡等生产安全事故或者一年内发生二次以上特大行车安全有责事故;未执行取得线路经营权时确定的客运服务、行车安全等营运管理制度;未经市交通行政主管部门批准擅自停止线路营运;将线路经营权发包给其他单位或者个人经营;擅自转让线路经营权,以及以租赁承包等方式将营运车辆出售或者变相出售给驾驶员、售票员或者其他人员经营。违反上述规定的企业,管理部门可以撤销其特许经营权,情节严重的可能还需要承担相应的法律责任。

上海市关于城市公交客运营运线路特许经营的相关规定,体现了如下特点:一是注重监督部门与管理部门分开,管理主体各司其职,保证执法的公正高效;二是创新招投标与经营形式,引入组合式投标与集中经营的形式,让更多企业共同进入公交经营领域,也保证了特定区域居民的出行便利;三是以公交线路特许经营权证书的正本和副本形式彰显合同主要内容,正本载明企业的资质,副本列明企业的权利义务,简化了缔约程序;四是更加注重市民对企业所做的服务评价,并将服务评价列入其考核标准,体现了以人为本的精神。

（三）武汉

武汉市是湖北省政府所在地，地处我国中部地区。武汉市从2004年起制定了关于公交客运管理的相关规定，并不断完善相应制度，与我国其他城市相比较，具有一定的代表性。

1. 授权机关

根据《武汉市城市公共客运交通管理条例》（2019年修正）（以下简称《武汉公交条例》），武汉市城市公共客运交通线路的设置和调整，由市城市公共客运交通管理机构会同市公安交通管理等部门，通过听证、论证等程序确定，并在实施前三日向社会公布。线路经营权则由市城市公共客运交通管理机构通过公开招标等方式依法授予经营者，并签订线路经营合同，明确双方的权利义务。

2. 企业资质

经营者取得线路经营权，应当符合《武汉公交条例》第11条规定的条件，包括：具备与经营规模相适应的客运车船、符合要求的停车船场地和配套设施、健全的经营管理制度、经培训合格的驾驶员和乘务员，以及法律、法规规定的其他条件。这些要求体现了对企业设施能力、管理水平和人员资质的综合要求，是取得线路经营权的必要前提。

3. 授权方式与特许期限、合同内容

武汉市城市公共客运交通线路的经营权，按照《武汉公交条例》第9条、第12条等规定，通过公开招标、邀请招标等方式授予经营者，并根据线路实际情况灵活掌握具体方式。其中，对于新开辟线路、经营权期限届满的线路或因其他原因需重新确定经营者的线路，应当通过招标等公开方式确定经营者。若在同等条件下，原经营者申请继续经营的，依法享有优先取得经营权的权利。

中标取得线路经营权的经营者，应在中标通知书发出之日起15日内，与市城市公共客运交通管理机构签订线路经营权合同，并依法领取城市公共客运交通营运证，方可开展营运活动。合同签订前，不得擅自上路运营。

武汉市城市公共客运交通线路经营权的有效期限为每期4~8年。线路经营权期限届满后，原经营者如有意继续经营的，应当于届满60日前向市城市公共客运交通管理机构提交书面申请，并接受对其服务质量与经营管理状况的全面考核。考核合格的，经营者可依法续签经营权合同；考核不合格的，该线路经营权将通过招标方式另行确定经营者。

武汉市主要通过签订线路经营权合同的方式，明确政府与经营者之间的权利义务关系。《武汉公交条例》第12条规定，线路经营合同应当载明线路名称、起止站点（码头）、行驶路线、开收班时间，车船数量与车型，服务质量标准，经营期限，双方权利义务，合同的终止与变更，监督机制及违约责任等内容，以保障线路营运的

合法性、规范性与持续性。

4. 管理方式

线路经营权不得擅自转让或以挂靠、承包等形式变相转让。《武汉公交条例》第 14 条、第 15 条规定,经营者如确需停业、歇业或终止线路经营合同,应当提前 90 日向市城市公共客运交通管理机构提出书面申请,并在批准后履行相关交接程序。线路交接期间,应确保运营工作的持续与秩序稳定,避免服务中断。未经批准,经营者不得擅自中止营运。

武汉市对线路经营权的日常管理主要包括证照管理与考核管理两类方式。在证照管理方面,经营者须依法领取并妥善保管城市公共客运交通营运证。《武汉公交条例》第 13 条规定,禁止涂改、污损、冒用或转借营运证。如营运证字迹不清或残缺不全,应及时申请换证;如发生遗失,经营者应按相关规定办理挂失和补证手续。在考核管理方面,依据《武汉公交条例》第 17 条、第 25 条、第 26 条,经营者应严格履行合同义务,确保营运安全,按核定线路、时刻与票价规范运营,并履行公益性服务任务。市城市公共客运交通管理机构负责建立经营者信用档案,开展年度服务质量考核,并形成评议报告。考核采用分数评定制度,内容涵盖营运秩序、安全管理、服务质量、票务管理、投诉处理、违法行为、基础台账、市民评价等方面。考核不合格的经营者应限期整改,若整改不到位,可能影响经营合同的续签或引发后续资格评估。

5. 禁止行为

对经营者的禁止性行为包括:擅自转让或变相转让线路经营权的;经营者取得线路经营权后逾期不投入运营的;未经市城市公共客运交通管理机构批准擅自停业、歇业的;擅自变更线路、站点、营运时间的;忽视安全生产,造成重特大安全责任事故的;未执行行业服务标准和规范,整改后经营权考核评议仍不合格或连续两个年度服务状况考核评议不合格的;未执行政府价格主管部门依法核准的价格的等。经营者从事禁止性行为会被相关部门收回线路营运权,并且五年内不得参加武汉市线路经营权的招投标。

研究武汉市城市公共客运交通营运线路特许经营的相关规定,再跟上海市作对比发现,武汉市的城市公共客运交通营运线路特许经营制度体现了如下特点:一是相关制度设计较普通,没有体现出武汉市城市交通的特殊性,没有创新之处。二是武汉很关注特许经营中的时间问题,明确了招投标、递交变更和解除特许经营申请等期间的范围。这固然可以使得相应程序更加明确和公开,但没有考虑到意外情况而导致超期的情形。武汉市可以考虑增加期间延续或者中断的规定,这更体现制度的科学性及合理性。

(四)南京

南京作为六朝古都,地处我国东部,其经济与文化建设在全国城市中位居前列,具有代表性。南京市没有出台专门的交通营运条例,只是将有关规定表现在《南京市公共客运管理条例》中,但南京市执行《江苏省城市公共客运交通经营权有偿出让和转让管理办法》,使城市公共交通营运线路经营权的管理更加规范。

1. 授权机关

根据相关规定,南京市的城市公共交通营运线路经营权实行行政许可制度,授权机关是相关交通运输行政主管部门。这里也区分情况:南京市的各区交通运输行政主管部门,负责起讫站和线路走向均在辖区内的公共汽车线路经营权证的授予;南京市交通运输行政主管部门负责本市其他线路公共汽车线路经营权证的授予。

2. 企业资质

根据《南京市公共客运管理条例》的规定,申请经营权的企业应当具备如下条件:一是具有符合运营要求的车辆或者相应的车辆购置资金;二是应当具有与运营业务相适应的驾驶员、管理人员和其他专业人员;三是应当具有与经营规模相适应的停车场所和配套设施或者具备相应的资金等保障条件;四是具有健全的运营服务和安全管理制度,以及法律、法规规定的其他条件。

3. 授权方式与特许期限、合同内容

南京市城市公共交通营运线路经营权的授予实行招投标制度,由中标者获得特许经营权;公共汽车线路经营权招标不成的,交通运输行政主管部门可以依照有关程序确定经营者。中标的企业需要与交通运输行政主管部门签订协议,该项运营协议包括运营方案、客运设施管理、运营车辆及人员、服务水平和质量要求、经营期限、生产安全管理等内容。

南京市城市公共交通营运线路特许经营期限的有效期限最长不超过8年,但公共交通营运线路经营者需要延续经营权的,只需要向交通运输行政主管部门提出申请,交通运输行政主管部门审查合格后即可延续。公共交通营运线路特许经营期限届满不再要求延续,或者尚未确定新的公共交通营运线路特许经营者的,交通运输行政主管部门因社会公共利益需要,报经市、区、县人民政府同意,可以指令公共交通营运线路特许经营者继续运营,指令运营期间应当根据运营情况给予经营者相应补偿。

4. 管理方式

《南京市公共客运管理条例》规定,公共汽车线路经营权实行许可制度,经营者在经营期限内不得转让线路经营权。确需暂停、终止或变更运营方案的,应当提前三个月向交通运输行政主管部门提出书面申请,并说明理由。因企业解散、破产等原因在经营权期限内需要终止运营的,交通运输行政主管部门应当在其终止前依法另行确定新的经营者,并保障线路营运工作的连续性与正常进行。

5. 禁止行为

经营者不得从事下列禁止性行为:未取得公共客运经营权从事运营;将没有公共客运营运证的车辆投入运营;擅自变更运营方案,暂停或者终止运营等。违者可能被处罚款,严重者可能被吊销营运证。

三、小结

通过分析国外及我国几大城市的公共客运交通营运线路特许经营制度,不难发现,我国城市公共客运交通营运线路特许经营的理论研究及制度实践要注意如下方面:

首先,法律关系主体。我国公共客运交通营运线路特许经营法律关系主体,包括授权方与被授权方。根据《基础设施和公用事业特许经营管理办法》第9条的规定,县级以上人民政府有关行业主管部门或政府授权部门(以下简称项目提出部门)可以根据经济社会发展需求,以及有关法人和其他组织提出的特许经营项目建议等,提出特许经营项目实施方案。根据《中华人民共和国行政许可法》的有关规定,有行政许可权的机关可以委托其他行政机关授予行政许可。因此,我国上述城市的有关规定大都明确了交通运输行政主管部门是被政府授权的机关,是公共客运交通营运线路特许经营的授权方。而被授权方往往是具有一定资质的企业。根据《基础设施和公用事业特许经营管理办法》第19条的规定,被授权的企业必须具备相应管理经验、专业能力、融资实力以及信用状况良好等条件。

其次,法律关系客体。我国公共客运交通营运线路特许经营法律关系的客体是公共客运交通营运的运输工具、场站等财产和营运行为。值得讨论的问题是,作为交通营运线路物质载体的道路本身属于不动产范畴,而且被授权方或受特许人并不享有道路的所有权,它们仅仅享有对道路的使用权,但基于特许经营行为而产生的对道路的使用以及由此产生的收益,在此类法律关系中具不具备客体性质呢?法律关系客体的范围有哪些?理论界观点不一。我们认为,所谓法律关系的客体是法律关系中权利义务所指向的对象,也即权利与义务的媒介。结合公共客运交通营运线路特许经营法律关系客体的表现,作为交通营运线路物质载体的道路及其产生的使用效能,是可以作为此类特许经营法律关系客体的。

再次,法律关系的内容。法律关系的内容即法律关系主体所享受的权利和所承担的义务。城市公共客运交通营运线路特许经营法律关系的核心内容是交通营运线路的特许经营权,就其本质属性而言,这是一种公法上的权力,属行政许可权的范畴,但其权力实现的后果和价值又是以谋求私法意义的权利为表现的,经营利润作为特许经营权的价值追求，也是受法律保护的。

此外，根据《基础设施和公用事业特许经营管理办法》的规定，一方面，作为授权主体的行政机关，有权制定规则，有权对招投标程序和过程进行控制，有权审查企业资质，有权决定是否授予以及是否收回特许经营权；同时，它们也负担着基于法律规定和政府职能对被授权主体的监管义务以及对企业合理的要求给予帮助的义务，合理的信息披露的义务等。另一方面，被授权主体根据城市公共客运交通营运线路特许经营协议或相应法律制度，享有某段特定公共客运交通营运线路的限定时间内的垄断经营权，这是其最本质、最核心的权利。权利和义务是如影随形的，被授权主体也需要履行相应义务，接受授权主体的行政监管，按照合同约定提供良好的服务等等。

城市公共客运交通营运线路特许经营项目中，政府同时扮演三个角色：规则的制定者与执行者、特许经营合同的签订方、特许经营行为的监管方。政府作为规则制定者与执行者时，需要考虑企业的市场准入如何控制，信息该如何披露才能保证透明度；政府作为合同签订主体时，需要考虑一旦发生纠纷该如何解决；政府作为监管主体时，需要考虑如何监管、如何有效防范预防纠纷。

第二节　城市公共客运交通营运线路特许经营的市场准入与退出

一、城市公共客运交通营运线路特许经营市场准入与退出基本理论

（一）城市公共客运交通营运线路特许经营的市场准入

特许经营的市场准入是指为了挑选适格的公共产品和服务的供应者，政府或被授权的部门制定并执行相关标准（资格、条件），通过法定程序，对民营企业进入公用事业领域实施准入监管的制度。市场准入制度一般包括如下内容：一方面是使得具有垄断性的公用事业领域形成竞争机制，另一方面是帮助新竞争者消除原经营者设置的障碍，促进公平竞争。从本质而言，这是一种行政许可。行政法上对于市场准入的监管有注册、申报、特许等模式，特许经营的市场准入作为公用事业经营过程中的重要环节[①]，具有重要意义，该制度的优劣决定了政府能否挑选到适格经营者，公众能否获得良好的公共产品或服务，企业能否公平地进入公用事业领域。

---

① 章志远、黄娟：《公用事业特许经营市场准入法律制度研究》，载《法治研究》2011年第3期。

(二) 城市公共客运交通营运线路特许经营的市场退出

公共客运交通营运线路特许经营权并非是一旦获得就能一直享有的权利，市场退出机制就是为那些退出特许领域的企业而确立的。公共客运交通营运线路特许经营的市场退出是指特许经营者依法暂停或终止公共客运交通营运线路的经营活动，广义的退出机制还包括移交及善后程序。经营者退出公共客运交通营运线路特许经营，分为正常退出与非正常退出两种情况。正常退出是经营者无延续经营的目的，基于法律法规等规范性文件或者合同的约定，按照既定程序终止经营的情形，这一情形自然也包括法律或者合同中规定的特定条件下提前终止经营权的情形；非正常退出是政府或者经营权者一方或双方基于违法违约而暂停或终止经营权的情形。一般而言，政府违法违约的情况大多表现为政府缺乏诚信，在无合法理由前提下收回经营权。由于经营者违法或违约而被终止经营权的情况较多，具体包括：擅自转让、出租特许经营权的；存在重大安全隐患且拒不整改，危及或者可能危及公共利益、公共安全的；被依法注销、关停的；擅自停业、歇业，严重影响社会公共利益和公共安全的；擅自将所经营的财产进行处置的；等等。其中，各个城市也有自己的特别规定，大多列在经营者的禁止行为条款中。对于违法情节严重的，退出过程中可以予以行政处罚，或承担其他相应的法律责任。

有些行业容易出现垄断现象，政府对于这些自然垄断行业的规制能力有限，再加上大众对于某些政府服务的质量和效率多有怨言，为了解决效率与垄断之间的问题，政府特许经营权理论应运而生。1968年美国的德姆塞兹首次提出该理论，认为政府应当引入竞争机制，吸引更多企业参与招投标过程，择优者中标并获得授权。根据这一理论开展的政府特许经营实践，的确发挥了作用，例如，提升了服务的质量和效率，增加了垄断行业的透明度，压减了寻租和腐败的空间。但该理论在实践过程中也暴露出一些缺陷，受到了不少经济学家的抨击，例如，在其实践中，尽管透明度提高了，但还是存在信息不对称现象，从而产生了机会主义者，这使得契约的公平性大打折扣。各国的招投标实践对加强竞标过程中的信息透明度以及保证竞标的公平性越来越重视。

二、城市公共客运交通营运线路特许经营的市场准入与退出现状

(一) 市场准入及退出法律制度层面

1. 城市公共客运交通营运线路特许经营市场准入的制度现状

我国公用事业特许经营所依据的最新法律规范是六部委发布的《基础设施和公用事业特许经营管理办法》。从全国范围来看，目前仅有北京、贵州、新疆以及深圳制定了地方性法规来规范特许经营，其他地区大都依靠政府规章或者位阶更低

的规范性文件。从这些规范的内容来看,有关市场准入条件和市场准入方式的规定存在不少问题。

一是市场准入条件。根据现有规定,企业想要获得公共客运交通营运线路的特许经营权,需要满足相应的法人资格、资金、制度以及人员等条件。但上述规定仍然存在以下问题:首先,法律规范位阶较低。部分地区未明确市场准入的标准,而是要求行业主管部门在招标文件中列明。然而根据《中华人民共和国行政许可法》的规定,我国只有法律、法规可设定行政许可的准入要求,由部门文件形式设立的市场准入条件,其法律依据的效力位阶明显偏低。其次,市场准入的标准不一。在实践中,大多数地区都自行设定市场准入的标准,导致全国各地公共客运交通营运线路特许经营的市场准入标准不一。再次,市场准入条件不明。以江苏省某市某区为例,其市场准入的最后一个条件规定了"法律、法规、规章规定的其他条件"。这一规定赋予规章以干涉市场准入的机会,且不谈一个县级行政区有无此项权力,其违反了《中华人民共和国行政许可法》却是不争的事实。最后,对可能产生的行政性垄断行为没有规制。在某项行政许可实施过程中,难免会有政府或者其主管部门利用目前公共客运交通营运线路法律依据不统一的现状,以规章或者招标文件的形式变相实施行政垄断,例如提高准入门槛、设置区域歧视等。对这一可能滋生垄断的做法,我国反垄断法虽有相关条款予以约束,但其涉及内容较少,尚不够全面、系统,专业性有待进一步提升。

二是市场准入方式。有关市场准入方式的法律规范内容也存在问题。首先,根据《中华人民共和国行政许可法》的规定,对城市公共客运交通营运线路特许事项应采用的市场准入方式是招标投标,但目前城市公共客运交通营运线路特许经营的招投标制度所依据的法律规范不健全、不协调,根据现有规范,我们很难发现政府或政府部门参与合同磋商和签订过程是否具有充分的代表性,行为人的意思表达是否有效,合同履行后出现问题该找哪个部门解决,上述问题很难找到确切答案。其次,城市公共客运交通营运线路特许经营项目的政府保证受法律限制。《民法典》第三编以及外经贸的规范性文件都明确规定政府一般不得对项目做任何担保或者承诺,这一规定对规避政府风险的确有好处,但这是一把双刃剑。公用事业项目不同于一般经营性项目,离开了政府的信用保证,无疑会降低经营者竞标的热情和参与的积极性。再次,《中华人民共和国行政许可法》规定特许项目必须通过招标或拍卖来确定中标者,但部分城市规定,在无竞标者的情况下,由原经营者延续经营或者由行政机关授予其他适格企业。这一变通规定貌似合理,但执行起来可能偏离正常轨道,影响政策目标的实现。最后,相关的招投标法规可操作性不强。公共客运交通营运线路特许经营权招投标程序大都参照《中华人民共和国招标投标法》,但该法适用于建设工程方面,而公共客运交通营运线路特许经营不同于一般的建设工程。由于缺乏针对性强的法律规范,公共客运交通营运线路特许经营的市场准入方式缺乏可操作性。

2. 城市公共客运交通营运线路特许经营市场退出的制度现状

与市场准入的立法情况相类似,有关我国城市公共客运交通营运线路特许经营市场退出的法律规范数量稀少,多数城市的营运线路特许规定都缺乏市场退出情形和必要程序的内容,即便有一些零星规定,也过于笼统,缺乏完整性和系统性。问题主要表现在:首先,市场退出条件不统一。各城市自行制定的市场退出条件与程序,标准不同,宽严不一,极易造成地区差异和不平衡。其次,缺少政府应急机制的预案要求。多数城市只规定了经营者违法违约会被终止经营权的情形,却没有规定政府的应急与善后机制。公共客运交通营运直接关系市民出行,一旦操作不慎,很容易出现混乱,导致社会的不稳定。再次,对政府违约与违法情形的关注不够,对因此而造成的纠纷缺乏配套的解决机制。《基础设施和公用事业特许经营管理办法》虽然规定了在特许经营期限内,因特许经营协议一方严重违约或不可抗力等原因,导致特许经营者无法继续履行协议约定义务,或者出现特许经营协议约定的提前终止协议情形的,在与债权人协商一致后,可以提前终止协议,以及期限届满终止特许经营协议。但对于市场退出的具体情形,没有作详细规定。

(二) 招投标程序及操作模式层面

市场准入与退出机制涉及步骤、流程等程序性事项,操作程序是否规范极大地影响着城市公共客运交通营运线路特许经营的公正性。根据《中华人民共和国行政许可法》的相关规定,我国公共资源配置许可事项的准入应当适用招投标,城市公共客运交通营运线路的特许经营也不例外。我国城市公共客运交通营运线路特许经营招投标的程序设计及操作可能暴露出以下问题。

一是可能过分夸大招投标程序的功效。《中华人民共和国行政许可法》第五十三条规定:"实施本法第十二条第二项所列事项的行政许可的,行政机关应当通过招标、拍卖等公平竞争的方式作出决定。但是,法律、行政法规另有规定的,依照其规定。行政机关通过招标、拍卖等方式作出行政许可决定的具体程序,依照有关法律、行政法规的规定。"我国公共客运交通营运线路特许经营符合《中华人民共和国行政许可法》第十二条第二项中规定的公共资源配置以及直接关系公共利益的特定行业的市场准入,故基本上该特许经营权的授予都需要经过招投标过程。何况,理论界普遍盛行的观点是,招投标程序可以促使企业公开竞争,行政机关通过公开的招投标程序可以选择资质优秀的企业签订合同,这样能为提升公共服务的质量奠定基础。

招投标程序的优点固然值得肯定,但其实施过程一旦把控不好,也可能带来弊端。例如,部分小城市对公交客运线路营运特许经营设置的门槛过低,忽视技术性和专业性,仅仅要求资金充足、设备良好即可,这样会导致部分毫无经验的企业参与竞争并取得经营权,从而可能给市民出行造成不便。政府的招投标程序倘若忽视了特许经营合同条款的关联性和严密性,不良商家便有机可乘,致使政府方面在协商谈判中处于被动甚至不利局面。参与招投标的企业基于其投资风险管控规则,谈判策略非常灵活,如果竞标时出现资质条件占压倒性优势的企业,其他企业大多会选择放弃;同时,受沉没成本的影响,竞争者与原经营者之间竞标的价格基础也可能会不同,这些因素均会极大地影响招投标的结果,而其结果的公平性和正当性绝无定数,毫无规律可循。

可见,在当前形势下,公共客运交通营运线路特许经营一律适用招投标程序的做法,其实很让人担忧。相关部门应针对不同情况,采取区别化的协商谈判机制,以最大限度推行行政政策、实现公共利益为目标,而非一味地追求程序正义,以形式主义掩盖政府管制的实体效益,为走程序而走程序,白白浪费成本。这一点,一线的工作人员最有切身体会。曾任长沙市公用事业管理局公交处处长的陈永泰认为,在属于公益性事业的公交行业引入竞争机制,确实不太适宜。因为公交线路的特点已经决定了它本来就是一个相对垄断的行业,不可能竞争,只能靠机制、制度、政策和管理手段促使服务水平的提高。[①]

二是目前的招投标常用模式可能存在不足。仔细研究上述几个城市的相应规定不难发现,我国目前公共客运交通营运线路特许经营的招投标,经常采用公开招标与邀请招标相结合的模式。公开招标是授权部门以招标公告的方式邀请不特定的法人参与投标;邀请招标是授权部门以招标邀请书的方式邀请3个以上特定的法人参与投标。一般情况下,邀请招标针对的都是有特定目的或者具有一定公益性的项目。上海市甚至创新推出组合式招投标集中式授予的模式,也即保持一家为主经营、控制其他经营者数量的模式。武汉和上海甚至同时规定,如果没有人投标,则收回经营权重新安排招标或直接许可给愿意经营且符合资质条件的其他企业。

上述招投标模式存在如下不足:第一,招标投标准备工作仓促。从几个城市的招标书及相关规定来看,从标书发售到投标,留给投资人准备投标文件的时间往往只有或者不足20天,这样的时间安排可能受制于《中华人民共和国行政许可法》的相关规定。但公交线路经营权特许事项毕竟不同于一般的工程类项目,给投标主体的准备时间过短,可能导致获取信息不充分、不透明、不对称,授权机关可能没有太多时间进行项目答疑,投标主体可能由于缺乏必要的项目信息而放弃竞争。第二,招标文件的深度和专业性不够。例如,上海市规定招标书上未尽事宜的补充权属于招标人。这无形之中让投标主体承担了无法预测的不可控风险,未尽的需要补充的事项不明、该待补充的事项对自己是否不利难以判定,直接困扰、影响招标结果。第三,对潜在招标者过少问题的解决方案不明。当潜在招标者过少而可能

[①] 谢良兵:《长沙公交市场化困顿》,载《经济观察报》2010年3月1日。

出现流标风险时,多数城市选择直接让符合资质的申请者中标。武汉市便将无人申请的招投标项目直接给予愿意接受并符合资质的企业。可是,为什么不事先做市场前景分析,不做项目招投标预案,不分析一下无人申请的真实原因?如果是由于激励机制不到位而使企业真的不想参与此类竞争,倒也罢了;但如果企业并非真的不感兴趣,而是企业对政府所采取的所谓竞争模式的公正性有意见呢。

三、城市公共客运交通营运线路特许经营市场准入与退出的规范及完善

(一) 规范立法权限

造成目前城市公共客运交通营运线路特许经营的市场准入与市场退出相关规范性文件位阶较低的原因,归根结底在于中央与地方的立法权限不明确。《中华人民共和国行政许可法》已经明确规定,设定行政许可的法律规范起码是法规,省、自治区、直辖市人民政府规章可以设定临时性的行政许可,临时性的行政许可实施满一年需要继续实施的,应当提请本级人民代表大会及其常务委员会制定地方性法规。因此,首先应明确我国公共客运交通营运线路特许经营的市场准入与市场退出许可的立法权限,对中央与地方的相应立法职能进行明确切割。其次应尽快制定国家法律层面的公用事业特许经营基本法,用法典形式将公用事业特许经营涉及的最基本的法律制度固定下来。这部法律虽无须细化也不可能过多涉及公共客运交通营运线路特许经营的法律问题,但至少需要明确相应的特许经营事项,以杜绝任由部委或者地方随意用政府立法的方式规避国家立法的做法。

(二) 填补立法空白

我国公共客运交通营运线路特许经营法律制度起步不久,亟待通过立法解决现存问题。第一,市场准入与市场退出公示制度有待建立。公共客运交通营运线路特许经营具有公益性,对一定区域内的市民出行有极大的影响。建立公示制度,让民众有思想准备,有利于减少和降低企业进入或退出特许经营对公众情绪的不良影响,其既是民众知情权的体现和保障,也是方便民众生活、接受民众监督的重要举措。第二,政府临时接管及应急机制亟待确立。现行法律规范的通病是惩罚有余,应对不足。已有的法律规范往往侧重于惩罚违法违约企业,忽视了惩罚之后的善后事宜,简单地规定政府继续开展招标工作或者委托适格企业承继经营活动。但找到适合的接替者并非举手之劳,是需要花费时间的,那这段时间(过渡期)的营运该如何保障?现行法律规范对政府的临时接管及应急机制规定不到位,可能影响城市公共客运交通的正常营运,无法保证此项公共服务的及时、稳定、持续供给。第三,政府的法律责任应明确规定并落实到位。有关公用事业特许经营的法律规

范,不仅仅用来约束经营者,更应该用以约束政府及其授权的组织。我国立法常常关注于经营者的违约违法,而忽略了政府及其部门的违约违法,政府似乎是不会犯错的"圣人"。事实并非如此,多年来的行政诉讼实践表明,一些地方政府也会犯错、犯大错,而且是人为的、故意的犯错。在城市公共客运交通营运线路特许经营领域,政府单方面违约乃至违法的情形并不鲜见,一旦出现这种情况,若无明确规定的法律责任,或者虽然规定了几条所谓的法律责任,但保证法律责任得以落实的制度并不健全,对受损害经营者的法律救济渠道也不畅通,致使法律责任流于形式。因此,立法应特别关注政府的法律责任,对其作明确规定,并采取切实的保障措施,使其真正落到实处。

(三) 明确市场准入与退出的条件和方式

公共客运交通营运线路特许经营市场准入与市场退出的条件与方式,各地立法不一,条件宽严差距大,方式也各有不同,呈杂乱无章景象。为规范市场,统一管理,应启动国家层面的立法,明确公共客运交通营运线路特许经营的市场准入与市场退出的条件与方式。对市场准入与退出的具体条件,可结合地方特点,由各地方灵活掌握,但应绝对禁止地方增减条件项或授权规章立法。对市场准入的方式,不宜规定过死,应留有余地,可结合特许经营事项的差异性,适当增加竞争性谈判、招募等方式,但各地在对此作规定时,应对各种方式所遵循的条件和程序进行明确规定,从严把关。

(四) 完善市场准入与退出的招投标程序

首先,适当延长公告时间,完善答疑制度。几个城市的实践表明,招投标的准备工作时间短,很多企业没有足够时间了解项目详细情况,交通主管部门也无法在短时间内详尽回答每个企业的提问,信息传递不畅,也不对称。如果适当延长招投标准备时间,同时完善公告制度,使企业能够充分了解招投标的重要细节,则有利于增强企业对招投标透明度和公正性的信心。

其次,规范、监管招投标行为,明确责任主体,加大对弄虚作假以及招标寻租等行为的惩处力度,彻底改变"守法成本高,违法成本低"的不正常现象。

再次,建立相应的专家评审制度。吸收具有客运经营经验及专业知识的专家,组成高质量的专家评审队伍,确保专家评审的公正性。可以与附近城市建立专家资源共享机制,必要时可以实行异地评标,以避免专家数量不足而导致同一专家频频出现在评标现场的尴尬场景,杜绝权力寻租。

最后,建立企业信用资质管理制度。很多城市规定,如果没有人投标,则收回经营权并重新安排招标或直接许可给愿意经营且符合资质条件的其他企业。而南京市的规定更简单,它要求原经营者必须出于公共利益的需要继续经营。这样的硬性规定有利有弊。利在于可以确保客运交通线路的正常运营,保障此项公用事业的稳定持续供给。弊在于经营者迫于行政机关的压力必须继续经营,长此以往,会打击潜在经营者投身于此项事业的积极性。因为,城市公共客运交通营运线路的特许经营是一项有一定经营风险的事业,倘若企业中标后发现经营会亏损或事实上已经亏损,即便熬到经营期满,一旦没有其他企业竞标,则该企业仍需经营下去,这无疑会挫伤投标主体的积极性,最终可能形成恶性循环,这类招投标就更无人问津了。相对妥当的做法是,建立相应的企业信用资质管理制度,一旦出现无人竞标的极端情形,可以启动邀请投标程序,由政府从具备信用资质的企业名单中选择部分甚至一家企业,可以邀请参与招标,可以组织竞争性谈判,甚至可以实施单一来源采购。当然,这时政府的谈判对价应有所调整,必要时还得给中标者以亏损补贴。这样,一方面可以解除经营者无法脱身的后顾之忧,另一方面可以保障公用事业的良性运转,实现双赢。

第三节 城市公共客运交通营运线路特许经营的信息披露

我国城市公共客运交通营运线路特许经营是与民生息息相关的公用事业,其信息披露制度不仅关系公用事业领域竞争的公平性,更关系着广大人民群众的切身利益。从项目发布、招标开始到运营全过程,都要做好信息的公开工作,采取各种形式保障公众的知情权与监督权。

一、城市公共客运交通营运线路特许经营信息披露的必要性

(一)信息披露是特许经营得以存在的前提

就政府方面而言,只有经营者披露自身相关信息,政府部门才有可能从中挑选出佼佼者来授予特许经营权。没有信息披露,政府要花费大量的时间和金钱去搜集信息,也很难从众多企业中准确找到适格企业,无意中降低了行政效率和公共服务的质量。从经营者层面来看,如果没有政府及时披露相关招标信息,经营者很难参与到公用事业领域特许经营的招投标之中。所以,正是由于相关信息的披露,公用事业领域经营的竞争性才得以保证,特许才成为可能。

(二)信息披露可以保障中小企业的利益

特许经营中极易出现信息不对称的情况,城市公共客运交通营运线路特许经营也不例外。在城市公共客运交通营运线路特许经营权招投标过程中,竞标的企业良

莠不齐,其中大企业可能会有更多资源获取到相关信息,而中小企业可能会处于劣势。为了实现公平竞争,政府披露必要信息,给所有参与竞争的企业相同的知情权,保证每个企业都可以理性选择是否竞标以及如何竞标,这无形中保障了中小企业的利益。

(三) 信息披露可以方便政府行使监管职能

信息披露制度要求经营者如实汇报自己的信息,包括竞标前和经营后的情况,这可以使政府更好地行使监管职能。政府对于城市公共客运交通营运线路特许经营的监管,包括了对企业资质的审查以及对经营质量的考核,政府不会花费大量人力物力去调查企业的一切情况,为此,如果企业出于履行义务的要求向政府提供监管所需的材料,不仅可以保证政府监管的及时性和准确性,也能减少对企业正常经营的干扰。

二、城市公共客运交通营运线路特许经营信息披露的方式

目前虽然各国都将信息披露作为特许经营的立法重点,但是对于采取何种方式披露,各国做法不一,有的采用自愿性信息披露,有的认可强制性信息披露,这两种方式到底孰优孰劣呢?

(一) 自愿性信息披露

这种方式是由企业自愿进行披露,而无须政府强制。其理论基础如下:一是代理理论。这是1976年简森和梅克林提出的理论,该理论认为特许人为了避免投资者将搜集信息所花成本变相反映在商谈价格上,会自愿公开自己的信息。二是私人信息搜寻理论。这种理论认为任何人只要想知道信息,就会努力去搜寻该信息,所以无须特许人披露,需要的人自会搜寻。三是信息披露理论。该理论认为,如果是好消息,特许人会自愿披露,倘若是坏消息,特许人会拒绝公开,那么相对方对于特许人不愿公开的信息就可以直接认定是不利信息而自行作出判断,无须强制披露。

(二) 强制性信息披露

认可强制性信息披露方式的人大都坚持如下理由:首先是信息不具有排他性和竞争性,容易产生"搭便车"现象,容易打击那些花费高额成本搜寻信息者的积极性,导致信息产量过少;其次是在现实情况下,信息对称是理想状态,大多数情况下是信息不对称[1],特许经营的双方必然会有一方遭受损失,这是市场机制无法规避的;最后是强制性信息披露可以减少社会成本的消耗,提高市场运作的效率。

---

[1] 保罗·马奥尼、薛前强、符榕:《论强制性信息披露作为代理问题的解决方案》,载《证券法苑》2022年第3期。

由于我国城市公共客运交通营运线路特许经营的公益性以及政府监管的职责,我国选择的是强制性信息披露,即以法律或者合同义务强制特许双方履行信息披露义务。

三、城市公共客运交通营运线路特许经营信息披露的基本要求

城市公共客运交通营运线路特许经营信息披露的要求可以分为实体方面和形式方面。

(一) 城市公共客运交通营运线路特许经营信息披露的实体要求

城市公共客运交通营运线路特许经营信息披露实体方面的具体要求如下:一是真实性。这是信息披露最为重要的要求,真实性要求政府与潜在经营者披露的信息是客观真实可信的,因为只有依据真实的信息,政府与潜在经营者才能做出正确的选择,特许经营的目的才有可能实现,否则,不真实的信息带来的危害会比信息不对称更严重。[①] 二是准确性。这是要求政府与潜在经营者提供的信息能保证其所想反映的信息不因模棱两可而产生误解,这样才能减少误解或降低沟通协调的成本。三是及时性。政府与潜在经营者提供的信息必须快捷、及时,只有这样的信息传递才能发挥作用,招投标的信息需要在其限定的时间内提供,企业竞标的文件也需要在既定的时间投出方具备有效性。四是完整性。这要求政府与潜在经营者提供完整全面的信息,不能有缺漏,只有全面掌握应当披露的信息,政府才能挑选出适格经营者,经营者也才能了解整个经营的范围和要求。

(二) 城市公共客运交通营运线路特许经营信息披露的形式要求

城市公共客运交通营运线路特许经营信息披露形式方面的具体要求如下:一是规范性。政府与潜在经营者披露的信息应当满足一定的形式要件,只有保证了形式的统一性,才可以从形式上满足政府对信息完整性的要求,进而提升政府审查的效率。二是通用性。不同行业、不同地区对于信息披露有不同表现形式,但信息披露的基本形式具有通用性,这是为了方便各方准确理解从而掌握正确而全面的信息,不能因信息表现的过于特别和专业,妨碍了各方的理解。

四、城市公共客运交通营运线路特许经营信息披露的具体制度

根据《基础设施和公用事业特许经营管理办法》和上述几个城市的相关规定,

[①] 李明超:《政府公用事业特许行为的合法要件研究》,载《河南财经政法大学学报》2016年第3期。

可以发现城市公共客运交通营运线路特许经营信息披露的具体制度内容如下：

(一) 城市公共客运交通营运线路特许经营的信息披露主体

根据《基础设施和公用事业特许经营管理办法》第47条规定，县级以上人民政府应当将特许经营有关政策措施、特许经营部门协调机制组成以及职责等信息向社会公开。实施机构和特许经营者应当将特许经营项目实施方案、特许经营者选择、特许经营协议及其变更或终止、项目建设运营、所提供公共服务标准、监测分析和绩效评价、经过审计的上年度财务报表等有关信息按规定向社会公开。特许经营者应当公开有关会计数据、财务核算和其他有关财务指标，并依法接受年度财务审计。

(二) 城市公共客运交通营运线路特许经营的信息披露内容

城市公共客运交通营运线路特许经营的信息披露内容，从不同主体角度看，可以分为两大部分。

从政府及其相关部门看，其信息披露的内容如下：首先，关于项目的招投标信息披露。政府及其相关部门需要向社会公布近期招投标的线路情况、线路起点和终点、途经站以及所需的经营者的基本资格等信息。其次，关于企业市场准入与退出的信息披露。由于公共客运交通营运线路特许经营关系民生，所以对于何者经营以及经营者退出的情况都要及时向社会公示，保证居民的知情权，也方便居民对不合资质、弄虚作假的企业进行监督。再次，关于突发状况的信息披露。对此，几大城市的相关规定均有不同程度的涉及。政府及其相关部门面临突发事件，为维护公共利益的需要，可以暂时改变线路，但是必须尽到通知和信息披露的义务，这是政府维护公共利益、维持政府信用的职责所在，经营者和消费者也只有了解到了相关信息，才能及时调整生产生活安排，保证居民出行。最后，对违规企业的披露。针对以不正当手段获得经营权的企业，主管部门不仅需要收回经营权，还需要上报国务院建设行政主管部门，国务院建设行政主管部门会向媒体披露这些企业，并由媒体向社会公开，这些企业三年内不得参与竞标。

从潜在经营者和取得经营权的企业角度看，它们在竞标环节都需要披露政府需要获知的自身情况，包括法人资质、业绩、资金、工作人员等，其中取得经营权的经营者还需要在经营过程中向主管部门披露经营计划、经营状况、董事会决议等。

五、城市公共客运交通营运线路特许经营信息披露的制度完善

(一) 城市公共客运交通营运线路特许经营信息披露的制度缺陷

纵观目前与城市公共客运交通营运线路特许经营有关的规范性文件，其对于

信息披露虽有所规定,但这些规定仍存在如下问题:首先,位阶较低。这些文件都未上升到法律层面,以部门文件形式制定的信息披露条件明显位阶太低。其次,信息披露的标准不统一。《基础设施和公用事业特许经营管理办法》明确了特许经营企业和政府及其相关主管部门应当披露的信息,但在实践中,大多数地区都有自己的规范性文件,对信息披露的内容也作了不同的规定,导致现在全国各地公共客运交通营运线路特许经营信息披露制度的不统一。再次,信息披露的惩罚力度不大,监管难度大。部分企业披露虚假信息所获得的收益远远大于违法成本。最后,信息披露的政府机关不一致。相关立法位阶不高,各地对于信息披露的规定不一,使得各地信息披露的政府机关不一致,也容易产生政府部门间争权或是失职的情况,不利于城市公共客运交通营运线路特许经营的长远发展。

(二)城市公共客运交通营运线路特许经营信息披露的制度完善

我国自引入特许经营制度以来,在制度建设方面已取得了不小的进步,但仍然有需要改进的方面。针对城市公共客运交通营运线路特许经营信息披露制度的不足,提出如下改进意见:第一,加快相关信息披露立法。全国人大或国务院可以以法律或行政法规形式规定有关特许经营事项中的信息披露事宜,只有全国范围内加以统一规定,才能改变目前相关规定位阶低、各地区规定不一致的状态。第二,明确信息披露内容。正是在解决位阶过低的情况下,中央需要明确信息披露的具体内容,不能任由地方随意规定,造成信息披露的标准不一。第三,加大对信息披露行为的监管力度。加重对企业披露不实信息的惩处力度,同时建立相应的信用管理平台,营造良好的信息披露氛围。第四,明确信息披露的政府机关。目前各地区的信息披露机关规定不一,造成了政府资源的浪费和管理局面的混乱,信息披露机关不一致还可能导致经营者无法及时找对机关,获得必要的信息。为此,有必要明确城市公共客运交通营运线路特许经营领域政府方面负责信息披露的机关,以保证城市公共客运交通营运线路特许经营健康发展。

第四节　城市公共客运交通营运线路特许经营的政府监管

一、城市公共客运交通营运线路特许经营政府监管的内涵

根据原建设部制定的《关于加强市政公用事业监管的意见》,市政公用事业政府监管是指各地政府及其有关部门为维护社会公众利益和公共安全,依据有关法

律法规对市政公用事业的投资、建设、生产、运营者及其相关活动实施的行政管理与监督。政府推行城市公共客运交通营运线路特许经营,旨在逐步缓解城市公共客运交通营运中存在的资金短缺问题,通过引入市场竞争机制,提高城市客运交通运营效率。但任何事物都有两面性,市场也会由于自己的特性(如信息不对称以及市场垄断等问题)而出现"失灵"现象。根据公共规制理论,政府有必要对公用事业特许经营企业进行监管。公共规制不同于一般意义上的规制,一般意义上的规制是指依照既定的规则对特定的人或者特定的经济主体进行限制,而公共规制是由社会公共机构发起的,是在以市场机制为基础的经济体制内,社会公共机构(主要指政府)依照一定的规则(主要是法律法规)对市场经济主体(特别是企业)的活动和市场经济关系进行限制和管理的行为。[1]

公共规制可以分为社会性规制与经济性规制。社会性规制是政府为控制外部性和可能影响人身安全健康的风险而采取的行动和设计的措施[2],集中表现在对外部不经济和内部不经济两种市场失灵的规制上。政府规制机构往往采用以下方式进行社会性规制:禁止特定行为、对营业活动进行限制、执业资格制度、标准认证制度、信息公开制度、收费补偿制度等,其中前三种制度形式被认为是基本的规制方式,后三种制度形式是前三种制度形式的补充和具体化。[3] 经济性规制主要关注政府在约束企业定价、进入与退出等方面的作用,是政府为了防止资源无效率配置,确保产品和服务的公平利用、许可,重点针对存在自然垄断和信息不全问题的部门,对企业的服务质量、市场准入、价格以及财会、管理等活动所进行的规制。[4] 城市公共客运交通营运线路的特许经营也不可避免会出现市场失灵的现象,因此政府对其进行监管十分必要,对公共客运交通营运线路经营进行监管就是公共规制的一种类型。[5]

二、城市公共客运交通营运线路特许经营政府监管的制度构造

(一) 城市公共客运交通营运线路特许经营政府监管主体

传统意义上,监管主体一般是政府或者政府相应的主管部门,根据《中华人民共和国行政许可法》相关规定以及上述我国几大城市的客运交通营运线路特许经

---

[1] 靳文辉:《论公共规制的有效实现——以市场主体行为作为中心的分析》,载《法商研究》2014年第3期。
[2] 蔡璐:《社会性规制绩效测度的省际比较》,载《统计与决策》2020年第9期。
[3] 李军超:《基于第三方认证的社会性规制:一个合作治理的视角》,载《江西社会科学》2015年第7期。
[4] 崔德华:《论政府规制的经济性维度》,载《江汉论坛》2011年第4期。
[5] 王峰:《公共产品市场化供给的政府监管——以浙江省湖州市城市公共交通为研究对象》,载《宁夏党校学报》2019年第6期。

营的相关规定,不难发现,这几个城市客运交通营运线路特许经营的监管主体大多为许可的授权机关,即城市的交通局或者城市公共客运交通管理机构,这些机构作为监管主体,其权威性和责任性得到了保障,但是独立性往往遭到质疑。我国近几十年的实践表明,我国政府监管主体的设置是个不容小觑的问题,如果监管主体完全独立于政府,可能使得两者之间产生"非我族内,其心可疑"的疏离和违和感,进而使得该监管主体因得不到政府的信任而缺乏政策支持;而如果将监管主体单纯作为政府的内设机构,又可能产生权责不分,职能越位的现象。所以我们在对城市客运交通营运线路特许经营的监管主体的设置上,需要在充分考虑中国行政体制和行政文化的基础上,以平衡的理念和方式构造新型监管主体。

新型监管机构应当具有相对的独立性、透明性、专业性以及敢于担当、独自承担责任的能力。相对独立性体现在,对于机构本身而言,其独立性是循序渐进的,阻力较小的城市自然可以一步到位;阻力较大的城市可以在相关部门内设相对独立的监管机构,待条件成熟后,再将该机构逐步分离出去。但不管哪种形式,该机构的法律地位、人事、财政等方面应是完全独立的,应由法律法规来规定。透明性体现在该监管机构的成立应当公开,可以适当征求民众意见。专业性体现在该监管机构的人员应当具有一定经验或者具备相应专业知识。该机构应当可以独立承担责任。但由于该机构的工作性质,其决策机制更注重民主性,应是集体负责,不能是一言堂,更不能一人决策,委员制的形式更适合该机构的运行。

以南京市为例,南京市对城市客运交通营运线路特许经营的授权主体进行了细化,监管主体亦是如此。各区相应的交通行政主管部门对本区域内的客运交通营运线路特许经营进行监管,市区的交通行政主管部门对各区辖区外的客运交通营运线路特许经营进行监管。南京市的监管主体注重多样性,在交通行政主管部门实施监管的同时,公安部门、审计部门、住房和城乡建设行政主管部门、环境保护行政主管部门分别对经营者的安全管理、价格水平、设施建设以及环境保护等进行多角度、全方位的监管。监管主体虽然多元,但从各监管主体所承担的各自的监管职责来看,仍然比较单一。

我们应当清晰地划分交通营运线路特许经营的市场主体、监管主体、监督者三者的界限,以保证对营运线路特许经营的有效管理。设立相应的监管主体是为了更好地对城市客运交通营运线路特许经营进行监管,监管主体负责救济市场失灵,监管市场主体。但监管主体自身的行为也应当受到控制与监督,监督者负责监督监管主体的监管行为,确保其监管行为的公正性,监管目的的正当性,监管程序的合法性。监督者包括被监管的企业、社会公众以及立法机关、司法机关、其他行政机关等。值得一提的是,当下应更好地发挥和强化设在各级政府司法行政机关内的政府法制机构的行政监督职能。

(二)城市公共客运交通营运线路特许经营政府监管内容

在传统的行政管理体制中,政府管得过宽,结果职能越位与缺位现象屡见不鲜。过度监管会造成经营主体守法成本高,违法成本低,监管重点不突出,会极大地影响监管的有效性,所以有必要科学地明确政府监管的边界。根据《基础设施和公用事业特许经营管理办法》以及上述几个城市的相关规定,不难发现,城市客运交通营运线路特许经营政府监管的内容包括事前监管与事后监管。事前监管主要包括对特许经营企业的资质审查、所签订合同的内容审查以及授权程序的严格规定。资质审查一般要求企业具有法人资格,有相应的资金和人员。对合同内容一般也有相应规定,合同条款必须包括授权期限、服务质量及价格等内容,监管机构应围绕上述事项进行监管。城市客运交通营运线路特许经营的事后监管,最典型的包括对证照保管和经营行为的监管。对证照保管的监管,要求经营者妥善保管授权证明及相关证照,如有毁损或者变更,需要及时报告、登记;对经营行为的监管,主要包括监管经营者是否遵守相应的线路、相应的早末班车时间、合理的票价规定等内容,并对相应违约违法行为进行惩处。

(三)城市公共客运交通营运线路特许经营政府监管方式

根据《基础设施和公用事业特许经营管理办法》以及上述几个城市的相关规定,可以发现,政府对城市客运交通营运线路特许经营进行监管所采用的方式也可以分为事前监管与事后监管。事前监管的方式,主要是通过制定相应的制度,来确定实体资质及程序要求。例如明确具备相应资质的企业才可参与招投标,同时对相应企业的资质进行审查,严格控制招投标程序的公正、公开、透明。目前我国的招标行为大多为公开招标和邀请招标,各个城市也都根据自身情况设定了相应的招标程序和中标标准。事后监管的方式,主要以考核为主,考核的方式可以是通过设定相应的标准或是市民评价,力求体现该企业服务的实际状况。

参考文献

一、中文著作

1. 谢地:《政府规制经济学》,高等教育出版社2003年版。
2. 王俊豪:《政府管制经济学导论——基本理论及其在政府管制实践中的应用》,商务印书馆2017年版。
3. 王俊豪等:《中国垄断性产业结构重组分类管制与协调政策》,商务印书馆2005年版。
4. 王名扬:《法国行政法》,北京大学出版社2016年版。
5. 王名扬:《美国行政法(上)》,北京大学出版社2016年版。
6. 王名扬:《英国行政法》,中国政法大学出版社1987年版。
7. 魏振瀛:《民法》(第八版),北京大学出版社、高等教育出版社2021年版。
8. 余凌云:《行政契约论》(第三版),清华大学出版社2022年版。
9. 应松年:《当代中国行政法》,中国方正出版社2005年版。
10. 应松年:《行政行为法——中国行政法制建设的理论与实践》,人民出版社1993年版。
11. 罗豪才:《软法与公共治理》,北京大学出版社2006年版。
12. 罗豪才、湛中乐:《行政法学》,北京大学出版社2016年版。
13. 陈金钊:《法律解释的哲理》,山东人民出版社1999年版。
14. 叶秋华、宋凯利、郝刚:《西方宏观调控法与市场规制法研究》,中国人民大学出版社2005年版。
15. 马英娟:《政府监管机构研究》,北京大学出版社2007年版。
16. 刘舒年:《国际工程融资与外汇》,中国建筑工业出版社1997年版。
17. 于安:《外商投资特许权项目协议(BOT)与行政合同法》,法律出版社1998年版。
18. 余晖:《政府与企业:从宏观管理到微观管制》,福建人民出版社1997年版。
19. 邢鸿飞:《政府购买服务的行政法规制研究》,法律出版社2021年版。
20. 邢鸿飞、徐金海:《公用事业法原论》,中国方正出版社2009年版。
21. 邢鸿飞等:《公用事业特许经营法律问题研究》,法律出版社2018年版。

22. 崔运武：《现代公用事业管理》，中国人民大学出版社 2011 年版。
23. 曾贤刚：《环保产业运营机制》，中国人民大学出版社 2005 年版。
24. 刘大洪：《经济法学》，北京大学出版社 2007 年版。
25. 肖兴志等：《公用事业市场化与规制模式转型》，中国财政经济出版社 2008 年版。
26. 句华：《公共服务中的市场机制：理论、方式与技术》，北京大学出版社 2006 年版。
27. 丁芸：《城市基础设施资金来源研究》，中国人民大学出版社 2007 年版。
28. 范健、王建文：《商法论》，高等教育出版社 2003 年版。
29. 毛寿龙、李梅、陈幽泓：《西方政府的治道变革》，中国人民大学出版社 1998 年版。
30. 刘小川、唐东会：《中国政府采购政策研究》，人民出版社 2009 年版。
31. 王浦劬、[美]莱斯特·M.萨拉蒙等：《政府向社会组织购买公共服务研究：中国与全球经验分析》，北京大学出版社 2010 年版。
32. 杨建顺：《日本行政法通论》，中国法制出版社 1998 年版。
33. 许崇德、皮纯协：《新中国行政法学研究综述（1949—1990）》，法律出版社 1991 年版。
34. 胡建淼：《行政法学》，法律出版社 2023 年版。
35. 叶必丰：《行政法与行政诉讼法》（第六版），中国人民大学出版社 2022 年版。
36. 杨海坤、黄学贤：《中国行政程序法典化——从比较法角度研究》，法律出版社 1999 年版。
37. 吴庚：《行政法之理论与实用》（增订 8 版），中国人民大学出版社 2005 年版。
38. 林纪东：《行政法新论》，三民书局（台北）1985 年版。
39. 梁慧星：《中国物权法研究》，法律出版社 1998 年版。
40. 刘保玉：《物权法》，上海人民出版社 2003 年版。
41. 刘保玉：《物权体系论——中国物权法上的物权类型设计》，人民法院出版社 2004 年版。
42. 王利明：《物权法论》，中国政法大学出版社 1998 年版。
43. 王利明：《民法》（第十版），中国人民大学出版社 2024 年版。
44. 唐启国等：《城市发展论》，中国工商出版社 2008 年版，第 274 页。
45. 陈志龙、王玉北：《城市地下空间规划》，东南大学出版社 2005 年版。
46. 邹瑜、顾明：《法学大辞典》，中国政法大学出版社 1991 年版，第 222 页。
47. 张文显：《法理学》（第三版），高等教育出版社 2007 年版。

48. 卢宇:《城市公交行业市场化改革研究》,经济管理出版社 2014 年版。

49. 周林军:《公用事业管制要论》,人民法院出版社 2004 年版。

二、中文译作

1. [法]雅克·盖斯旦、吉勒·古博:《法国民法总论》,陈鹏等译,法律出版社 2004 年版。

2. [法]泰·德萨米:《公有法典》,黄建华、姜亚洲译,商务印书馆 1982 年版。

3. [法]莫里斯·奥里乌:《行政法与公法精要》,龚觅等译,辽海出版社、春风文艺出版社 1999 年版。

4. [法]莱昂·狄骥:《公法的变迁·法律与国家》,郑戈、冷静译,辽海出版社、春风文艺出版社 1999 年版。

5. [德]迪特尔·梅迪库斯:《德国民法总论》,邵建东译,法律出版社 2001 年版。

6. [德]齐佩利乌斯:《德国国家学》,赵宏译,法律出版社 2011 年版。

7. [德]施密特·阿斯曼:《秩序理念下的行政法体系建构》,林明锵等译,北京大学出版社 2012 年版。

8. [德]哈特穆特·毛雷尔:《行政法学总论》,高家伟译,法律出版社 2000 年版。

9. [意]彼得罗·彭梵得:《罗马法教科书》,黄风译,中国政法大学出版社 1996 年版。

10. [美]E. S. 萨瓦斯:《民营化与公私部门的伙伴关系》,周志忍等译,中国人民大学出版社 2017 年版。

11. [美]小贾尔斯·伯吉斯:《管制和反垄断经济学》,冯金华译,上海财经大学出版社 2003 年版。

12. [美]乔治·施蒂格勒:《乔治·施蒂格勒回忆录:一个自由主义经济学家的自白》,李淑萍译,中信出版社 2006 年版。

13. [美]丹尼尔·F. 史普博:《管制与市场》,余晖等译,上海人民出版社、上海三联书店 1999 年版。

14. [美]亨利·汉斯曼:《企业所有权论》,中国政法大学出版社 2001 年版。

15. [美]贝思·J. 辛格:《实用主义、权利和民主》,王守昌等译,上海译文出版社 2001 年版。

16. [美]E. 博登海默:《法理学:法律哲学与法律方法》,邓正来译,中国政法大学出版社 1999 年版。

17. [美]弗里德曼:《弗里德曼的生活经济学》,赵学凯、王建南、施丽中译,中信出版社 2003 年版。

18. [日]美浓部达吉:《公法与私法》,黄冯明译,中国政法大学出版社 2003 年版。

19. [日]植草益:《微观规制经济学》,朱绍文、胡欣欣等译,中国发展出版社 1992 年版。

20. [澳]皮特·凯恩:《法律与道德中的责任》,罗李华译,张世泰校,商务印书馆 2008 年版。

21. [澳]约翰·S.德雷泽克:《协商民主及其超越:自由与批判的视角》,丁开杰等译,中央编译出版社 2006 年版。

22. [美]福克讷:《美国经济史》,王锟译,商务印书馆 2021 年版。

23. [美]T. S. 库恩:《科学革命的结构》,李宝恒、纪树立译,上海科学技术出版社 1980 年版。

24. [美]约瑟夫·熊彼特:《经济发展理论——对于利润、资本、信贷、利和经济周期的考察》,何畏等译,商务印书馆 2022 年版。

25. [英]昆廷·斯金纳:《近代政治思想的基础》,奚瑞林、亚方译,商务印书馆 2002 年版。

26. [英]弗里德利希·冯·哈耶克:《自由秩序原理》,邓正来译,生活·读书·新知三联书店 1997 年版。

27. [英]安东尼·奥格斯:《规制:法律形式与经济学理论》,骆梅英译,中国人民大学出版社 2008 年版。

28. [德]马克思、恩格斯:《马克思恩格斯全集》(第 3 卷),人民出版社 1960 年版。

29. [美]詹姆斯·博曼:《公共协商:多元主义、复杂性与民主》,黄相怀译,中央编译出版社 2006 年版。

30. [美]P.诺内特、P.塞尔兹尼克:《转变中的法律与社会:迈向回应型法》,张志铭译,中国政法大学出版社 2004 年版。

31. [英]A. D. F. 普赖斯:《国际工程融资》,赵体清、王受文译,水利电力出版社 1995 年版。

三、中文期刊、学位论文

1. 姜琪:《网络型产业的有效竞争研究——以中国陆路交通运输业为例》,载《经济与管理评论》2012 年第 2 期。

2. 肖兴志、陈艳利:《纵向一体化网络的接入定价研究》,载《中国工业经济》2003 年第 6 期。

3. 刘戒骄:《网络性产业的放松规制与规制改革——国际经验与中国的实践》,中国社会科学院 2001 年博士学位论文。

4. 章志远、黄娟:《公用事业特许经营市场准入法律制度研究》,载《法治研究》2011 年第 3 期。

5. 章志远:《公用事业特许经营及其政府规制——兼论公私合作背景下行政法学研究之转变》,载《法商研究》2007 年第 2 期。

6. 章志远:《民营化、规制改革与新行政法的兴起——从公交民营化的受挫切入》,载《中国法学》2009 年第 2 期。

7. 孙学玉、周义程:《公用事业:概念与范围的厘定》,载《江苏社会科学》2007 年第 6 期。

8. 杨同宇:《经济法规制范畴的理论审思》,载《中国法律评论》2023 年第 5 期。

9. 陈凯荣:《维持垄断还是走向竞争?——自然垄断行业分析的一个视角》,载《当代经济管理》2013 年第 4 期。

10. 严骥:《我国公用事业监管的法治路径》,载《人民论坛·学术前沿》2018 年第 11 期。

11. 杨铜铜:《论立法目的类型划分与适用》,载《东岳论丛》2023 年第 2 期。

12. 邢鸿飞、徐金海:《论独立规制机构:制度成因与法理要件》,载《行政法学研究》2008 年第 3 期。

13. 邢鸿飞:《政府特许经营协议的行政性》,载《中国法学》2004 年第 6 期。

14. 邢鸿飞:《论政府特许经营协议的契约性》,载《南京社会科学》2005 年第 9 期。

15. 邢鸿飞、徐金海:《中国公用事业立法论纲》,载《江苏社会科学》2010 年第 2 期。

16. 徐金海、邢鸿飞:《竞争法视角下的公用事业有限竞争》,载《南京社会科学》2010 年第 6 期。

17. 邢鸿飞:《政府特许经营协议的行政性》,载《中国法学》2004 年第 6 期。

18. 付金存、龚军姣:《政府与社会资本合作视域下城市公用事业市场准入规制政策研究》,载《中央财经大学学报》2016 年第 4 期。

19. 陈林:《公平竞争审查、反垄断法与行政性垄断》,载《学术研究》2019 年第 1 期。

20. 黄超:《自然垄断行业中行政垄断的行政法规制》,载《求索》2011 年第 6 期。

21. 王晓晔:《论相关市场界定在滥用行为案件中的地位和作用》,载《现代法学》2018 年第 3 期。

22. 乌尔斯·金德霍伊泽尔、陈璇:《论欧洲法学思想中秩序的概念》,载《中外法学》2017年第4期。

23. 杨明、曹明星：《特许经营权——一项独立的财产权》，载《华中科技大学学报（社会科学版）》2003年第5期。

24. 姚辉、周悦丽：《论特许经营权的法律属性》，载《山东警察学院学报》2008年第4期。

25. 李红珍、王四达：《在权利与权力之间：古典社会契约论中的权力制约思想探究》，载《华侨大学学报（哲学社会科学版）》2016年第6期。

26. 许军：《政府特许经营权的反思与重构》，载《甘肃社会科学》2015年第6期。

27. 张方华：《公共利益观念：一个思想史的考察》，载《社会科学》2012年第5期。

28. 曹相见：《权利客体的概念构造与理论统一》，载《法学论坛》2017年第5期。

29. 何松威：《〈民法典〉视角下权利客体理论的双重构造》，载《法律科学（西北政法大学学报）》2022年第5期。

30. 朱冰、尹权：《PPP特许经营协议的法律属性与违约救济》，载《大连理工大学学报（社会科学版）》2018年第5期。

31. 陈荣文：《〈民法典〉"私法自治"的理念衍义与制度构建》，载《福建论坛（人文社会科学版）》2020年第9期。

32. 肖泽晟：《公共资源特许利益的限制与保护——以燃气公用事业特许经营权为例》，载《行政法学研究》2018年第2期。

33. 邓寒：《论政府在购买公共服务中的角色定位及其法律责任——以法律关系基本构造为分析框架》，载《行政法学研究》2018年第6期。

34. 杨彬权：《论国家担保责任——担保内容、理论基础与类型化》，载《行政法学研究》2017年第1期。

35. 韩卿：《北美铁路时间标准化的考察》，载《上海交通大学学报（哲学社会科学版）》2011年第1期。

36. 郑艳馨：《英国公用企业管制制度及其借鉴》，载《宁夏社会科学》2012年第2期。

37. 郑艳馨：《论公用企业的界定》，载《社会科学家》2011年第10期。

38. 熊光清、熊健坤：《多中心协同治理模式：一种具备操作性的治理方案》，载《中国人民大学学报》2018年第3期。

39. 王刚：《公共物品供给的集体行动问题——兼论奥尔森集体行动的逻辑》，载《重庆大学学报（社会科学版）》2013年第4期。

40. 周燕、杜慕群：《公共物品理论为政府支出行为提供依据的困境》，载《学术研究》2013 年第 8 期。

41. 薛治国、徐启宇、闻力：《公用企业垄断模式的非理性成因及立法研究》，载《当代法学》2000 年第 1 期。

42. 李琼、徐彬：《利益集团的政府俘获、行政腐败与高行政成本》，载《四川师范大学学报(社会科学版)》2011 年第 3 期。

43. 程永生：《城市公用事业社会资本市场准入规制创新探析》，载《上海经济研究》2016 年第 1 期。

44. 陈英：《技术创新与经济增长》，载《南开经济研究》2004 年第 5 期。

45. 王永莲、刘汉：《科技进步、产业结构演化与经济增长》，载《科技管理研究》2017 年第 1 期。

46. 闵宏、王罗汉：《内生性技术进步与经济增长——理论回顾与研究进展》，载《现代管理科学》2017 年第 12 期。

47. 张伟亮、宋丽颖：《财政激励政策、人才配置与经济增长——基于微观视角的研究》，载《财政科学》2022 年第 5 期。

48. 李海飞、王海潮：《后福特制生产方式与当代生产社会化的新发展》，载《改革与战略》2017 年第 3 期。

49. 杨友才、史倩姿、王希：《制度结构、技术进步、交易费用与经济增长》，载《制度经济学研究》2018 年第 3 期。

50. 皮建才：《制度变迁、技术进步与经济增长——一个总结性分析框架》，载《经济经纬》2006 年第 6 期。

51. 白让让：《"两轨六步法"式的产业政策：解读、疑惑与评述——与林毅夫教授商榷》，载《清华大学学报(哲学社会科学版)》2022 年第 3 期。

52. 张汉斌、覃焱：《美国铁路运价管制理念及其对我国的启示》，载《铁道运输与经济》2011 年第 11 期。

53. 王德华、刘戒骄：《美国电力改革及对中国的启示》，载《经济与管理研究》2017 年第 11 期。

54. 陈涛：《美国放松管制市场电力结算价形成机制概述》，载《科技经济市场》2018 年第 3 期。

55. 周良遇、金明伟：《商业规制、企业性质与生产率影响效应——基于中国工业企业数据库的实证研究》，载《现代财经(天津财经大学学报)》2016 年第 5 期。

56. 钱春海：《如何解决竞争性？——公用事业市场化改革发展方向的重新思考》，载《城市公用事业》2010 年第 1 期。

57. 阎孟伟：《协商民主中的社会协商》，载《社会科学》2014 年第 10 期。

58. 韩志明：《过程即是意义——协商民主的过程阐释及其治理价值》，载《南京社会科学》2023 年第 12 期。

59. 黄培光：《政府会议纪要的法律性质研究》，载《天津行政学院学报》2013年第2期。

60. 马奔：《协商民主与选举民主：渊源、关系与未来发展》，载《文史哲》2014年第3期。

61. 余东华：《激励性规制的理论与实践述评——西方规制经济学的最新进展》，载《外国经济与管理》2003年第7期。

62. 常欣：《放松管制与规制重建——中国基础部门引入竞争后的政府行为分析》，载《经济理论与经济管理》2001年第11期。

63. 陈爱娥：《国家角色变迁下的行政任务》，载《月旦法学教室》2002年第3期。

64. 蔡立辉：《西方国家政府绩效评估的理念及其启示》，载《清华大学学报（哲学社会科学版）》2003年第1期。

65. 郑雅方：《论我国行政法上的成本收益分析原则：理论证成与适用展开》，载《中国法学》2020年第2期。

66. 尚虎平：《激励与问责并重的政府考核之路——改革开放四十年来我国政府绩效评估的回顾与反思》，载《中国行政管理》2018年第8期。

67. 申喜连：《试论我国公共政策评估存在的困境及制度创新》，载《中央民族大学学报（哲学社会科学版）》2009年第5期。

68. 谢帆：《公共政策评估的理论与方法》，载《经济研究导刊》2020年第7期。

69. 应晓妮、吴有红、徐文舸等：《政策评估方法选择和指标体系构建》，载《宏观经济管理》2021年第4期。

70. 陈仿文：《网络型垄断性公用企业的反垄断治理》，载《党政干部论坛》2017年第1期。

71. 傅骏杰、余恩海：《公用企业及其特殊社会责任》，载《经济师》2019年第11期。

72. 魏丽丽：《对公用企业垄断的法律思考》，载《经济研究导刊》2007年第5期。

73. 李霞：《论特许经营合同的法律性质——以公私合作为背景》，载《行政法学研究》2015年第1期。

74. 中国行政管理学会课题组：《政府部门绩效评估研究报告》，载《中国行政管理》2006年第5期。

75. 贾韶琦：《美国基础设施领域的公私合作治理——以制定法为线索》，载《国际经济合作》2023年第1期。

76. 王茂涛、冯伟：《公用事业民营化的社会风险及防范》，载《中州学刊》2013年第10期。

77. 项显生:《我国政府购买公共服务监督机制研究》,载《福建论坛(人文社会科学版)》2014年第1期。

78. 王浦劬:《政府向社会力量购买公共服务的改革意蕴论析》,载《吉林大学社会科学学报》2015年第4期。

79. 袁维勤:《公法、私法区分与政府购买公共服务三维关系的法律性质研究》,载《法律科学(西北政法大学学报)》2012年第4期。

80. 常江:《美国政府购买服务制度及其启示》,载《政治与法律》2014年第1期。

81. 何雷、田贺、李俊霖:《基于合约治理的政府购买公共服务研究》,载《中共福建省委党校学报》2015年第6期。

82. 石亚军、高红:《政府职能转移与购买公共服务关系辨析》,载《中国行政管理》2017年第3期。

83. 苏明、贾西津、孙洁等:《中国政府购买公共服务研究》,载《财政研究》2010年第1期。

84. 韩俊魁:《当前我国非政府组织参与政府购买公共服务的模式比较》,载《经济社会体制比较》2009年第6期。

85. 王名、乐园:《中国民间组织参与公共服务购买的模式分析》,载《中共浙江省委党校学报》2008年第4期。

86. 陈红霞、樊舒舒、李德智:《保障房社区购买公共服务的实践模式与创新路径——以南京市齐修保障房社区为例》,载《河北经贸大学学报(综合版)》2018年第4期。

87. 陈天昊:《在公共服务与市场竞争之间 法国行政合同制度的起源与流变》,载《中外法学》2015年第6期。

88. 王本存:《论行政法上的公法权利》,载《现代法学》2015年第3期。

89. 王利明:《空间权:一种新型的财产权利》,载《法律科学》2007年第2期。

90. 王晓明:《空间建设用地使用权的理论问题研究——以〈物权法〉第136条为中心》,载《中州学刊》2011年第2期。

91. 赵秀梅:《土地空间权利用的形态及其分析》,载《政法论坛》2011年第2期。

92. 马栩生:《论城市地下空间权及其物权法构建》,载《法商研究》2010年第3期。

93. 章剑生:《行政不动产登记行为的性质及其效力》,载《行政法学研究》2019年第5期。

94. 陈坚:《我国物权登记行为的性质与法律效力辨析》,载《求索》2012年第5期。

95. 童林旭：《地下空间概论（一）》，载《地下空间》2004 年第 1 期。
96. 黎映桃：《论当代公共政策的价值目标——取向、界说与评价途径》，载《中南大学学报（社会科学版）》2005 年第 6 期。
97. 刘慧林、周蕾、成湘伟等：《城市地下工程建设诱发的环境地质问题及预防》，载《山西焦煤科技》2008 年第 4 期。
98. 杨洁、过秀成、杜小川：《我国城市公共交通规划编制法治化路径思考》，载《现代城市研究》2013 年第 1 期。
99. 徐琳：《论法国行政合同纠纷的可仲裁性》，载《行政法学研究》2018 年第 3 期。
100. 符慧丹、王雪松、樊天翔等：《香港道路交通安全治理经验与启示》，载《汽车与安全》2024 年第 4 期。
101. 苏剑、杜丽群、王沛等：《香港城市交通管理模式及其对内地城市的启示》，载《重庆理工大学学报（社会科学）》2010 年第 8 期。
102. 同工：《世界主要城市公共交通发展经验》，载《城市公共交通》2013 年第 5 期。
103. 李炎：《香港城市交通可持续发展的经验》，载《中国道路运输》2009 年第 2 期。
104. 保罗·马奥尼、薛前强、符榕：《论强制性信息披露作为代理问题的解决方案》，载《证券法苑》2022 年第 3 期。
105. 李明超：《政府公用事业特许行为的合法要件研究》，载《河南财经政法大学学报》2016 年第 3 期。
106. 靳文辉：《论公共规制的有效实现——以市场主体行为作为中心的分析》，载《法商研究》2014 年第 3 期。
107. 蔡璐：《社会性规制绩效测度的省际比较》，载《统计与决策》2020 年第 9 期。
108. 李军超：《基于第三方认证的社会性规制：一个合作治理的视角》，载《江西社会科学》2015 年第 7 期。
109. 崔德华：《论政府规制的经济性维度》，载《江汉论坛》2011 年第 4 期。
110. 王峰：《公共产品市场化供给的政府监管——以浙江省湖州市城市公共交通为研究对象》，载《宁夏党校学报》2019 年第 6 期。

四、外文著作

1. Berg, S. V., & Tschirhart, J. (1988). Natural Monopoly Regulation: Principles and Practice. Cambridge University Press.
2. Gómez-Ibáñez, J. A. (2000). Regulating Infrastructure: Monopoly, Contracts and Discretion. Harvard University Press.

3. Viscusi, W. K., et al. (1995). Economics of Regulation and Antitrust. MIT Press.

4. Mosher W. E., & Crawford F. G. (1993). Public Utility Regulation. Harper and Brothers.

5. Gómez-Ibáñez, J. A. (2006). Regulating Infrastructure: Monopoly, Contracts, and Discretion. Harvard University Press.

6. Freedland, M. R., & Auby, J. B. (Eds.). (2006). The Public Law/Private Law Divide: Une Entente Assez Cordiale?. Bloomsbury Publishing.

7. Neufeld, B. (2022). Public Reason and Political Autonomy: Realizing the Ideal of a Civic People. Routledge.

五、外文期刊

1. McKerracher, K. (2023). Relational legal pluralism and Indigenous legal orders in Canada. Global Constitutionalism, 12(1).

2. Pedchenko, N., & Kimurzhiy, M. (2019). Peculiarities of the Ukrainian housing and utility services enterprises activity in the context of defining their development potential. Public and Municipal Finance, 7.

3. Stenroos, M., & Katko, T. S. (2011). Managing water supply through joint regional municipal authorities in Finland: Two comparative cases. Water, 3(2).

4. Budiati, M., Sidabutar, Y. F., & Hadi, G. T. (2022). Independent road corridor as a cultural reservation area in the Old Town of Tanjungpinang. Budapest International Research and Critics Institute-Journal, 5(4).

5. Homsy, G. C. (2018). Capacity, sustainability, and the community benefits of municipal utility ownership in the United States. Journal of Economic Policy Reform, 23.

6. Hasanov, A. (2019). Relevant economic factors affecting franchise operations in the services and trade sectors. International Review.

7. Okok, S., Rukooko, A., & Ssentongo, J. S. (2022). The concept of moral integrity in politics and its contestations: towards a normative approach. Thought and Practice, 8(2).

8. Kapás, J., & Czegledi, P. (2010). Economic freedom and government: A conceptual framework. Journal des Economistes et des Etudes Humaines, 16.

9. Fahad Al-Azemi, K., Bhamra, R., & Salman, A. (2014). Risk management framework for build, operate and transfer (BOT) projects in Kuwait. Journal

of Civil Engineering and Management, 20(3).

10. Du, Y., Fang, J., Zhang, J., & Hu, J. (2020). Revenue sharing of a TOT project in China based on modified shapley value. Symmetry, 12(6).

11. Dickson, S. (1896). The development in Pennsylvania of constitutional restraints upon the power and procedure of the legislature. The American Law Register and Review, 44(8).

12. Orford, A. D. (2022). Rate base the charge space: The law of utility EV infrastructure investment. Columbia Journal of Environmental Law, 48.

13. Korkovelos, A., Zerriffi, H., Howells, M., Bazilian, M., Rogner, H. H., & Fuso Nerini, F. (2020). A retrospective analysis of energy access with a focus on the role of mini-grids. Sustainability, 12(5).

14. Nupia, O. (2016). Voluntary contribution to public goods: Preferences and wealth. Theoretical Economics Letters, 6(3).

15. Jensen, M. C., & Meckling, W. H. (1976). Theory of the firm: Managerial behavior, agency costs, and ownership structure. Journal of Financial Economics, 3.

16. Zhou, X., Cai, Z., Tan, K., Zhang, L., Du, J., & Song, M. (2021). Technological innovation and structural change for economic development in China as an emerging market. Technological Forecasting and Social Change, 167.

17. Bettin, S. S. (2020). Electricity infrastructure and innovation in the next phase of energy transition—amendments to the technology innovation system framework. Review of Evolutionary Political Economy, 1.

18. Datta, Y. (2023). A framework for income, inheritance, and wealth tax in America amid increasing income inequality when the richest are leaving even the rich far behind. Journal of Economics and Public Finance, 9

19. Poudineh, R., Sen, A., & Fattouh, B. (2021). Electricity markets in the resource-rich countries of the mena: adapting for the transition era. Economics of Energy & Environmental Policy, 10.

20. Caldecott, B., Kruitwagen, L., Dericks, G., Tulloch, D. J., Kok, I., & Mitchell, J. (2016). Stranded assets and thermal coal: an analysis of environment-related risk Exposure. SSEE, University of Oxford.

21. Tomain, J. P. (1997). Electricity Restructuring: A Case Study in Government Regulation. Tulsa Law Review, 33.

22. Hanretty, C., & Koop, C. (2013). Formal and actual agency independence. Regulation & Governance, 7.

23. Philipsen, N. (2018). The role of private actors in preventing work-related risks: A law and economics perspective. European Public Law, 24(3).

24. Klink, B., & Witteveen, W. (1999). Why is soft law really law? A communicative approach to legislation. Regel Maat, 14(3).

25. Drab-Kurowska, A. (2017). Regulation and institutional framework. Ekonomiczne Problemy Usług, 126(1).

26. Almeile, A. M., Chipulu, M., Ojiako, U., Vahidi, R., & Marshall, A. (2024). The impact of economic and political imperatives on the successful use of public-private partnership (PPP) in projects. Production Planning & Control, 35(6).

27. Yong, D. & Han J. L. (2014). Multidimensional perspective and making up the shortcoming of the performance appraisal of public sector in China. International Business Research, 7(2).

28. Marques, R. C., & Berg, S. (2010). Revisiting the strengths and limitations of regulatory contracts in infrastructure industries. Journal of Infrastructure Systems, 16(4).

29. Corona Lisboa, J. L., & Mijares Hernández, M. D. (2020). Evolution, conceptualization and legal implications of social rights. Current Research Journal of Social Sciences and Humanities, 3(2).

30. Tian, J., & Jin, B. (2023). The legal framework for PPP in China—current issues, challenges and future perspectives—with regard to the French experience. Juridical Tribune, 13(4).

31. Raquiza, A. R. (2014). Changing configuration of Philippine capitalism. Philippine Political Science Journal, 35(2).

32. Thatcher, M. (2002). Delegation to independent regulatory agencies: Pressures, functions and contextual mediation. West European Politics, 25(1).

33. Vincent-Jones, P. (2007). The new public contracting: Public versus private ordering? Indian Journal of Global Legal Studies, 14(2).

后 记

2006年，河海大学在国内较早设立了专门的公用事业法研究机构——河海大学公用事业法研究所，我任研究所所长。研究所成立以来，我和研究所同仁围绕公用事业法的研究先后出版了《公用事业法原论》(邢鸿飞、徐金海著，中国方正出版社2009年版)、《公用企业法理论与制度研究》(张莉莉著，中国检察出版社2012年版)、《公用事业规制法研究》(吴志红著，中国政法大学出版社2013年版)、《公用事业特许经营法律问题研究》(邢鸿飞等著，法律出版社2018年版)、《政府购买服务的行政法规制研究》(邢鸿飞著，法律出版社2021年版)等学术著作，发表了《政府特许经营协议的行政性》《论政府特许经营协议的契约性》《论政府购买公共服务的保证责任》《公用事业行政规制刍论》《论基础设施权》《论城市地下空间权的若干问题》等系列学术论文。

2024年，河海大学法学院修改本科培养方案时，将"公用事业法"增设为选修课，由我牵头组织编写教材。我拟定写作提纲，以我和徐金海所著的《公用事业法原论》为主体内容，参阅了《公用事业特许经营法律问题研究》《政府购买服务的行政法规制研究》等著作，适当增删，最终定稿。需要特别说明的是，本教材仅涉及公用事业法最基础的理论和实践问题，围绕公用事业与公用事业法、公用事业法律关系、公用事业立法、公用事业法的基本原则、公用事业规制法、公用事业企业法、公共设施(公物)营造法、政府购买公共服务法、城市地下空间开发法、城市公共客运交通营运法等十个方面的内容展开。本来还打算就水、电、气供应法及网络、邮政、电信监管法做一些探讨，但篇幅所限，加之很多思考还不成熟，这部分内容就留待后续修订时再做考虑。

我的同事李祎恒、吴志红两位老师增撰了部分内容，我的博士研究生吕汉东参与了全书统稿。

2023年，该书获评河海大学特色教材，列入"河海大学重点教材立项建设"计划，并获出版资助，由河海大学出版社出版。

教材付梓之际，感谢河海大学教务处、河海大学法学院、河海大学出版社的大力支持。

是为后记！

邢鸿飞

2024年12月29日